# 图形分析与操作方法

股票、期货、外汇市场应用

吴 振 / 著

全国百佳图书出版单位
时代出版传媒股份有限公司
安徽人民出版社

**图书在版编目(CIP)数据**

图形分析与操作方法 / 吴振著. 一合肥：安徽人民出版社，2010.12
(证券投资系列丛书)

ISBN 978-7-212-04081-9

Ⅰ. ①图… Ⅱ. ①吴… Ⅲ. ①股票－证券投资－基本知识 Ⅳ. ①F830.91

中国版本图书馆 CIP 数据核字(2010)第 250104 号

**图形分析与操作方法**

吴振 著

出 版 人：胡正义　　选题策划：胡正义　白明　郑义

责任编辑：蒋越林　　装帧设计：周周设计

出版发行：时代出版传媒股份有限公司 http://www.press-mart.com
安徽人民出版社 http://www.ahpeople.com
合肥市政务文化新区圣泉路 1118 号出版传媒广场八楼
邮编:230071
营销部电话:0551-3533258　0551-3533292(传真)

印　刷：北京九天志诚印刷有限公司
(如发现印装质量问题,影响阅读,请与印刷厂商联系调换)

开本：710×1010　1/16　　印张：28.25　　字数：430 千

版次：2011 年 3 月第 1 版　2011 年 3 月第 1 次印刷

标准书号：ISBN 978-7-212-04081-9　　定价：68.00 元

# 内 容 简 介

一、这是一部专业水准很高的完整的著作。在股票、期货、外汇等风险投资市场，图形分析是最常用、最有效的分析方法之一，也是其他分析方法最重要的辅助分析手段，但一直没有专门的书籍来系统陈述图形分析。

二、书中对六十多种形态进行了最基本、最全面、最详实的陈述，详细论述了图形的分析与操作方法，这使行情的操作变得十分简单。

三、书中陈述了众多新的形态，尤其是反转形态，几乎全是崭新的面孔，它们经常出现在实际行情中。

四、每种形态都有具体的后市行情幅度计算公式，与以往完全不同。

五、共列举二百三十余个实例。这是一些非常珍贵的研究和学习资料，涉及三十年来不同国家的不同品种。

六、五波旗和七波旗是新的形态，具有良好的投资价值。

七、反转整理形态是一组新的形态，具有很高的成功率和利润风险比例。

八、图形组合分析和图形配合分析使图形分析登峰造极，大幅度提高了判断的成功率、增大了利润风险比例、精确了进场点。

九、书中将对五波的成因，提出理论解释。

# 自 序

我知道，没有几颗努力的种子有机会长成参天大树，可世界依然草木森森。在世界的每个领域里，都活跃着大量的精英和不懈的努力者，风险行业也不例外。

电脑和网络使信息的传递极为迅便，让我这个图形的执迷不悟者有机会得到大量数据进行研究统计。我想把研究的结果记录下来，这是2004年年底的事。

编方成册以纪念英年早逝的徐国君——我艰难与迷茫的研究的唯一支持者，章其才志，垂我怜思。怎忍心让天地间少了一个能成就大学的人，不假其以天年。

# 目　录

# 引子：图形分析说明

## 一、图形分析

图形分析也称形态分析。如果把人类涉及的任何领域(尤其是股票、期货、外汇市场)的历史数据绘制成图表，在图表中会出现一些特殊的形状。对这些特殊的形状加以命名、定义、研究、统计及制定相应的应对策略，称之为“图形分析”。它是技术分析方法中的一种。每种图形都有它一定的预测意义，但无一例外的都有其局限性。本书中不仅要对每一种图形加以研究，还要对同一品种、在同一时期出现的两个或两个以上的图形的意义加以研究，同时亦研究在同一时期、不同相关品种中出现的不同图形的关系，更企图“计算人类的疯狂程度”。

这些图形具有的特点是：行情所形成的高点和低点，按一定的规律排布。

任何分析方法都只能解释风险行业里一部分的行情。在高风险的杠杆投资品种里，如商品期货和外汇利率等，图形分析是最广为采用的分析方法。图形分析具有众多的优点，是其他分析方法所难以具有的。但图形分析一直是一个统计范畴的技术，尚没有形成系统和上升到理论，或称其仍为经验之谈。

图形分析可谓历史悠久，但不同人对图形的理解差异十分巨大。利用外在的一些现象去探索潜在的深层的东西，历来是很多学科所普遍采用的方法，其在风险市场的应用也有很长时间了。但自从道氏提出道氏理论至今已有100多年，图形分析的发展缓慢，很多东西至今还是原来的老样子，而我在实际观察中又有众多新的发现。我这里企图给图形分析做一个最为全面的新总结，包括图形新的定义、新的种类、新的应用和新的计算方法。

这个行业一直有一个让我觉得有些奇怪的现象，那就是，这个行业最著名的两个理论：道氏理论和波浪理论的提出者都并非是这个行业的实战家。而我觉得理论家和实战者所关心的问题和研究目的，差异非常巨大。实战者的研究方向和目的是务求实用，努力预测未来的每个细节。而我恰恰就是后者。在这里，我也试图用理论解释一些现象，希冀实践经验能上升到理论高度，但这也仅仅只是一个努力的尝试而已。在一个本是模糊的行业里，我企图给它一个明确而具体的定义。

## 二、图形的种类

1．形态按在行情中的性质可以分为：整理形态、反转形态、反转整理形态、其他形态。

整理形态：行情下跌或上涨一定幅度，经过一个形态的休整，而后继续沿原来的方向运行，其间出现的形态称作整理形态，也称继续形态、持续形态。

反转形态：行情下跌或上涨一定幅度之后，经过这种形态的休整，而后按原来相反的方向运行，其间出现的形态，称为反转形态，或称顶部形态、底部形态。

反转整理形态：这种形态同时具有双重特性，既有整理又有反转。它是以反转形态作为整理区的特殊整理形态。

其他形态：还有一类形态，它既不是整理形态，也不是反转形态，但也具有投资或预测意义，可以称之为非整理反转形态。

一般形态都有可能成为整理形态，也可能成为反转形态，这取决于它出现的位置。

2．形态按其本身的形状命名为：矩形、三角形、上升三角形、下降三角形、旗形、楔形、发散形、扩大形、顶平扩大形、底平扩大形、圆形，以及它们的组合。

3．单一型和组合型。组合型的形态是由两个简单形态组合而成。

4．按形态高低点性质区分：发散型和收敛型。收敛型形态的低点陆续抬高，高点陆续降低；发散型形态的高点陆续升高或低点陆续降低。介于它们之间的，称非发散型。

5．很多形态是以下列一些图形为基础演变而成的：

## 第一部分 单一的形态

**矩形**（见图 0-1）

行情在一个矩形空间内运行所形成的特殊图形。可以认为它是扩大形与三角形的过渡形态。属于非发散型。

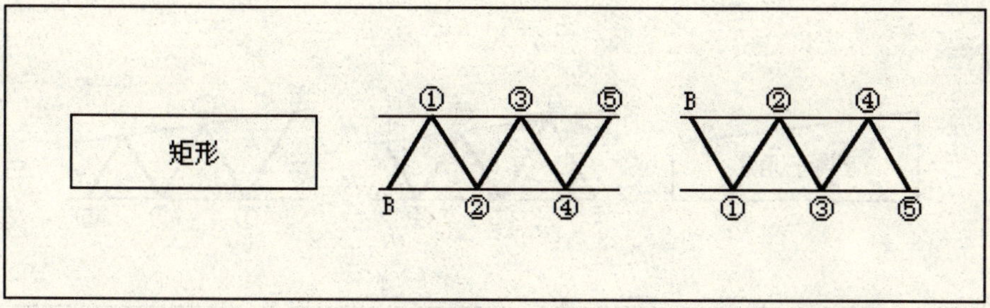


**图** 0-1

**三角形**（见图 0-2）

由左至右，行情高点陆续走低，低点陆续走高所形成的收敛形态，属于标准的收敛型。

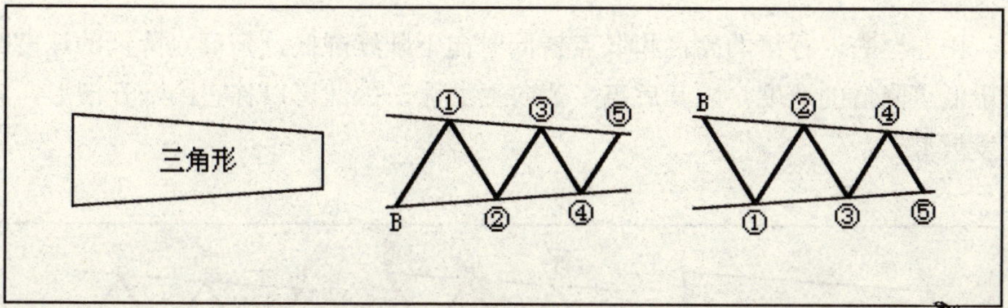


**图** 0-2

**上升三角形**（见图 0-3）

由左至右，行情的高点陆续走平，低点陆续向上收敛，属于非发散型。

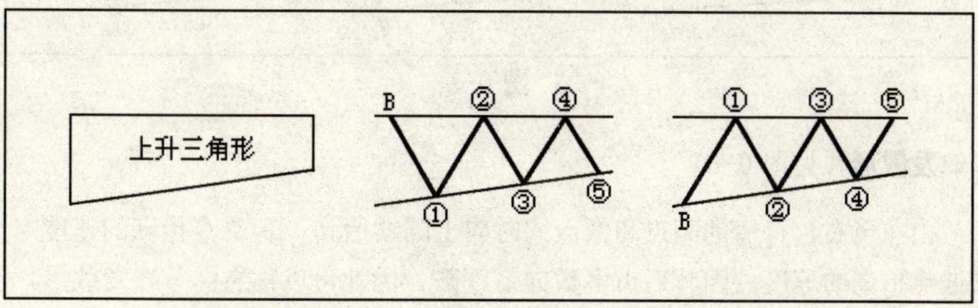


**图** 0-3

**下降三角形**（见图 0-4）

由左至右，行情的低点陆续走平，高点陆续向下收敛，属于非发散型。

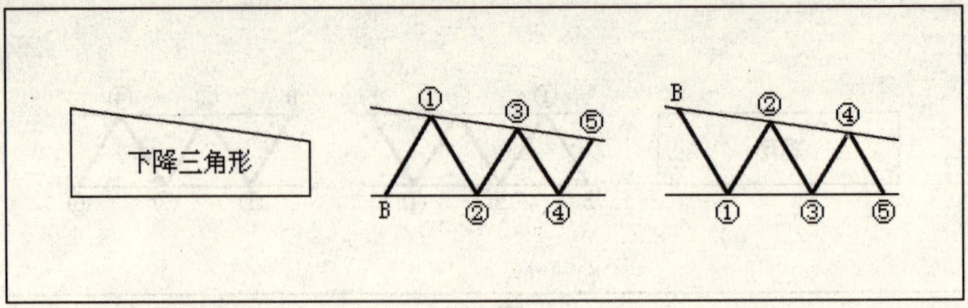


图 0-4

**楔形**（见图 0-5）

由左至右，行情的高点和低点皆同时向上陆续抬高，但低点抬高的速度略快于高点抬高的速度。因其后市多数向下跌破，因此可以称它：下降楔形，属于发散型。

由左至右，行情的高点和低点皆同时向下陆续降低，但高点降低的速度略快于低点降低的速度。因其后市多数向上上涨，因此可以称它：上升楔形，属于发散型。

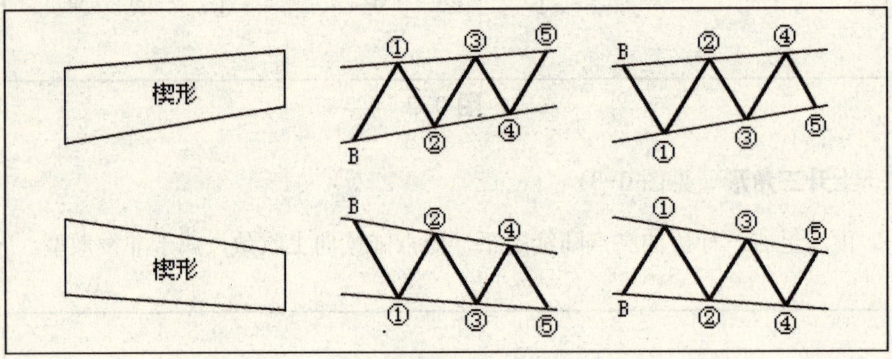


图 0-5

**发散形**（见图 0-6）

由左至右，行情的高点和低点同时向上陆续抬高，但高点抬高的速度略快于低点抬高的速度。因其后市多数向下跌破，因此可以称它：下降发散形，属于发散型。

由左至右，行情的高点和低点同时向下陆续降低，但低点降低的速度略快于高点降低的速度。因其后市多数向上突破，因此可以称它：上升发散形，属于发散型。

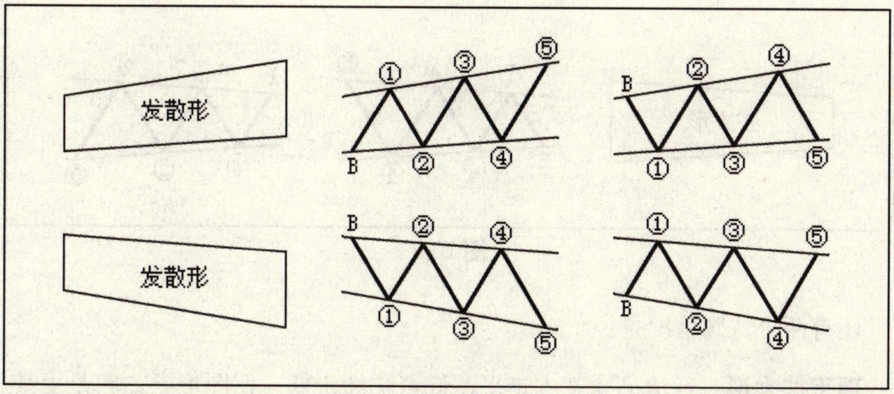


**图** 0-6

**旗形**（见图 0-7）

行情的高点和低点同时向上陆续抬高，高点抬高的速度与低点抬高的速度基本相等。这其实是介于楔形和发散形中间的图形，正如春天是介于冬天和夏天之间的季节。因其后市多数向下跌破，因此得名：下降旗形，属于发散型。

行情的高点和低点同时向下陆续降低，高点降低的速度与低点降低的速度基本相等。因为其后市多数向上上涨，因此可以称之为：上升旗形，属于发散型的形态。

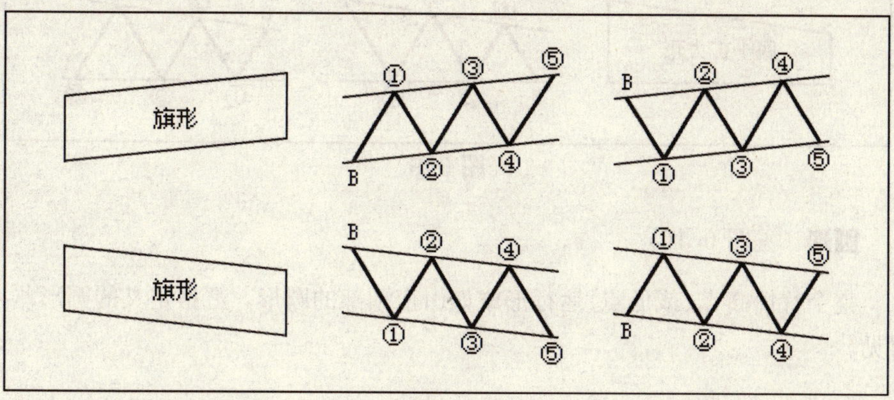


**图** 0-7

**扩大形**（见图 0-8）

行情高点陆续走高，低点陆续走低。整个图形像喇叭，因此也可称它喇叭形。为了区别于它的两个特殊情况，一般称扩大形，就是指这种普通的扩大形。属于标准发散型。

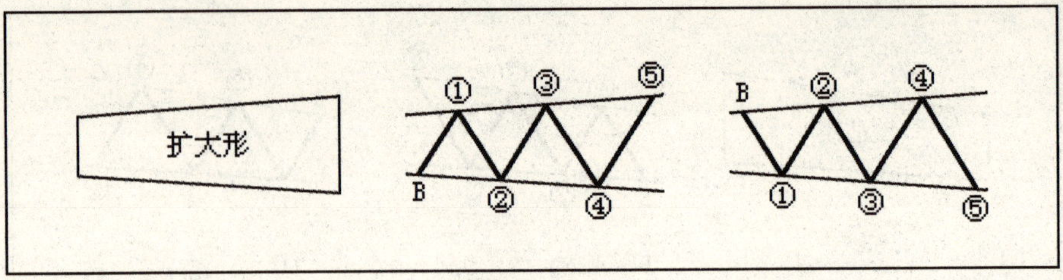


**图** 0-8

还有两个特殊情况是：

**顶平扩大形**：行情高点基本走平，低点陆续走低。在图形上，它是上升三角形的横向镜像，但在本质上没有多大的关联，见图 0-9。

**底平扩大形**：行情低点基本走平，高点陆续走高。它是下降三角形的横向镜像，见图 0-9。

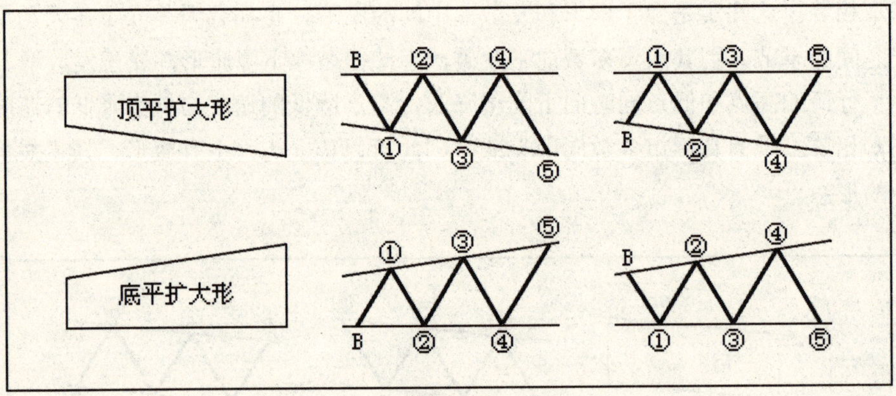


**图** 0-9

**圆形**（见图 0-10）

整个行情高点(或低点)运行形成如山峦顶部的圆形。严格定义的圆形非常罕见。

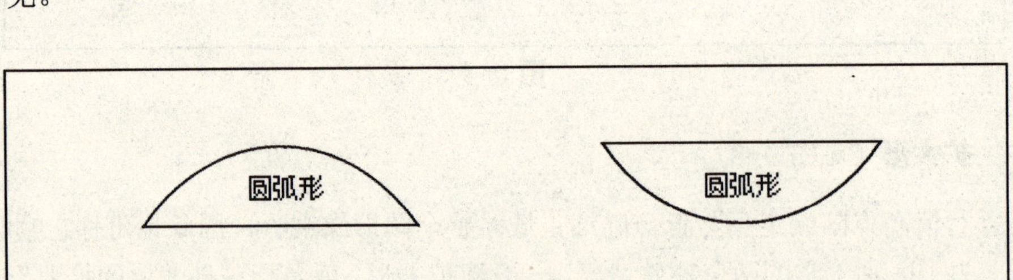


**图** 0-10

## 第二部分 特殊组合的形态

有很多图形，并非标准图形，而是由两个基本图形组成，其种类繁多，但在实际中，意义一般不大，因为在实际中很难事先把它们辨认出来，其也非常少见。一般情况是，只要图形不是发散的，就有实际价值。下面只列举其中一小部分。

**普通三角形与矩形的组合**（见图 0-11）

这是一个很特殊的图形，属于非发散型，有实际意义。

三角形头矩形尾：前半部是三角形，后半部分是矩形。

矩形头三角形尾：前半部是矩形，后半部分是三角形。

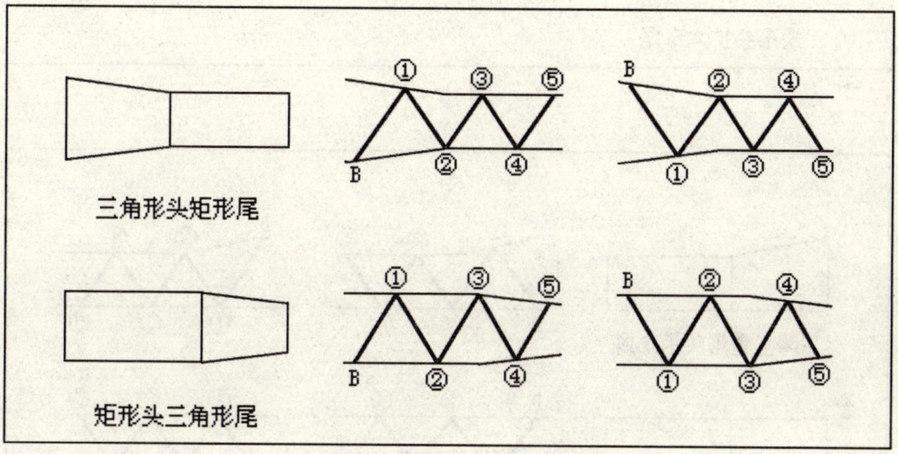


**图** 0-11

**普通扩大形与矩形的组合**（见图 0-12）

扩大形头矩形尾：前半部分是扩大形，后半部分是矩形，属发散型，略有实际意义。

矩形头扩大形尾：前半部分是矩形，后半部分是扩大形，属于发散型形态，意义不大。

**下降(上升)三角形与矩形的组合**（见图 0-13）

上升(下降)三角形头矩形尾：图形的前半部分是上升(下降)三角形，后半部分是矩形。

矩形头上升(下降)三角形尾：图形的前半部分是个矩形，后半部分是个上升(或下降)三角形。

皆属于非发散型，有实际意义。

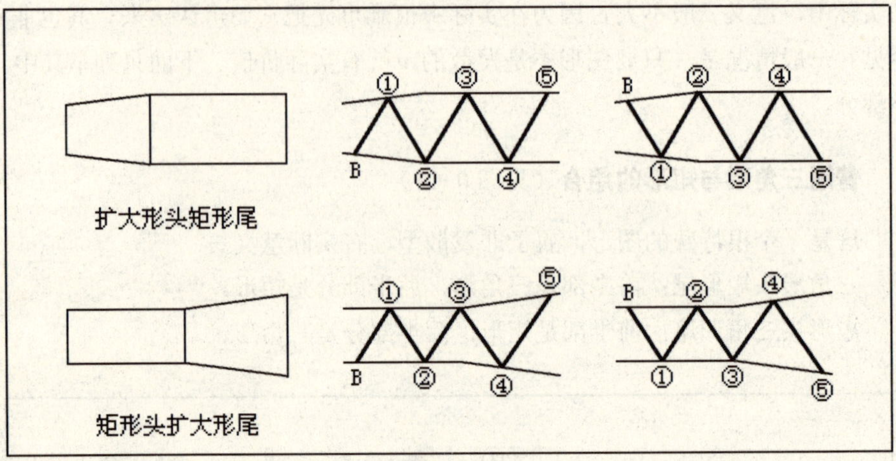


图 0-12

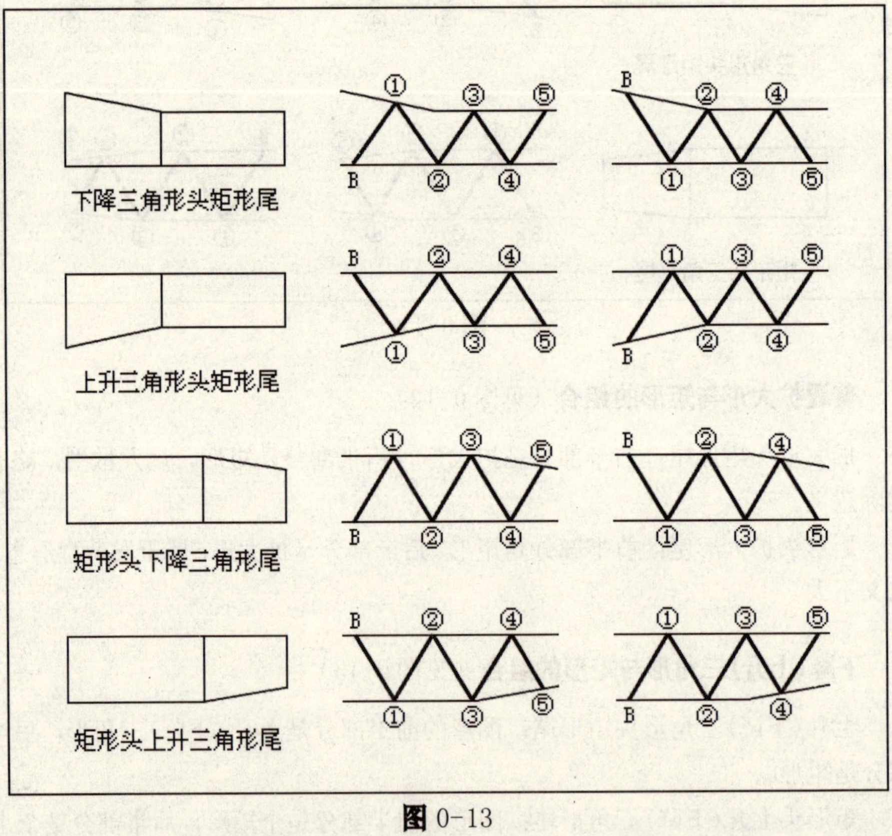


图 0-13

**底(顶)平扩大形与矩形的组合**（见图 0-14）

矩形头底平扩大形尾：图形的前半部分是矩形，后半部分是底平扩大形。
矩形头顶平扩大形尾：图形的前半部分是矩形，后半部分是顶平扩大形。
底平扩大形头矩形尾：图形的前半部分是底平扩大形，后半部分是矩形。
顶平扩大形头矩形尾：图形的前半部分是顶平扩大形，后半部分是矩形。
实际意义不大。

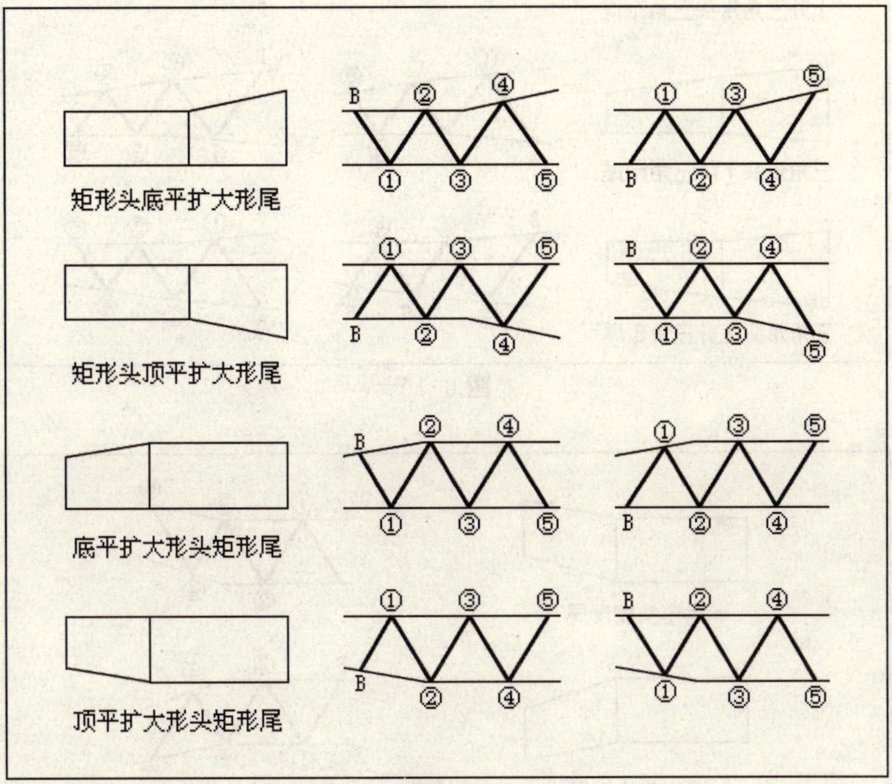


**图** 0-14

**下降(上升)三角形与普通三角形的组合**（见图 0-15）

属于非发散类，略有实际意义。

**矩形与楔形的组合**（见图 0-16） 无实际意义。

**扩大形与三角形的组合**（见图 0-17）

就是一般所说的菱形，前半部分发散，后半部分收敛。

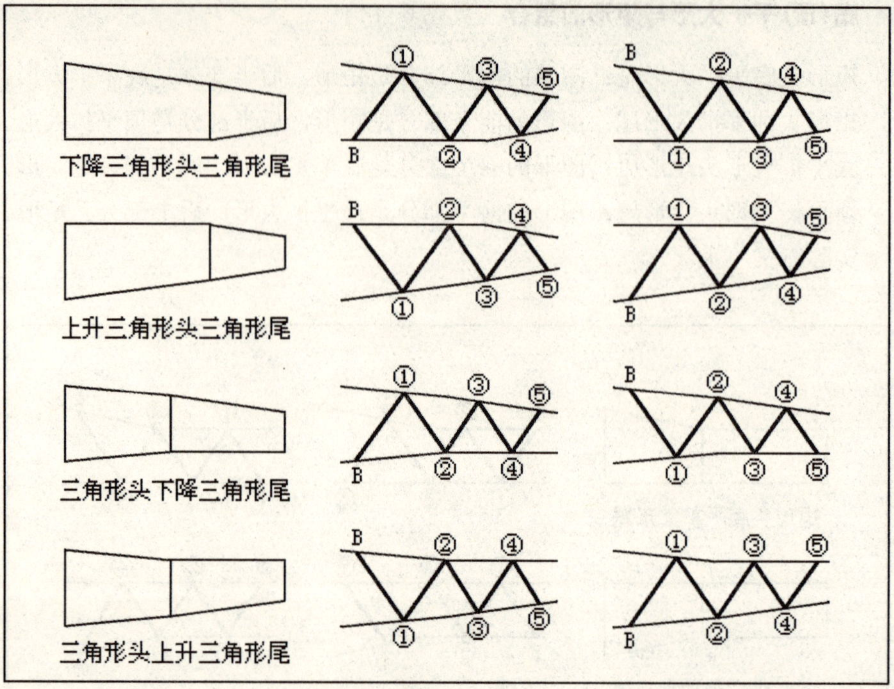


图 0-15

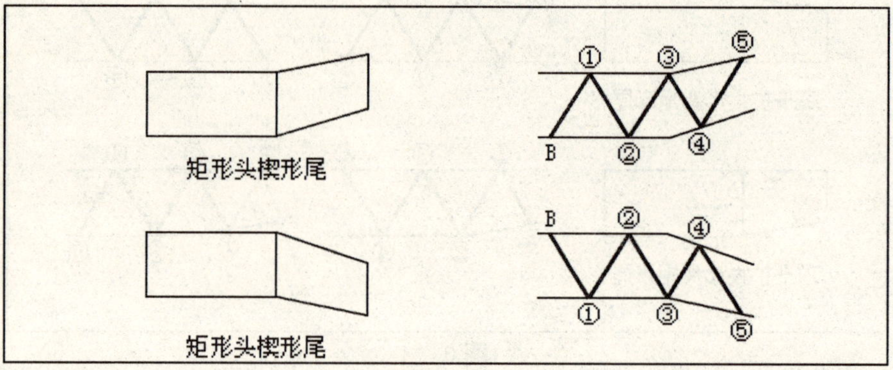


图 0-16

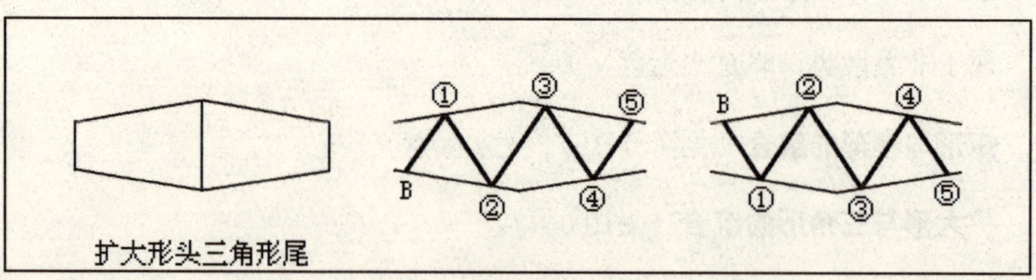


图 0-17

**底(顶)平扩大形与下降(上升)三角形的组合**（见图 0-18）

就是一般所说的头肩形，前半部分是底(顶)平扩大形，后半部分是下降(上升)三角形。

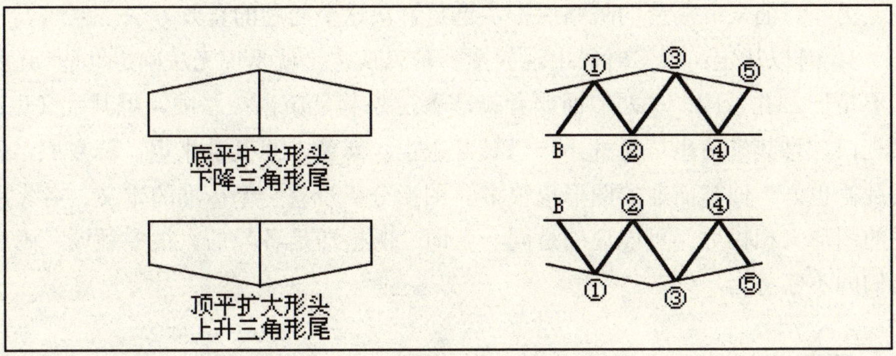


**图** 0-18

## 三、图形分析的优点

1．容易掌握：图形分析是一门容易学习掌握的分析技术，是技术分析者必学的分析方法之一。

2．操作简单：与其他分析方法不同，很多形态都拥有明确的进场点、止损点、利润目标，这使操作变得十分简单。

3．利润巨大：一些形态拥有非常大的利润风险比例，存在巨大的利润。我们需要做的只是耐心等待这样的机会出现。

4．适用广泛：图形分析方法适合任何市场而不受专业限制，也适合任何周期的分析。图形分析可以应用于任何风险市场：农产品、金属、外汇、股票指数、股票、债券等，对人类涉足的任何领域都具有重大的意义。

5．技术性强：图形分析是一门很有效的市场分析手段。在行情方向、进场时机、利润目标、行情的有效启动、操作错误的尽早发现等判断上，图形分析方法经常成效彰显。

## 四、图形分析的缺点

1．出现较少：严格定义的形态是非常特殊的情况，并非俯首皆是。比如在中国大豆中，平均几年才能出现一个可操作的图形，在股票中更是少之又少。有时候可能连续地出现，有时候几个月甚至几年不会出现一个可操作的图形。这对“做单爱好者”来说，无疑是无法容忍的。图形分析方法要求操作者深具耐心，严格定义。除非你能同时关注数量较多的品种，或拥有充裕的资金，才能解决这个问题。

2．变化多端：一种整理形态同时还可能是它自己的反转形态。出现非常标准图形的机会并不多，在辨认时，具有一定的难度。一方面提高技术分析水平，另一方面采取周密的战略保护，这是解决这个问题的有效方法。

3．难以认定：很多时候出现的图形难以认定，就是说无法确定“是”还是“不是”。孔子曰：“恶似而非者：恶莠，恐其乱苗也；恶佞，恐其乱义也；恶利口，恐其乱信也；恶郑声，恐其乱乐也；恶紫，恐其乱朱也；恶乡原，恐其乱德也。”似是而非的图形也很多。图形分析没有一个标准的定义，各家所说的图形大相径庭。可能说的是同一名词，所指却是各异的。很多领域，亟待人们的不懈努力。

## 五、图形分析的三个基本规律

1．行情的涨跌是相连的，即涨—跌—涨—跌……

2．行情倾向于五波的结构，见[附一]。

3．波浪之间容易形成比例关系，比例为整数或N.618（N取0、1、2、3、4、5、6……），见[附二]。

# 第一章 整理形态

## 整理形态简介

### 一、整理形态的定义

行情上涨(或下跌)一定幅度之后，经历一个相反方向行情的调整，而后继续沿原来的方向运行，其间出现的形态，称作整理形态，也称继续形态或持续形态。多数整理形态难以辨认，只有一些特殊的整理形态，才具有价值。可以认为，一般研究的整理形态不过是涨势(或跌势)中的一种特殊回档(或反弹)方式，见图1-1。因其具有预测意义和投资价值，才加以统计、总结和研究。

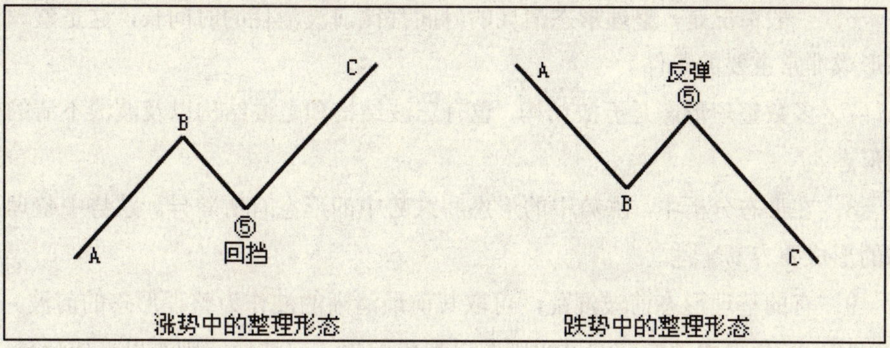


**图** 1-1

**整理形态的思想：**

1. 涨跌相连。如果整理区的前波是上涨，那么就可以认为整理区是跌势，其后最大的可能是继续上涨，从而使行情涨跌相连。这是中国古代《易经·系辞》阴阳的观点：“一阴一阳之为道。”道者，规律也。

2．整理区倾向于五波结构。当一个整理区完成五个波浪结构时，很多时候倾向于整理的结束，而寻找突破方向，这是中国古代五行的思想。

3．行情倾向于按整数倍或N.618倍(N 取自然数)比例行走。行情的A—C波容易与A—B波形成这个比例关系。

4．行情趋势一旦确立，即难以逆转。

5．历史会惊人地重演。《圣经·旧约·传道书》：“日光之下并无新事”。

## 二、整理形态形成的基本条件

1．在整理形态的前面必须有一个可整理的行情，以便整理形态有整理的对象。前波幅度适宜，不可过大。如果前波速度过快或幅度过大，整理将需要更长的时间。要求前波走势均匀稳定，没有太大的回档。

2．整理形态在回调幅度及时间上都必须充分，以与前波相匹配，在整体的形态上与前波相对应，以便对其前波做充分而必要的整理，使整理成立。回调幅度不够的整理形态需要更长的整理时间。

3．符合操作要求的整理形态必须有可辨认性和止损位，以及另外一些必要的预测意义。

4．参考更大级别的行情趋势，观察行情是否有整理需求。

5．参考均线系统及均线八大法则。得到均线支持的整理形态，拥有更高的成功率、更好的操作性能。

6．一般情况是，整理形态消耗的时间都比前波消耗的时间长，这是整理形态形成非常重要的条件。

7．多数整理形态是五波结构，也有三波结构和七波结构以及波浪不清的模糊形态。

8．在形态分析中，涨势中的形态和跌势中的形态有所差异。跌势中整理形态的形成要容易一些。

9．有的整理形态前波混乱，可取其前最清晰的波作为整理形态的前波。

10．三角形整理的前波过快则难以形成整理，前波稳定则难以形成反转。

11．行情突破整理区最低(高)点，就可以认为整理行情的启动已经开始。

## 三、整理形态的基本类别

整理形态包括：常规整理形态、非常规整理形态、组合整理形态，反转整理形态也属于整理形态的一种。

## ㈠ 常规整理形态

它是由最基本的图形构成，是最传统的整理形态，比较常见。

1．矩形整理；
2．三角形整理；
3．上升三角形整理；
4．下降三角形整理；
5．楔形整理；
6．旗形整理；
7．普通扩大形整理；
8．顶平扩大形整理；
9．底平扩大形整理；
10．发散形整理。

## ㈡ 非常规整理形态

它区别于传统的整理形态，属于特殊的整理形态，不常见。

1．头肩形整理；
2．圆形整理；
3．强势整理；
4．弱势整理；
5．三波整理；
6．五波旗整理；
7．七波旗整理；
8．直线平台整理；
9．跳水平台整理；
10．三角形平台整理；
11．中继平台整理；
12．小型平台整理；
13．模糊形态整理。

多数整理形态都可能出现波浪不清的模糊形态。

## ㈢ 组合整理形态

它是由常规形态组合而成的整理形态，非常少见。

1. 三角形头矩形尾整理；
2. 矩形头三角形尾整理；
3. 上升三角形头矩形尾整理；
4. 下降三角形头矩形尾整理；
5. 矩形头上升三角形尾整理；
6. 矩形头下降三角形尾整理。

### ㈣ 反转整理形态

它是以不完全反转形态作为整理区的整理形态。

1. 矩形反转整理；
2. 三角形反转整理；
3. 上升三角形反转整理；
4. 下降三角形反转整理；
5. 楔形反转整理；
6. 旗形反转整理；
7. 扩大形反转整理；
8. 顶平扩大形反转整理；
9. 底平扩大形反转整理；
10. 发散形反转整理；
11. 头肩形反转整理；
12. 圆形反转整理；
13. 五波旗和七波旗启动整理。

## 四、整理形态的特点

1. 行情整体幅度容易与前波幅度形成比例关系。
2. 很多整理形态操作性能好、成功率高、利润风险比例大。
3. 整理形态的可预测波是⑤—C波。
4. 整理形态出现的机会少于反转形态，尤其在外汇中。
5. 整理区的最后一波，经常有“回光返照”现象。
6. 行情突破时，以放量、加速、交易活跃为最主要特征。
7. 涨势中的整理形态与跌势中的整理形态有区别。涨势中整理形态的成立需要更苛刻的条件。
8. 跌势中的整理形态略多于涨势中的整理形态。

9．多数整理形态是五波结构，少见七波结构。

10．整理形态是研究跌—涨—跌和涨—跌—涨的问题。

11．很多整理形态具有巨大的投资价值。

## 五、整理形态后市计算的思想

1．行情A—B波幅度容易与A—C波幅度形成比例关系；

2．行情A—B波幅度容易与后市波幅度形成比例关系；

3．后市波幅度可能与整理区幅度形成比例关系。

[附一]

# 五波现象

R.N.艾略特在《波浪原理》中写道：“没有什么真理比宇宙被规律所支配这一真理更为大众所接受。”“人俨如日月，也是自然之客体。”

张颖清在《全息生物学》中写道：“自然界从来不隐藏自己的秘密，而总是顽强地、多次重复地通过最突出的事实来表现自己的。没有对事实和现象的重视，也就枯竭了科学发现的源泉。”“人类认识自然，总是从最典型最纯粹的事实入手的。”

R.N.艾略特在《波浪原理》中还写道：“一个完整的运动由五个波浪构成。为什么是五而不是一些别的数字这还是一个宇宙之谜。…… 但要想把它解释清楚则无此必要。”

《江恩华尔街四十五年》中写道：“不要忽略这个事实，即平均指数或个股第四次到达相同的水平时，卖出就不太安全，因为平均指数或个股几乎总是向上突破。”其实这期间是一个五波的结构，见附一图 1。

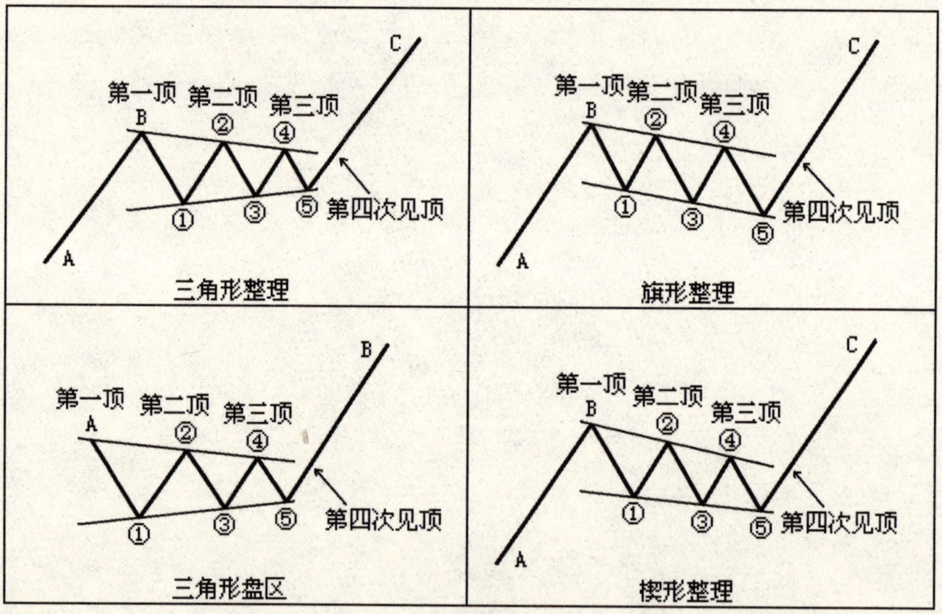


附一图 1

五波的结构在行情里可谓俯首皆是，但多数的五波只有一点研究意义，并无太大的投资价值。我们一直在思考五波形成的原因，一直到2004年我的朋友离开了我，才有了一个初步的答案，在这里作以探讨。

《孙子兵法·势篇》曰："声不过五，五声之变，不可胜听也；色不过五，五色之变，不可胜观也；味不过五，五味之变，不可胜尝也。"其中提及五音、五色、五味。

《易经·乾》：

初九，潜龙，勿用；

九二，见龙在田，利见大人；

九三，君子终日乾乾，夕惕若厉，无咎；

九四，或跃在渊，无咎；

九五，飞龙在天，利见大人；

上九，亢龙有悔。

在从初九到九五的阳气成长过程中，共涉及五个阶段，完成九五以后，形势迅速逆转。

在我研究人身体的时候，我发现，这个世界有很多看起来复杂的东西，其实只是一个简单结构的重复而已。西方人称它"分形理论"，中国古代的《易经》称之为"全息论"：局部具有整体的特征。换句话说就是：整体与局部常具有相同的结构。比如我们存在于其中的宇宙：月亮围绕地球转，地球围绕太阳转，太阳围绕银河转 …… 电子围绕核子转。只是体积上有差异而已。而人类曾经觉得地球很特殊，故有长期的"地心说"。再比如我们的身体。人体内有五大系统：金—呼吸系统、木—免疫系统、水—血液循环系统、火—内分泌系统、土—消化系统。这五大系统向外延伸，出现四肢和头。四肢和头又分别再次延伸：在上肢的末端出现五指，在下肢的末端出现五趾，在头部又延伸出五官：眼耳口鼻舌。这是身体有形的五的结构。人体内有五脏，为心、肝、脾、肺、肾，分别又主张人的五大情志：喜、怒、思、悲、恐。

有充分的证据证明，人的感觉、情绪、味觉、听觉、嗅觉也是五的结构。

《左传·曹刿论战》："一鼓作气，再而衰，三而竭。"如果做成图就是五的结构，见附一图 2。

人对味道的感觉是五味：酸甜(甘)苦辣(辛)咸。味道真的是五种吗？只是人对味道有五种感觉而已。因为人就是个五的结构，感觉什么都是五。

人对颜色的感觉是五色：红黄蓝白黑。难道颜色真的就是五种吗？

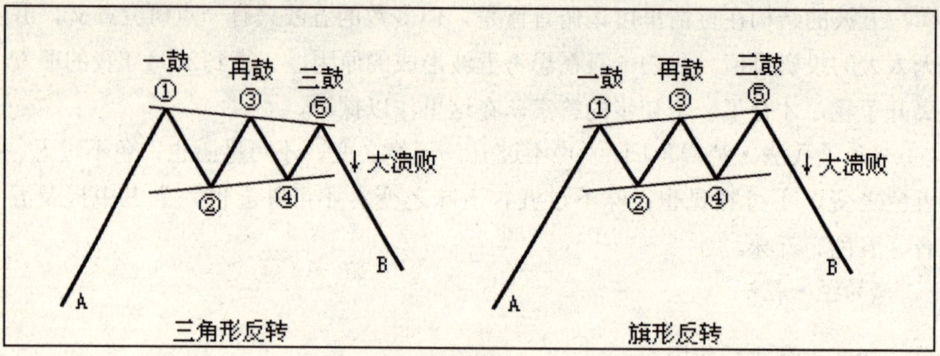


附一图 2

人对声音的感觉也是五，所谓的五音是指：宫、商、角、徵、羽。声音真的就五种吗？

人的皮肤有五种感觉：冷热、触、压、痛、痒。

《黄帝内经》里提到，人的生命成长过程由五个阶段构成，当人完成这五个阶段时，生命也就达到了生理顶峰。女人以每七年为一阶段，35 岁达到生命顶峰；男人以每八年为一阶段，40 岁达到生命顶峰。女人 14 岁具有生育能力，五个七年以后，就是49 岁，将失去这个能力。男人16 岁具有生育能力，五个八年以后，就是56 岁，失去这个能力。

**结论：人类的情绪也倾向于五的结构。**

《波浪原理》：“人类情感是有节律的”。股票、期货和外汇等的行情是群众集体情绪的一种记录，“集体无意识”则必然会常出现五波的结构。这个五波的结构极具预测意义。所谓“人类照自己的样子创造了神”，在大自然面前没有英雄。

[附二]

# 优美的大自然

我们的世界有一个优美的比例，就是0.618，人体上很多地方存在这个比例。相关书籍陈述颇多，我在这里想说的是，在股票、期货、外汇的行情里，也经常存在这个比例。本书中很多计算幅度的方法将利用到这个比例。

这个比例是指：0.618、1.618、2.618、3.618、4.618……及1、2、3、4、5……

有些情况也要考虑用到与0.618接近的0.5。在实际行情中，0.618与0.5差别不是很大，作为投资，这个偏差是允许的。

这是一个优美的世界。

下面举几个例子，以证明0.618在行情实际走势中的存在。

**[例1] 三角形盘区**（见附二图1）（注：如未特别标注，均线皆采用MA20）

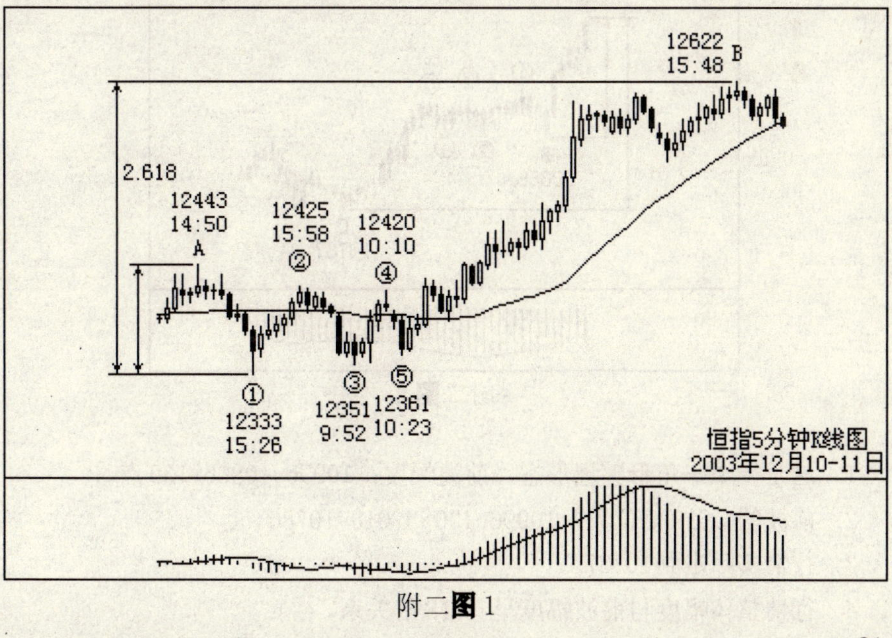


附二图1

行情在12443点至12361点之间，形成一个五个波浪三角形盘区，高点陆续降低，低点陆续抬高，盘区幅度为110点。当行情走完五波，就标志着这个盘区的结构很可能已经完成，将寻求突破方向。从波浪的规则上判断，向上突破的可能性最大。我未曾想到，可以准确地预测行情未来的位置。但有太多的实践证明，未来的行情是可以预测的。

盘区幅度取最高点与最低点的差值，行情整体幅度取这个行情的最低点与行情最终位置的差值。盘区幅度与行情整体幅度将很可能存在一个比例关系。在这个行情里，盘区幅度为110点，盘区最低点为12333。我们假定未来行情向上突破，最终位置为X，那么：

1.618 倍位置　X=12333+110×1.618=12511

2　　 倍位置　X=12333+110×2　　=12553

2.618 倍位置　X=12333+110×2.618=12621

3　　 倍位置　X=12333+110×3　　=12663

行情实际走势与计算的2.618倍位置完全一致。

**[例2]　三角形整理**（见附二图2）

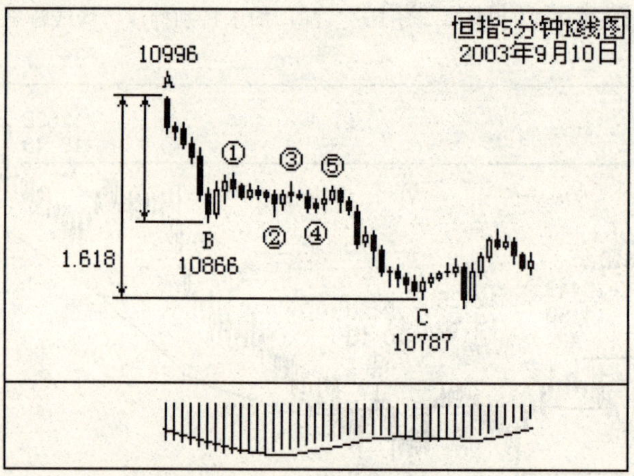


附二**图**2

1．这是一个三角形整理形态，前波幅度：10996-10866=130点。

2．前波的1.618倍位置：10996-130×1.618=10786。

3．行情实际走到10787。

4．行情整体幅度与前波幅度呈1.618倍关系。

**[例 3] 矩形整理**（见附二图 3）

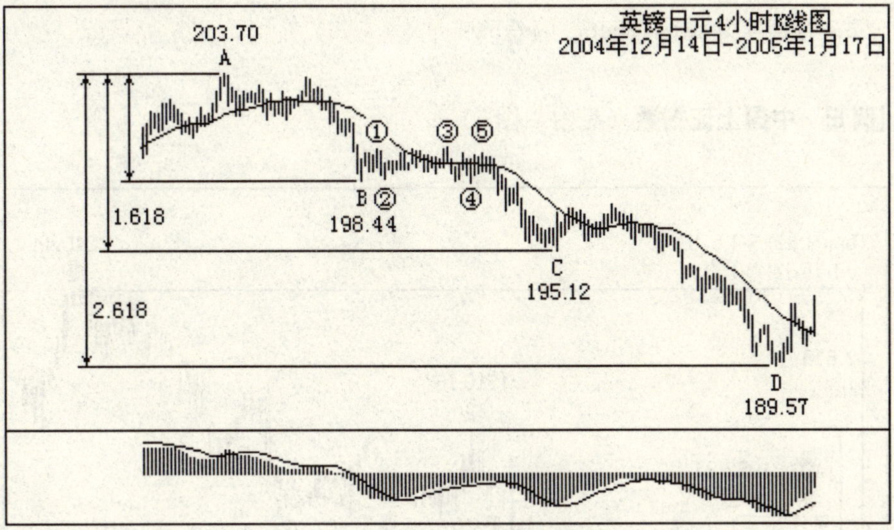


附二**图** 3

1. 这是一个矩形整理，前波幅度：20370-19844=526 点。

   1.618 倍位置　20370-526×1.618=19519

   2.618 倍位置　20370-526×2.618=18993

2. 实际走势与1.618倍位置偏差0.8%、与2.618倍位置偏差3%。

**[例 4] 三角形反转**（见附二图 4）

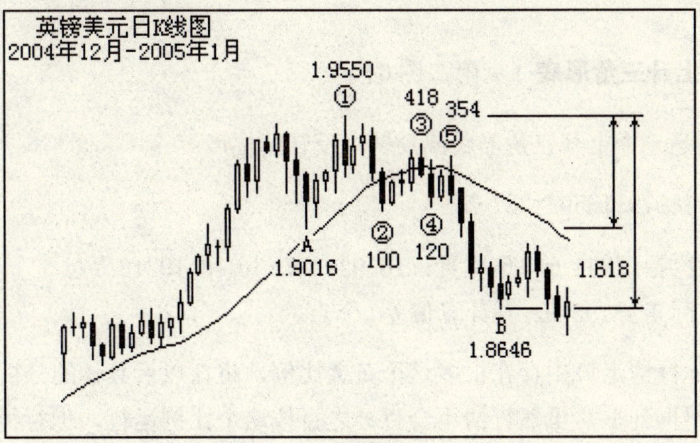


附二**图** 4

1．这是一个三角形反转形态，反转区幅度：19550-19016=534点。

2．后市计算：19550-534×1.618=18686。

3．行情实际到达18646，偏差5%。

**[例5]　中国上证指数**（见附二图5）

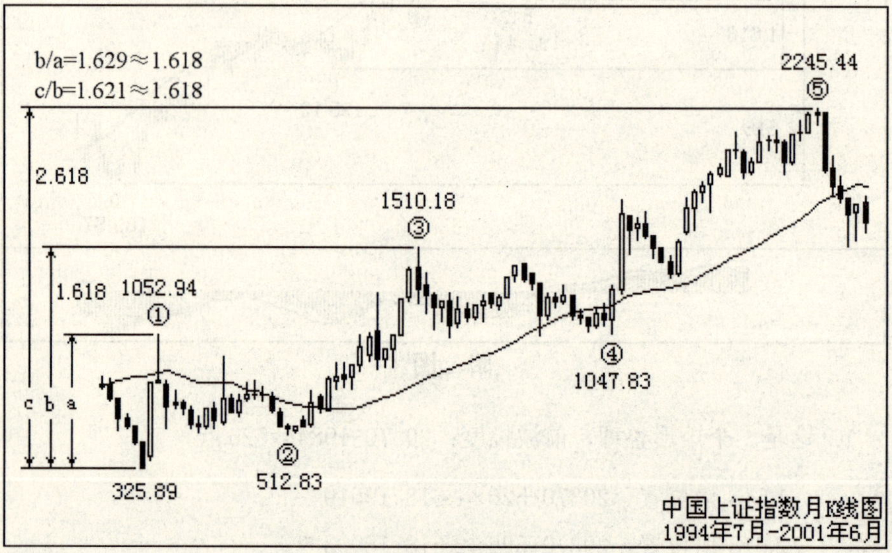


附二图5

325.89+(1052.94-325.89)×1.618=1502

325.89+(1052.94-325.89)×2.618=2229

325.89+(1510.18-325.89)×1.618=2242

**[例6]　上升三角形底**（见附二图6）

1．这是一个上升三角形底部反转，反转区幅度：

18979-18592=387点

2．盘区幅度的1.618倍位置：18592+387×1.618=19218。

3．实际走势19219，与计算偏差1个点。

在实际行情走势中存在很多这个黄金比例，将在以后具体的分析中陆续提及，这里不再列举。虽然行情不会百分之百按这个比例运行，但行情倾向于这个比例。

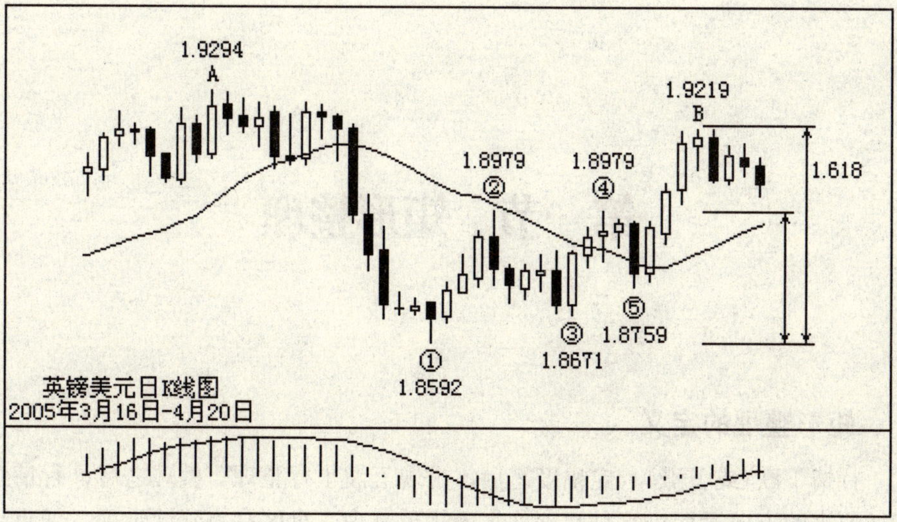
1.9294
A
1.9219
B
1.8979
②
1.8979
④
1.618
⑤
③
1.8759
①
1.8671
1.8592
英镑美元日K线图
2005年3月16日-4月20日

附二图6

# 第一节 矩形整理

## 一、矩形整理的定义

行情下跌(或上涨)一定幅度之后，出现五波平行整理。整理之后，行情继续按原来的方向运行，这种整理称之为矩形整理。盘区高点陆续走平，低点也陆续走平。允许①、③、⑤点或B、②、④点间有偏差，但不可过大。整理区内至少有五个波浪，否则判断成功率将大大降低，一般也很少多于五波，七波的情况极少见。见图 1-2。

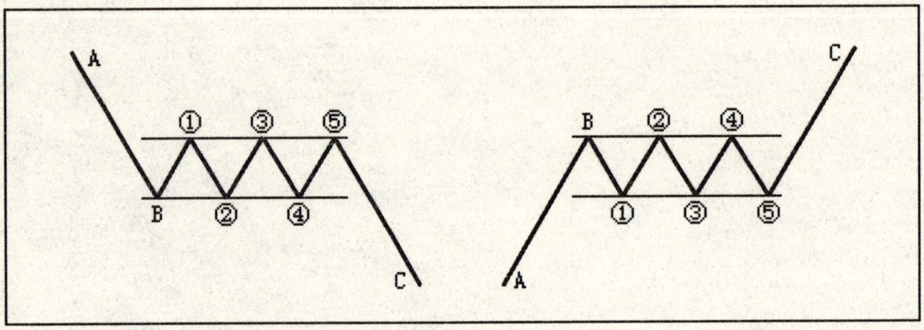


图 1-2

## 二、形成矩形整理的条件

1. A—B波必须是标准行情：速度均匀稳定，幅度一般不宜过大。或者称之为：可整理的行情。如果是上涨行情，稳定性要求更高。出现N字形、或行情由慢变快、或由快变慢、或速度很快、或行情绵长的前波，一般只构成反转，除非整理十分充分。

2. 整理区必须是五波，而且各波和谐，具有相似的K线形态。三波的情况，一般都没有可辨认性和投资意义。

3. 盘区内的三个高点之间、三个低点之间距离的偏差在允许范围之内，不同品种或不同的形态幅度，偏差大小要求也不尽相同。

4．盘整时间比较适当。矩形整理时间一般较短，不符合条件的矩形需要小心对待，任何判断都是“可能性”而已，并非百分之百。不标准的矩形整理和矩形反转有可辨认性。多数整理形态整理区的时间都比前波的时间长，时间少于前波的被认为整理不充分，其容易形成矩形反转或尾市型矩形整理，见图1-3。

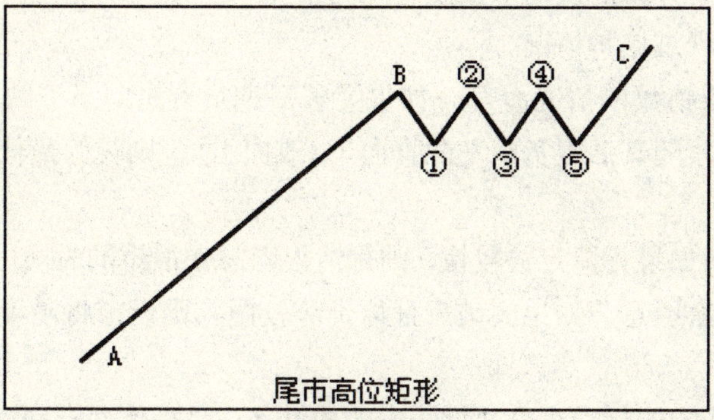


图1-3

5．也有形态较大的矩形整理，时间较长。

6．1、2、3、4、5波的时间和幅度必须都适宜，一般回调幅度均可以达到50%以上，否则将不能构成对A—B波的整理，可以称之为“非充分整理”，利润和可靠性都大大降低。或者说它整理不了A—B波。

7．注意参考均线。

## 三、矩形整理的特点

1．据统计，“矩形80%以整理形态出现。若以反转形态出现，出现在底部的机会略大于顶部”。换个说法：如果出现标准的矩形，则行情有80%以上的可能性继续原来的趋势。反转的矩形有可辨认性，经验丰富的技术分析师一般都能把它辨认出来。但是，条件严格的矩形整理和矩形反转并不多见，这个统计结果有待进一步研究。在外汇里，反转形态并不比整理形态少见。

2．从形态上看，行情经过从A点到B点的下跌之后，开始了涨势B-①-②-③-④-⑤，但高点和低点都没有抬高，是一个非常差的“涨势”。通过整理，消化获利买入的心理盘，打击新买盘心理，再次积聚卖盘力量。当行情走完五波结构后，将极可能脱离盘区，继续原来的趋势。可以认为，矩形是扩大形与普通三角形的过渡形态。

3．整理区内走势较慢将影响后市的力度。一般情况是，盘区走势越沉稳越理想。

4．如果形态较大，则容易出现“逃命线”。“逃命线”分两种：一种是在突破前出现，一般回至盘整区的一半；另一种是突破后出现，回到④点附近。得不到均线支持的形态出现逃命线的可能性较大。

5．行情突破需要成交量的配合，成交量配合的突破可视为“有效突破”。如果突破后交易异常清淡而不活跃，则可能是“失败”的整理。但在我的统计里，尚没有出现过这种情况。

6．就股票指数的情况而言，如果突破后期货首先向下下跌(或向上上涨)而离开现货，紧随其后现货默契配合向下(或向上)，则视为最佳情况，大利润将袖手可待。

7．突破后如果行情走势较快，则行情很容易在很短的时间内完成幅度，而后反转，需小心留意。如果突破后行情走势较慢，则后市将漫漫无期，很不容易反转。

8．整理形态的标准程度决定了它的成功率、易操作性和利润的可预计性。形态的标准与否不是人为决定的，而是取决于行情本身。我们没有必要为了不标准的形态而浪费精力、感情和金钱。而我们最常看到的情况是：多数的形态不过是人们的“一厢情愿”而已。

9．形态大小适宜的矩形，后市的幅度将很可能与前波有比例关系。矩形形态较大的，后市幅度将受到矩形盘区幅度的影响。

10．注意：A—B波的幅度取A点到B、②、④点的最大值，行情整体的幅度将可能是它的N.618倍，或者整数倍的关系(N取1、2、3、4、5……)。后市幅度取①、③、⑤点到C点的最大值。盘区的幅度取B、②、④点到①、③、⑤点的最大值。

11．矩形整理所用的时间一般少于其他形态。

12．矩形整理的前波幅度越大，整理需要的时间就越长。整理时间不足的情况，其酝酿力量也不足。

13．多数矩形整理本身具备操作价值，后市较利落。

14．盘区幅度狭窄而时间较长的矩形整理，具有最好的投资价值。盘整时间长、盘区幅度窄的矩形整理后市幅度和力度都将很大。

15．得到均线支持的整理形态，拥有更高的成功率、更好的操作性能。

## 四、矩形整理的分类

矩形整理是一种变化很少的整理形态，但其细节的问题也很多。

1. 按矩形形状可分为：标准矩形、第1波短尾的矩形、有逃命线的矩形。有逃命线的矩形出现在跌势中的情况较多，见图 1-4。逃命线可能出现在突破前，也可能出现在突破后。1波短尾的矩形整理要求其第1波有足够的时间和幅度，见图 1-5。

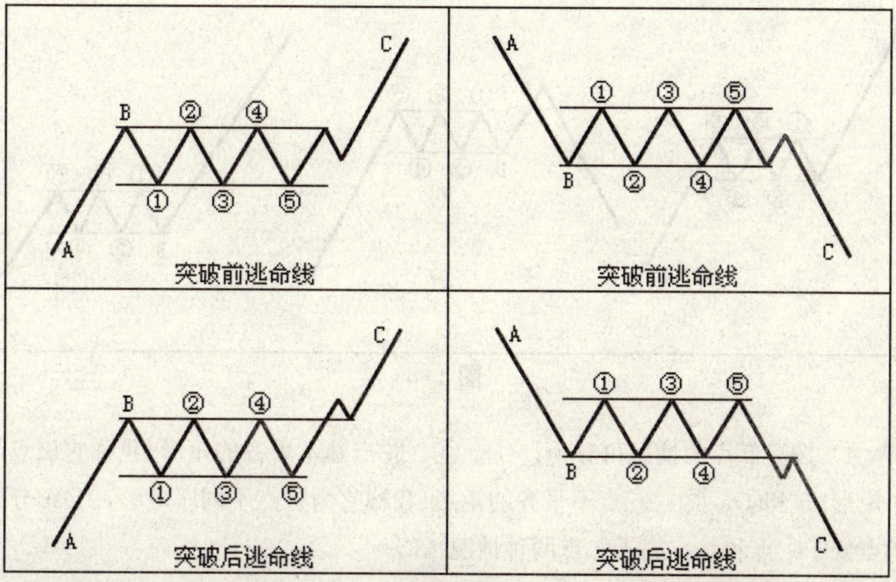


图 1-4

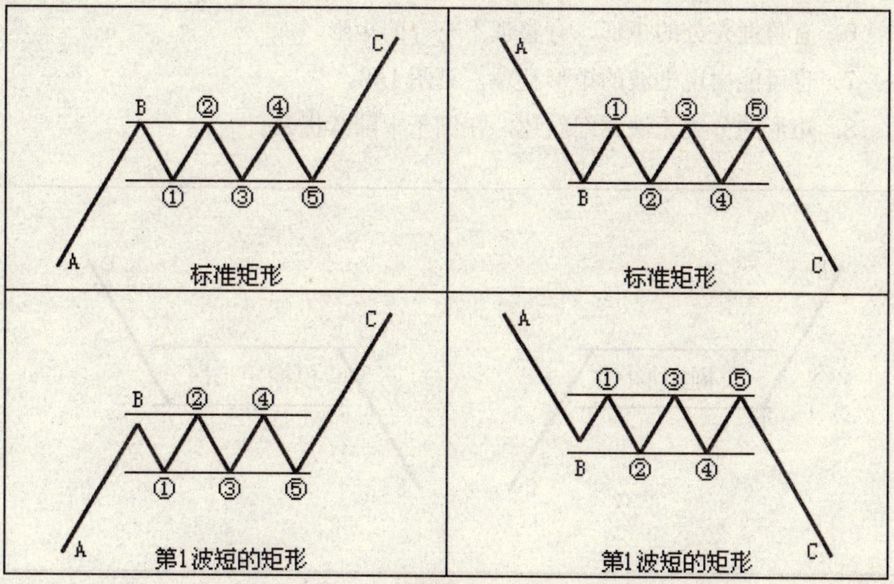


图 1-5

2．按形态的大小可分为：大型矩形和小型矩形；宽幅矩形和窄幅矩形。

3．按矩形形态在行情中出现的位置可分为：中继矩形、射击矩形、尾市矩形，见图 1-6。

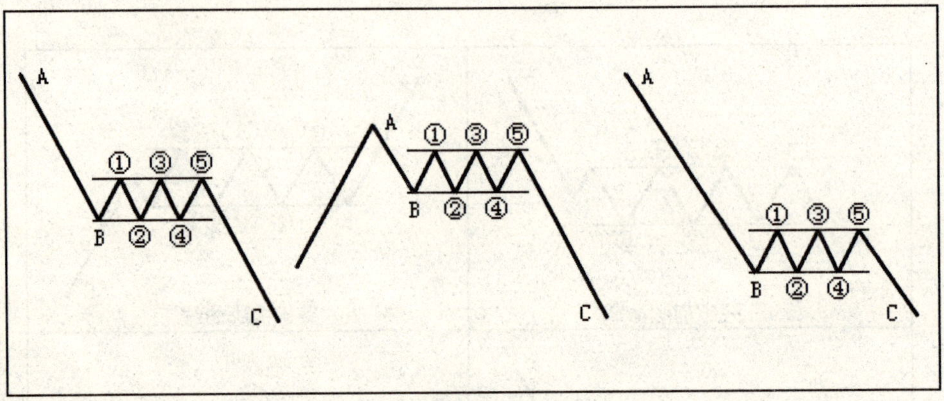


**图** 1-6

4．按高低点的情况可分为：①、③、⑤点基本平齐的矩形（我称它极点同序矩形），和①、③、⑤点不平齐的矩形（我称它为极点不同序矩形，又细分为③点低于①点和③点高于①点两种情况）。

5．还有一种情况是，整理区波浪不清晰，但行情在一个严格的矩形区间内运行，并时间充分，称之为模糊矩形，见图 1-7。

6．有整理充分的矩形，有整理不充分的矩形。

7．也可能出现七波的矩形整理，见图 1-8。

8．矩形的分类无法详细叙述，在例子中陆续提及。

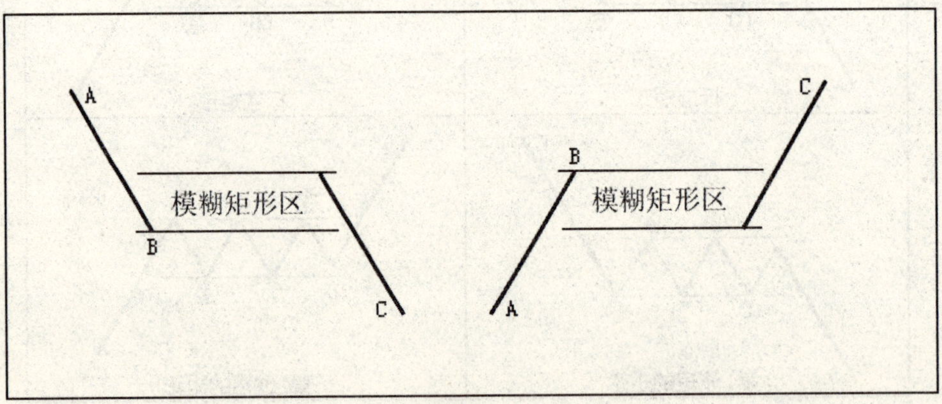


**图** 1-7

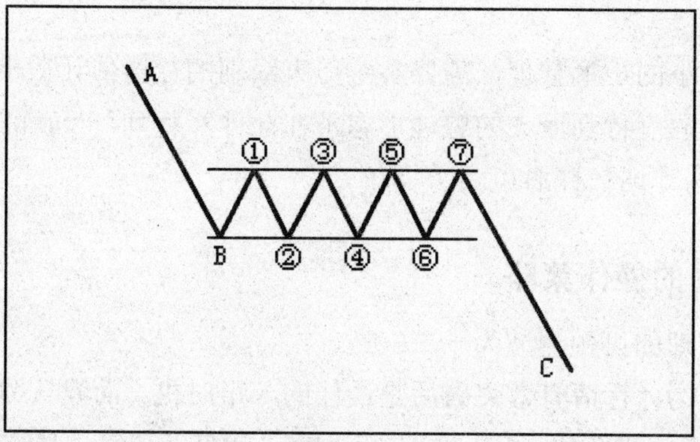


图 1-8

## 五、矩形整理后市幅度的计算

矩形整理的后市有三种计算方法，需要配合使用。

1. A—C的幅度与A点到B、②、④点的最大幅度有比例关系：

计算公式：跌势　C点=A点-(A点-B点)×N

涨势　C点=A点+(B点-A点)×N

N取1.618、2、2.618、3、3.618……倍。一般取1.618或2倍居多，这是最重要的方法。

2. ①、③、⑤点到C点的幅度，与A点到B、②、④点的幅度有比例关系：

计算公式：跌势　C点=⑤点-(A点-B点)×N

涨势　C点=⑤点+(B点-A点)×N

N取1、1.618、2、2.618……倍。这也是最常用的方法。

如果上述两种方法的计算一致，行情走到这个位置的可能性就非常的大。一般来说，这两种方法计算的位置都对行情有阻力作用。

注：⑤点值取①、③、⑤点中最高(或最低)的点。

3. 矩形整理区过大，时间过长(或不充分整理的矩形)，则①、③、⑤点到C点的最大幅度将容易与整理区的最大幅度呈比例关系。

计算公式：跌势　C点=⑤点-盘区幅度×N

涨势　C点=⑤点+盘区幅度×N

N取1.618、2、2.618……

在实际操作中，也应用与0.618很接近的0.5。当行情抵达这些点位附近时就应密切注意。

4. 形态过小的矩形整理，需要参考更大级别的行情估计后市。

5. 整理区幅度特别巨大的整理形态不在此计算行列，一般可按其整理区最后一波幅度去保守地估算后市。

## 六、矩形整理的操作策略

1. 矩形整理的可预测波为⑤—C波。

2. 一般认为，行情有效突破后是最佳的入市时机。而我认为，其他条件完备时，行情完成前四个波，正向⑤点行进时，就可以计算进场点⑤、止损位、利润和成功率了。可以在⑤点进场。

3. 止损设立在①、③点之外一定区域，具体要看不同形态的性质。

4. 根据情况计算进场点。

5. 根据情况估计利润，应该取最保守的利润。

6. 当行情有效突破B、②、④点形成的阻力线时，就可以第一次修改跟进止损单。

7. 当行情突破以后，形成新的低点(或高点)反弹完毕，再次创下新的低点(或高点)时，就是第二次跟进止损的时机，也有很多行情没有太像样的回调。

8. 行情在突破支撑线之后，走出三个波浪的情况，在各种整理形态里都非常常见。如图 1-9 中的1、2、3波。这个三波，给后市的计算带来新的机会，计算公式是：

3点=⑤点-(⑤点-1点)×N　N 一般取1.618，其次是2。

9. 注意利用图形组合和图形配合帮助判断和操作。

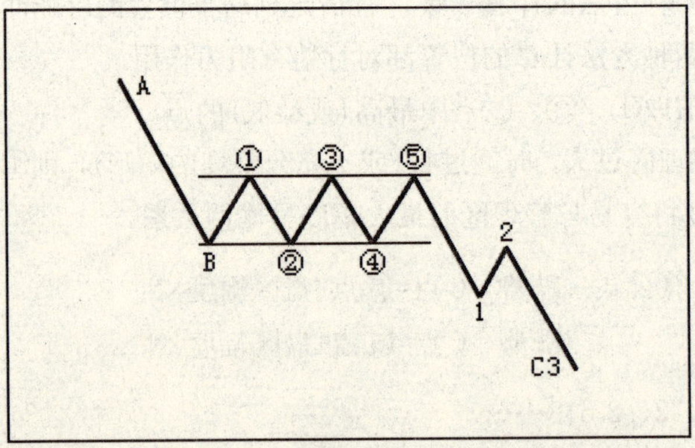


图1-9

## 七、矩形整理注意事项

1．波浪越清晰流畅的矩形，操作性就越好。

2．盘区幅度越小，盘整时间越长，成功率越高。

3．前波幅度适宜，速度均匀为最佳。

4．盘区越平越好。

5．严格注意B、②、④点的平行度。

6．前波和盘区走势越稳定越好。

7．注意⑤点的计算和止损的操作。

8．任何整理形态的第5波都具有普通的第5波的特性，即“回光返照”现象。注意善加利用，而不受其负面影响。

9．在一些品种中，善加利用行情小周期的形态来辅助判断和操作。

10．矩形整理形态的天敌是矩形反转形态，我将在第二章第一节《矩形反转》中论述它们的区别。

## 八、矩形整理进场点⑤的计算

1．所有三个高点(或低点)平行的整理或反转形态里，一般都不是严格放平的。比如：顶平扩大形、底平扩大形、上升三角形、下降三角形、矩形等形态做的整理或反转行情中，有一个最常见的现象，我称之为不同序现象。

2．如果是在下跌中出现的矩形整理，而③点略高于①点，则未来的⑤点非常容易低于①点。低于①点的幅度，与③点高于①点的幅度接近；如果③点低于①点，则⑤点很容易高于①点，从而创立盘区里的新高，看似向上突破。高于①点的幅度，与③点低于①点的幅度相当。

3．上涨的行情，则反之。

4．其他形态中也有这个类似的现象。

5．进场的原则是，宁早勿晚。宁肯多冒一点止损，也不可轻易错过。毕竟标准的形态属于特殊情况，属于难得的机会。

6．行情反破矩形整理区一定幅度，则做失败处理。如果反破，有时候并没有太大的幅度空间，而有时候则是矩形反转。

7．注意利用小周期图形形态，使进场更精确。

## 九、离场信号

1．预计目标或利润目标已经达到。

2．利用MACD指标。

3．利用均线系统。

4．其他形态出现离场信号：三次见底或三次见顶是最常见的。

5．利用止损跟进。

6．根据成交量判断。放量急跌或急涨后，行情稳定，很可能就是应该离场的时候。

7．从⑤点起算，完成了三波，而且回档较大，行情已经达到预计利润。

## 十、实例分析

**[实例1]　中国股票的矩形整理**（见图1-10）

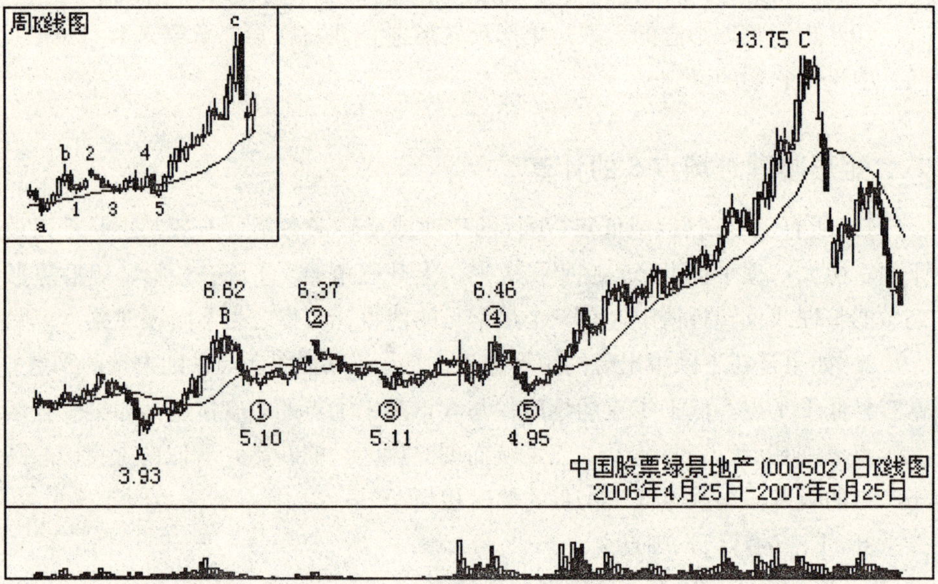


**图** 1-10

1．行情前波时间21天，幅度2.69元，涨幅68%。

2．整理区为五波矩形结构，时间67天，幅度1.67元，为前波的62%。

3．周K线图上，均线支持整理形态的成立。

4．②点低于B点，④点介于B、②点之间，①、③点基本平齐，⑤点很可能低于它们。

5．后市估算：

1.618 倍位置　3.93+(6.62-3.93)×1.618=8.82

| | | | |
|---|---|---|---|
| 2 | 倍位置 | 3.93+(6.62-3.93)×2 | =9.30 |
| 2.618 | 倍位置 | 3.93+(6.62-3.93)×2.618 | =10.97 |
| 3 | 倍位置 | 3.93+(6.62-3.93)×3 | =12.00 |
| 3.618 | 倍位置 | 3.93+(6.62-3.93)×3.618 | =13.66 |
| 4 | 倍位置 | 3.93+(6.62-3.93)×4 | =14.69 |

6．采用0.50元的风险，可获得175%的利润。

7．矩形整理在任何品种中都难得一见，可以满仓操作此行情。

8．可以参考相关的股票来帮助判断此形态，也可以利用此形态的判断结果，帮助判断其他相关品种的股票。

**[实例2]　不充分的矩形整理**（见图1-11）

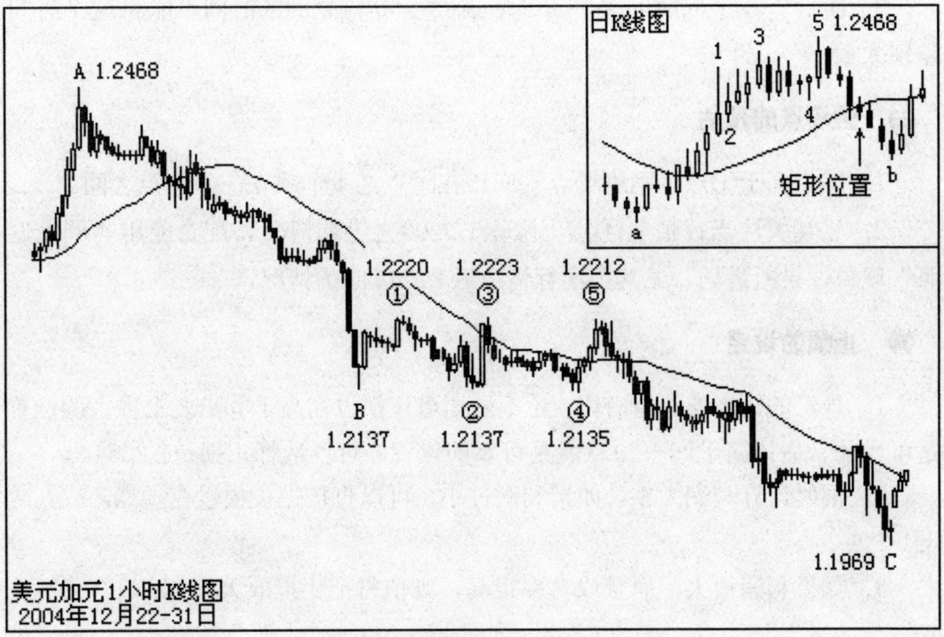


**图**1-11

**㈠　此矩形的特点**

1．前波A—B走得不够稳定，但幅度属于比较理想的情况，是331点。

2．整理区有整理不够充分之嫌疑。

3．整理区的三个低点状况比较理想，偏差很小。

4．③点略高于①点，则进场点⑤很可能低于①点，或在这两个点之间，宜做好早进场的准备。

5．盘整时间42小时，盘整幅度88个点。

6．前波时间是51小时，盘区时间没有前波时间长，整理不充分，或可以说这个矩形形成不了对前波的整理。

7．从更长周期的行情看，这个矩形处在一个大型的旗形顶之后，行情发动后的中期。

8．整理不充分，但其他条件良好。

### ㈡ 进场时间预计

1．第1波、第3波速度较快，则第5波也较快的可能性很大。

2．一般情况，整理形态的第5波速度快是很常见的情况。常有假意向上突破的意味。

3．①、③点之间时间是15小时，则③、⑤点之间的时间不能和这个时间差别太大。

### ㈢ 进场点的预估

1．③点高于①点，则进场点⑤应该在①点之下，或在①、③点之间。

2．密切关注当行情从④点上涨至1.2200之上的情况，配合应用“回光返照”现象，果断进场。尤其关注行情迫近1.2217时的情况。

### ㈣ 止损的设定

1．外汇的矩形统计量有限，还不能知道止损设在高于③点之上多大的位置是可靠的。估计高于20～30点就是可靠的位置。可以选择止损是1.2254。

2．同时计算利润大小，如果利润过小，可以直接把止损设在③点，或其之上1个点。

3．如果利润很大，而且成功率很高，则值得把止损放大。

### ㈤ 利润预计

1．这个矩形对前波的整理不够充分，前波跌速不均匀，所以对它的操作应多加小心。

2．这个矩形，在4小时图上很不清楚。

3．按第一种计算方法计算后市：

1.618 倍位置　1.2468-(1.2468-1.2137)×1.618=1.1932

按第二种计算方法计算后市：

1倍位置　1.2223-(1.2468-1.2135)=1.1890

4. 美元加元不是活跃品种，对它的利润估计要加一分小心。估计利润可以看到1.1932一带。按旗形反转计算，目标位是1.1972。

## ㈥ 操作性评估

1. 据有人统计，矩形整理的成功率在80%以上。但据我的实际观察，每个人对矩形的定义和要求不同，从而导致成功率的不同。如果要求严格，矩形整理的成功率应远高于80%。非收敛型反转形态后市出现的整理形态更可信。

2. 进场点按1.2210点计算：

⑴ 如果止损设在1.2254，则风险是：

12254-12210+5(点差)=49点

⑵ 如果止损设在1.2223，则风险是：

12223-12210+5(点差)=18点

3. 利润估计：12210-11932=278点。

4. 利润风险比例：

278∶49≈6倍

278∶18≈15倍

5. 这个矩形整理虽然不是很标准，但属于值得投资的情况。

## ㈦ 盘后讨论

1. 行情实际并没有到达计算的1.618倍位置，只走到了1.5倍的位置。1.5倍的位置是：

1.2468-(1.2468-1.2137)×1.5=1.1932

实际操作中，要计算出1.5倍的位置以做备用。

2. 当行情迫近1.5倍前后，皆是应该多加关注的位置。

3. 如果从4小时图上观察，行情已经是非常低的位置，要随时小心行情可能反转。

4. 行情从进场点到最终的完成，经历了两次调整。

**[实例3] 矩形整理**（见图1-12）

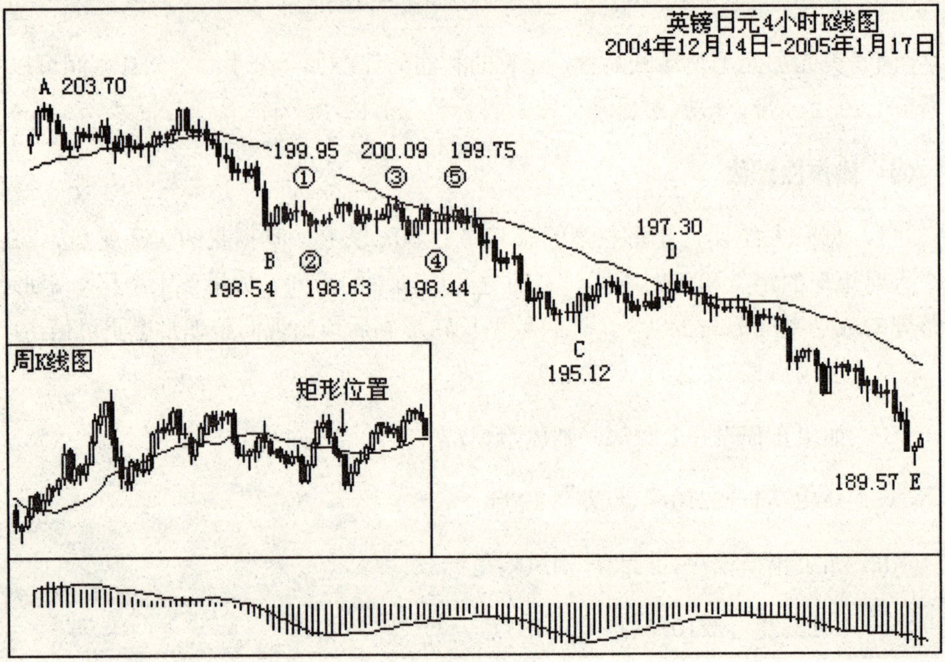


**图** 1-12

## ㈠ 此矩形整理的特点

1．出现的位置

从周线图上看，行情正处在大幅度震荡时期，均线微向下倾斜，而行情在其上。有很多时候，走势图与MA(30)的关系是来回穿越关系。这个图正处在行情的早期，行情很可能大幅度穿越均线。

2．前波状况

矩形前波跌势稳定良好，幅度516点，耗时6天，形态偏大，除非整理充分才可信赖。

3．整理区状况

⑴ 盘区幅度155点，时间大约6天，对前波形成较充分整理。

⑵ 盘区波浪不是很清楚，但矩形区域界限分明，可以以矩形整理论之。

⑶ 盘区最后达到的位置，均线向下，而行情在其上。从均线上看，利于整理的成立。

4．盘区与后市的关系

前波和盘区走势稳定，后市一般也应该比较稳定，不会有太大的反弹。

## ㈡ 进场点

1．③点高于①点14个点，估计⑤点将接近199.95-0.14=199.81点。

2．③点有放量急涨现象，止损可以设在其上。

## ㈢ 止损的设定

1．止损可直接设在③点之上。

2．考虑利润较大，止损也可设在③点之上20～30点的位置。

## ㈣ 利润预估

1．按第一种利润计算方法

1.618 倍位置　20370-516×1.618=19535
2　　倍位置　20370-516×2　　=19338
2.618 倍位置　20370-516×2.618=19019

2．按第二种利润计算方法

1　　倍位置　20370-516×1　　=19493
1.618 倍位置　20009-516×1.618=19174
2　　倍位置　20370-516×2　　=18977

3．在这些数据里最接近的数据是

⑴ 194.93～195.35
⑵ 189.77～190.19

后市行情到达这两个位置的可能性很大。考虑获利的把握性问题，可以选择最小的利润目标195.35，是430点左右。最大的可能目标是190.17，950点左右的利润。

## ㈤ 操作性评估

1．盘区清晰，整理充分而适宜，前波和盘区走势沉稳。

2．盘区的底部偏差不是很小，但也在允许范围之内。

3．利润巨大。

4．利润风险比例是：

(1) 430∶40≈10倍或430∶70≈6倍。

(2) 950∶40≈24倍或950∶70≈13.5倍。

5．成功率应在80%以上，考虑可能的意外，也可以认为成功率是40%。

6．如果冒仓位5%的风险，可以获得30%或70%的利润。

### (六) 盘后讨论

1．据总结，当盘区达到或穿越4小时图的30日(或20日)均线时，这样的进场点成功率和利润都较好，不妨耐心等待。

2．实际情况是，行情抵达第一种计算方法的1.618倍位置195.12后，出现反弹，反弹幅度是47%，可见1.618倍位置的作用。

3．非美品种也常有大利机会。

# 第二节　三角形整理

## 一、三角形整理的定义

行情下跌(或上涨)一定幅度之后，出现的五波收敛整理。整理区的高点陆续降低，低点陆续抬高，行情在两条收敛的趋势线间运行，最终行情突破整理区，继续原来的趋势，其间出现的形态，称三角形整理，见图1-13。①、③、⑤点之间或B、②、④点之间有距离，但要求距离不可过大，不可少于五个波，否则成功率大大降低，一般也很少多于五波。三波的情况难以辨认，不能以三角形整理看待，七波的情况极少见。有时候三角形盘整区不标准，行情在突破④点后，在突破B点前，也出现一波，可视为逃命线。

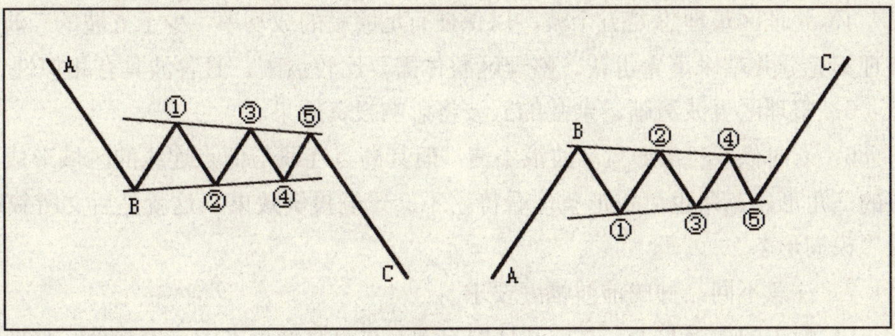


图1-13

三角形可视为多空双方力量逐渐趋于平衡，但这个平衡必将被打破，再度恢复到不平衡状态。由于人们的情绪趋于五波的结构，见[附一]，所以这个平衡区也常是五个波，当行情走完五个波浪后将非常可能完成了平衡状态，从而选择突破方向。

《易经·系辞》曰：“一阴一阳之为道。”应用到这里就是：涨完是跌，跌完是涨，一涨一跌就是规律。如果我们把 A—B 波视为跌，那么三角形整理区就是一种涨势，其后最大的可能就是跌势。据我的统计，条件充分的三角形整理80% 以上是成功的。我们当然可以把符合定义的三角形都称为三角形整理，但并不是所有的三角形整理都有投资价值；并不是所有的下跌(或上涨)后出现的三角形，都能成功的继续走原来的趋势；即使继续原来的趋势，并不一定能达到我们所要求的投资幅度；即使能成功地达到很大的幅度，也并不一定能被我们成功地获得。

## 二、形成三角形整理的条件

1．整理形态只给可整理的行情做整理，正如良方，只能救治可救治的人。因此，前波的状况就是整理形态成立的第一要素。前波的要求包括：幅度、速度状况和形态。

2．并不是每个盘整区都是整理区，有的盘区很混乱，各波不一致，不能轻易认为它是整理区。

3．前波确立以后，这个整理形态是不是能给前波做整理、整理得是不是足够充分，就是第二要素。首先要考虑的是，整理的时间是否充分、整理的幅度是否足够。整理时间不充分的整理形态，被称为“非充分整理形态”，其非常可疑。整理区的整理时间必须比前波时间长。整理区幅度狭窄的整理形态需要的整理时间更长。

4．整理区最理想是五个波，以保证有足够高的成功率。少于五波的三波，整理不充分并难以事先辨认。整理区整体需要比较清晰，且各波具有相似性。

5．整理区五波清晰，杂乱的五波将影响投资效果。

6．有时候，三角形盘区波浪不清，但其高点连线与低点连线的区域形成明显的三角形，三角也可作形整理看待，不会影响投资效果，这就是后文所叙述的“模糊形态”。

7．注意不同品种的前波幅度要求。

8．后市的成功与否，与前波情况有关，与盘区幅度有关，也与盘区整理时间有关系。

9．①、③、⑤点和B、②、④点收敛不可太快。收敛太快的形态易转化成其他形态。或者说，1、2、3、4、5波在比例上不可差异太大，否则它们可能不能数到一起。

10．最理想的投资机会是，三角形幅度不大而收敛缓慢，盘整时间足够。

11．三角形整理的天敌是三角形反转，将在第二章第二节《三角形反转》

里，论述它们的区别。

12. 得到均线系统支持的形态拥有更高的成功率。

## 三、三角形整理的特点

1. 在所有的形态里，可能三角形整理的投资价值最好，因其操作最简单。三角形也是最常见的形态。

2. 在盘区的第5波常具有止常的第5波的特点，即“回光返照”现象：行情加速、放量、做欲逆向突破的假状。这也常是许多顶和底的特点。

3. ③、⑤点的距离常与①、③点间的距离有关系。①、③点适宜则③、⑤点将大致和它相等，如果①、③点偏远则③、⑤点间的距离容易偏近；①、③点偏近则③、⑤点间距离容易偏远，它们之间常形成大致的比例关系。

4. B点与⑤点间有形成周期倾向，③点与⑤点也常有周期。

5. A—B波与⑤—C波的关系是，如果前波短，则后波将很容易偏长；前波长则后波很容易短或失败。前波速度慢，则后波有时启动很快。

6. 最理想的三角形整理是：

(1) 前波幅度和速度都适宜，速度均匀，跌势沉稳。

(2) 三角形盘区五波清晰，速度和缓而稳定。

(3) ①、③、⑤点和B、②、④点收敛缓慢。

(4) 三角形盘区幅度较窄而时间偏长。

7. 盘整形态的一个共同特点：后市耗费时间一般没有盘区时间长。这是对后市时间判断非常重要而实用的方法。

8. 条件充备的三角形形态成功率非常高，我的统计是成功率在90%之上。而其中，按三角形整理投资操作亏损的可能性是5%，还有大约5%的三角形无利可图。如果你的三角形整理没有这么高的成功率，我建议你检查一下，你的三角形的条件要求是不是过低。一般而言，形态操作的成功率取决于对形成形态的条件的苛刻要求。如果大家觉得我的要求太严格，我建议有空看一下《杰克·韦尔奇》这本书，记得他是这么说的：“标准不怕高，就怕不够高。”

9. 射击型的三角形整理多出现于涨势中。前波幅度较小，三角形盘区处于行情发动的早期。如果前波速度快，则三角形盘区也容易时间较短；如果前波速度和缓，则三角形盘区时间较长，常是前波时间的数倍。射击整理形态存在暴利机会。

10. 中继型三角形整理多出现于跌势中，前波幅度时间都很长，三角形盘区时间也非常的长，盘区时间经常多于前波时间，盘区幅度较窄，不构成反转条件。后市幅度一般比前波略多一点，盘区处于整体行情的中部，故名“中继”。其利润风险比例也很大，但判断成功率低。

11. 尾市型三角形整理，多出现于涨势中，前波速度均匀且幅度较大，三角形整理区幅度一般，时间较长，但仍未能构成足够的整理条件，也未能构成反转，后市行情突破后，没有太大的幅度。后市幅度经常与盘区幅度或盘区的第5波幅度成比例关系，尾市型三角形整理一般无利可图。

## 四、三角形整理的分类

1. 从更大一级的趋势上来看，在不同位置出现的三角形具有不同的意义；包括：射击型、中继型、尾市型，见图 1-14。也可能是出现在其他更大级别的形态之后。

2. 前波的不同情况，亦将影响三角形整理的价值。

3. 三角形整理区的幅度也与后市或操作有关系。

4. 三角形整理区的时间也会影响三角形整理的成功率。

5. 三角形整理区内的波浪细节情况也很重要。

6. 三角形整理区收敛的状况。

7. 三角形有两个特殊变体：三角形头矩形尾和矩形头三角形尾。

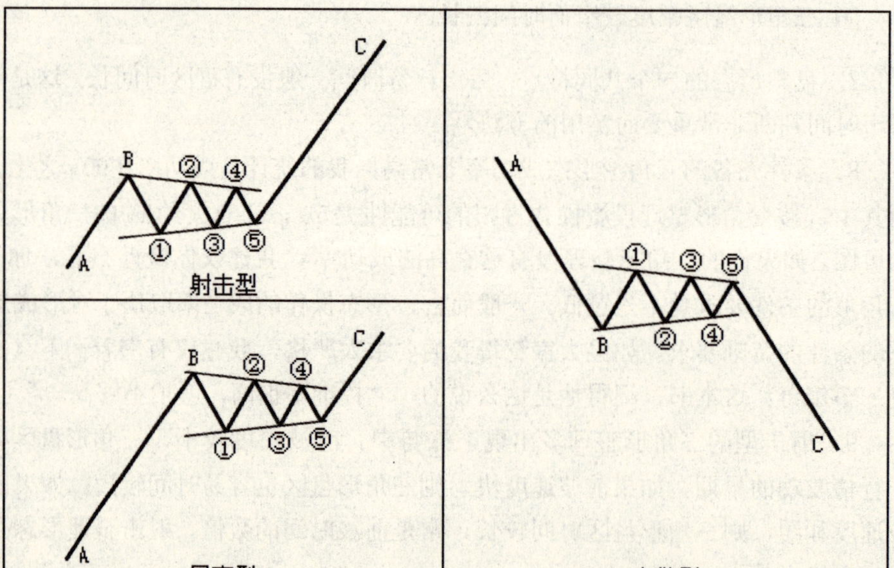


图 1-14

8．有盘区第1波短的现象，但不影响三角形整理的成立，见图1-15。

9．可能存在七波的三角形整理，但实际所见到过的七波三角形整理最后一波一般较弱，可视为逃命线，见图1-16。

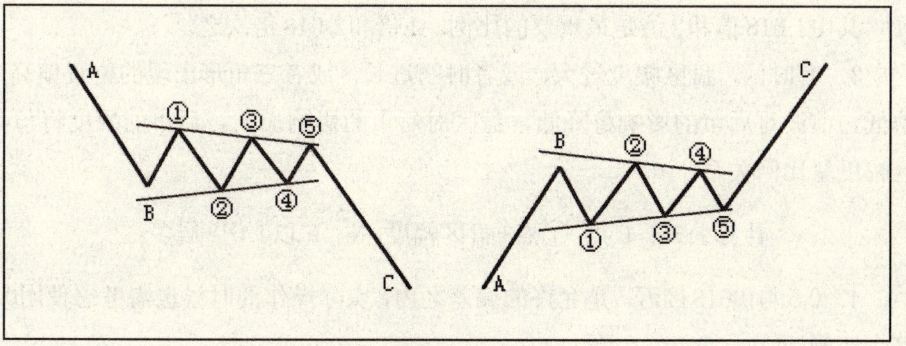


图1-15

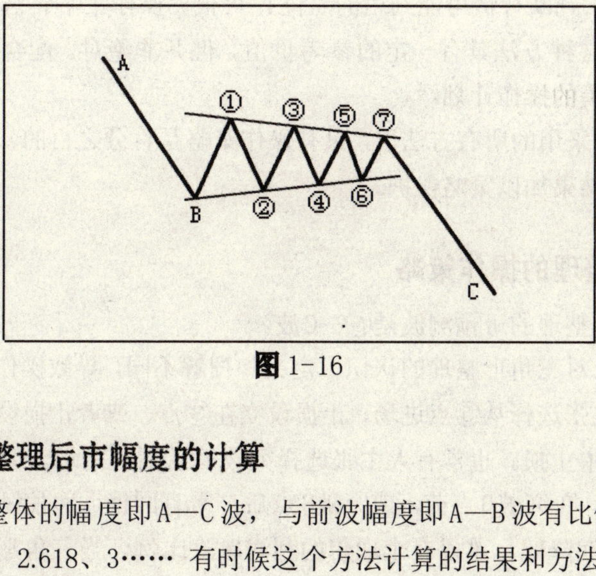


图1-16

## 五、三角形整理后市幅度的计算

1．行情整体的幅度即A—C波，与前波幅度即A—B波有比例关系，比例是：1.618、2、2.618、3…… 有时候这个方法计算的结果和方法二中计算的数据接近。这是最重要的计算方法。

计算公式：C点=A点±AB波幅度×N

其中1.618倍和2倍是最重要的比例，2.618倍次之。

2．①—C波的幅度与A—B波的幅度常有关系(短尾的1波时，取A—②点的幅度)。后市的幅度从①点起算，而非取⑤点，整理形态取点都如此，取盘区的最高(或最低)点。比例关系取：1、1.618、2、2.618……当前波幅度过大时，也可能用到0.618这个比例系数。在外汇里，0.85～0.87也是行情常见的比例，也需要予以适当关注。

计算公式：C点=①点±AB波幅度×N

其中1.618倍和2倍是最重要的比例，1倍和2.618倍次之。

3. 有时候，盘区幅度过大，或者时间过长，或者三角形出现的位置偏高或偏低，前波对后市的影响将降低，盘区对后市的影响加大，后市的幅度将与盘区幅度呈比例关系。

计算公式：C点=①点±盘区幅度×N　N以1.618居多。

4. 0.5与0.618接近，是允许的偏差之内，实际操作的时候也需考虑使用0.5这个比例。

5. 一般是利用方法一和方法二计算的结果，寻找接近的数据，再根据实际情况和经验，判断行情可能到达的点位，再根据操作策略，选择所要采用的参考出场点。这种方法具有一定的参考价值，但并非绝对。配合相应的操作策略才是一个完美的操作计划。

6. 在我们采用的所有方法里，只有操作策略是百分之百的。永远要对技术分析不确定的结果加以策略保护。

## 六、三角形整理的操作策略

1. 三角形整理的可预测波是⑤—C波。

2. 每个人对三角形整理的认识、定义和理解不同，导致操作策略的不同。

3. 一般主张选择从⑤点进场，止损设立在③点，或者止损设立在①点，而在③点设立心中止损。也常有人主张选择突破确认后再进场。但我觉得，行情在突破④点后，在突破B点前，或突破B点后，常有回档，而使风险加大，止损无法设立，利润降低，难以有个理想的利润风险比例。当三角形盘区较窄时，⑤点也有虚破③点的情况。所以当三角形盘区较窄时，止损也可选择设立在①点之上。

4. 一些幅度大的三角形，可以在后市行情行进过程中寻找进场时机。行情突破后进场，将会使判断的成功率提高，但操作容易性下降。

5. 如果行情幅度不是很大，选择突破后进场，对风险利润比例影响很大。以前波是100点的情况为例。在发动点进场，风险利润比例可以达到1∶5，如果突破后进场，利润只有60点左右，风险利润比例变为1∶2左右。见图1-17。

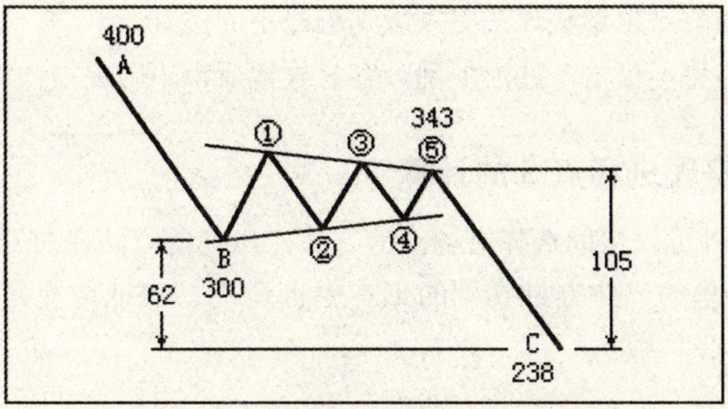


图 1-17

## 七、三角形整理注意事项

1．逆势破位的情况：逆市破位是指下跌(或上涨)行情之后出现的整理形态，却最终向上(或向下)突破。有时候其是三角形反转，有时候却是短暂的假破，后市方向不变，但力度减弱。在不同品种里，情况也不一样。

2．前波和盘区幅度过大、盘区时间过长、收敛不和缓的三角形整理，谨慎信赖。

3．当后市完成一定幅度后，具有大幅度反转的倾向。常有贯穿前三角形密集区的可能，见图 1-18。

计算公式：D点=C点+(⑤点-C点)×N

N以2倍居多，1.618和2.618次之。

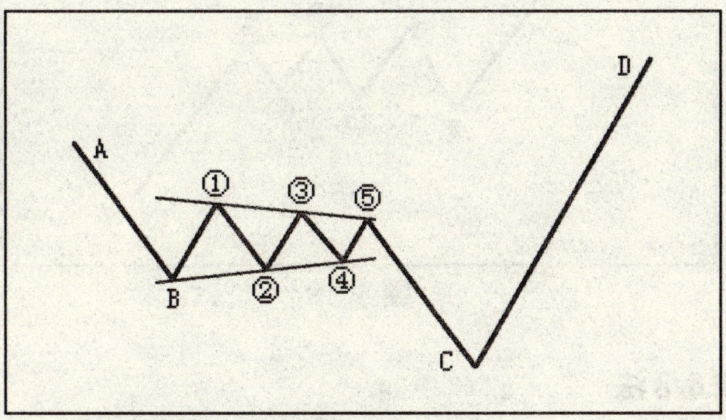


图 1-18

4．多数形态的成功率与其K线周期有关系。周期适当的整理形态，可信度略加大。

5．盘区稳定、波浪清晰的整理，突破速度一般也较快、较沉稳。

6. 注意观察三角形整理在更大级别趋势中的位置。

7. 盘区走势不稳定，波浪混乱，容易导致后市不容易操作。

## 八、三角形整理进场点⑤的计算

共有十余种可以帮助选择进场点的方法，出场的方法在《矩形整理》一节中提及过。这里的一些方法在别的形态中也适用。保证成交是一次交易的开始，是重中之重。

### ㈠ 台阶法

利用①、③点的距离，简单地去计算③、⑤点的距离。

计算公式：⑤点=③点±①③点距离

有些三角形的⑤点不符合这个计算，这个计算结果是一个重要的参考。

### ㈡ 趋势线法

趋势线法是利用①、③点画一条趋势线，当行情离开④点，达到这个趋势线附近时，就是应当进场的位置，见图 1-19。这个方法要考虑当时的盘区状况，并不是每个三角形都适用。

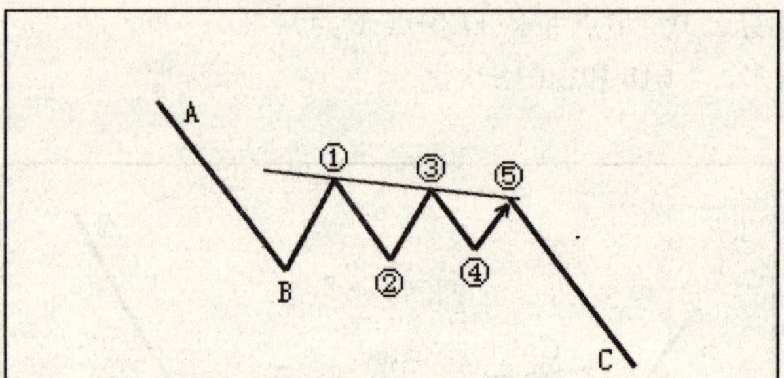


**图** 1-19

### ㈢ 5/8 或 6/8 法

根据第4波幅度的5/8或6/8的位置，作为进场参考。以[实例 1]这个三角形为例：

5/8 的位置　10880+(10904-10880)×5/8=10895

6/8 的位置　10880+(10904-10880)×6/8=10898

### ㈣ 根据止损法

根据所能承受的止损位置，当行情达到止损要求时，就直接进场。当然，止损的选择是根据可能的利润大小来定的。

### ㈤ ①③点关系法

一般来说，如果①、③点距离近则③、⑤点距离很容易较远一点；如果①、③点距离远则③、⑤点距离很容易较近一点；如果①、③点距离适宜则③、⑤点距离很容易也比较适宜，可以利用台阶法。距离的远和近，是指和盘区幅度相比。另外，也可以利用B、④点的距离来估计①、⑤点的距离或参考②、④点的距离来估计③、⑤点的距离，这些都可以作为参考。

### ㈥ 均线辅助法

下跌(上涨)行情中出现的整理形态，当行情离开④点，向上(下)穿越向下(上)倾斜的均线MA(20)一定幅度时，就是非常理想的进场位置。具体的K线均线周期选择会因不同品种而不同。恒指选择1分钟图的20日均线，外汇一般选择4小时图的20日均线。不同品种在不同时期和不同情况下，这些也将有变化。也可以选择30日均线。

### ㈦ 时间周期法

是根据行情整理的可能周期，寻找进场点。这个方法需要首先找出行情的周期，需要大量统计和深厚的文化底蕴。其配合“回光返照法”是准确性最好的进场方法，也是最难的方法，不可单独使用。

### ㈧ 图形组合法

有时候，行情会在④、⑤点之间出现一个小型的反转形态，可利用图形组合，作为进场点的选择。形态包括小圆形、小五波、三次探顶(探底)等等。这个进场方法对任何形态都实用。

### ㈨ 模糊法

就是根据计算或者经验来进场，是利用市价。这适合幅度窄的三角形整理。虽然在进场位置和进场时间上偏差较大，但其在保证成交上，无疑是最好的方法。

### ㈩ 回光返照法

⑤点是行情整理区的结束点，因此它一般具有行情结束时的特征，也就是常有“回光返照”现象。参考其他计算，当行情在这些位置出现“回光返照”现象时，就很可能是最好的进场点和进场时间。这个方法在寻找盘区结束点上，效果卓然。

### ㈩㈠ 图形配合法

可利用相关品种的图形配合来判断本品种的进场时机。各种方法配合灵活应用。

## 九、三角形整理实例分析

**[实例1] 标准的三角形整理**（见图1-20、图1-21）

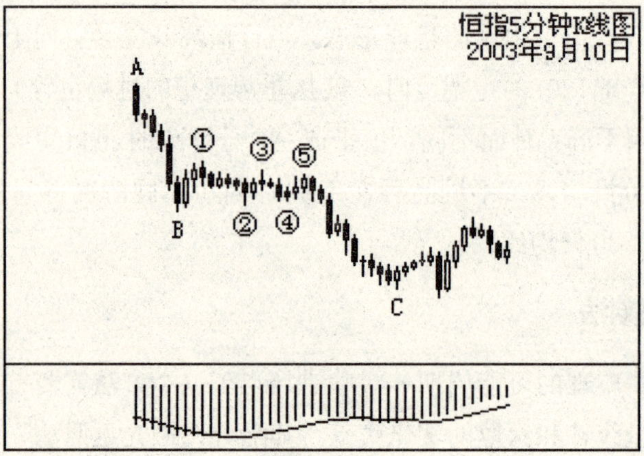


**图** 1-20

### ㈠ 此三角形整理的特点

2003年9月9日，恒生九月期指最高创11248高点后下跌，最低到10977点，最大幅度是271点，并收盘于10988点。次日9月10日，行情平开盘于10996点，继续下跌了130点而到达10866点。这个三角形出现在一个非常低的位置。这个三角形的前波幅度130点，属于偏大的幅度，耗时30分钟。后市三角形如果确立，后市幅度预估选择1倍的关系。过多的利润期待恐怕有困难。前波跌势均匀，速度适中，跌速是4.3点/分钟。盘整幅度45点，是前波的35%；整理时间74分钟，整理充分。这个三角形的盘区非常理想，各波和谐、五波清晰、收敛和缓。盘区耗费时间为74分钟，后市耗费时间为51分钟，后市耗费时间是盘区耗费时间的69%。

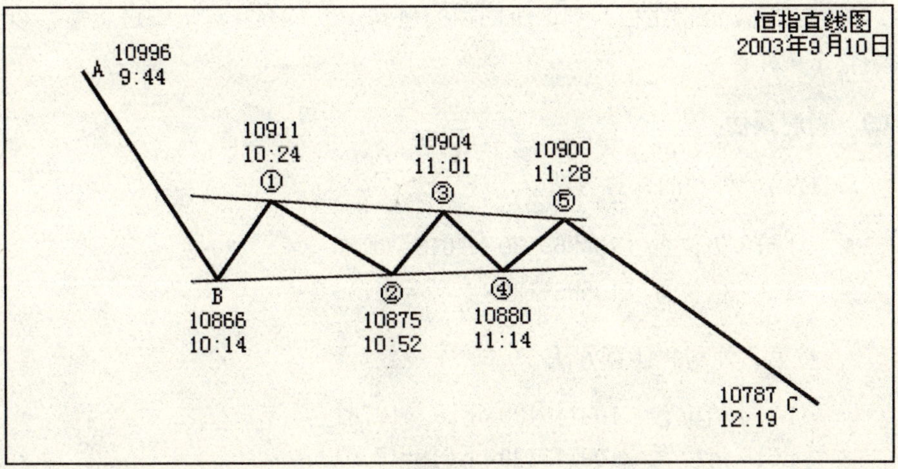


**图** 1-21

### ㈡　进场时间预计

1．在三角形整理中，整个盘区存在周期，盘区是指从B点到⑤点。而临近的两个高点也容易出现周期，亦即③点与⑤点。行情走到④点消耗了60分钟，60分钟后的周期是64、68和74分钟。由于64分钟与60分钟太接近，忽略不用。如果用68和74分钟周期，⑤点对应的时间是11∶22和11∶28，与③点分别成20分钟和27分钟周期。当行情到达11∶22和11∶28附近时，需密切注意。

2．20分钟是60分钟的1/3；27分钟是恒指一天整个交易时间270分钟的1/10；68分钟是270分钟的1/4；74分钟是120分钟的黄金分割位。

### ㈢　进场点

1．①、③点之间的点差是7个点，②、④点之间的点差是5个点。估计③、⑤点间的差值应在7个点之内。

2．考虑成交问题，选择可靠的进场点。10904-7=10897，选择10897进场。

### ㈣　止损的设定

1．可以把止损设在①点之上的10912点，把10904点设为心中止损，如果行情破掉10904点，考虑平仓。

2．最简单的操作方法是，直接把止损设在③点之上的10905点，风险为：7+4(手续费)=11个点。

3．当行情跌破④点以后，将止损改到刚刚成立的⑤点上；当行情跌破点B时，可以稍微保护一点利润，把止损改到10890点，然后静待行情突破后的回档。回档完毕，再将止损改到这个回档的最高点上。不宜过近跟进止损，以免影响整个操作计划。

### ㈤ 利润预估

1．按第一种利润计算方法

1.618 倍位置　10996-130×1.618=10786

2　　倍位置　10996-130×2　　=10736

2．按第二种利润计算方法

1　　倍位置　10911-130×1　　=10781

1.618 倍位置　10911-130×1.618=10701

3．由于行情位置已经太低，过大的利润目标恐难以达到。即使达到，恐怕也经历“坎坷”。从计算上看，利润目标达到10781～10786的可能性很大。可选用10786做出场参考点。

### ㈥ 操作性评估

1．风险利润比例：11∶(10897-10786)≈1∶10。

2．三角形收敛得较慢，从而使风险值很小，利润风险比例很大。所以说，收敛慢的形态投资价值最高。

3．这个三角形整理因为出现的位置不理想，成功率估计为70%。如果出现的位置理想，则成功率应在90%以上。

4．前波和盘区走势都较稳定，估计后市走势稳定的可能性很大。进场容易、止损易设、盘区整理充分，可以说这个三角形整理非常标准，难得一遇。

5．孟子云：“虽有智慧，不如乘势。虽有磁基，不如待时。”范蠡曰：“时不至，不可强生；事不究，不可强成。”《语》曰：“圣人修备以待时也。”《易·需》：“初九：需于郊。利用恒，无咎。”《易·乾》：“初九：潜龙，勿用。”《象》曰：“阳在下也。”其言意一也。耐心等待这样的好机会，大概就是大智慧。

6．建议重仓操作。

这里探讨一个概念：什么是重仓？

如果操作的是一手，而冒了仓位20%的风险，或没有设置止损，就可能是冒仓位100%的风险。我认为这种情况就应该是“持仓过重”。如果操作的是两手，而冒的风险却是仓位的7%。这样利润虽然可能大一倍，而风险并不大，其实持仓并不重。可以称此为“重仓位而轻止损”。

**㈦ 盘后讨论**

1．后市行情几乎准确到达1.618倍的位置，又经历漫长的85分钟后，才到达10778点。可见1.618位置的重要意义。

2．如果限定在10786点出场，虽然偏差不太大，但对操作影响巨大。行情实际是10787点，限价10786点出场不能成交。要注意这个问题的存在。关注计算的出场位置，随时准备灵活平仓。

3．下跌幅度大并不是不能再下跌的理由。下跌很多，更不能简单的成为上涨的理由。简称之“下跌不是上涨的理由，上涨也不是下跌的理由”。

4．注意行情从⑤点发动后的时间问题。一般来说，行情如果走势很快，则消耗的时间将很短；如果速度适中，应注意当后市时间达到盘区时间一半以后的市场情况，尤其是60%～70%左右的时间。越往后，我们就离转势越近。

5．冒仓位5%的风险，可以获得仓位50%的利润。

**[实例2] 标准的三角形整理**（见图1-22）

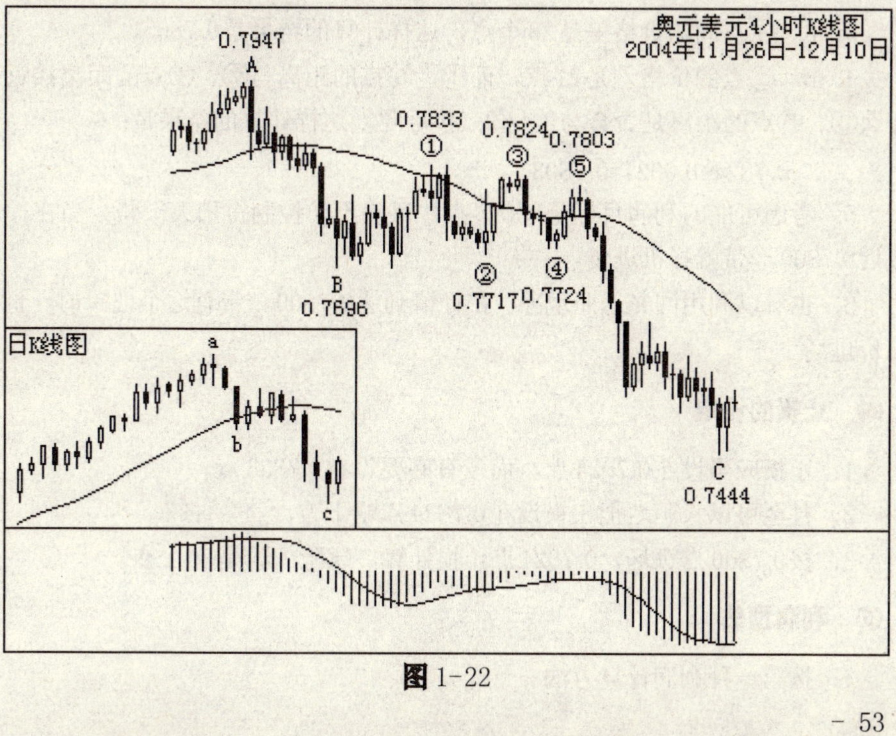


**图**1-22

### ㈠ 此三角形的特点

1．此行情出现在奥元美元漫长的涨势后面。创立最高点0.7949后，下跌了251点，到达0.7696后形成的三角形。

2．前波跌势稳定，速度适宜。幅度是251点，耗费时间是2天。

3．盘区耗时大约5天，幅度137点，是前波的55%。波浪清晰，收敛缓慢，走势沉稳，整理充分。

4．唯一不理想的是B点处。盘区的第1波有点偏大，但情况不是很严重。

5．4小时图MA(30)均线向下，而价格穿越其上。

6．这是一个难得的标准三角形整理。

### ㈡ 进场时间预计

第4波耗费时间是15小时，第5波耗费时间应当以此作为参考。实际情况是第5波耗费时间14小时。

### ㈢ 进场点

1．①、③点之间的距离过近，是9个点，估计③、⑤点之间的距离将大于这个数字。

2．按台阶法得到的数据是：0.7824-0.0009=0.7815。

3．B、④点间的价格差是28个点，这样计算的结果是0.7805。

4．B、②点的价格差是21点，而①、③点的距离与②、④点的距离接近。那么③、⑤点的距离是否会与B、②点接近呢？这样计算的结果是：

0.7824-0.0021=0.7803

5．考虑可能的利润目标是300多点，风险不妨控制得稍大一些。当在行情接近0.7800一带就择机进场。

6．也可以利用回光返照现象。在行情到达0.7800一带有这个现象时，直接市价进场。

### ㈣ 止损的设定

1．止损应当设在0.7824点，而没有必要设在0.7833点。

2．甚至可以大胆地把止损设在0.7824点略下方。

3．按0.7800点进场，0.7824点止损计算，风险大约是30个点。

### ㈤ 利润预估

1．按第一种利润计算方法

1.618 倍位置　7947-251×1.618=7541

2　　 倍位置　7947-251×2　　=7445

2．按第二种例如计算方法

1　　 倍位置　7833-251×1　　=7582

1.618 倍位置　7833-251×1.618=7427

3．这个三角形形态对前波的整理很充分，行情不应当走到0.7541～0.7582一带结束。估计目标当选择0.7427～0.7445一带。实际操作应选择0.7450，以保证离场安全。

4．利润目标350点。

## ㈥　操作性评估

1．这个三角形整理非常的漂亮，成功率不应该少于90%。

2．这个三角形的后市没有大利润的可能性不大。

3．应当考虑重仓进场。

4．风险利润比例：30∶350≈1∶12。

5．行情的前波和盘区走势稳定，既不沉闷亦不杂乱，后市走势稳定的可能性很大。

## ㈦　盘后讨论

1．当①、③点间的距离偏小时，选择进场点亦当尽早。

2．这种情况不如①、③点间的距离偏大的情况风险利润比例理想。

3．在实际的行情中，在到达行情终点前，出现了一个不是很标准的三次探底。可以利用行情给予的其他判断机会，进一步确认利润目标。对计算的利润目标不可迷信，随时小心行情微小意外。

4．后市行情是选择1.618倍比例的位置还是2倍比例的位置，需要经验。

5．如果按仓位5%的风险操作，利润是60%。

6．如果破位后加手，利润是100%。加手有很多种方式。

7．这种情况不妨风险冒得大一点，风险达到7%，利润是140%。

8．②、④点距离较近，其形成下跌行情中出现的顶点不同序的上升三角形整理的可能性不大，但应予以注意。

9．盘区31根K线，后市18根K线，比例58%。

10．行情经历一个漫长而缓慢的涨势之后，成功地突破趋势线，在突破初期出现的整理形态，是非常理想的操作机会。

11．在很多反转形态中，行情发动初期如果出现整理形态，都是值得重点投资的机会。很多反转形态本身并不是很好的操作机会。

**[实例3]　三角形整理**（见图1-23）

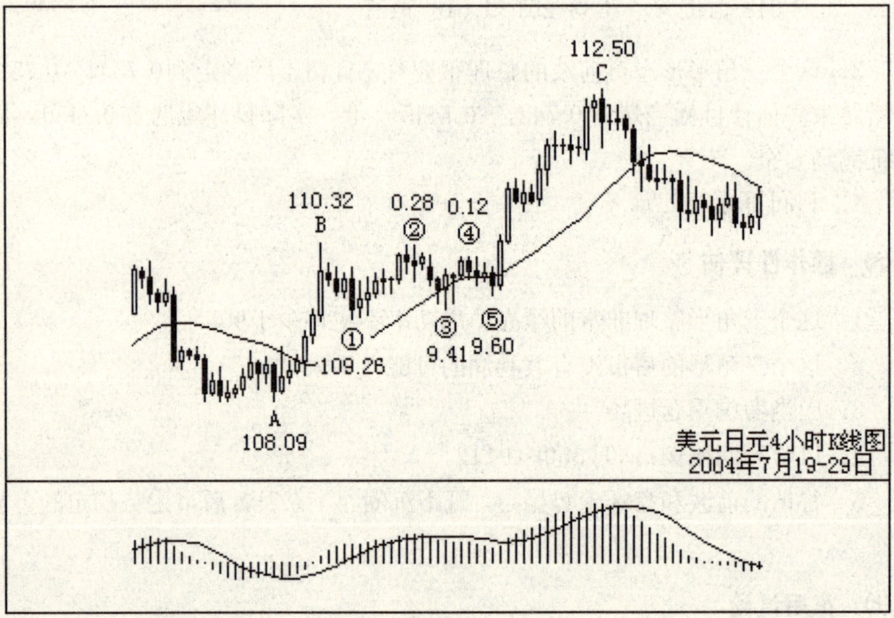


**图** 1-23

### ㈠　此三角形的特点

1．前波223点，时间是50小时，幅度适中，速度偏快；行情先慢后快，这种行情一般难以整理，但要比行情先快后慢的情况好些。

2．整理区幅度106点，是前波的47%。整理时间98小时，整理充分，五波清晰和谐。

3．三角形收敛和缓，可以判断其是标准三角形整理，按三角形整理操作。

4．前波涨势速度不均匀。

### ㈡　进场时间预计

第5波时间应与第4波时间差不多，是14小时。

### ㈢　进场点

1．①、③点之间的距离是15个点，②、④点之间是16个点的距离，③、⑤

点之间距离应与其相近。它们的距离都比较适中。

2．为了保证成交，可以选择③点之上20多点做进场点，也就是10961，或更高一点。

### ㈣ 止损的设定

1．这种幅度不算小、走势温和的行情止损无须设立在①点，可直接设在③点10941。如果行情出现假破③点的情况，属于意外。

2．风险共是25点的风险（外汇里的美元日元点差一般不多于5个点）。

### ㈤ 利润预估

三角形对前波整理得很充分，一般都有2倍或2.618倍的幅度。

1．按第一种利润计算方法

1.618 倍位置 10809+223×1.618=11170

2 倍位置 10809+223×2 =11255

2．按第二种利润计算方法

1 倍位置 10926+223×1 =11149

1.618 倍位置 10926+223×1.618=11287

3．行情在11149～11170处存在很大阻力，需注意。

4．由于整理充分，行情应该到达11255～11287一带。

5．实际操作选择11255点作为出场参考。

6．利润大约290点。

### ㈥ 操作性评估

1．整理适宜的三角形整理历来成功率不低。

2．整理条件充分的三角形整理历来难得一遇，尤其是在涨势中。

3．三角形整理也是操作性最好的形态之一。

4．风险利润比例为：25∶290≈1∶12，比例很大。

5．机会难得而易失，重点操作。

### ㈦ 盘后讨论

1．后市行情经过三次冲击才到达11250。注意后市行情给予的新形态。可以利用三次探顶，做台阶法计算。

2．前波涨势速度不均匀，若非整理时间充分，失败的可能性很大。

3．按5%的风险操作，可能获得60%的利润。

4．难得的好机会，建议重仓操作。但风险不可多于仓位的10%。

5．对于行情可靠性、稳定性、利润性较好的机会，可以采用加仓操作方法，在不加大风险的情况下，大幅度提高利润。加仓有很多方法，我可能在别的章节中提到。

**[实例4]　中继型非充分的三角形整理**（见图1-24）

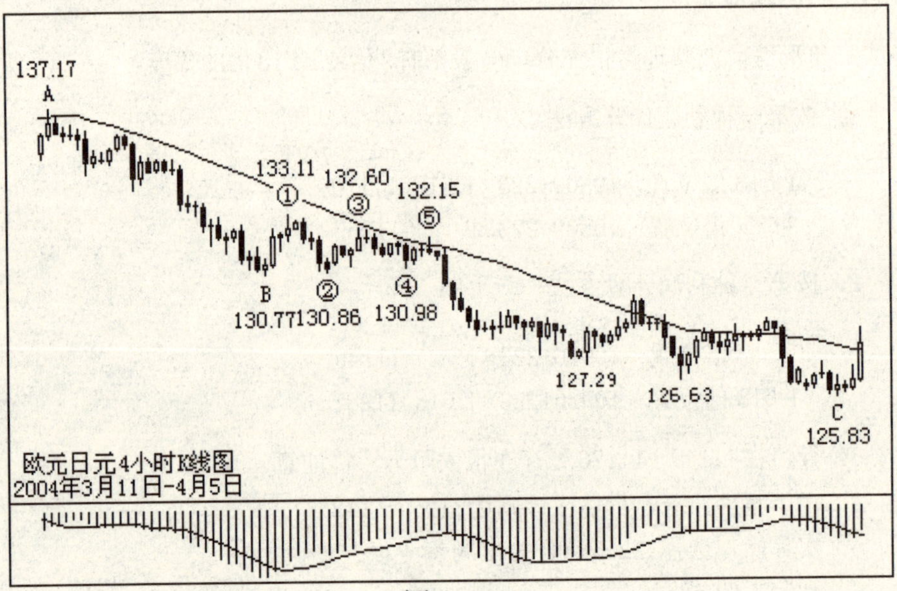


**图** 1-24

**㈠　此三角形的特点**

1．前波幅度640点，时间4天，速度和缓，幅度较大。

2．盘区幅度234点，是前波的37%，时间4天，整理时间不够充分，属于非充分整理。波浪清晰、各波和谐、收敛缓慢。

3．估计三角形整理成立后，后市幅度将与前波差不多，具有中继性能。

4．前波跌势稳定，盘区精巧而温和，故不易形成反转三角形。

**㈡　进场点**

1．①、③点间是51点，估计③、⑤点的点差在其左右。

2．三角形整体偏下倾，注意③、⑤点距离可能偏远。

3．考虑利润可能有520点之多，应尽早进场。当行情达到132.00点之上，就应考虑进场。

4．此形态得到均线系统支持，进场注意参考均线。

### ㈢ 止损的设定

1．止损设立在③点之上，132.60位置，是65点风险。

2．当行情跌破盘区最低点130.77时，设立获利保护。

3．当行情迫近出场点时，再跟紧止损，以保证在这波行情中出场，不给行情过多的回头机会。

### ㈣ 利润预估

1．按第一种利润计算方法

1.618 倍位置　13717-640×1.618=12681

2　　倍位置　13717-640×2　　=12437

2．按第二种利润计算方法

1　　倍位置　13311-640×1　　=12671

1.618 倍位置　13311-640×1.618=12275

3．行情在12671～12681处阻力重大。

4．一般情况，中继性能的三角形，后市多数走1倍多一点的关系。也就是，行情可以抵达12671下。但实际操作时不必追求这部分利润。

5．选择12681一带出场，利润是520点。

6．如果已经获得巨大利润，尽量考虑早离场，因为越往后，危险也就越大。除非你能证明，行情是单边而不回头的行情。

### ㈤ 操作性评估

1．这个三角形形态娇小而标准，成功率不会很低，估计在80%以上。

2．风险利润比例：65∶520≈1∶8。

3．重点操作。

### ㈥ 盘后讨论

1．虽然后市行情很大，但获利比例不是特别大。也就是说，大幅度的行情不一定有好的投资效果。

2．后市出现了一个起伏很大的三次探底，帮助进一步确定行情终点。

3. 计算数据偏差很大，但参考价值不受影响。第一种计算方法的1.618倍位置确实对行情有影响。

4. 过近或过早跟进止损，将对操作结果影响巨大。如何跟进止损，不是简单的事，应根据分析操作止损。

**[实例5] 波浪不清的三角形整理**（见图1-25）

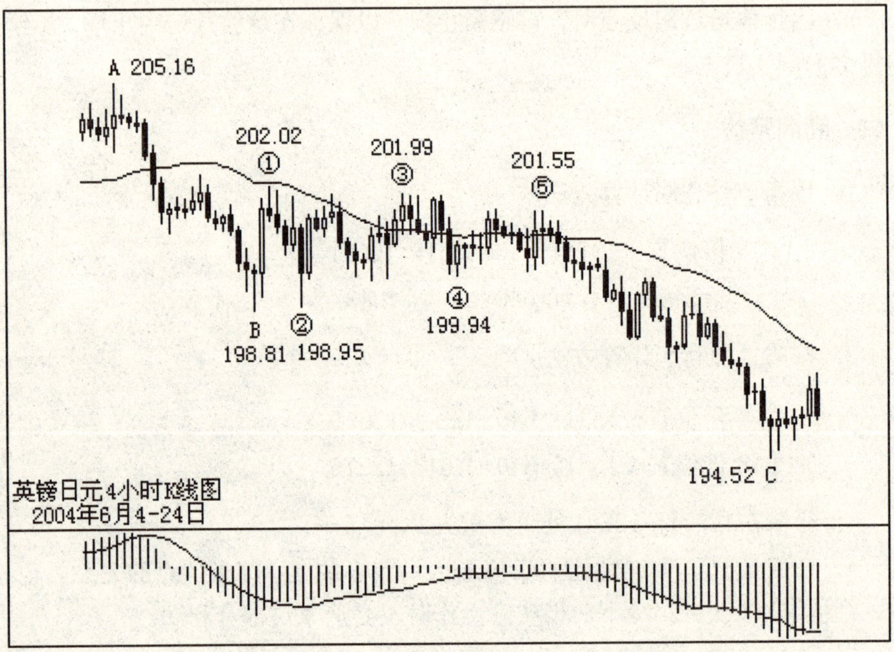


**图** 1-25

### ㈠ 此三角形的特点

1. 前波635点，幅度适当，时间3天，跌势稳定。

2. 盘区波浪混乱，幅度321点，时间6天。

3. 当行情抵达③点时，似乎也出现了一个三角形整理，但其盘整时间是3天，对前波整理不充分，尚达不到理想的投资条件。行情抵达⑤点时，盘整时间达到6天，投资条件成熟。

4. 盘区虽然混乱，但整体的三角形区域明显，具有三角形整理的特征。

5. 盘区行情走势稳定性较差，估计后市稳定性也将较差。

6. 均线由向下转为平行。行情休整完毕，继续下跌的可能性将多于50%。

7. 出现在大型旗形顶之后、行情发动的早期。见图1-26。

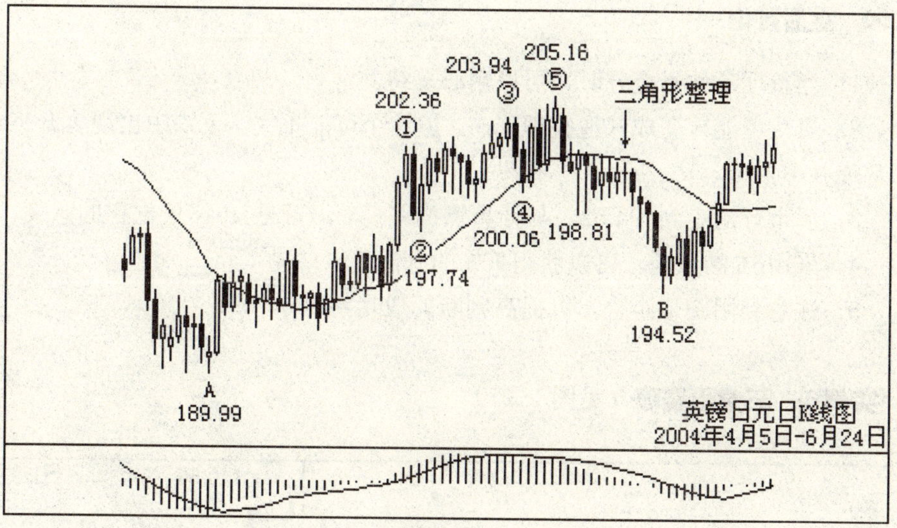


图 1-26

## ㈡ 进场点

1．①、③点之间距离是3个点，如果三角形整理成立，③、⑤点之间距离必然将很远。

2．有形成下跌中出现的上升三角形整理的可能。如果参看30日均线，这个可能性不是很大。

3．利润是650，可将止损定为50点，在20202-50=20152一带进场。

**㈢ 止损的设定**　止损设在①点，是202.02，共55点风险。

## ㈣ 利润预估

1．按第一种利润计算方法1.618倍的位置：20516-635×1.618=19489。

2．这个位置应该是第二种计算方法的1倍多一点的位置。

3．按经验，达到这个位置的可能最大，利润是650点左右。

4．如果按旗形顶计算：205.16-(205.16-200.06)×2=194.96。

## ㈤ 操作性评估

1．整理充分的三角形整理，成功率不可能低于70％。其也是旗形顶之后出现的三角形整理，成功率更高。

2．考虑可能转变成其他的整理形态，建议轻仓操作。

3．风险利润比例：55∶650≈1∶12。

4．盘区波浪混乱的三角形，宜轻仓操作。不突破盘区，不轻易改动止损。

### ㈥ 盘后讨论

1. 当整理条件不充分时，可以耐心等待。

2. 虽然可能转变成其他整理形态，但这个可能不大。下跌中出现上升三角形整理并不多见。

3. 后市行情走到194.52，与计算点偏差+3%，可见1.618倍位置的意义。

4. 采用3% 的风险，可以获得36% 的利润。

5. 注意利用图形组合，以提高判断的成功率。

**[实例6] 三角形整理**（见图 1-27）

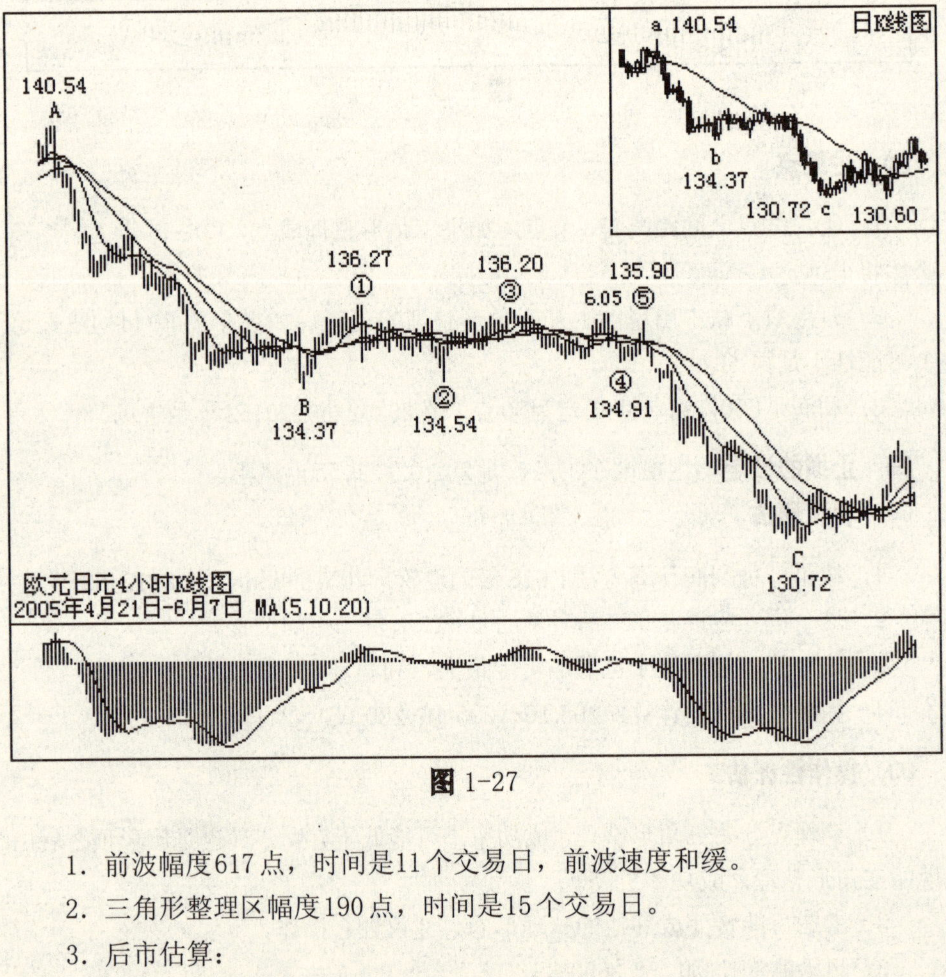


**图** 1-27

1. 前波幅度617点，时间是11个交易日，前波速度和缓。

2. 三角形整理区幅度190点，时间是15个交易日。

3. 后市估算：

$$140.54-(140.54-134.37)\times 1.618=130.56$$

4．此三角形整理介于充分与不充分整理之间。在4小时图和日线图上，此三角形整理都得到长期均线的支持。

5．这是难得一遇的三角形整理，应重点操作。

**[实例7]　标准三角形整理**（见图1-28）

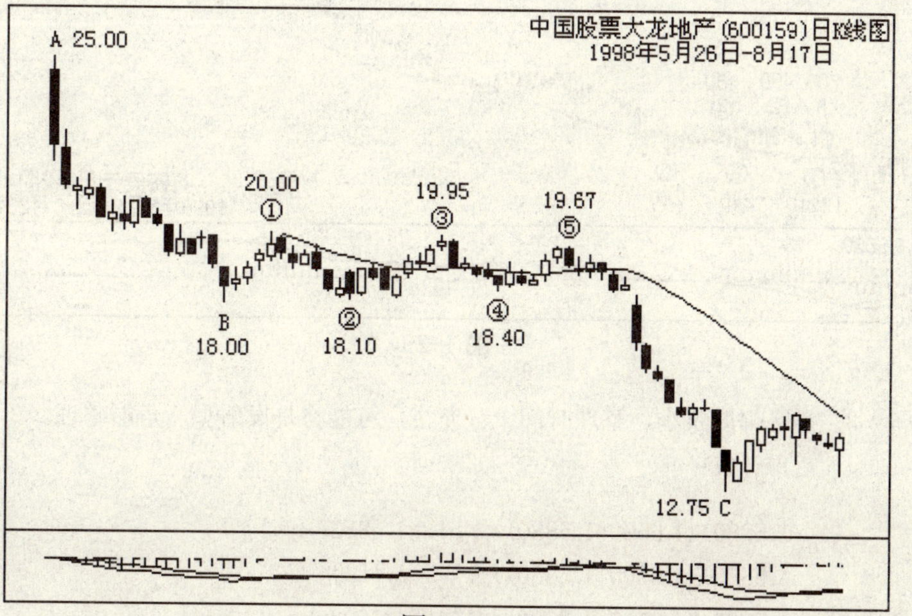


**图**1-28

1．前波幅度7.00元，时间16交易日。

2．盘区幅度2.00元，时间30交易日。盘区狭窄、收敛缓慢、整理充分。

3．此形态在上市初期出现。

4．后市估算：

25.00-(25.00-18.00)×1.618=13.67

5．⑤点离场可规避35% 的亏损，这也是相关股票的离场信号。行情最终抵达2倍位置。

**[实例8]　射击型三角形整理**（见图1-29）

1．前波幅度620点，时间7天；盘区幅度290点，为前波的47%，时间17天。

2．此形态得到均线系统支持。

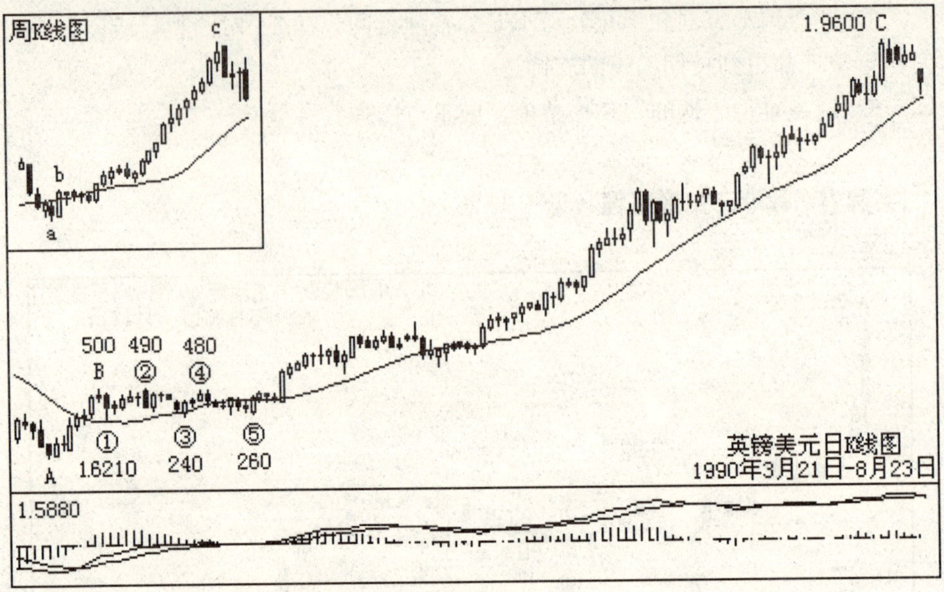


图 1-29

3. 盘区幅度狭小，整理时间十分充裕，可能将是发射型三角形整理。

4. 后市计算：

1.5880+(1.6500-1.5880)×1.618=1.6883

1.5880+(1.6500-1.5880)×2 =1.7120

1.5880+(1.6500-1.5880)×2.618=1.7503

1.5880+(1.6500-1.5880)×3 =1.7740

1.5880+(1.6500-1.5880)×3.618=1.8123

1.5880+(1.6500-1.5880)×4 =1.8360

1.5880+(1.6500-1.5880)×4.618=1.8743

1.5880+(1.6500-1.5880)×5 =1.8980

1.5880+(1.6500-1.5880)×5.618=1.9363

1.5880+(1.6500-1.5880)×6 =1.9600

1.5880+(1.6500-1.5880)×6.618=1.9983

**[实例9]　黄金的走势**（见图 1-30）

**㈠　此三角形整理的特点**

1. 三角形出现在黄金漫长的涨势之后。黄金从1999年的2330点，一直涨

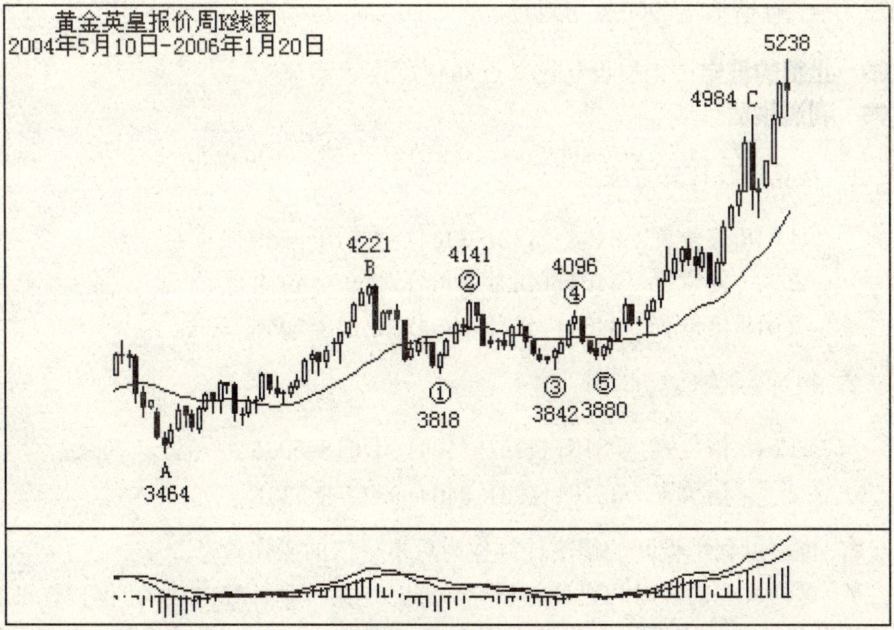


**图** 1-30

到4221点，涨幅为81%。

2．盘区的前面有一个明显的前波是从3464点涨到4221点，幅度是757点，时间是29周。

3．盘区幅度403点，是前波的53%；整理时间32周，时间上较充分；盘区的B点和②点距离略偏大。

4．此三角形整理在时间和幅度上都较大。

## ㈡ 进场点

1．估计进场位置是操作的首要关键。

2．有一种估计③、⑤点间距离的方法，就是统计出盘区前几个点之间距离的最大最小数值，也就是B、②点、①、③点和②、④点之间最大最小值，作为③、⑤点之间距离的参考，并把②、④点之间距离作为最重要参考，当行情抵达这个数值范围时，就是考虑进场的时刻。在这个图形里，这些数据是：

B 、②点之间距离：80点

①、③点之间距离：24点

②、④点之间距离：45点

3．进场点应在3922～3866一带，最重要的进场点是3842+45=3887，考虑利润在千点，行情抵达3900就可进场。

**(三) 止损的设定** 止损设立在③点3842，共58点风险。

**(四) 利润预估**

1. 按第一种计算方法

1.618 倍位置 3464+(4221-3464)×1.618=4689

2 倍位置 3464+(4221-3464)×2 =4978

2.618 倍位置 3464+(4221-3464)×2.618=5446

2. 按第二种计算方法

1.618 倍位置 3818+(4221-3464)×1.618=5043

2 倍位置 3818+(4221-3464)×2 =5332

3. 也可以利用盘区的幅度计算作为后市行情的操作参考。

4. 这种大型的、时间充分的整理形态，走第一种计算方法的2倍位置可能性大，也就是4978位置，与5043也较接近。关注1.618倍位置4689的情况。

5. 预计有1000多点利润空间。

**(五) 操作性评估**

1. 大型标准三角形整理非常难得，且顺势操作的成功率应在70%以上。

2. 风险利润比例是：58∶1000≈1∶17。

3. 机会难得，重点操作。

**(六) 盘后讨论**

1. 后市行情经历22周后，几乎准确走到2倍位置，偏差是+0.5%。

2. 行情的疯狂程度有时候是可以计算出来的。

**[实例10] 大型三角形整理**（见图1-31）

1. 行情前波幅度10976点，幅度很大，时间15周。

2. 三角形盘区幅度是5865点，是前波的53%，时间是37周，整理时间十分充分，但此形态幅度过大。

3. 后市可按盘区幅度计算：

7.1856-(7.1856-6.5991)×1.618=6.2366

7.1856-(7.1856-6.5991)×2 =6.0126

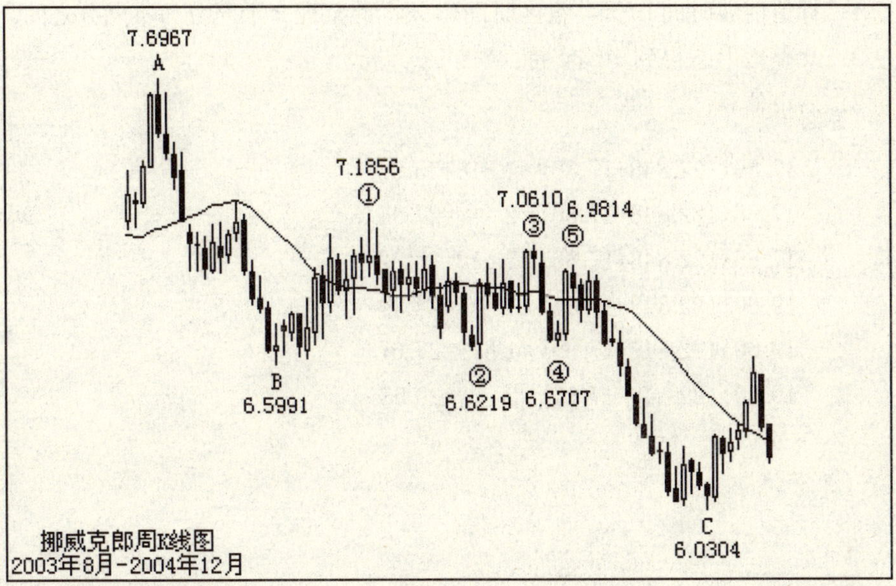


**图** 1-31

**[实例11]　三角形整理**（见图 1-32）

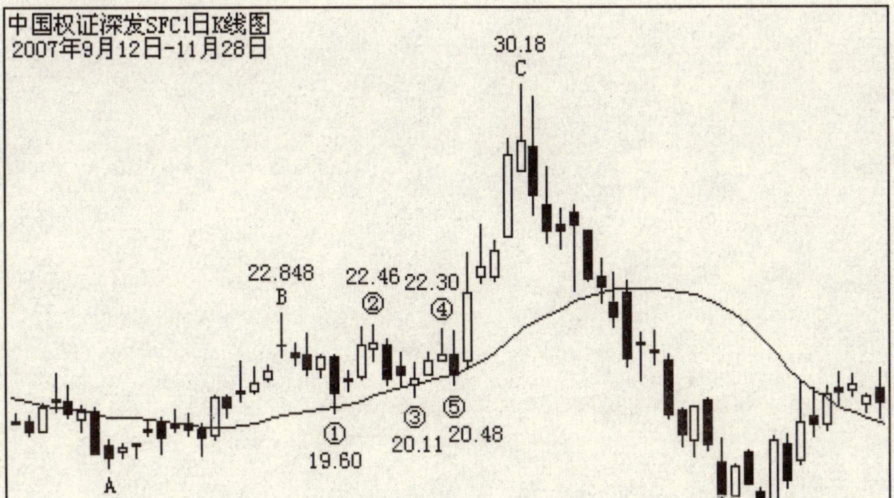


**图** 1-32

1．行情前波时间13天，盘区时间13天，此整理介于充分与不充分之间。

2．此整理形态得到均线支持。

3．后市估算：

17.86+(22.848-17.86)×1.618=25.93

17.86+(22.848-17.86)×2 =27.84

17.86+(22.848-17.86)×2.618=30.92

19.60+(22.848-17.86)×1 =24.59

19.60+(22.848-17.86)×1.618=27.67

19.60+(22.848-17.86)×2 =29.58

# 第三节　三角形头矩形尾整理

## 一、定义

有一种整理形态是三角形与矩形的组合：形态的前半部分是三角形，后半部分是矩形。③点低于(高于)①点，②点高于(低于)B点，③、⑤点、②、④点基本平齐。这种在反转形态中也有出现。如果在整理形态中出现，名之为：三角形头矩形尾整理，见图1-33。

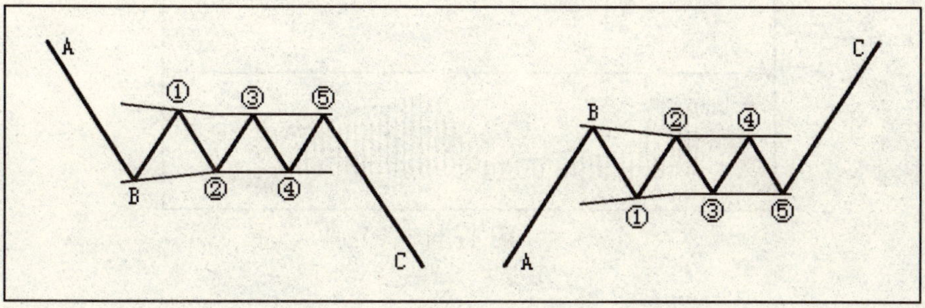


**图**1-33

与这种形态同等意义的还有一种形态：它的前半部分是矩形，后半部分是三角形，名之为：矩形头三角形尾整理(本节[实例3])。在反转形态里也出现过。不妨认为这两种形态都是三角形整理的特殊情况。

## 二、三角形头矩形尾整理的条件、注意事项、特点、操作策略、利润计算

1．它的各个方面应该与三角形整理差不多。止损策略有差异，它的止损设立在①点，而不是③点。

2．在整理形态中，有一个至关重要的问题是：我们将要数到一起的五个波，是否能数到一起，或者说它们是否有相似的特点，或者说，不能有太大的不同。

## 三、这种形态的辨认

1．从②、④点之间距离辨认。如果②、④点间距离过近或平齐，就容易形成这种形态。

2．参考均线。均线这个指标不仅对进场有效，而且随时都可以参考。

## 四、实例分析

**[实例1] 发射型的三角形头矩形尾整理**（见图1-34、图1-35）

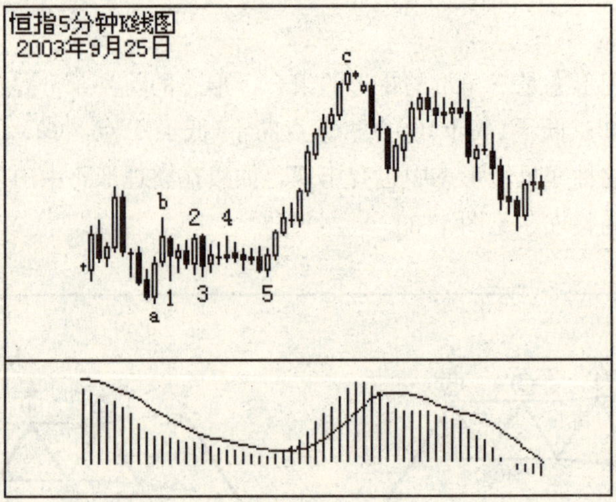


图1-34

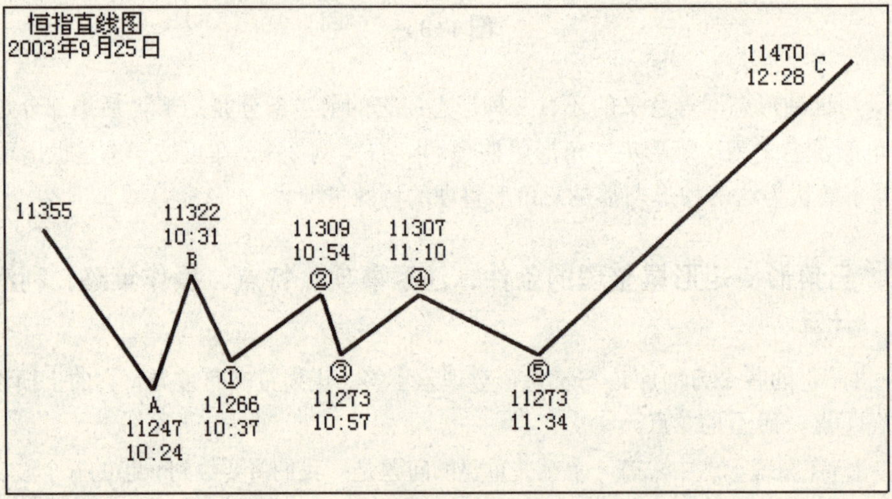


图1-35

### ㈠　此三角形的特点

1．前波短而快。幅度75点，时间7分钟，速度11点/分钟。

2．盘区幅度56点，是前波的75%。时间较长，是60多分钟。

3．②、④点距离很近，③、⑤点平齐，是典型的三角形头矩形尾整理。

4．整理区与前波不容易分辨清楚。

5．具有射击形态的特征。

6．波浪清晰，但各波不够和谐，盘区整体状况良好。

7．第5波时间较长，此情况不多见。

8．行情前日的最高点是11358，是恒指久违一年多的新高点。

### ㈡　进场时间预计

1．行情第4波13分钟，④、⑤波的周期是：

⑴　17分钟，就是11∶14，盘区形成42分钟，没有周期。

⑵　20分钟，就是11∶17，盘区形成46分钟，与45分钟周期接近，但时间较短，整理不够充分。

⑶　27分钟，就是11∶24，盘区形成53分钟，与54分钟周期接近。

⑷　30分钟，就是11∶27，盘区形成56分钟，一般不是周期，不常见。

⑸　37分钟，就是11∶34，盘区形成63分钟周期，如果行情能够达到这个整理时间则整理充分、可操作性强。

⑹　40分钟，就是11∶37，盘区形成66分钟周期。

2．如果行情能在11∶34或11∶37左右出现进场信号，则非常理想，重点关注这个时间。

### ㈢　进场点

1．②、④点间距离过近，④点完成的较早，应留意形成三角形头矩形尾的可能性。

2．②、④点间距离是2个点，③、⑤点间距离可能很近，也可能较远一些。

3．如果整理时间足够，考虑利润有180点，20点左右的风险是可以承受的。

4．宜在11280点一带或以下进场。虽然做三角形头矩形尾的预计，但不能按它去进场。

### ㈣　止损的设定

止损设立在11265点，19点风险。

## ㈤ 利润预估

1．按第一种利润计算方法

1.618 倍位置　11247+75×1.618=11368

2　　倍位置　11247+75×2　　=11397

2.618 倍位置　11247+75×2.618=11443

3　　倍位置　11247+75×3　　=11472

3.618 倍位置　11247+75×3.618=11518

2．按第二种利润计算方法

1　　倍位置　11266+75×1　　=11341

1.618 倍位置　11266+75×1.618=11387

2　　倍位置　11266+75×2　　=11416

2.618 倍位置　11266+75×2.618=11462

3　　倍位置　11266+75×3　　=11491

3．行情前波之前还有个波浪，幅度是108点。后市行情也容易与它产生比例关系，这个计算作为参考。如果第一种和第二种计算方法的结果能与这个计算接近，则可进一步确定计算结论。

1.618 倍位置　11247+108×1.618=11422

2　　倍位置　11247+108×2　　=11463

2.618 倍位置　11247+108×2.618=11530

3　　倍位置　11247+108×3　　=11571

4．密集区域在11462～11472。行情在这里被阻住的可能性最大。

5．由于是上涨行情，可以参考成交量帮助进一步确定后市计算。

6．利润目标在11462，是180点左右。

## ㈥ 操作性评估

1．如果行情能在盘整60分钟之内不发动，则操作性良好；如果过早发动，利润恐难以很大，或可操作性不强。

2．整理时间充分的整理形态，历来成功率不低。

3．风险利润比例：19∶180≈1∶9。

## ㈦ 盘后讨论

1．前波速度快，而盘区十分充分的行情有发射形态倾向。

2．整理不充分时，最好不要进场，也不必担心行情会跑掉。因为整理不充分的行情，后市的利润、容易操作性都不会很好，大可不必惋惜。

3．行情早期出现的整理形态一般难以辨认，但其利润丰厚。

**[实例2]　外汇的三角形头矩形尾整理**（见图 1-36）

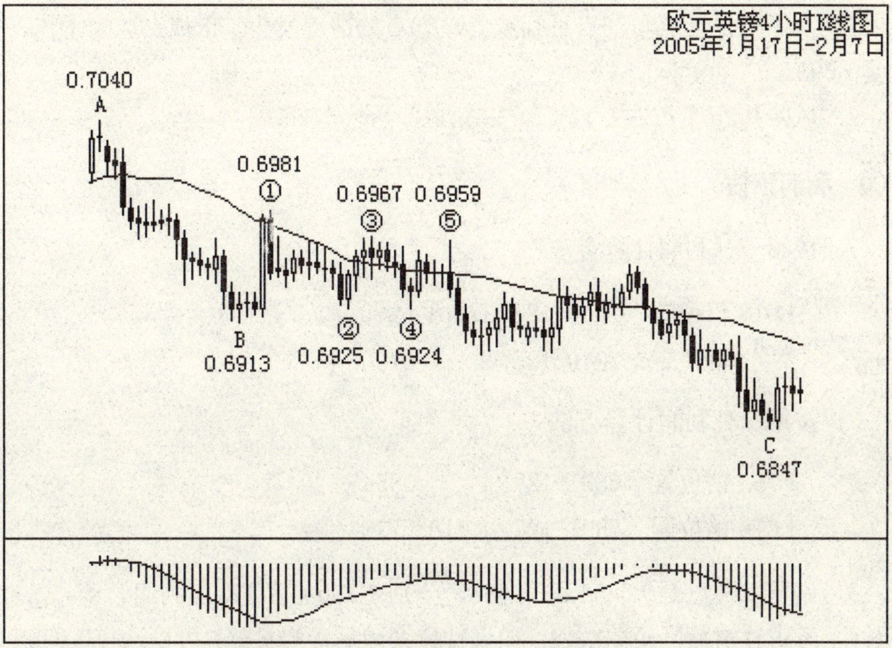


**图** 1-36

## ㈠ 此三角形的特点

1．前波127点，时间3天，速度偏慢，幅度偏小。但跌势稳定，速度均匀。

2．盘区幅度68点，是前波的54%；时间是5天，对前波整理充分。但①、③点收敛偏快。②、④点基本平行，④点低于②点1个点。

3．盘区均线稳定向下，而行情穿越其上。

4．盘区走势懒散，估计后市多有反复，恐难操作。

## ㈡ 进场时间预计

第4波用时20小时，估计第5波时间应在其左右。

### ㈢ 进场点

1．②、④点平行，①、③点偏远，则③、⑤点应该很近才具有投资价值。

2．考虑止损要设立在①点之上，进场点宜选择偏高一点，进场参考点选择0.6960。对后市没有足够把握的情况下，采用最保守出场点，确保安全出场。如果对最保守出场点也没把握，就不要进场。

3．盘区状况不好，止损不可轻易跟进。

### ㈣ 止损的设定

1．为了防止⑤点与③点平行或虚破③点的情况发生，止损点选择①点，也就是0.6981。

2．风险共25个点左右。

### ㈤ 利润预估

1．按第一种利润计算方法

1.618 倍位置　7040-127×1.618=6835

2　　 倍位置　7040-127×2　　=6786

2．按第二种利润计算方法

1　　 倍位置　6891-127×1　　=6854

1.618 倍位置　6891-127×1.618=6776

3．出场参考点是0.6854和0.6786，分别是100点和170点利润。

4．考虑行情盘区走势缓慢，如果行情突破后走势良好，可以选择0.6786做出场参考点；如果走势不快，则选择0.6854做出场参考点。

### ㈥ 操作性评估

1．盘区状态不好，后市易多有反复。

2．盘区的第1波幅度和速度都过大，这将影响这个整理形态的投资性能。

3．从均线状况和整理时间判断，此整理形态成功率尚可以达到50%以上。

4．风险利润比例：25∶100=1∶4 或25∶170≈1∶7。

5．一般来说，风险利润比例少于1∶3的，没有操作意义。因为一次操作，常很容易因一个小小的错误而失败。换句话说，操作成功并不容易。

6．建议谨慎操作此行情或放弃。

### ㈦　盘后讨论

1．行情破位后，回档非常大，几乎回到启动点⑤上。整理区不稳定的行情，这种情况并不少见。但当时均线依然良好。止损的跟进需特别注意。

2．这种形态的第5波消耗时间容易比第4波长。

3．好的出场点一般都在离均线较远处。当行情脱离均线过远，就有可能是很好的出场点，但也不尽然。

4．后市消耗时间是盘区 的144%。当后市时间过长，迟迟没有达到利润目标，宜寻找时机出场。

## [实例3]　矩形头三角形尾整理

㈠　整理区的前两个高点和前两个低点基本是平齐的，后半部分是收敛的。其意义和正常的三角形整理区别不大。示意图如图 1-37 所示。

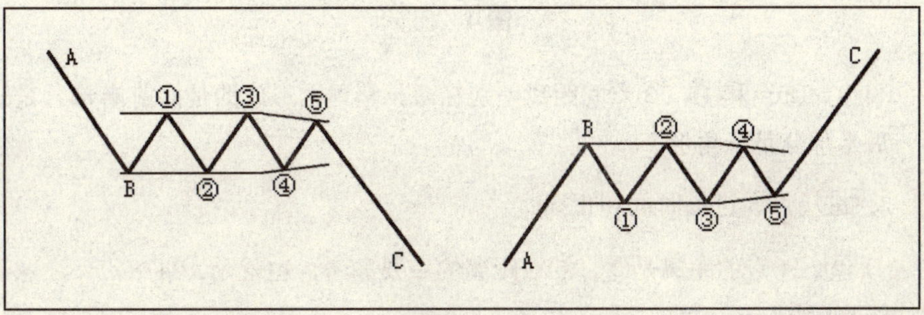


图 1-37

㈡　④点的回档要求足够，或者说，第4波能被确认，否则行情将容易转变为其他图形。不仅可能亏损，最糟糕的是获利的可能很小。

㈢　这种整理形态很罕见。

㈣　⑤点应该有虚破①、③点的可能。观察均线和K线组合也许是辨别的好办法。

㈤　外汇中的例子，如图 1-38 所示。

1．图形特点

⑴ 前波176点，幅度适中，时间13小时，速度均匀和缓。

⑵ 盘区幅度是111点，时间是37小时，五波清晰，走势稳定。但各波速度不均匀，第2、3波偏快。

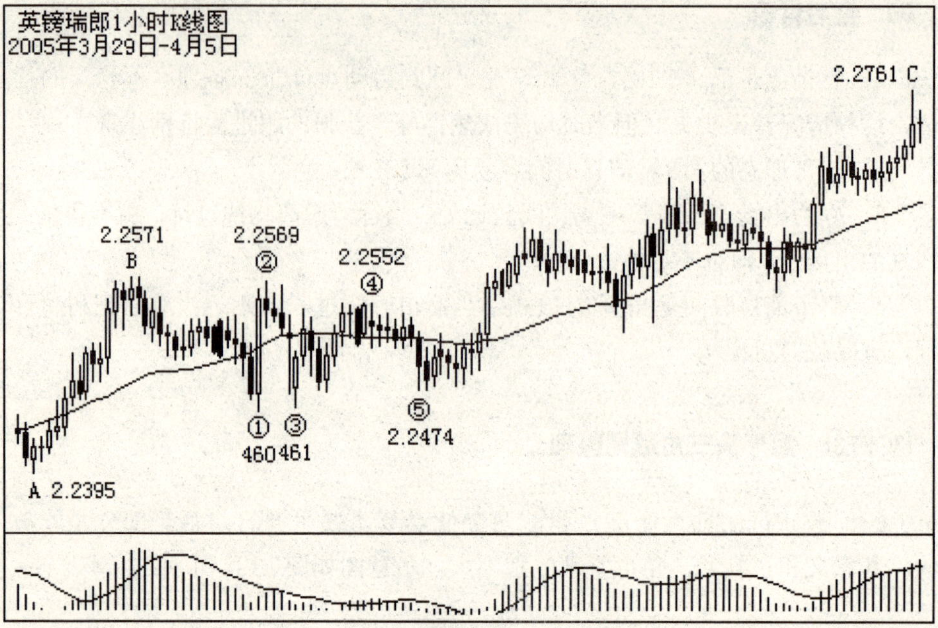


图 1-38

⑶ B、②点和①、③点间距离差别轻微。整理区形成的是：前半部分是矩形、后半部分是三角形。

2. 进场点、进场时间和止损

⑴ ②、④点的距离是③、⑤点距离的重要参考，也就是2.2478点。注意参考均线和K线形态。

⑵ 第4波时间是9小时，如果第5波速度和缓，这当是它的重要参考时间。

⑶ 止损设在盘区最低点，这里就是2.2460，止损18个点，风险23个点。

⑷ 所有的外汇点差均按5个点计算。

3. 利润目标计算

⑴ 按第一种利润计算方法

1.618 倍位置　22395+176×1.618=22680

2　　 倍位置　22395+176×2　　=22747

2.618 倍位置　22395+176×2.618=22856

⑵ 按第二种利润计算方法

1　　 倍位置　22460+176×1　　=22606

1.618 倍位置 22395+176×1.618=22745

2 倍位置 22395+176×2 =22812

⑶ 利润目标是2.2745～2.2747，是267点。

4．操作性评估

⑴ 整理时间充分、整理区明显、整理区尚属于收敛之列。收敛的形态，投资价值历来很高，估计成功率不少于70% 。

⑵ 可惜的是，这个图的周期偏短，是在1小时K线图上出现的。

⑶ 风险利润比例是：23∶267≈1∶12，比例非常高。

⑷ 建议操作。

5．盘后总结

⑴ 形态变化万千，有投资价值的并不多，但多数都有间接的分析价值，也就是帮助判断的作用。因其本身分析不出投资所需要的所有问题，一般只能分析出一部分。

⑵ 这个行情经过三次冲高、两次回档，才最终抵达2.2761点。这样可以进一步确定出场位置。

⑶ 在行情到达终点时，均线系统依然良好。在图形分析里，后市行情的很多情况，用普通行情分析的方法，常常失效。

⑷ 采用5% 的风险，可以得到60% 的利润。每次进场采用的风险额度，以3% ～7% 为宜，不宜过小和过大。如果想在一次机会里取得更大利润，可以采用按部就班的加仓方法，在不增加风险的情况下，取得更大利润。加仓的方法有很多种，不同的情况采取不同的方法。

# 第四节　上升和下降三角形整理

## 一、定义

**上升三角形整理：**上升三角形是指，盘区的三个高点基本平齐，三个低点陆续抬高的图形。据统计，这种形态的后市70%是上涨的，因此得名上升三角形。如果这种三角形是以整理形态出现，我们就称它为：上升三角形整理。可细分为：在涨势中出现和在跌势中出现的两种，示意图如图1-39所示。其也常在行情的顶部或底部以反转形态出现。

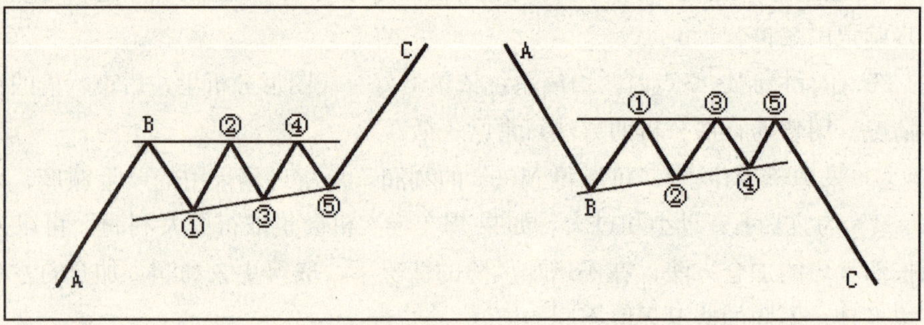


**图**1-39

**下降三角形整理：**下降三角形是指，盘区的三个低点基本平齐，三个高点陆续降低的图形。无论是以整理形态出现，还是以反转形态出现，它的后市多数向下下跌，故得名：下降三角形。若以整理形态出现，就可以称它为：下降三角形整理。作为整理形态，在跌势和涨势中都有出现，见图1-40。作为反转形态，它可能在顶部或底部出现。

最标准的涨势是，行情的高点和低点都陆续抬高，见图1-41。而在下跌一定幅度后出现的下降三角形整理，如果认为它是涨势，其高点不仅没有成功抬高，反而陆续降低；其低点也没有成功的抬高，而是走平。这是一个非常弱的涨势，其后的跌势容易很强。

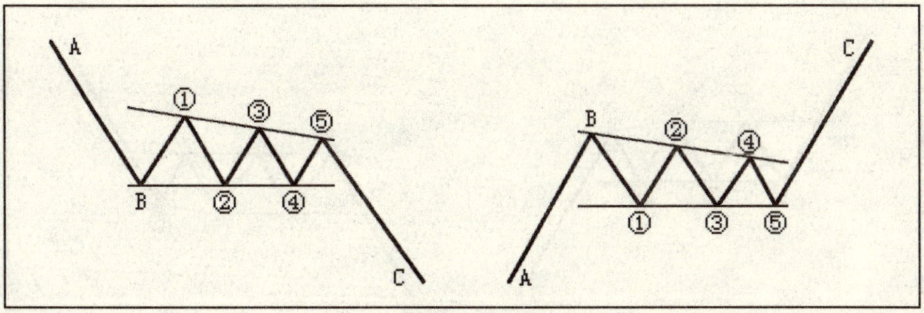


图 1-40

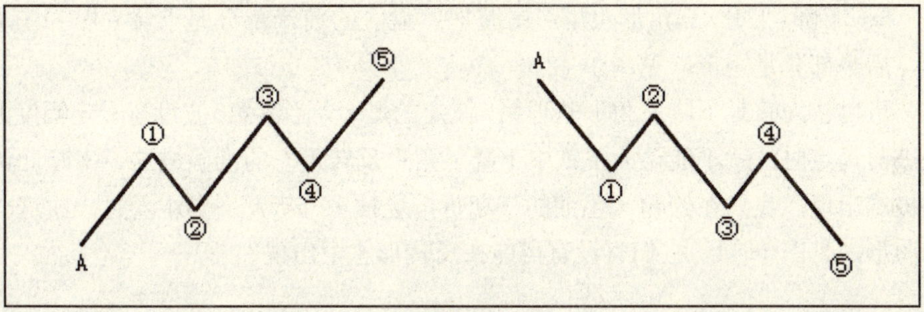


图 1-41

在上涨中出现的上升三角形，也是一样的道理。

实际上，在跌势中出现的下降三角形整理，不是最差的涨势。最差的涨势是弱势整理：弱势旗形整理或弱势楔形整理，高点和低点都陆续降低的涨势。但仅就成功率来说，下降三角形是最理想的整理形态。

在上涨后出现的强势旗形整理或强势楔形整理，是最弱的跌势，其买盘力量非常强劲。

在跌势后出现的上升三角形整理和在涨势后出现的下降三角形整理，在本质意义上和上述两情况完全不一样。可以认为是一种横盘整理而已，是楔形和普通三角形之间的过渡形态或是它们的极限情况。

**两个特殊情况：**

上升和下降三角形整理，有两个特殊的极端情况。

1. 矩形头下降(上升)三角形尾整理：盘区的前半部分是矩形，后半部分是下降(上升)三角形，见图 1-42。可以认为它是矩形整理的第5波没有到位，或用其他方法可以辨认出这种非常特殊的情况：由于周期较大，可能出现这种情况，或从小型的形态上能发现这种形态的出现。幸好此形态还没有见过。

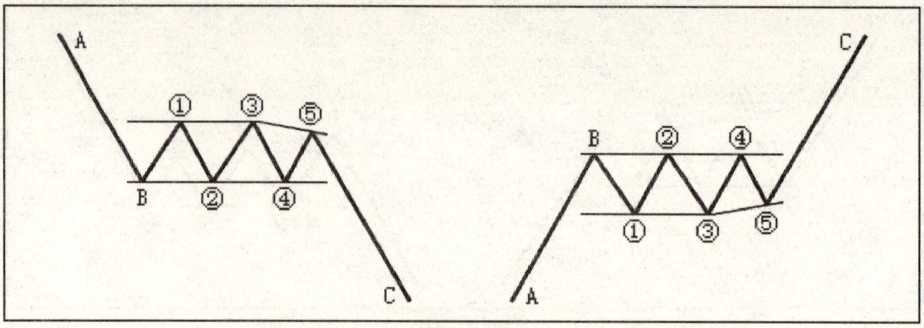


图 1-42

2. 下降(上升)三角形头矩形尾整理：盘区的前半部分是下降(上升)三角形，后半部分是矩形，见图 1-43。

可以认为它是下降三角形整理第5波走的过多，当其第5波没有一定幅度的突破前高点时，就不能认为下跌中下降三角形反转形态的准确成立。幸好此情况极难出现，我只在约翰·墨菲的《期货市场技术分析》一书中看过一次这样的图形，见图 1-44。它们有没有可能在反转形态中出现？

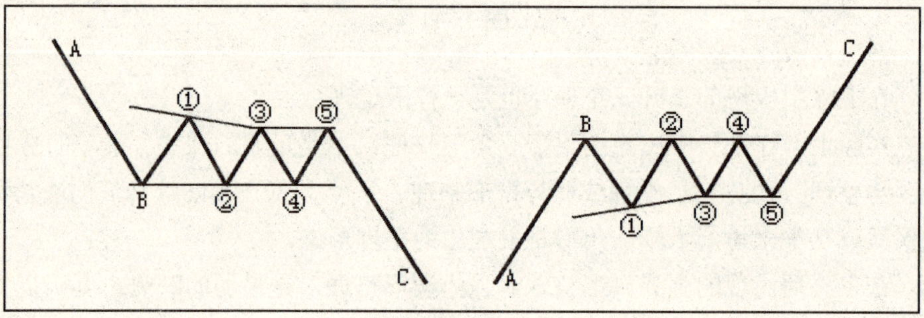


图 1-43

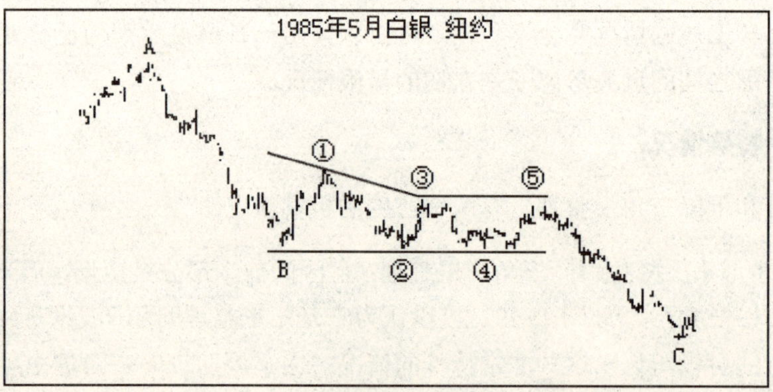


图 1-44

## 二、形成条件

1．毫无疑问，作为整理形态，前面必须有明显的趋势存在，以便整理形态有的放矢。

2．前面的趋势必须是可整理趋势；对其幅度、速度和走势均匀状况都有一定的要求。

3．整理时间必须充分。时间过短及时间过长的整理，都将影响投资效果。整理区必须至少有五个波，波浪清晰可见，各波比例适当，走势稳定。也有时候出现波浪不清的情况，但要求其盘区界限分明，时间充分。

4．作为三个高点或三个低点平齐的形态，严格平齐的情况十分罕见，可能有一定偏差，对其偏差也有一定的要求。不同品种要求也将有差异。同一品种在不同时期也将有差异。同一品种在同一时期因其幅度的差异，要求也将改变。幅度大，允许的偏差就可以大。

5．三个高点(或低点)收敛的形态，要求收敛速度不可以过快。过快则非常容易转变成其他形态。

6．一些整理形态同时也可能是其反转形态，其间常常有明显的区别。

7．很多整理形态的天敌都是其相应的反转形态，注意它们的区别：

⑴ 从前波辨认。

前波过大，或前波幅度非常大且速度严重不均匀，或是N字形。行情本身已经完成自己的幅度，已无整理可言。或在前波的末端也就是B点处，有小型的反转形态，或有严重的滞涨滞跌迹象，都将不容易形成整理。前波速度过快，也是容易反转的迹象。如果前波走势一直非常稳定，其幅度即使很大也往往不形成反转。在三角形反转和矩形反转形态中也有如此情况。

从前波辨认是最有效的方法。

⑵ 从盘区辨认。

盘区幅度过小，一般不形成反转。

盘区时间过长，再加上其走势缓慢，行情多有反复，难以形成反转。

盘区时间过短而幅度偏大，多容易形成反转或其他形态。

⑶ 其他辨认方法。

参考均线，或参考更长周期的均线、MACD，来辅助辨认大的趋势。或从更长周期的K线图上来观察本行情所处的位置。用均线辨认形态的方向是最简单最有实效的方法，在[附三]中有其论述。

⑷ 尤其在外汇中，反转形态出现的机会，并不少于整理形态，分辨出是整理形态还是反转形态是迫在眉睫的课题。

⑸ 任何辨别方法，或因其他因素的影响，错误是不可避免的，因此，战略保护永远是最重要的有效手段。

⑹ 有时候，盘区虽然形成不了反转，但也难以形成整理。行情顺势突破后不久就会出现反复，或者说这种盘区无利可图。

⑺ 很多品种都不是单一的，都有其相关品种，外汇更是如此。比如，辨认大豆的图形，或许可以从其他粮食品种得到珍贵的信息。从其他相关品种来辅助辨认常是最有效的方法，这个课题将在《图形配合分析》一章里单独探讨。

8．任何形态都有相应于它的天敌。

⑴ 跌势中的下降三角形整理的天敌是下降三角形底，下降三角形底形态极为少见。

⑵ 跌势中的上升三角形整理的天敌是上升三角形底，上升三角形底是比较常见的形态。

⑶ 涨势中的上升三角形整理的天敌是上升三角形顶，上升三角形顶形态更为罕见。

⑷ 涨势中的下降三角形整理的天敌是下降三角形顶，这种形态常见。

在实际操作中，可以不顾及下降三角形底和上升三角形顶，但对在跌势中出现的上升三角形整理和在涨势中出现的下降三角形整理的操作就要十分注意。

9．有时候，在一波幅度比较大的跌势末端，会出现一个时间不长而盘区波浪很模糊的下降三角形整理，盘区里走势人气明显不足。后市多是向下小幅突破后，有大幅度反转倾向。在涨势中也有这个现象，并不少见。

## 三、上升和下降三角形整理的特点

1．时间偏短。

上升和下降三角形整理的时间一般较短，与矩形整理差不多。

2．具有较高的成功率。

在所有的整理形态里，在下跌中出现的下降三角形整理和在上涨中出现的上升三角形整理的成功率可能最高。条件如果严格，成功率应有90% 。

3. 后市速度一般都很快。

在涨势中出现的上升三角形整理和在跌势中出现的下降三角形整理后市速度一般都很快，而其他两种情况则和普通三角形整理类似。

4. ③、⑤点之间的距离很多时候大于①、③点之间的距离。

这种情况对进场影响很大，导致下降或上升三角形的操作一般没有特别高的利润风险比例。参考均线是帮助判断的好方法。

5. 有的时候，行情离开⑤点，在突破B、②、④点之前，有一波不大的回调，可认为是逃命线。

6. 行情突破B、②、④点后，一般没有逃命线。

7. 下降(上升)三角形整理出现的几率要比矩形整理出现的几率高。

8. 在跌势中出现下降三角形整理的几率高于在涨势中出现上升三角形整理的几率。

## 四、上升和下降三角形整理的分类

1. 涨势中出现的上升三角形整理。

涨势中出现的下降三角形整理。

跌势中出现的下降三角形整理。

跌势中出现的上升三角形整理。

2. 有1波短尾的上升(下降)三角形整理。1波虽然略短，但不可短得太多，在时间上也比较长，见图1-45。

3. 有模糊形态。盘区时间要求足够，见图1-46、图1-47。

4. 有射击形态和尾市形态，见图1-48、图1-49。

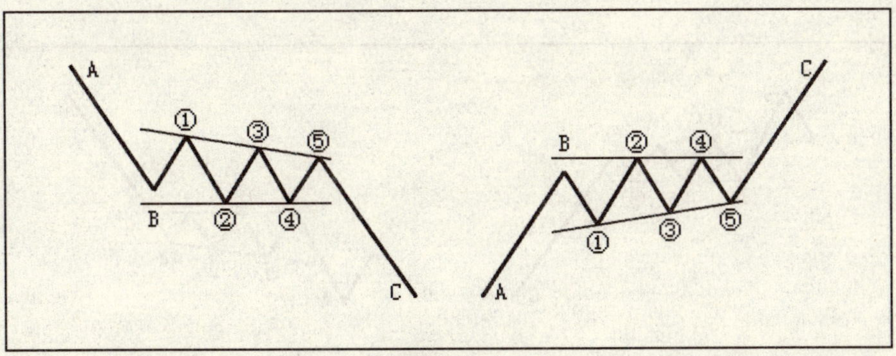


图1-45

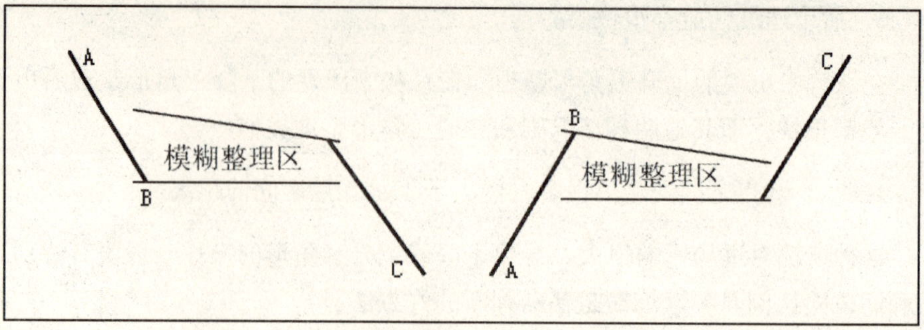


图 1-46

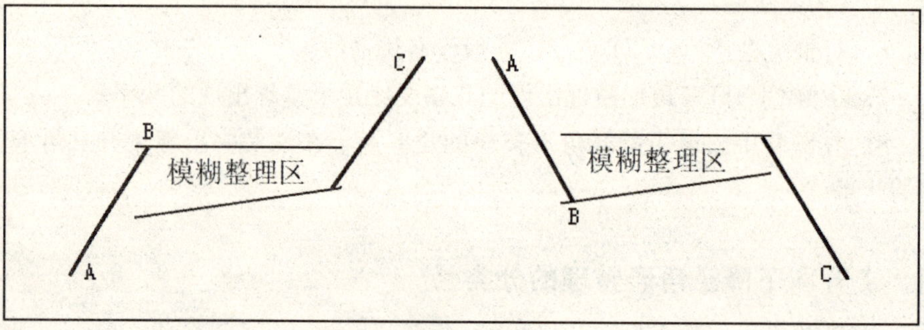


图 1-47

射击型整理盘区一般幅度不大，前波较小，盘区时间十分充分。尾市型整理盘区一般不标准，时间不是很长，前波幅度过大。

5. 有非充分整理的中继形态，见图 1-50。

6. 有以跳水平台方式出现的形态，其只出现在急涨之后。

7. 有小型形态，只能作为辅助参考或图形组合的一部分。

8. 在跌势中出现的上升三角形整理和在涨势中出现的下降三角形整理，根据①、③、⑤点的平齐情况，也有不同种类。

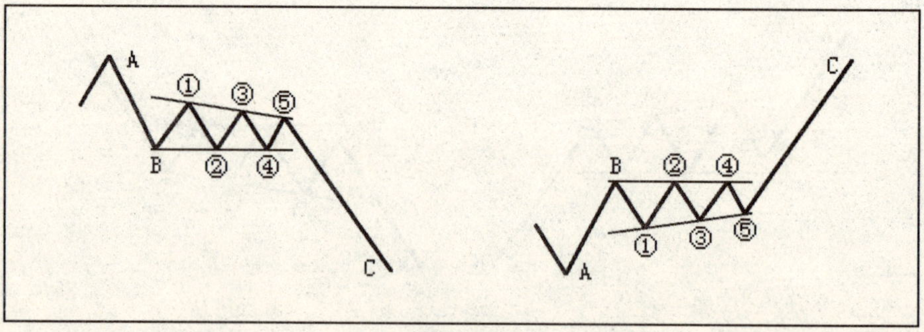


图 1-48

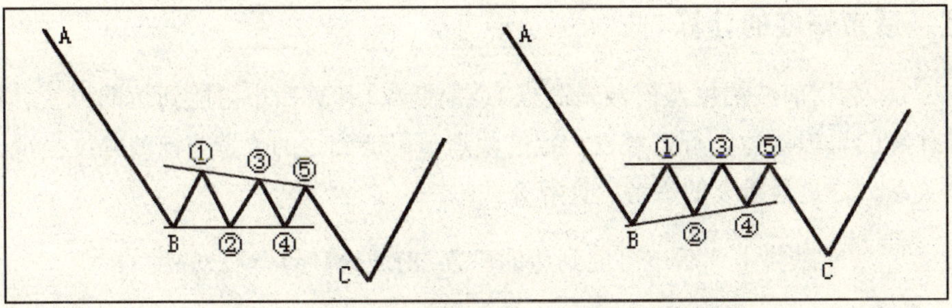


图 1-49

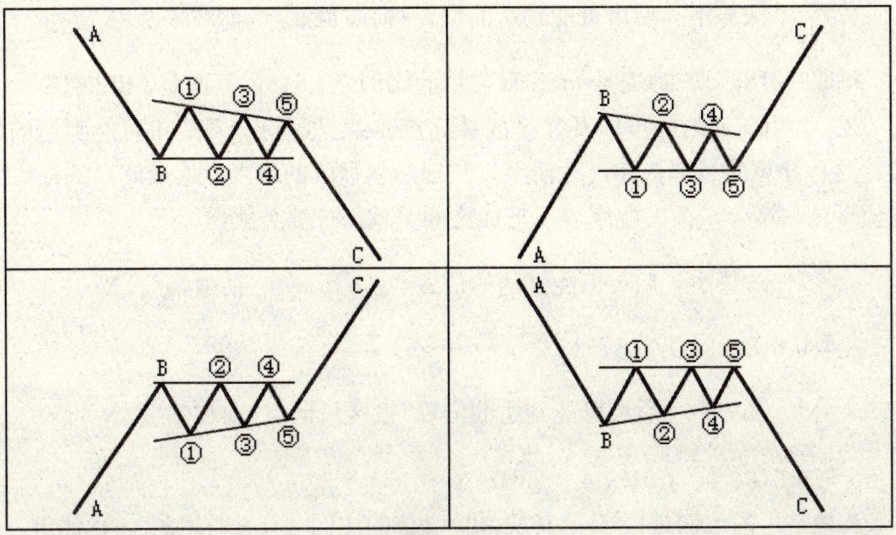


图 1-50

9. 上升(下降)三角形整理有七波的情况，见图 1-51。实际观察中，跌势中的下降三角形出现过七波情况，但最后一波很弱，可视为逃命线。七波的情况也可能是因为五波时的整理时间不够充分，七波使整理更加充分。七波整理出现时，其盘区的波浪多数不是非常清晰流畅。

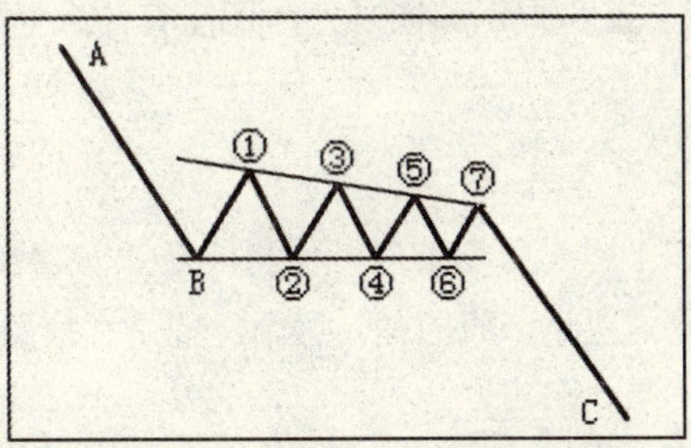


图 1-51

## 五、后市幅度的计算

1. 利用前波幅度及前波最高点(或最低点)计算后市可能到达的位置。这种计算的思想认为，行情经过一定的整理，可能到达的位置与前波幅度呈现比例关系，这是最重要的参考。计算公式：

跌势中　后市可能到达的位置=前波最高点-前波幅度×N

N取1.618、2、2.618……

涨势中　后市可能到达的位置=前波最低点+前波幅度×N

N取1.618、2、2.618…… N最常用的比例是1.618，其次是2和2.618。

2. 利用前波的幅度以及盘区的最高点(或最低点)计算后市可能到达的位置。这种计算的思想认为，行情经过整理，从盘区的最高点或最低点到行情最终位置的幅度，与前波幅度容易形成比例关系。计算公式：

跌势中　后市可能到达的位置=盘区最高点-前波幅度×N

N取0.618、1、1.618、2、2.618……

涨势中　后市可能到达的位置=盘区最低点+前波幅度×N

N取0.618、1、1.618、2、2.618……

N最常用的比例是1.618，其次是1、2倍的比例，有时候用到0.618比例，只在前波幅度过大的时候考虑采用。

3. 一般不利用盘区幅度计算后市，除非盘区幅度过大、时间过长，从而削弱前波对后市的影响。尾市型整理可采用盘区幅度估计后市，保守但有效。

4. 在风险市场里，至今为止没有一个定式的公式，以后也不太可能有。因此上述计算方法只是一个参考。在实际应用中，也会因每个人的不同而效果不同。除了让自己经验丰富和知识渊博以外，还能有什么更好的捷径？

## 六、操作策略

1. 上升三角形和下降三角形整理可预测波是⑤—C波。

2. 在盘区的第⑤点进场。原因是，这个位置是行情的发动点，并且严格符合战略要求。

3. 在跌势中反弹做空，在涨势中回档做多，是风险市场第一操作原则。

而跌势中的下降三角形是很弱的反弹，在涨势中的上升三角形是很差的回档。

4．在跌势中出现的下降三角形整理和在涨势中出现的上升三角形整理，止损设在前高点(或前低点)③上，或在其左右。

5．在跌势中出现上升三角形整理和在涨势中出现下降三角形整理，止损设在①、③、⑤点外一定位置，这要视不同品种以及不同情况而定。

6．需要考虑风险利润比例、成功率以及容易操作性。

7．如果后市利润很大，可以考虑在行情突破后，寻找进场机会。

## 七、注意事项

1．并非所有的上升或下降三角形都有投资价值。

2．盘区中各波不和谐的情况要谨慎判断和操作。

3．注意计算利润目标的随时修订。

4．注意它们的两个特殊变体：矩形头下降(上升)三角形尾整理，下降(上升)三角形头矩形尾整理。

## 八、进场点⑤的计算

台阶法、趋势线法、均线法、根据利润法、图形组合法。

## 九、实例分析

**[实例1] 涨势中的上升三角形整理**（见图1-52）

**㈠ 此上升三角形整理的特点**

1．前波799点，对于豆类品种来说，是属于非常大的幅度；再者，前波的涨势速度由慢而快，并非标准涨势。这个行情的前波是属于难整理的情况，除非整理充分，否则一般整理不可信赖。

2．前波耗费时间49天，盘区整理时间为55个交易日，整理程度一般。

3．整理区幅度299点，是前波的37%。五波清晰，走势流畅和谐。

4．整理区的三个最高点最大偏差是11个点，在理想范围之内。

5．此形态得到均线支持。

**㈡ 进场点**

1．①、③点之间距离是50点，台阶法预计⑤点位置是：2662+50=2712。

2．参考均线进场。一般好的买入进场点，都在均线下方一定距离。

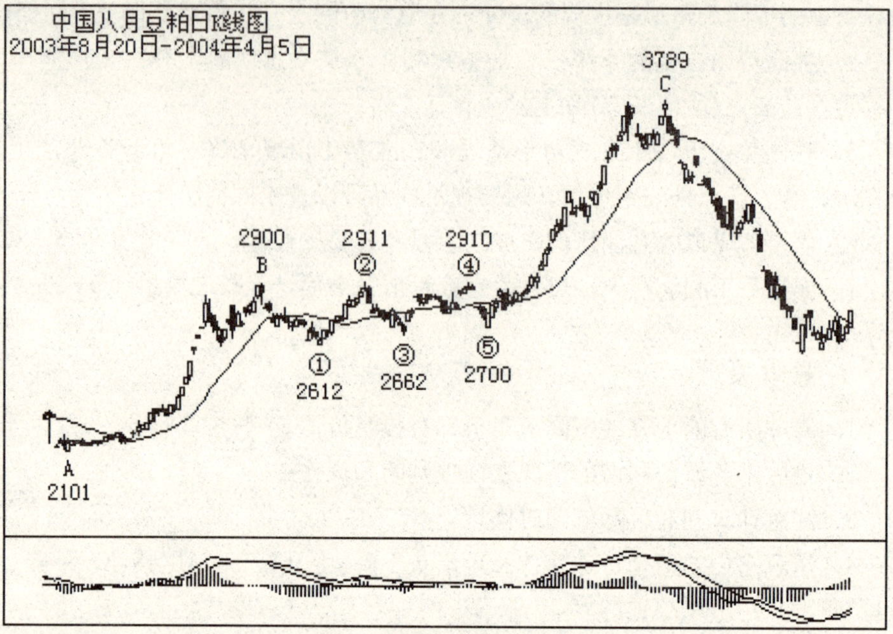


**图** 1-52

3. 参考趋势线。上升三角形经常有第⑤点达不到趋势线的情况，但趋势线也是重要的参考，可待行情将要抵达趋势线时，作为进场参考点。

4. 考虑利润是700点或1000点和成功率较高，应当积极进场。

5. 如果做的不是一张单子，进场和出场都可以采用分批进出的方法。

㈢ **止损的设定** 止损很简单，设立在前低点，就是2662，是54点左右风险。

㈣ **利润预估**

1. 按第一种利润计算方法

1.618 倍位置 2101+810×1.618=3412

2 倍位置 2101+810×2 =3721

2. 按第二种利润计算方法

1 倍位置 2612+810×1 =3422

1.618 倍位置 2612+810×1.618=3922

3. 一般情况是，对前波整理适当的上升三角形整理形态的1.618倍的位置(这里就是3412～3422位置)一般是阻挡不住行情的，多数能达到2倍的位置，也就是3721。

4．实际操作需要对3412～3422位置密切注意，以防止意外发生。可采用分批出场的方法，在保护既得利益的情况下，适度扩大战果。

5．利润目标是700点或1000点。

### ㈤　操作性评估

1．在豆类品种中，这种机会极为难得，可遇而不可求。

2．在涨势中，条件适宜的上升三角形整理在任何品种中都不多见。

3．条件充分的这种上升三角形整理，成功率应不低于80%。

4．风险利润比例是：54∶700≈1∶13或54∶1000≈1∶18。

5．重仓重点操作。

### ㈥　盘后讨论

1．在涨势中出现的上升三角形整理比较少见，对其条件要密切注意，因为条件不充分的上升三角形拥有较高的失败率，一般没有利润可言，但其也有可辨认性。

2．在图形分析里，一切都有可能。按常理，豆类品种有这样大的幅度是非常困难的。很多基本分析认为“涨的不对”或“跌的没道理”的情况，在图形分析里都能解释。图形分析认为，只要买方力量依然强劲，价格就可以涨到天上去；只要卖盘依然活跃，行情就能跌到地狱中，这才是行情的常理。

3．如果前波的速度是由快而慢，则是另一种情况，可信度将下降，后市也将受到影响。

## [实例2]　涨势中的上升三角形整理（见图1-53）

### ㈠　此三角形整理的特点

1．前波幅度7.38，涨幅91%；时间55天。

2．盘区幅度4.38，时间126天，第5波完成过快，此波浪较牵强。

3．盘区整理时间非常充分。

4．日K线图、周K线图均线都支持整理的成立。

### ㈡　进场点

1．①、③点距离1.57元，而③、⑤点间时间过近，距离也可能较近。

2．进场点应该在14.25之下。

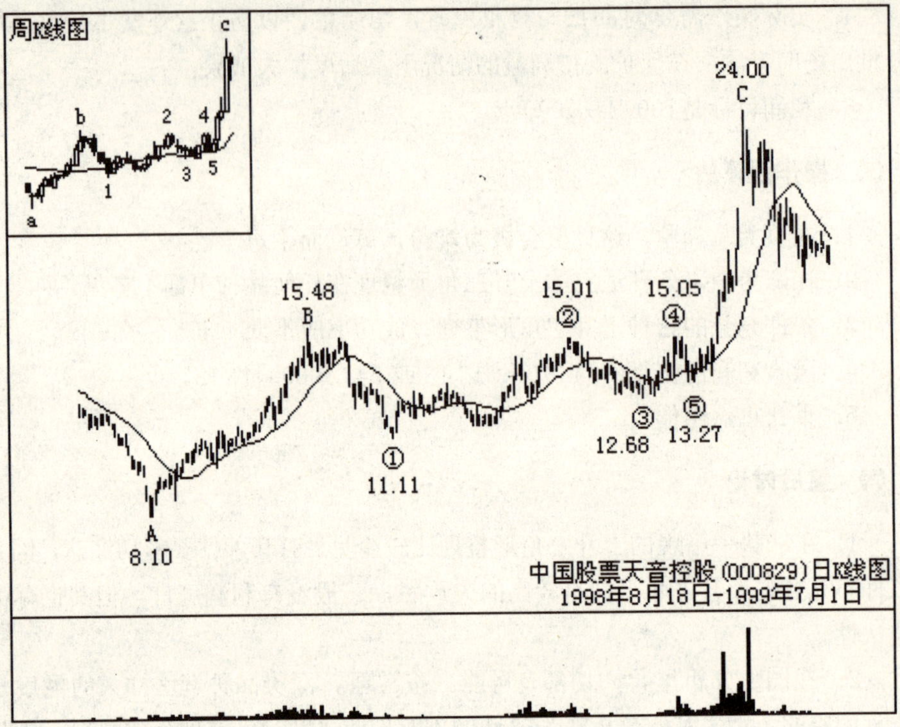


**图** 1-53

## ㈢ 止损的设定

1. 不同的品种和情况，止损有不同的设立方法，这需要经验的统计。

2. 这个形态的各个波浪不和谐，转变成其他形态的可能比较大。

3. 止损设立在③点。风险约有1.5元。

## ㈣ 利润预估

1. 按第一种利润计算方法

1.618 倍位置　8.10+(15.48-8.10)×1.618=20.02

2　倍位置　8.10+(15.48-8.10)×2　=22.86

2. 按第二种利润计算方法

1.618 倍位置　11.11+(15.48-8.10)×1.618=23.05

2　倍位置　11.11+(15.48-8.10)×2　=25.87

3. 这个整理形态整理的十分充分，走2倍比例的可能比较大，即达到22.86位置，利润是9.59元。

## ㈤ 操作性评估

1. 这种充分的整理形态，成功率不低于50%。

2. 股市中，涨势中出现的上升三角形整理形态很少见。

3. 风险利润比例为：1.5∶9.59≈1∶6。

4. 建议操作。

## ㈥ 盘后讨论

1. 行情突破后速度非常快，可以估计行情抵达2倍以上的可能很大。后市用了18个交易日抵达24.00元。

2. 这个形态的判断可以参考相关的品种，例如：大盘或同一版块的品种。这个形态的判断结果也是其相关品种判断的重要参考。

3. 单一股票出现图形的几率很低，但中国股票共有约2000支，出现形态的可能就很大。可耐心等待标准形态的出现。

4. 上升三角形整理成功率比较高。

5. 注意观察均线系统。得到均线支持的形态成功率高，操作性能好，后市较快，较利落。

**[实例3] 跌势中的下降三角形整理**（见图1-54）

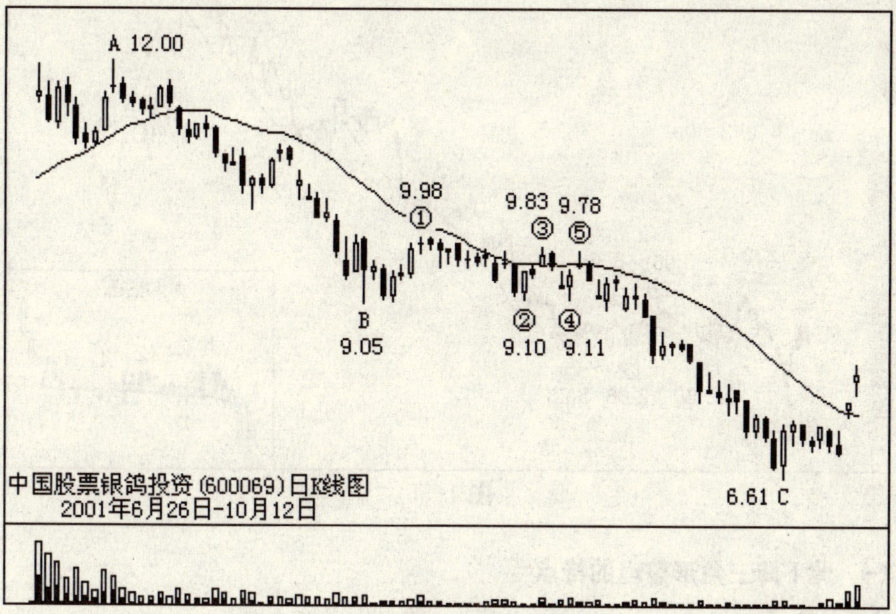


图1-54

### ㈠ 此三角形整理的特点

1．前波时间26日，幅度2.95元，跌幅25%。

2．盘区时间22日，幅度0.93元，为前波的32%。

3．盘区在幅度和时间上，整理得都不够充分，此为不充分整理，可能具有中继性能。

4．后市时间21天，幅度3.37元。

5．此下降三角形整理形态不大。

### ㈡ 后市计算

1.618 倍位置　12.00-(12.00-9.05)×1.618=7.23

2　　倍位置　12.00-(12.00-9.05)×2　=6.10

**㈢** ⑤点离场可以规避约25%的风险。这也是其他相关品种的股票离场或融券的信号。

### [实例4] 涨势中的大型发射型下降三角形整理（见图1-55）

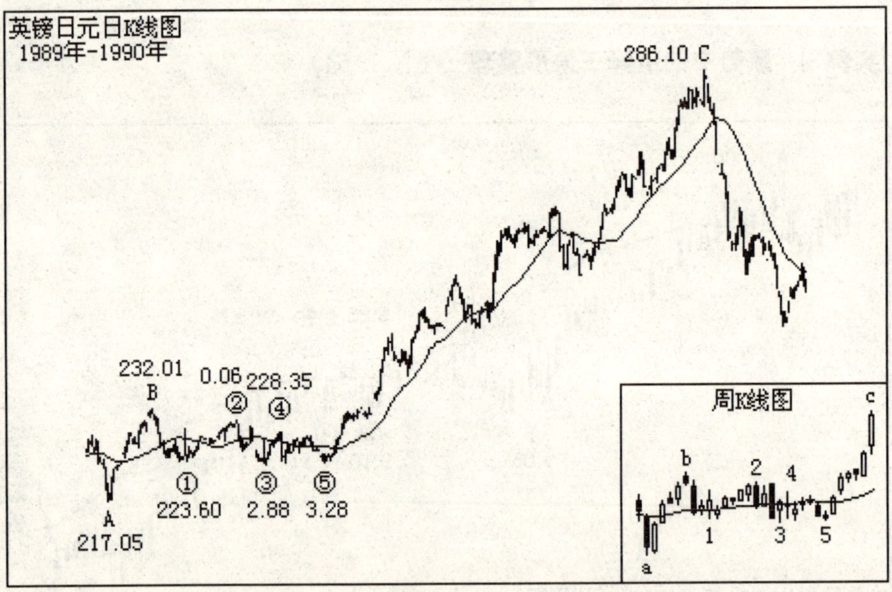


图1-55

### ㈠ 此下降三角形整理的特点

1．前波幅度1496点，时间23天。

2．盘区幅度841点，是前波的56%，时间89天，整理时间十分充分。

3．盘区时间较长，幅度较窄，将可能形成发射形态。

4．低点不同序。有时候，当③点低于①点时，⑤点可能更低，从而形成旗形整理或楔形整理。有时候，⑤点则会处于①、③点之间，从而形成上涨过程中低点不同序的下降三角形整理。如何去辨别，需要丰富的经验，以及采取相应的操作策略。

5．这是一个在周线图上也能辨认出来的大型整理形态。

### (二) 进场点

1．①、③点的中间位是(223.60-222.88)÷2=223.24点，223.16～223.32是重点关注区域。

2．如果按楔形计算：222.88-(223.60-222.88)=222.16。

### (三) 止损的设定

1．如果按低点不同序的下降三角形操作，止损设立在222.88点，是44个点的风险。

2．如果被止损出场，则考虑在222.16点附近再度进场，按旗形或楔形操作。

3．或者考虑，无论行情出现哪种形态，一次性操作，按下降三角形整理进场，止损按楔形设置。但需密切关注第5波的波浪情况，是否有向下发动迹象。

4．按一次性操作，止损偏大，可以设在221.44点上，是188个点的风险。

5．按一次性操作，成功率将增大。

### (四) 利润预估

1．按第一种利润计算方法

1.618 倍位置 21705+1496×1.618=24126

2 倍位置 21705+1496×2 =24697

2.618 倍位置 21705+1496×2.618=25622

3 倍位置 21705+1496×3 =26193

3.618 倍位置 21705+1496×3.618=27118

4 倍位置 21705+1496×4 =27689

4.618 倍位置 21705+1496×4.618=28614

5 倍位置 21705+1496×5 =29185

5.618 倍位置 21705+1496×5.618=30110

2．按第二种利润计算方法

| | | | |
|---|---|---|---|
| 1 | 倍位置 | 22288+1496×1 | =23784 |
| 1.618 | 倍位置 | 22288+1496×1.618 | =24708 |
| 2 | 倍位置 | 22288+1496×2 | =25280 |
| 2.618 | 倍位置 | 22288+1496×2.618 | =26205 |
| 3 | 倍位置 | 22288+1496×3 | =26776 |
| 3.618 | 倍位置 | 22288+1496×3.618 | =27700 |
| 4 | 倍位置 | 22288+1496×4 | =28272 |
| 4.618 | 倍位置 | 22288+1496×4.618 | =29197 |

3．条件充分的发射型整理形态，后市有走4.618倍的倾向，也就是28614点位置，6400点利润。

4．也可以做保守性的利润估计。

### (五) 操作性评估

1．这是几十年难得一遇的形态。

2．发射形整理形态是最好的暴利机会。

3．风险利润比例是：44∶6400≈1∶145

或：88∶6400≈1∶34。

4．成功率不会低，重点操作。

### (六) 盘后讨论

1．采用5%的风险比例，可获得170%或725%的利润。

2．注意暴利机会的等待与把握。

3．此操作耗时需要近一年。

### [实例5] 三角形头矩形尾整理（见图1-56）

1．这个下降三角形整理区的③、⑤点很接近，形成原因可能是因为①、③点距离过大。

2．没有找到这个图形的具体数据。据目测：行情走到大约前波1.5倍位置，A—B波和①—C波是1∶1关系，按盘区计算，大约是2倍关系。

3．这是一个下降三角形头矩形尾的整理形态，十分罕见。

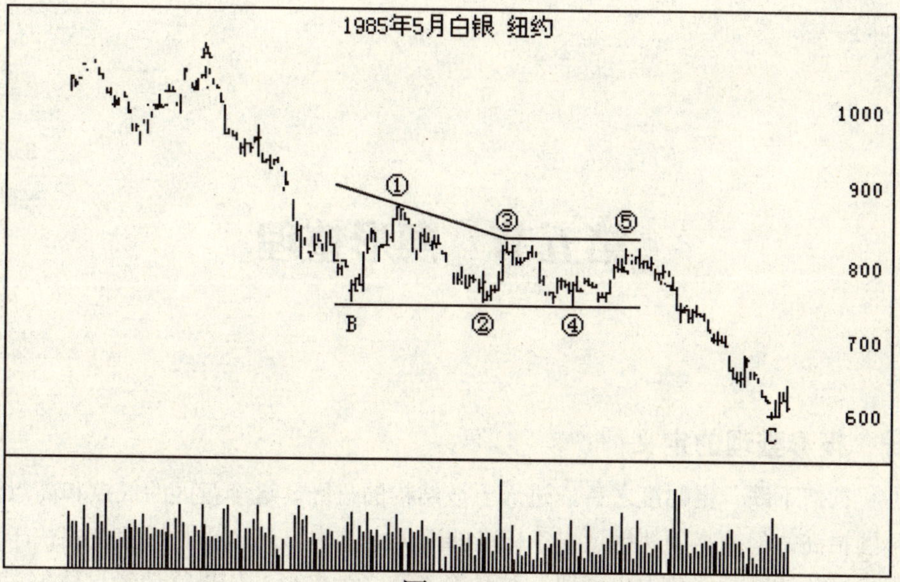


图 1-56

# 第五节 楔形整理

## 一、楔形整理的定义

行情下跌一定幅度之后，进入五波结构的盘区。这个盘区的低点和高点都陆续抬高，但抬高的速度远慢于标准的涨势。其中，低点的抬高速度略快于高点抬高的速度。涨势中也同理，这种形态称之为楔形。如果行情经过休整后，继续原来的趋势，这个形态称之为楔形整理，见图1-57。其也经常出现在行情的顶或底，作为反转形态出现。

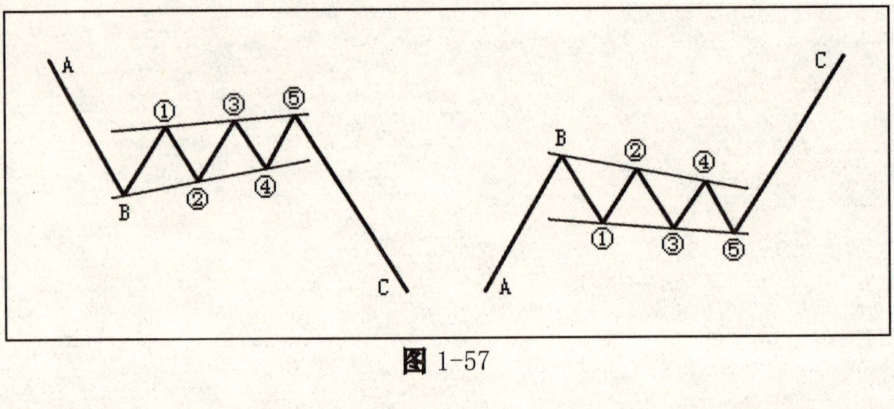


**图** 1-57

有的书中称这种形态为“旗形”或“三角形”，但它与本书中的三角形和旗形有本质的区别。

## 二、形成楔形整理的条件

1．对前波的要求：

⑴ 矩形整理的前波必须是可整理的形态，幅度不可过大，幅度过大的前波难以整理。

(2) 前波最好没有走势涣散的迹象以及N 字形，或B 点处出现明显缓慢迹象。有这些迹象的前波称为不可整理行情。

(3) 对跌势和涨势的要求是不一样的，对涨势的要求要严格得多。在实际的观察中，很多品种的涨势和跌势都是有区别的，这可能与人类日常习惯有关系，人们在万有引力的习惯之下，看到的是，物体和事物向下容易向上难，所谓“成事艰难败事易”。在外汇中也不例外。

(4) 形态的前波最好能速度均匀，即使不均匀，也有一定限度。跌势的要求要低得多。

(5) 速度越稳定的前波，整理成功的可能越大。

2．对盘区的要求：

(1) 盘区必须是五波。虽然符合楔形定义的图形都可以称其为楔形，但是如果没有可辨认性，或辨认成功率低，都是没有价值的。研究的目的是为投资服务，一切为了实际的可操作性。因此，本书中提到的所有定义，都是从投资价值的角度出发的，并非为了严格。

(2) 整理区的五个波有相似性。幅度比例适当，各波回调足够，不可过小，过小则有数错波的可能。究竟是不是整理区，最大的忌讳就是把不该数到一起的波，数到了一起。

(3) 整理时间必须充分。一般的楔形都不具有投资价值，除非整理相对于前波时间非常充分。最好整理时间是前波的几倍以上。

(4) 整理幅度越窄越好。如果图形太大，可操作性将下降。

(5) 盘区倾斜度越小的整理区，成功率就越高，操作性越好，利润风险比例也就越大。

(6) 盘区相对于前波而言，回调足够。回调不够的整理形态需要更长的整理时间。

## 三、楔形整理的特点

1．在楔形中，行情高点和低点都陆续升高，只是高点升高的没有低点升高的快(或低点没有高点降低的快)。如果跌势后的楔形被认为是涨势，这个涨势并不是特别不好，它与矩形、三角形、上升和下降三角形来比，情况要好得很多。

2．后市速度一般不快。

3．一般楔形整理本身都不具投资价值，只有辅助判断的价值，作为形态组合的一部分，价值不菲。多数图形只是作为参考应用或做出场参考，单独的投资价值不高。

4. 有投资价值的楔形整理条件：

⑴ 前波幅度适度，不宜过大。

⑵ 前波稳定，速度均匀而偏慢。

⑶ 盘区的趋势线倾斜度不大。过大的倾斜使操作难度大，后市利润把握性也要降低。

⑷ 五波清晰、和谐。盘区幅度过大的倾，越与普通三角形整理接近的形态越理想。

⑸ 整理时间充分。

5. 多数楔形的③、⑤点之间距离小于①、③点之间的距离。

6. 符合投资条件的楔形整理很少见，似是而非的楔形非常多见。

7. 前波和盘区状况直接影响后市状况。

8. 楔形整理有一个特殊的天敌，是一种强势形态，见 图1-58。它的形成原因可能有：其一，行情位置较低；其二，形态不标准，波浪不舒展；其三，行情处于强势。其是上升三角形反转的变种，称之为“类上升三角形反转”。

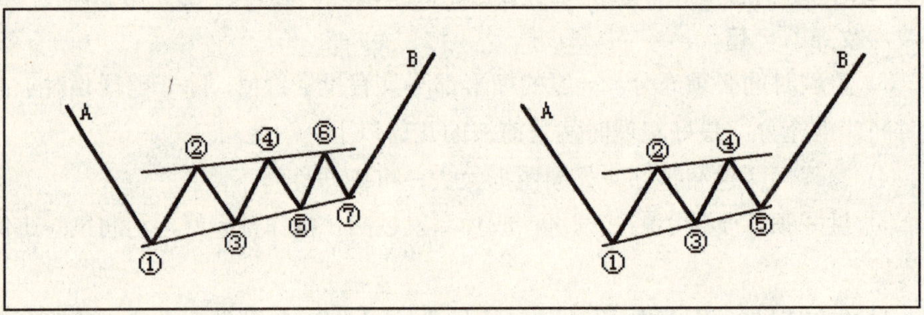


**图** 1-58

## 四、楔形整理的分类

1. 按整理区形态大小可分为大型和小型楔形整理。

2. 1波有短尾的现象，见图 1-59。

3. 按整理充分与否区分，可分为整理充分的和整理不充分的。不充分整理盘区时间一般比前波略少。或因前波过长，而整理区回档幅度不大，整理时间虽然比前波长，但整理依然不够充分，见图 1-60。

4. 按盘区倾斜度可以分为，较陡的楔形整理和较和缓的楔形整理。

5. 按前波幅度大小可分为，前波幅度大的和前波幅度小的楔形整理。

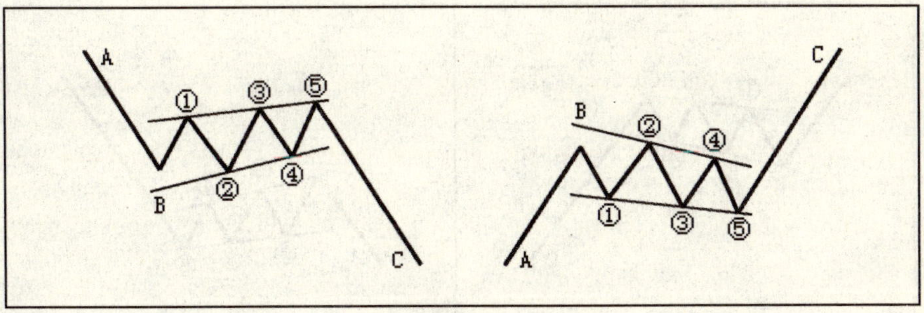


图 1-59

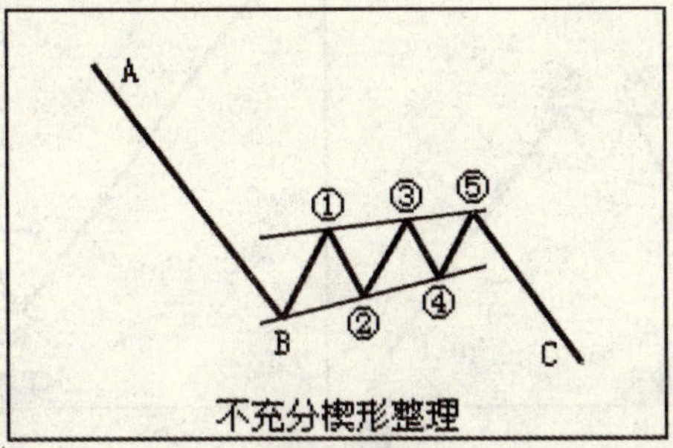


图 1-60

6．按盘区在整体行情中出现位置，可以分为射击楔形整理、中继楔形整理和尾市楔形整理。射击楔形整理是指，整理区出现在行情早期，后市具有很大的利润空间，具有投资价值；尾市楔形整理是指盘区出现在行情末端，没有多大的投资价值；中继楔形整理是指整理区出现在行情中部，投资价值一般。中继型楔形整理和尾市型楔形整理一般都属于非充分整理。射击型楔形整理，整理时间都十分充裕。示意图如图 1-61 所示。

7．有模糊形态。盘区的高点和低点成明显的楔形，但盘区内波浪不清楚，见图 1-62。

8．按盘区的幅度大小，可分为，宽幅的楔形整理和窄幅的楔形整理。

9．也可能出现七波的楔形整理。七波的整理形态都非常少见。如果盘区幅度和倾斜度都不大，而前波幅度速度适宜，则非常有价值，见图 1-63。

## 五、楔形整理后市幅度的计算

1．整理不是非常充分的楔形，后波一般走前波的1∶1比例。即：A—B波幅度约等于⑤—C波幅度。

2．前波速度幅度都适宜的，整理区十分充分的楔形整理计算。

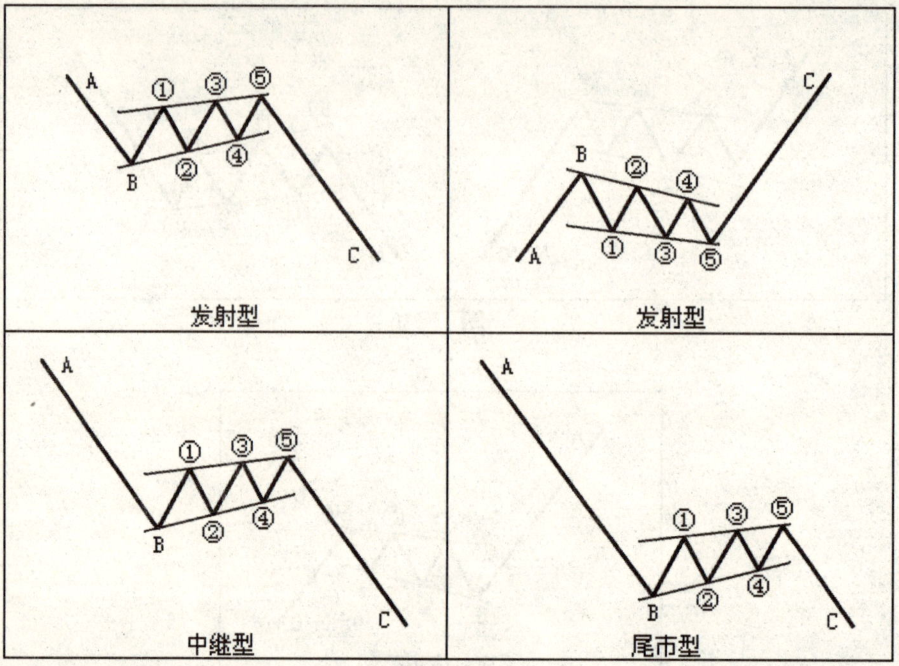


图 1-61

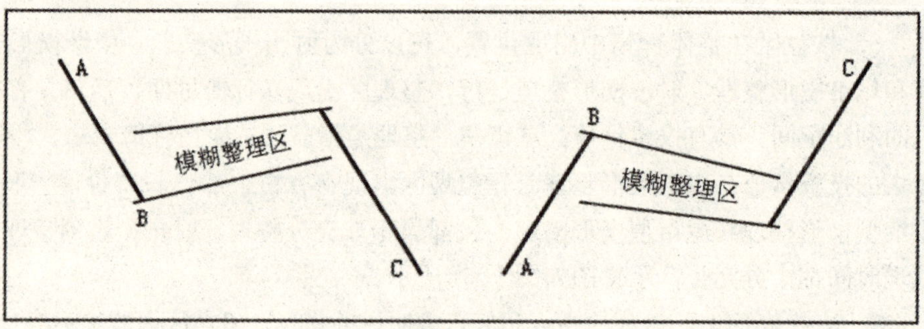


图 1-62

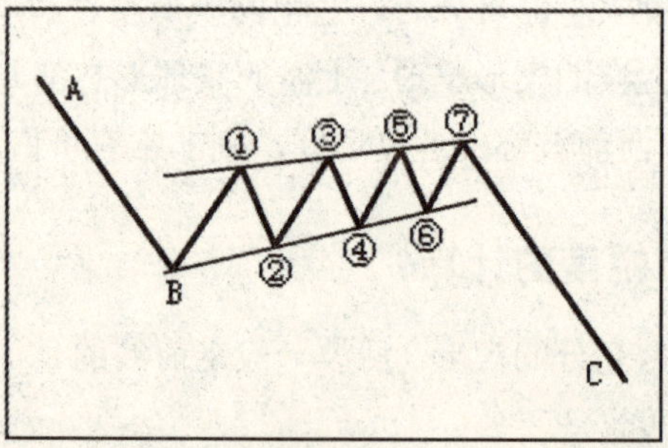


图 1-63

方法一　认为行情整体幅度与前波幅度容易有比例关系。

涨势中：C点=A点+AB波×N

跌势中：C点=A点-AB波×N

N取1.618、2、2.618、3…… 其中1.618倍最常见，其次是2.618倍。

方法二　认为后波幅度与前波幅度容易有比例关系。

涨势中：C点=⑤点+AB波×N

跌势中：C点=⑤点-AB波×N

N取1、1.618、2、2.618…… 其中1.618倍最常见，其次是2倍。整理条件不充分时，常走1倍的比例。

3. 尾市型楔形整理可按楔形盘区幅度估算后市幅度。

## 六、楔形整理的操作策略

1. 多数楔形整理本身不具有单独投资价值，建议不轻易操作。

2. 楔形整理可预测波是⑤—C波，和所有的整理形态一样，采用从盘区的结束点进场，也就是⑤点。

3. 但⑤点一般不容易计算出来。

4. 止损需要设在空位。可以把止损设立在①、③点距离的1.2倍，加上(或减去)③点的位置上。

止损位置=③点±①③点距离×1.2

当①、③点距离过近时，不可采用这个止损。

5. 止损被假破的情况将会多见。

6. 多数楔形整理的③、⑤点之间距离小于①、③点之间的距离。可以利用这个特点寻找进场点和止损位置。

7. 如果盘区的进场点距离前波的最高(低)点不是很远，且行情利润较大，止损可考虑设立在前波最高(低)点上。

8. 利用小周期的形态，寻找进场点和止损位置。

9. 也可以在行情已经发动的途中寻找进场点。

10. 得到均线系统支持的形态拥有更高的成功率。

## 七、楔形整理注意事项

1. 多数楔形整理都不具备投资价值，一般条件的楔形整理不可轻易操作。

2. 止损是空位而不是实位，使止损操作变得困难。实位是指根据行情前面已经出现过的高点或低点设立的止损。

3. 后市一般都不快速，注意谨慎操作止损。

4. 注意本形态在整体行情中的位置。

5. 任何形态都需要注意形态细节之状况。

## 八、楔形整理进场点⑤的计算

1. 多数楔形整理的③、⑤点之间距离小于①、③点之间的距离。

2. 进场点计算较困难。

3. 如果把第4波作为参考，统计如下：

| 序号 | 第4波幅度 | 第5波幅度 | 第5波/第4波 |
|---|---|---|---|
| 例子1 | 393 | 430 | 1.09 |
| 例子2 | 168 | 183 | 1.09 |
| 例子3 | 2.88 | 3.06 | 1.06 |
| 例子4 | 107 | 108 | 1.01 |

**结论**：在正常的楔形整理形态中，第5波与第4波幅度比例采用1.09～1.15比较适当。

4. 如果楔形整理区倾斜度较大，不建议直接操作。

5. 由于楔形出现的不多，另外，标准的楔形整理更罕见，统计量不够。这里只是提出一个统计方法，统计结论并非可靠。

6. 最可能用的方法是，利用计算的利润来确认愿意承受的风险，以此作为进场参考。

7. 利用趋势线。利用①、③点画一个趋势线，当行情抵达其附近时，就是进场时机。

8. 利用回光返照现象进场。

9. 利用周期进场。每一个品种的时间周期，都是通过大量的统计找到的，一般很难使用。

10. 利用形态组合，参考小周期的图形进行操作。

## 九、楔形整理实例分析

**[实例1] 射击型楔形整理**（见图 1-64）

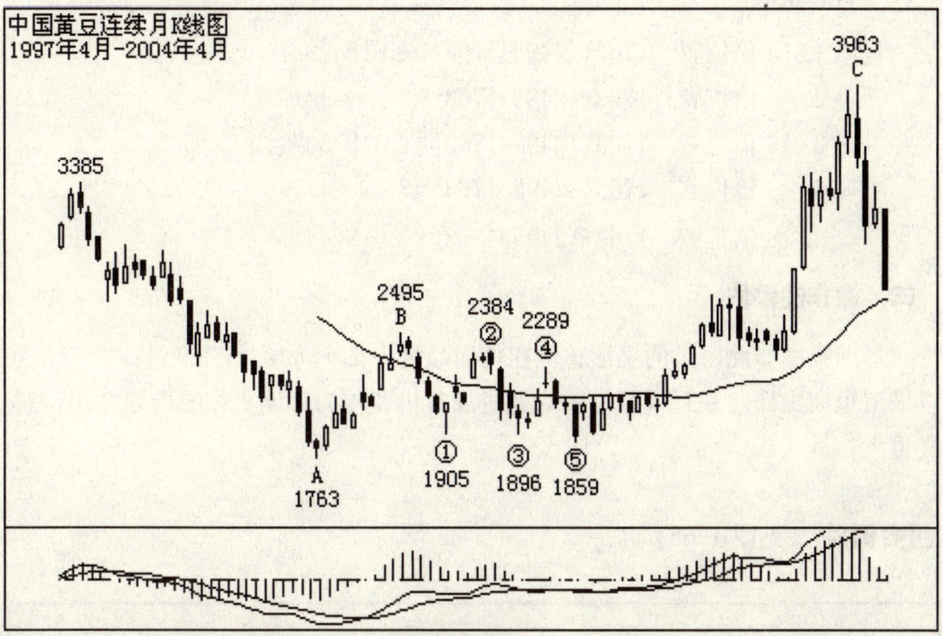


**图** 1-64

### ㈠ 此楔形整理的特点

1．出现的位置：楔形出现在行情启动很低的位置，可能具有射击性能。

2．前波状况：前波732点，幅度比较大；时间9个月，速度均匀。

3．整理区状况：

楔形整理区幅度600多点，是前波的80%；时间19个月，是前波的2倍；波浪清晰。①、③点之间距离过近，有形成涨势中下降三角形整理的可能，也有形成下降三角形反转整理的可能。

### ㈡ 进场点

①、③点之间过近，③、⑤点距离很可能偏远一点，按台阶计算：

1896-（1905-1896）=1887

第4波消耗时间是三个月，当第5波达到三个月时，在1887一带寻找进场时机。或急跌后寻找行情稳定的位置。

### (三) 止损的设定

盘区位置较低的整理，止损可设立在前波的最低点。

### (四) 利润预估

1.618 倍位置　1763+(2495-1763)×1.618=2947

2　　 倍位置　1763+(2495-1763)×2　　=3227

2.618 倍位置　1763+(2495-1763)×2.618=3679

3　　 倍位置　1763+(2495-1763)×3　　=3959

3.618 倍位置　1763+(2495-1763)×3.618=4411

### (五) 操作性评估

形态幅度如此巨大的楔形整理在任何品种中都十分罕见，前后耗时7年。可以采用短期操作，在行情行进中寻找进场时机。作为短期操作的指导之用，意义重大。

**[实例2]**（见图 1-65）

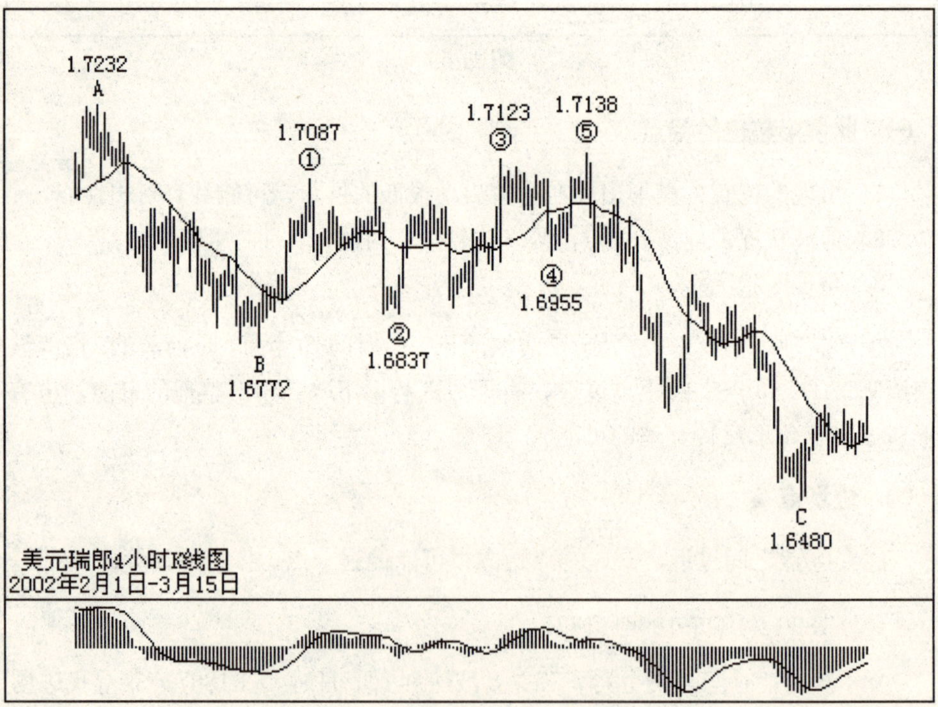


**图** 1-65

1．行情前波幅度460点，时间7天；盘区幅度366点，时间是14天；整理十分充分。

2．盘区波浪不是非常清晰，④点略不到位。

3．后市计算：

继性能计算后市：1.7138-(1.7232-1.6772)=1.6678

按前波计算后市：1.7232-(1.7232-1.6772)×1.618=1.6488

4．盘区倾斜度非常小，值得投资。

**[实例3]**（见图 1-66）

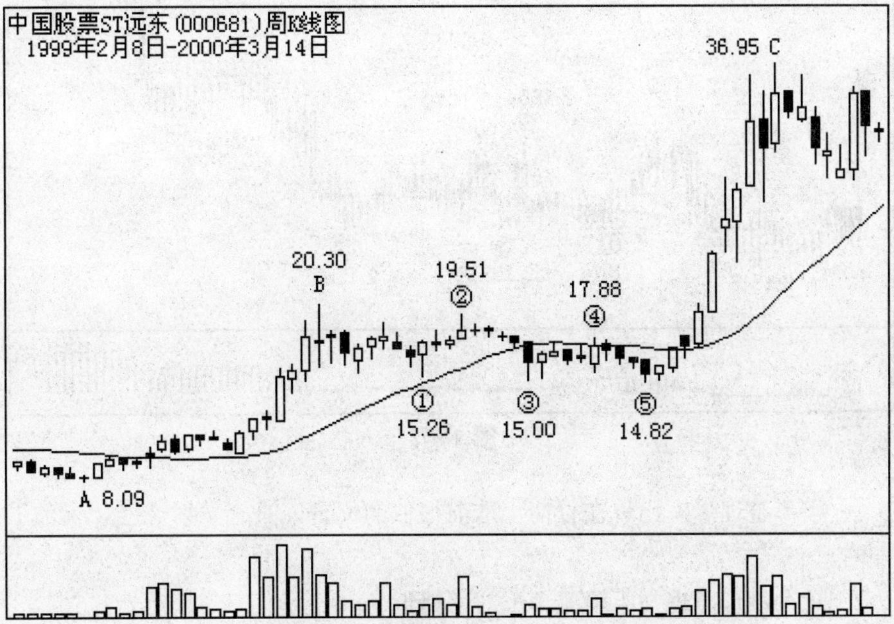


**图** 1-66

1．楔形整理的前波由慢变快，幅度是12.21，涨幅150%，时间是18周。

2．整理区为五波的楔形结构，幅度5.48，是前波幅度的45%，整理时间是24周，整理比较充分，整理区倾斜度很小。

3．后市估算：

1.618 倍位置　8.09+(20.30-8.09)×1.618=27.85

2　　倍位置　8.09+(20.30-8.09)×2　　=32.51

2.618 倍位置　8.09+(20.30-8.09)×2.618=40.06

4．估计行情抵达2倍位置的可能最大。

5．采用3% 的风险，可以获得120% 的利润。也可以在其相关品种中寻找买入机会。

**[实例4]　发射型楔形整理**（见图1-67）

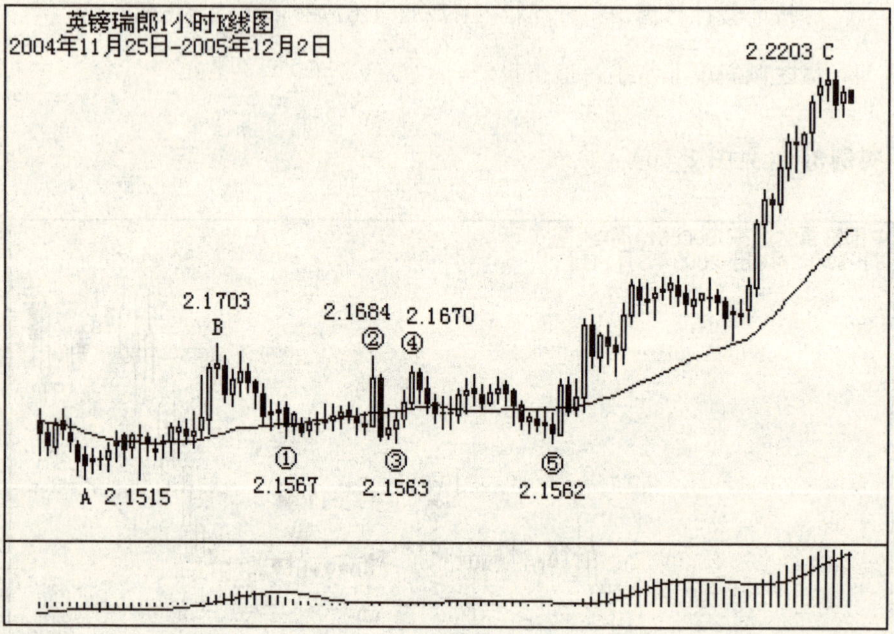


**图** 1-67

1．楔形整理形态出现在行情上涨前很低的位置，具有发射性能，前波180点左右。

2．这个楔形整理与下降三角形非常接近。

3．盘区幅度与前波幅度接近。

4．后市估算：

| | | |
|---|---|---|
| 1.618 倍位置 | 2.1515+(2.1703-2.1515)×1.618 | =2.1819 |
| 2 倍位置 | 2.1515+(2.1703-2.1515)×2 | =2.1891 |
| 2.618 倍位置 | 2.1515+(2.1703-2.1515)×2.618 | =2.2007 |
| 3 倍位置 | 2.1515+(2.1703-2.1515)×3 | =2.2079 |
| 3.618 倍位置 | 2.1515+(2.1703-2.1515)×3.618 | =2.2195 |

5．行情虽然周期不大，但利润巨大。

**[实例5] 失败的楔形整理 ——类上升三角形反转**（见图 1-68）

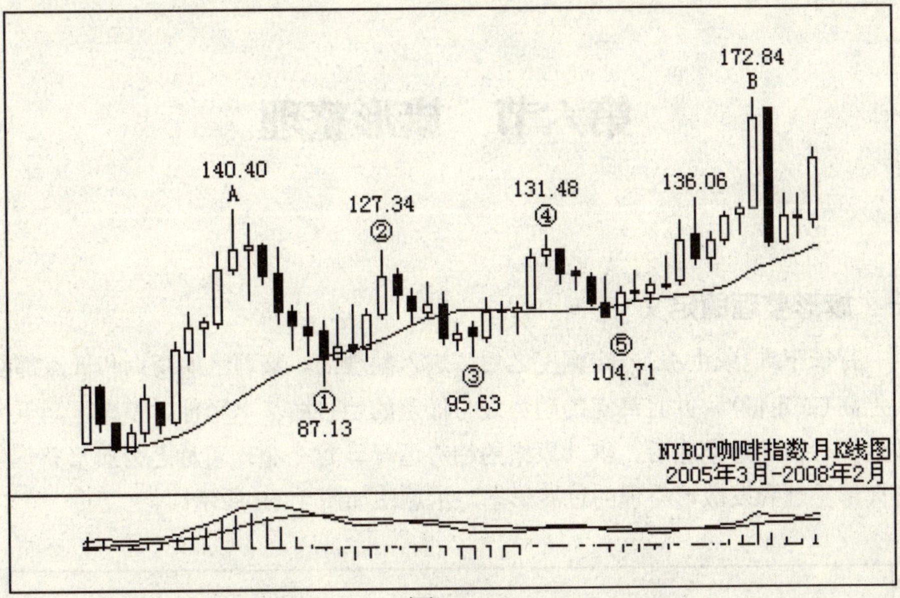


**图** 1-68

1. 这是一个楔形整理失败的形态，是楔形整理的天敌。在楔形整理操作时，需要密切注意和防范这个形态。这个形态一般较难辨认，可利用均线系统、更大周期的形态或利用形态配合分析来辨认这个形态。

2. 当第5波的幅度超过第4波幅度的1.15倍时，即当离场，或当行情突破前高点时，很可能形成类上升三角形反转形态，这时必须离场。

104.71+(131.48-104.71)×1.15=135.50

3. 这是一个“类上升三角形反转形态”，得到均线支持。

87.13+(127.34-87.13)×1.618=152.19

87.13+(127.34-87.13)×2 =167.55

# 第六节　旗形整理

## 一、旗形整理的定义

行情下跌(或上涨)一定幅度之后，进入整理区。整理区的高点和低点都陆续走高(或走低)，并且高点的趋势线与低点的趋势线基本平行，整理区是五个波浪，行情经过整理后，继续原来的趋势运行，这个整理可称之为旗形整理，是楔形整理和发散形整理的过渡形态，示意图如图 1-69 所示。

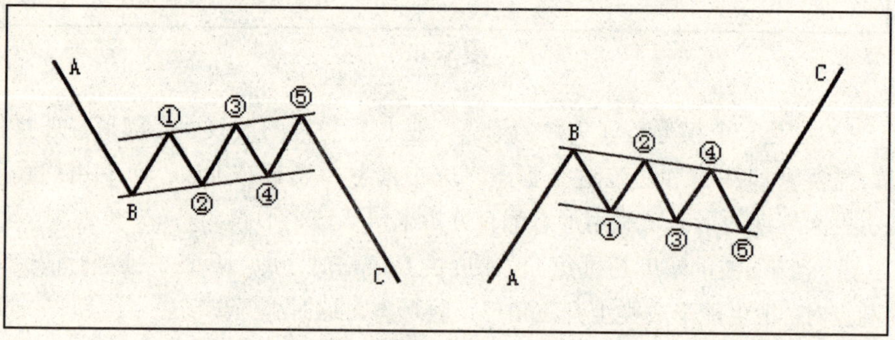


**图** 1-69

## 二、形成旗形整理的条件

1．前波的标准程度，是所有整理形态成立的第一要素。

2．旗形整理对整理区内的状况要求必须非常严格才能保证成功率。

⑴ 整理区内行情走势必须清晰流畅，波浪是锯齿状而非圆弧状，这和别的整理区要求不同。

⑵ 各波严格达到趋势线一带。

⑶ 整理区倾斜度适宜。倾斜度大的旗形操作难度加大，成功率降低。

⑷ 盘区幅度和时间足够。如果盘区幅度不大，则需更长的整理时间。

⑸ 盘区一般为五波结构。

## 三、旗形整理的特点

1. 多数旗形整理都是中继性能。

2. 旗形整理出现的几率不是很高，标准旗形整理很少见。

3. 旗形整理形态后市完成以后，常有反向贯穿旗形整理区的倾向。反贯易按比例行走，见图 1-70。

D点=C点+(⑤点-C点)×N　N取1.618、2、2.618…… 以2倍为多。

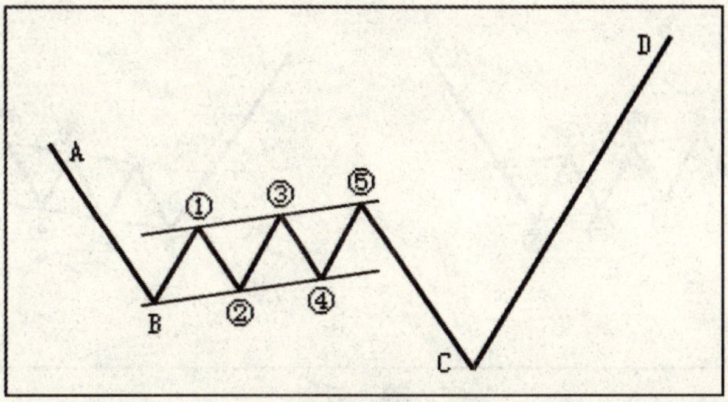


**图** 1-70

4. 进场点和止损都不容易计算，止损一般设置在空位。

5. 旗形整理的成功率较高，后市利润一般不是很大。

6. 跌势后出现的旗形属于高点和低点抬高速度较慢的涨势，或说是回档较大的涨势，并不是势道很弱的涨势，因此其后市的跌势一般速度不是很快。

## 四、旗形整理的分类

1. 有1波短尾的旗形整理形态，如图 1-71 所示意。盘区的②点略低于(或高于)B点。

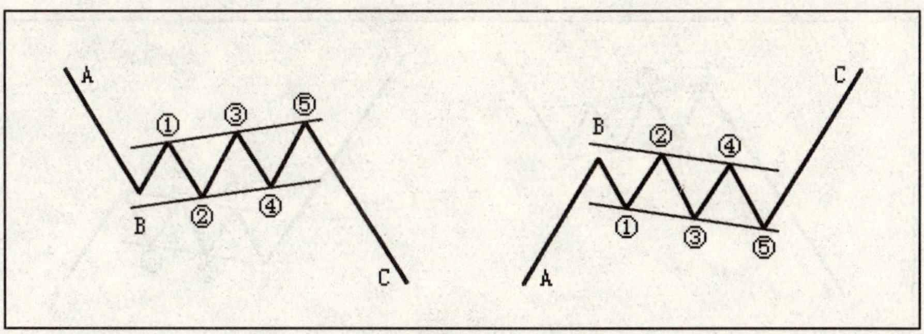


**图** 1-71

2．有中继性能的旗形整理，见图 1-72，和射击型旗形整理，见图 1-73。行情的前波幅度和后波幅度相近的旗形整理最常见。也有尾市型旗形整理，见图 1-74，整理区出现在一波很大的行情之后。射击型旗形整理出现在整个行情早期，中继性能的旗形整理出现在行情中部。

3．按整理区时间和幅度的大小区分为：大型和小型旗形整理。

4．按整理区的倾斜度可分为：倾斜和缓的和倾斜度大的两种。

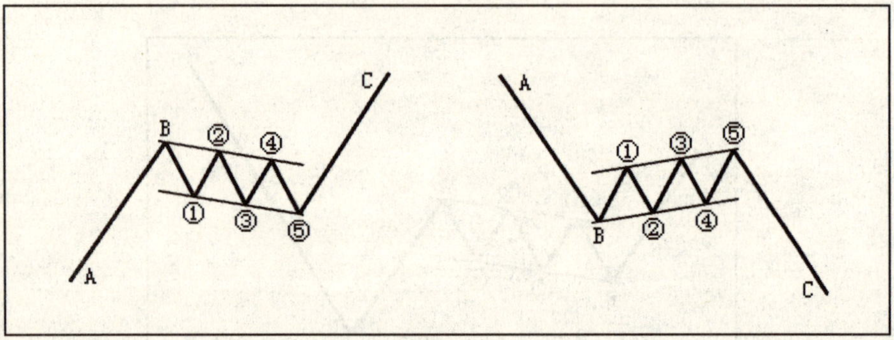


图 1-72

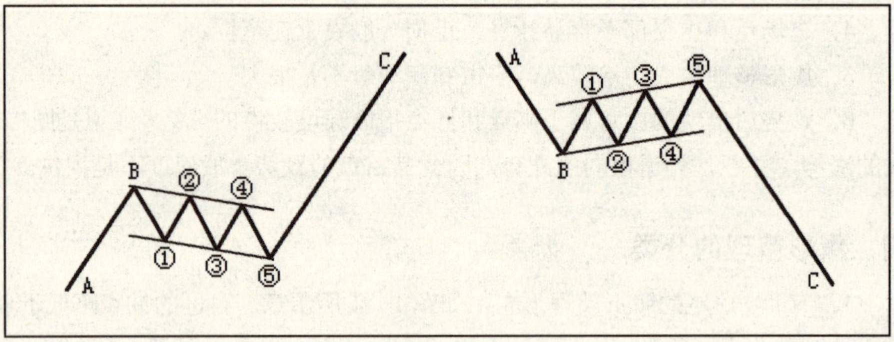


图 1-73

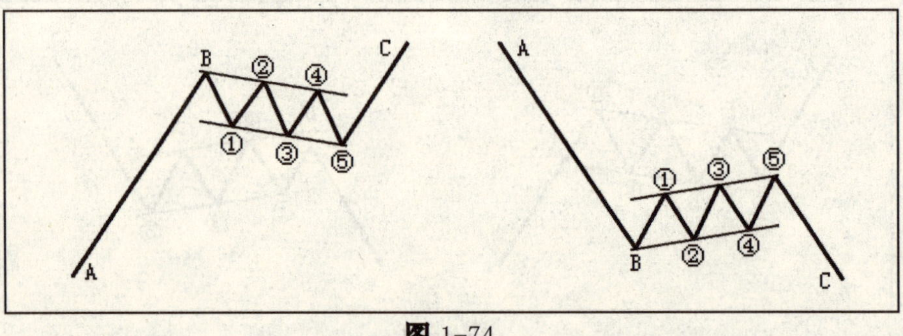


图 1-74

5．按整理区对前波的整理情况，可分为：整理充分的和整理不充分的旗形整理。

6．按整理区波浪数量来区分，有三波、五波、七波旗形整理形态和模糊旗形整理形态。

## 五、旗形整理后市幅度的计算

1．旗形整理一般都按前波与后波1∶1比例计算：

C点=⑤点±AB波幅度　当1波短尾时A—B波幅度取A—②幅度。

2．如果旗形整理的整理十分充分，可按下列计算方法：

⑴ 认为整体行情的幅度与前波幅度有比例关系，计算公式：

C点=A点±AB波幅度×N

N取1.618、2、2.618…… 最常用的比例是1.618，其次是2。

⑵ 认为前波与后波存在比例关系，计算公式：

C点=⑤点±AB波幅度×N

N取1、1.618、2、2.618、3…… 最常用的比例是1，其次比例是1.618。

3．尾市型整理可取盘区最后一波的幅度或取盘区整体幅度计算后市。

## 六、旗形整理的操作策略

1．旗形整理形态的可预测波是⑤—C波。

2．如果盘区倾斜度小，波浪清晰流畅，并整理充分，进场点选择在⑤点。

3．止损的设立一般都存在困难，因为设立在空位。如果有机会设立在前波的高点上，情况要好得多。

4．止损一般按第5波和第3波的比例关系130%或更大比例来设立。

5．如果旗形整理区的倾斜度较大，可以在行情启动以后寻找进场时机，不建议直接操作。

## 七、旗形整理注意事项

1．整理区不严格的不建议操作。

2．前波不好的不建议操作。

3．止损难以设立的不建议操作。

## 八、旗形整理进场点⑤的计算

1. 利用第3波幅度计算第5波幅度。

2. 利用①、③点间距离计算③、⑤点间距离。

3. 利用B、④点间距离计算①、⑤点间距离。

4. 趋势线法：利用①、③点画一条趋势线，作为参考。

5. 均线法：当均线和我们要操作的方向一致时，可以利用均线进场。

6. 如果形态周期比较大，可以在更短周期上寻找进场时机。

## 九、旗形整理实例分析

**[实例1] 旗形整理**（见图1-75）

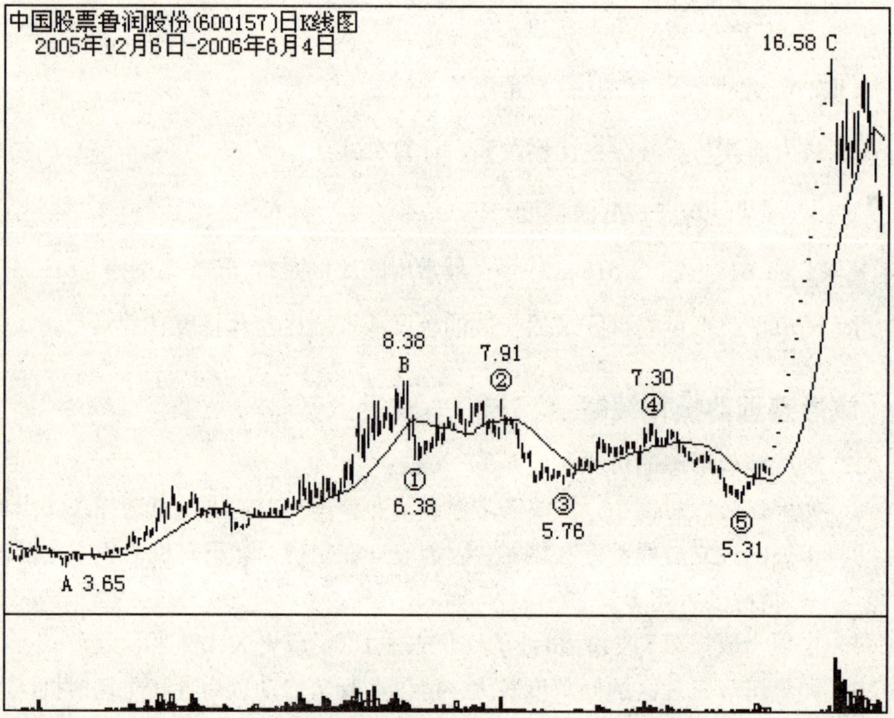


**图** 1-75

### (一) 此旗形整理的特点

1. 前波时间23周，幅度4.73元，涨幅130%。前波涨势缓慢，由慢变快。

2. 整理时间23周，时间比较充分。幅度3.07元，为前波的65%。整理区为五波旗形结构。整理区行情走势稳定而缓慢。

### ㈡ 进场点

1．利用第3波幅度计算第5波幅度：⑤点=7.30-(7.91-5.76)=5.15。

2．利用①、③点间距离计算③、⑤点间距离：

⑤点=5.76-(6.38-5.76)=5.14

3．利用B、④点间距离计算①、⑤点间距离：

⑤点=6.38-(8.38-7.30)=5.30

4．5.14～5.30为进场参考位置。

### ㈢ 止损的设定

第3波幅度为2.15元，第5波最大幅度为2.15×1.3=2.80元，是4.50点。止损为4.49，共0.81元风险。

### ㈣ 利润预估

| | | |
|---|---|---|
| 1.618 | 倍位置 | 3.65+(8.38-3.65)×1.618=11.30 |
| 2 | 倍位置 | 3.65+(8.38-3.65)×2　　=13.11 |
| 2.618 | 倍位置 | 3.65+(8.38-3.65)×2.618=16.03 |
| 3 | 倍位置 | 3.65+(8.38-3.65)×3　　=17.84 |

行情可能到达2倍或2.618倍位置，利润分别为：7.8元或10.7元。

### ㈤ 操作性评估

1．旗形整理成功率比较高，估计有70%。

2．风险利润比例：0.81∶7.8≈1∶9或0.81∶10.7≈1∶13。

3．建议操作。

### ㈥ 盘后讨论

1．中国股票涨势中出现的旗形整理比较少见。

2．后市行情启动后连续20个涨停板。

## [实例2]　五波的旗形整理（见图1-76）

### ㈠ 此旗形整理的特点

1．旗形整理的前波出现在一个比较混乱的行情之后。

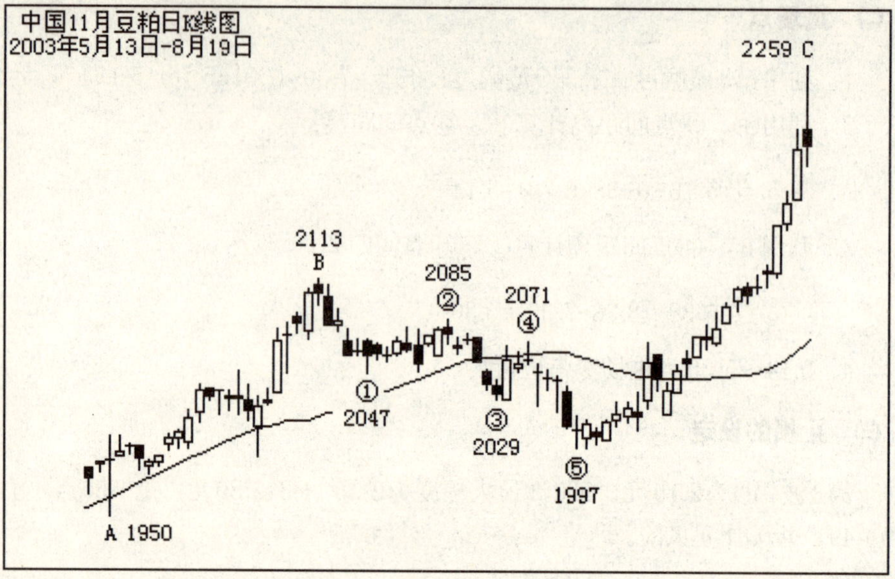


图 1-76

2. 前波幅度163点，时间21天，涨势稳定性一般。

3. 整理区倾斜度很大，盘区各波回档较小，时间26天。

4. 严格而论，这只是一个上涨后出现的五波跌势。旗形不过是五波的一种特殊情况。任何有价值的投资图形，几乎都是五波的特殊情况。五波变化万千，不胜枚举。

5. 条件不严格，没有可操作性。

### (二) 盘后讨论

1. 行情第一次达到2259点位，前波与后波呈现1∶1.618倍关系，这种情况比较少见。

2. 豆类品种，出现图形机会一般很少，这样的机会也可以考虑操作，如果你可操作的品种很有限。止损可设立在前波的最低点上。进场点根据计算选择2005～2018一带。

3. 后市达到2259点消耗时间23天，比整理区时间略少。

## [实例3] 旗形整理（见图 1-77）

### (一) 此旗形整理的特点

1. 前波幅度97点，时间6天，涨势稳定。

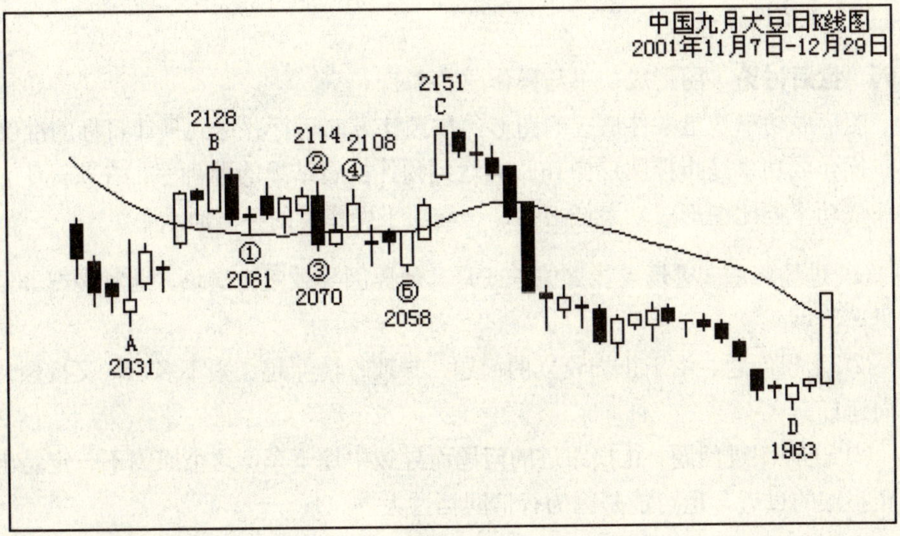


图1-77

2．整理区时间11天，整理时间充分，倾斜度较小，五波清晰，走势流畅。

## (二) 进场点

1．利用第3波计算第5波：2108-(2114-2070)=2064。

2．利用①、③点间距离计算③、⑤点间距离：2070-(2081-2070)=2061。

3．利用B、④点间距离计算①、⑤点间距离：2081-(2128-2108)=206。

4．实际可选择2061～2064一带进场。

## (三) 止损的设定

利用第3波与第5波比例计算⑤可能到达最大值是：

2108-44×130%=2051　止损大约13个点。

## (四) 利润预估

考虑可能的目标负偏差，目标位是：

2058+97×95%=2150　共83点利润(手续费3个点)。

## (五) 操作性评估

1．条件标准的旗形成功率有80%。考虑操作的难度，实际操作的成功率估计应在60%。

2．风险利润比例：13∶83≈1∶6。

3. 谨慎操作。

**㈥ 盘后讨论** 图形成功率与操作成功率。

图形成功率是指条件适宜的图形，按预计方向运行并达到预计目标的准确率。操作成功率是指按图形操作，并达到预计投资结果的准确率。在实际中，操作成功率要比图形成功率低很多，这取决于操作者的各方面水平。

⑴ 进场问题。进场点计算偏差或是其他原因导致没有进场，这种情况非常常见。

⑵ 止损问题。由于止损设立的问题，导致行情穿越止损不多后，又按预计方向运行。

⑶ 止损跟进问题。止损跟进的问题而导致中途下车，这个原因不一定是出在止损跟的过近，也可能是因为行情回档过大。

⑷ 中途问题。由于某种原因，导致操作者改变原来的操作计划而中途平仓离场。

⑸ 非人为因素。是指不可抗拒的其他原因：疾病、自然灾害、交易系统故障等。

**[实例4] 旗形整理**（见图 1-78）

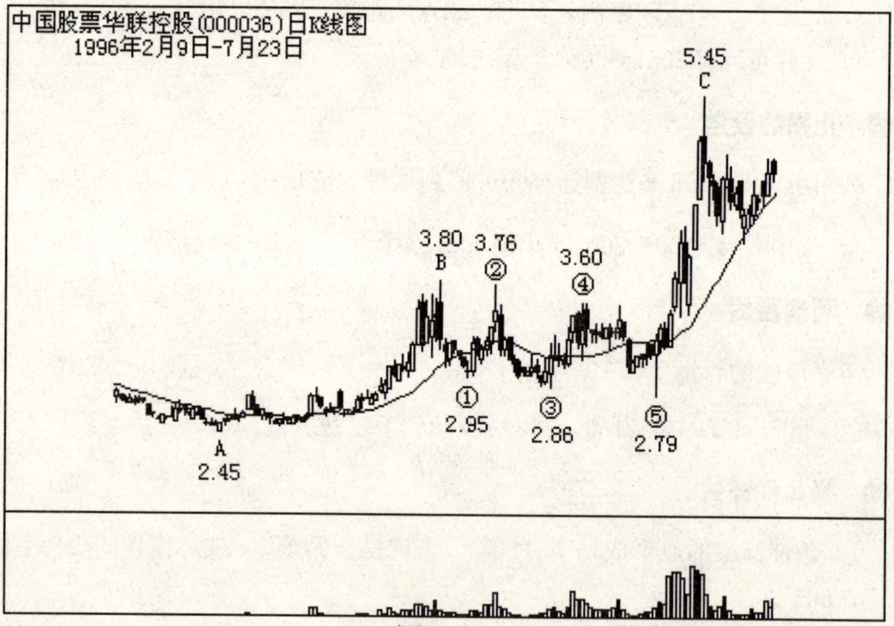


**图** 1-78

1．行情前波由慢而快，幅度1.45，时间42天。

2．盘区幅度1.01，为前波的40% 。时间44天，时间略多于前波时间。

3．后市估算：

1.618 倍位置　2.45+(3.80-2.45)×1.618=4.80

2　　倍位置　2.45+(3.80-2.45)×2　　=5.25

4．此形态幅度较小，投资意义不大。6% 的风险，约有40% 的利润。

# 第七节 扩大形整理

## 一、扩大形整理的定义

扩大形形态有三种：

1．普通扩大形：也常称喇叭形。高点陆续升高，低点陆续降低。具有投资价值的扩大形要求是五个波浪。以整理形态出现，称之为普通扩大形整理，见图 1-79，在涨势和跌势中都可能出现，但在跌势中出现居多。此形态2/3以反转形态出现。

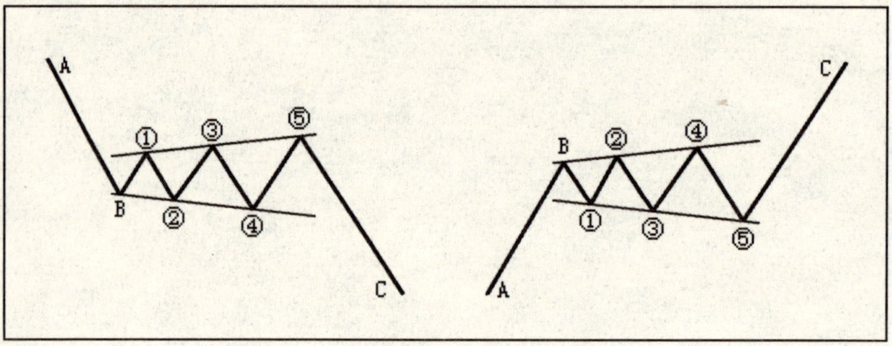


图 1-79

2．底平扩大形：盘区的高点陆续走高，低点是基本平齐的。具有投资价值的底平扩大形具有五个波，如果以整理形态出现，称之为底平扩大形整理，见图 1-80。同样的，这种形态在跌势中出现居多，此形态略常见，在顶部以反转形态出现为最多。

3．顶平扩大形：盘区的高点基本平行，低点陆续降低。如果它是以整理形态出现，称之为顶平扩大形整理形态，见图 1-81。具有五个波的顶平扩大形整理具有预测意义。此形态很少以整理形态出现，在底部以反转形态出现为最多。

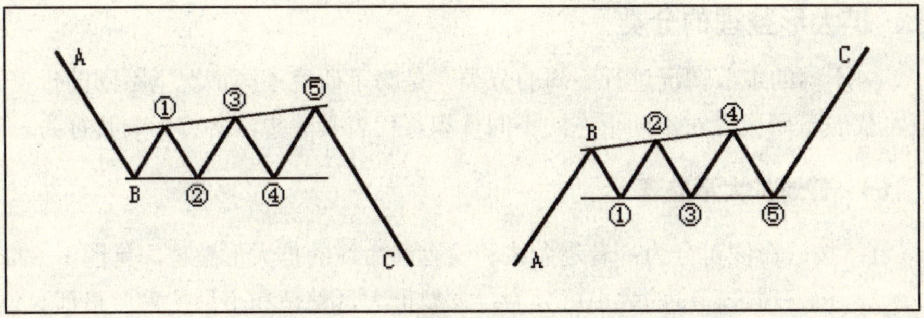


图 1-80

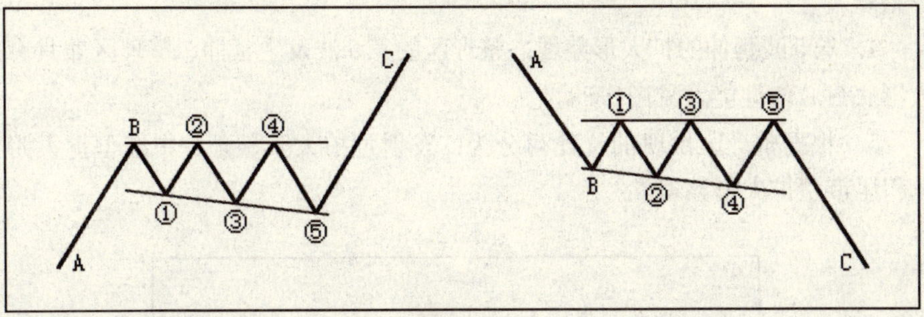


图 1-81

## 二、扩大形整理的条件

1. 所有整理形态成立的第一要件：整理区前面有可整理的前波。对前波条件的要求，是判断整理形态成立的第一保证。要求包括：前波的幅度、前波的形态、前波的稳定性、前波的速度状况等。

2. 所有整理形态成立的第二要件：整理区能否形成对前波的整理，其中最重要的是整理时间。

3. 整理区是五个波的整理形态，才具有可辨认性。有波浪不清的模糊形态，当条件充足时，也具有可辨认性和投资价值。

4. 整理区的稳定性是保证成功率和后市稳定的要素。

5. 幅度较小的整理区操作容易，风险较小。

6. 扩大形整理盘区的趋势线倾斜率不宜过大。

7. 综观前波和整理区是判断行情和制定操作计划的重要参考。

8. 一般条件的扩大形整理都不具备投资价值，只具有辅助判断或出场参考价值。形成扩大形整理容易，形成具有投资价值的扩大形整理很困难。我相信多数人研究技术的动机和我一样，是为了寻找有投资价值的机会，而不仅仅是为了满足爱好。

## 三、扩大形整理的分类

对不同的细节情况进行不同的分类，是为了研究不同情况下不同的投资价值，代表着研究者对不同形态的不同认识，代表其思想，必将影响其行为。

### ㈠ 普通扩大形整理

1．按逃命线可分为：有逃命线和没有逃命线的扩大形整理，见图1-82。

2．按整理区幅度的大小可分为：大型扩大形整理和小型扩大形整理。

3．按高低点发散的速度可分为：发散缓慢的扩大形整理和发散快的扩大形整理。

4．第5波延伸的扩大形整理：整理区的第5波发生延伸，整理区兼具有扩大形底(顶)的性能，见图1-83。

5．根据整理区出现的位置可分为：发射型扩大形整理、中继型扩大形整理和尾市型扩大形整理。

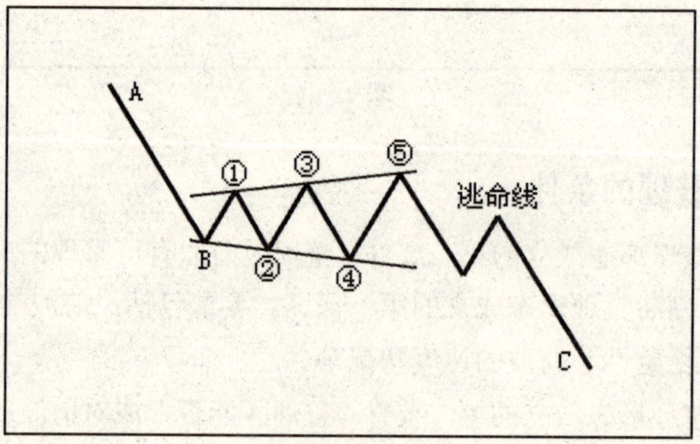


图 1-82

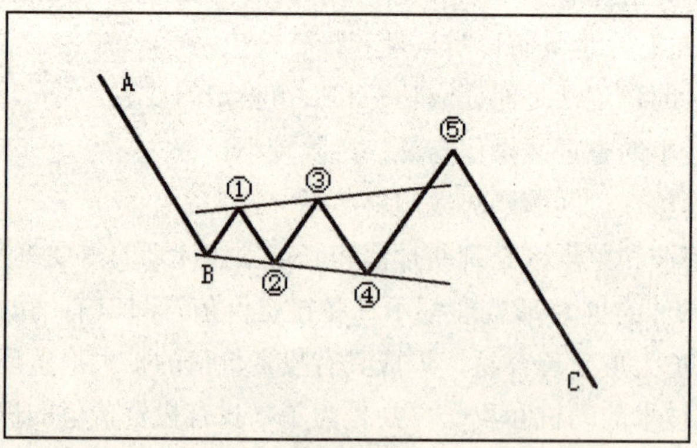


图 1-83

6．也可分为在跌势中出现的和在涨势中出现的两种。

7．也可分为充分和非充分整理两种。非充分的普通扩大形整理可能具有中继性能。

8．也有模糊形态。盘区里的波浪混乱或没有明显的波浪，但其盘区高点和低点严格符合扩大形定义。

### ㈡ 底平扩大形整理

1．按逃命线可分为：有逃命线的底平扩大形整理和没有逃命线的底平扩大形整理。有逃命线的扩大形整理，见图1-84。

2．按整理区幅度的大小可分为：大型底平扩大形整理和小型底平扩大形整理。

3．按高低点发散的快慢可分：发散慢的底平扩大形整理和发散快的底平扩大形整理。

4．第5波延伸的底平扩大形整理形态：整理区的第5波发生延伸，整理兼具有扩大形底(顶)的性能，见图1-85。

5．也可分为在跌势中出现的底平扩大形整理和在涨势中出现的底平扩大形整理。

6．根据整理时间和幅度的大小可分为：整理充分的底平扩大形整理，整理不充分的底平扩大形整理。

7．根据整理区出现的位置可分为：发射型底平扩大形整理、中继型底平扩大形整理和尾市型底平扩大形整理。

### ㈢ 顶平扩大形整理

1．可分为在跌势中出现的顶平扩大形整理和在涨势中出现的顶平扩大形

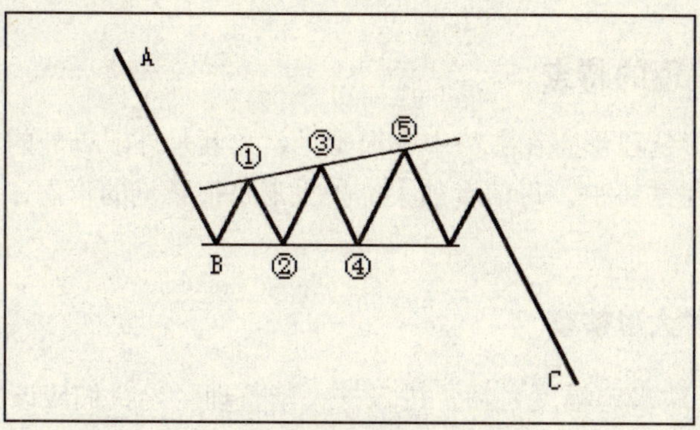


图1-84

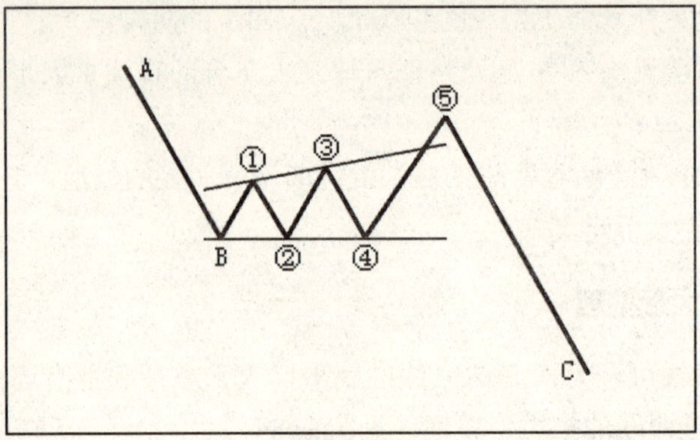


图 1-85

整理两种。

2. 根据整理时间可分：整理充分的底平扩大形整理和整理不充分的底平扩大形整理。

3. 根据整理区的发散情况可分为：发散快的顶平扩大形整理和发散慢的顶平扩大形整理。

4. 根据盘区幅度可分为：窄幅的和宽幅的整理。

5. 根据整理形态的大小可分为：大型和小型的整理。

**㈣ 非充分整理型扩大形整理**

任何整理形态都可能出现非充分的整理情况，没有形成充分整理的原因一般有两个：

1. 盘区整理时间没有前波时间多，这样的整理都属于非充分整理。

2. 盘区整理的时间多于前波时间，但由于前波幅度过大，整理的还是不够充分。如果整理区幅度较小，则要求相应的整理时间非常长。

## 四、扩大形整理的特点

所有扩大形整理形态在涨势中都很少见，尤其是外汇以外的品种。扩大形整理如果出现在跌势中，可信度加大。扩大形是很常见的形态，也是一个很重要的形态。

**㈠ 普通扩大形整理**

1. 行情下跌一定幅度之后，进入扩大形整理区。我们应该把这个整理区视为涨势，与最标准的涨势相比(标准的涨势是指：行情的低点和高点都陆续按约45°角抬高)，盘区的高点虽然在抬高，但行情的低点不仅没有成功地陆续走高反而陆续走低，这个扩大形整理区的涨势很不好，买盘依然很弱，卖盘依然强劲。当行情走完五波的整理后，将很可能完成整理，发动新一轮的跌势行情。涨势中同理。

2. 普通扩大形整理很少出现。

3. 由于这种盘整区酝酿的力量一般不足，后市力量一般都不大，常有逃命线出现，回到整理区的第5波的一半左右。

4. 如果行情能符合下列条件，则后市力量巨大，操作性加强。

⑴ 前波幅度、速度适宜且均匀。

⑵ 整理时间十分充分。

⑶ 扩大形整理区的高点和低点的趋势线非常和缓，或者说，扩大形盘区发散十分缓慢。

⑷ 整理区内五波清晰和谐，走势稳定，盘区幅度较小。

⑸ 越与矩形整理接近，其力量酝酿越大，操作性越好，越不容易出现逃命线，成功率越高。

5. 常有人把这种扩大形整理称为“倒三角形整理”，但本质上，这种整理与三角形整理没有多大的关联。

6. 有的扩大形整理的第5波发生延伸现象，使扩大形整理兼具扩大形反转的特点。

7. 由于整理区发散，寻找进场点和止损位都有一定的难度。

8. 实际统计中，扩大形反转出现的几率远大于扩大形整理。谨慎判断扩大形整理。

### ㈡ 底平扩大形整理

1. 在跌势中出现的底平扩大形整理。

⑴ 行情下跌一定幅度后，进入底平扩大形整理区。我们可以把这个整理区视为涨势，与最标准的涨势比较，盘区的高点虽然在抬高，但行情的低点没有走高而是走平，这个扩大形整理区的涨势很不好，卖盘依然强劲。当行情走完五波的整理后，很可能完成整理，发动新一轮的跌势行情。

⑵ 在跌势中出现底平扩大形整理比较常见，成功率较高。

⑶ 底平扩大形整理的三个低点有时候不平，其最后一个高点，也常向上假破压力线。

⑷ 在突破盘区前，有时候出现逃命线，大约回档到前一波的一半。

⑸ 由于盘区的底部是平的，行情突破后力量和速度常很大，常创造出惊人的速度。

⑹ 底平扩大形整理有可预见性。在所有的扩大形整理中，这种整理操作意义最大。

⑺ 符合下述三个条件的、在跌势中出现的底平扩大形整理形态更具有投资意义：

① 前波适宜。

② 整理时间充分。

③ 整理区倾斜度小，幅度也不大。

⑻ 整理不充分的形态有可能具有中继性能。

⑼ 有人把这种整理称为“倒下降三角形整理”。

2．在涨势中出现的底平扩大形整理。

⑴ 行情上涨一定幅度之后，进入底平扩大形整理区。如果我们可以把这个整理区视为跌势，与最标准的跌势比较，盘区的高点没有降低反而走高，行情的低点没有陆续走低而是走平，这个扩大形整理区的跌势很不好，买盘依然强劲，卖盘依然疲软。当行情走完五波的整理后，将很可能完成整理，发动新一轮的涨势行情。

⑵ 在涨势中整理时间较长、整理区幅度窄的底平扩大形整理形态具有强势特征。

⑶ 符合投资要求的，在涨势中出现的底平扩大形整理的条件：

① 前波幅度适宜，速度稳定。

② 盘区整理时间充分，幅度较小。

③ 盘区走势稳定，五波清晰。

④ 盘区压力线倾斜度较小。

⑤ 并非所有的盘局都有投资价值，并非所有的盘局后市都必然有很大的幅度，以便投资。

⑷ 这种形态出现的几率很低。

⑸ 这种形态的进场点在盘区的平行位置，存在低点不同序问题。

⑹ 整理不充分的涨势中出现的底平扩大形整理可能具有中继性能。

### ㈢ 顶平扩大形整理

1．在涨势中出现的顶平扩大形整理。

⑴ 行情上涨一定幅度后，进入顶平扩大形整理区。如果把这个整理区视为跌势，其低点陆续降低，但高点没有陆续走低而是走平。在整理区内，可以看出，买盘依然强劲。经过五波整理后，可能再次发动涨势行情。

⑵ 涨势中出现的底平扩大形和在跌势中出现的顶平扩大形虽然是镜像的图形，但在本质意义上完全不同，就是在外汇中，也是不相同的。在实际的观察中，行情的跌势和涨势确实具有不同的特点。

⑶ 这种形态出现几率非常少，至今没有见到过，虽然我看过的图形可能有数万幅。

⑷ 条件适宜的这种形态应该具有投资价值：

① 前波和缓而幅度适宜。

② 盘区倾斜度小，波浪清晰，变化为其他形态的可能性小。

③ 五波清晰，盘区幅度小，整理时间充分。

⑸ 这种形态一般容易出现逃命线。

⑹ 有人把这种整理称为“倒上升三角形整理”。

2．在跌势中出现的顶平扩大形整理。

⑴ 行情下跌一定幅度后，进入顶平扩大形整理区。如果把这个整理区视为涨势，与标准涨势比较，这个涨势的顶点没有抬高，而是走平，低点没有陆续升高而是陆续降低，可以看出，行情极弱。

⑵ 这种形态如果幅度狭窄，时间很长，将具有弱势特征，出现很少。

⑶ 条件严格的这种形态可能具有投资价值。

① 前波稳定而幅度适宜。

② 盘区五波和谐清晰。

③ 盘区幅度小。

④ 盘区整理时间充分。

⑷ 与所有的扩大形形态一样，盘区幅度过大的扩大形整理形态，容易出现逃命线。

⑸ 跌势中的顶平扩大形整理的进场点在盘区的平行位置，同样存在盘区高点不同序问题。

### ㈣ 普通扩大形整理的天敌是普通扩大形反转

跌势中的底平扩大形整理的天敌是底平扩大形底。

涨势中的底平扩大形整理的天敌是底平扩大形顶。

跌势中的顶平扩大形整理的天敌是顶平扩大形底。

涨势中的顶平扩大形整理的天敌是顶平扩大形顶。

## 五、扩大形整理后市幅度的计算

整理形态的后市幅度计算采用同一个思想，认为行情整体的幅度A—C与前波A—B容易形成比例关系(普通扩大形整理前波取A—④点)。

计算公式：C点=A点±AB波幅度×N

N取1.618、2、2.618…… 其中1.618是最常见比例，2倍比例其次，在实际操作中也需要采用1.5这个保守比例，虽然准确性差，但其实用性好。如果盘区底(顶)部收敛很慢，且时间充分，AB波取A点至盘区最低(高)点幅度。

## 六、扩大形整理的操作策略

1. 扩大形整理一般都不容易操作，除非盘区倾斜度较小。

2. 利用可能在⑤点出现的更小周期的其他形态，帮助寻找进场位置和设立止损点。

3. 可以在行情转折以后寻找顺势进场的机会。

4. 形态较大的扩大形直接寻找⑤点进场非常不可取。

5. 扩大形整理的可预测波是⑤—C波。

## 七、扩大形整理注意事项

1. 注意底平或顶平形态平齐部位的允许偏差范围。

2. 注意发散面的倾斜度。

3. 注意形态配合和形态组合。

## 八、扩大形整理进场点⑤的计算

1. 利用趋势线。

2. 台阶法。

3. 参考均线系统。

4. 利用形态组合和形态配合。

## 九、扩大形整理实例分析

**[实例1] 标准底平扩大形整理**（见图 1-86）

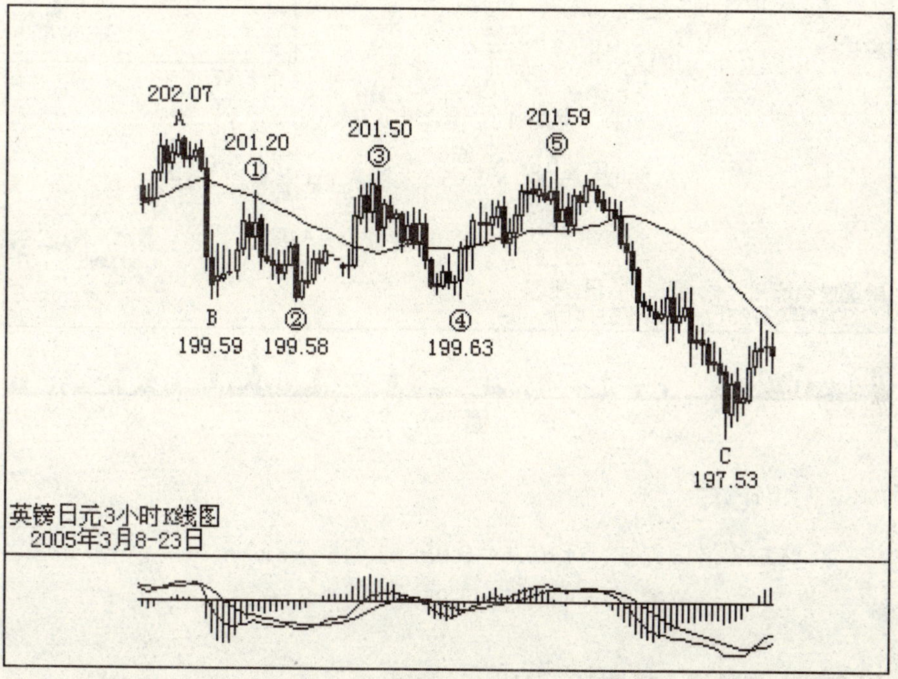


**图** 1-86

1．前波速度较快，幅度248点，底平扩大形整理区时间非常长。

2．盘区波浪清晰舒展，幅度较大，盘区最高点距离前波最高点不远，操作时，可考虑把止损设立在此点。

3．跌势中底平扩大形整理操作性能最好，成功率最高。

4．后市估算：

202.07-(202.07-199.59)×1.618=198.06

201.59-(202.07-199.59)×2 =197.58

**[实例2] 跌势中的底平扩大形整理**（见图 1-87）

1．前波幅度2.49元，时间19周；盘区幅度1.2元，时间19周；后市30周。

2．盘区为五波的底平扩大形结构，⑤点有放量现象，周K线图均线支持继续下跌。

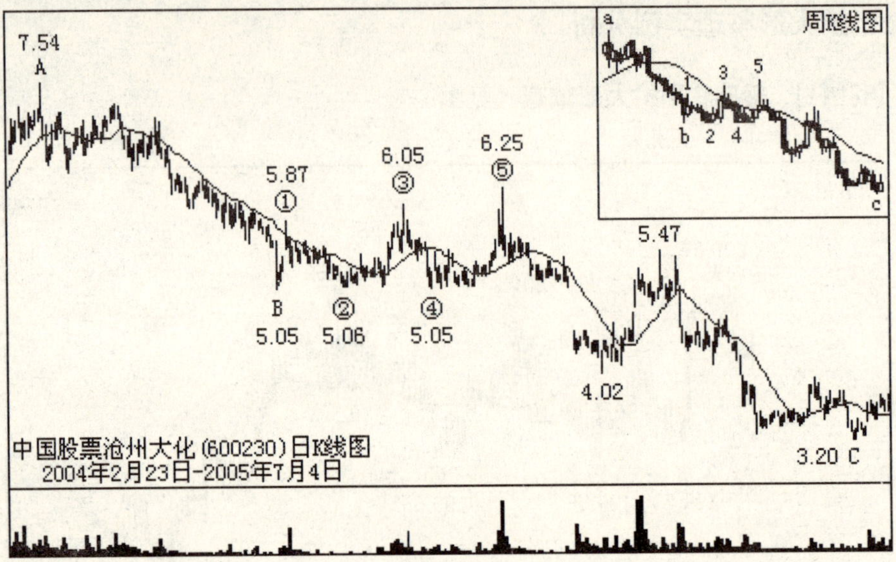


图 1-87

3. 后市计算：

1.618 倍位置　7.54-(7.54-5.05)×1.618=3.51

2　　倍位置　7.54-(7.54-5.05)×2　　=2.56

**[实例3]　标准扩大形整理**（见图 1-88）

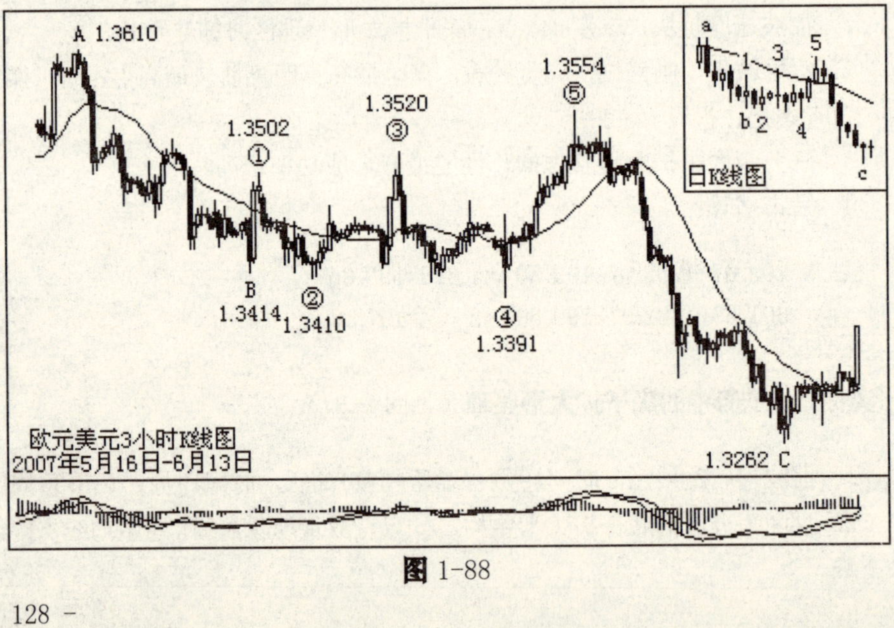


图 1-88

1．前波幅度196点，时间5天；盘区幅度163点，回档了前波的74%，时间9天；后波幅度292点，时间6天。

2．这个扩大形整理的前波幅度不大，不容易构成扩大形反转形态。日K线图均线系统支持下跌。

3．这个形态很标准，出现很少。

**[实例4]　跌势中的顶平扩大形整理**（见图1-89）

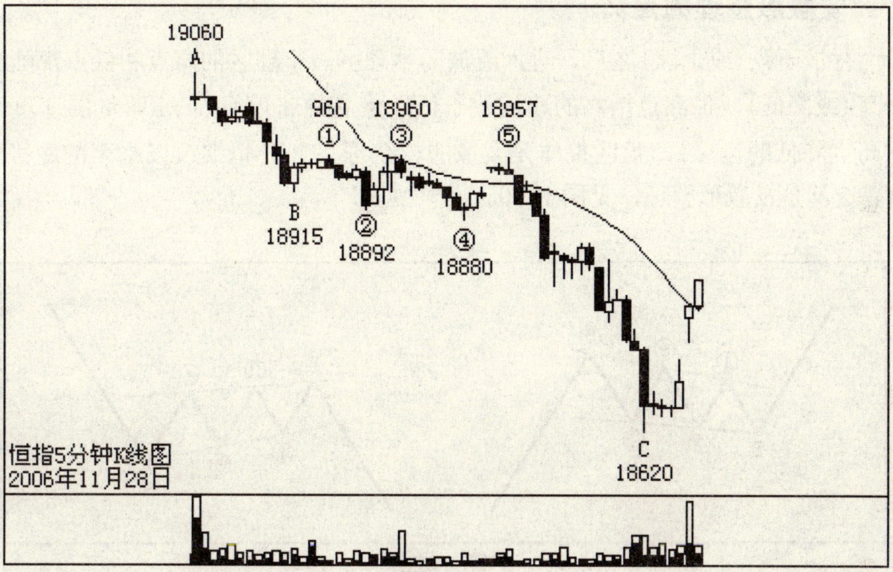


**图**1-89

1．前波幅度145点，时间55分钟。

2．盘区幅度80点，时间120分钟，整理充分。

3．盘区为顶平扩大形结构，具有弱势特征，均线支持此形态的成立。

4．后市估算：

19060-(19060-18915)×1.618=18825

19060-(19060-18915)×2　　=18770

19060-(19060-18915)×2.618=18680

19060-(19060-18915)×3　　=18625

# 第八节　发散形整理

## 一、发散形整理的定义

行情下跌(或上涨)之后，进入五波的整理区。整理区的高点和低点都陆续抬高(或降低)，但高点抬高的速度快于低点抬高的速度(或低点降低的速度快于高点降低的速度)，盘区整体是发散的。整理后，行情继续按原来的趋势运行，这就是发散形整理，见图 1-90。

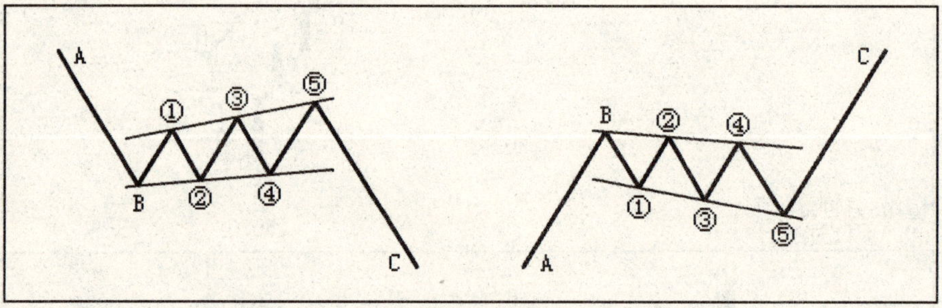


**图** 1-90

## 二、发散形整理的条件

1. 盘区前面存在一个明显的可整理趋势。

2. 盘区至少是五个波浪，在整理时间和幅度上都比较充分。如果盘区幅度较狭窄，需要更长的整理时间。

3. 盘区严格符合发散形的定义。

4. 整理区趋势线倾斜度越小，整理成立的可能就越大，操作性能就越好。

5. 整理区的上下趋势线的斜率相差不可过于悬殊。

## 三、发散形整理的特点

1. 标准的发散形整理非常少见，一般的发散形整理都不是严格定义的发散形整理，因而研究统计量不够。

2．条件标准的发散形整理形态后市经常有惊人的速度，以在跌势中出现为尤甚。

3．有三波和七波的情况。七波的整理，后市具有更大的力度，见图1-91。

4．行情在完成五波后发动的可能最大。

5．有发射型、尾市型和不充分的发散形整理。

6．五波旗整理和七波旗整理都属于发散形整理。

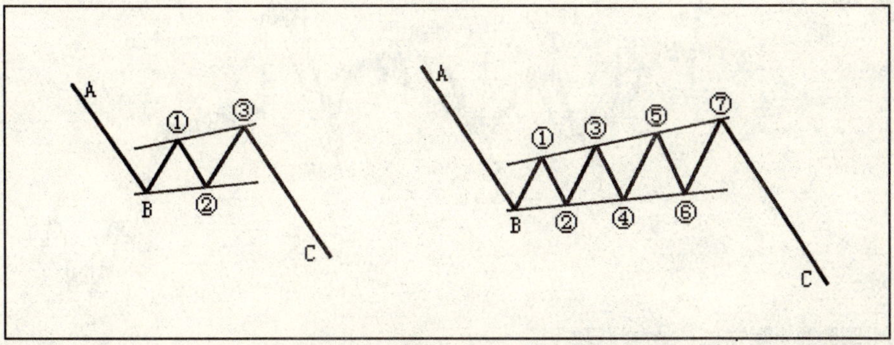


图1-91

## 四、发散形整理后市幅度的计算

1．整理形态的后市幅度预计都采用同一个思想，认为行情整体A—C的幅度与前波A—B的幅度容易形成比例关系。

2．计算公式：C点=A点±AB波幅度×N

N取1.618、2、2.618…… 其中1.618是最常见的比例，2倍比例位其次。在实际操作中也需要采用1.5这个保守的比例，虽然准确性差，但实用性好。

3．一般的发散形不按比例行走，计算偏差较大。

4．尾市型的发散形整理，可按发散形整理区的最后一波估算后市。

## 五、发散形整理的操作策略

1．发散形整理的可预测波是⑤—C波。

2．前波幅度速度适宜、盘区幅度狭窄、趋势线倾斜度小、整理时间充分的发散形整理具有投资价值。

3．进场点选择在⑤点。如果整理区的最高点距离前波最高点不是很远，止损可以设立在A点。一般的发散形整理的止损需要设立在空位。

4．如果发散形形态较大，可以在行情发动以后寻找新的进场时机。

## 六、发散形整理实例分析

**[实例1]　发散形整理**（见图1-92）

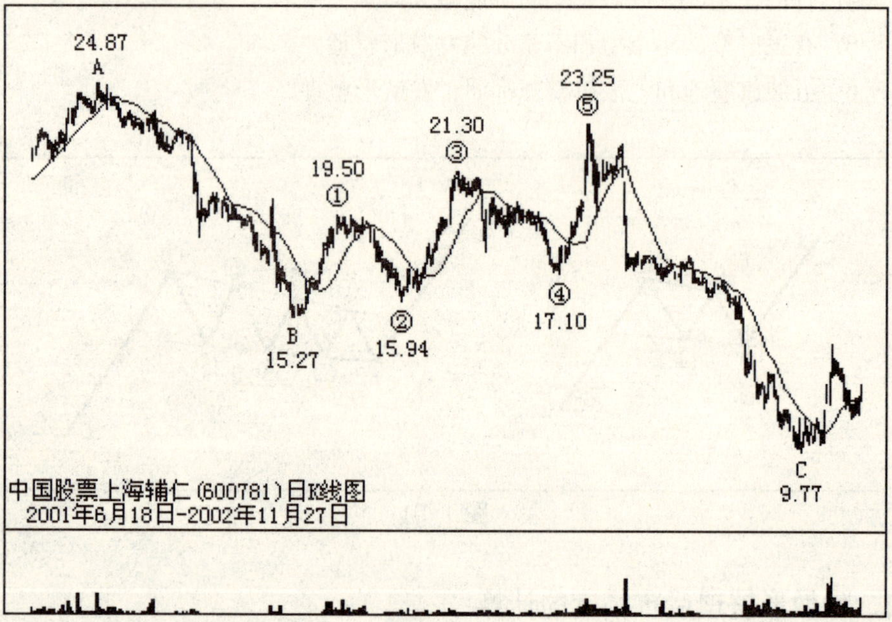


**图**1-92

1．行情前波幅度9.6元，时间18周。

2．盘区幅度7.98元，为前波的83%，时间29周。这个发散形整理非常标准。

3．后市计算：

1.618 倍位置　24.87-(24.87-15.27)×1.618=9.34

2　　倍位置　23.25-(23.25-17.10)×2　　=10.95

4．如果在⑤点离场(或融券)，可避免近60%的亏损。相关股票可参考这个判断离场。

**[实例2]　发散形整理**（见图1-93）

1．前波幅度是1056点，时间是28交易日；盘区幅度是630点，时间是46交易日，整理比较充分。

2．形态出现在行情较高位置，成功率不会很高，幸有美元瑞郎的扩大形反转做配合。

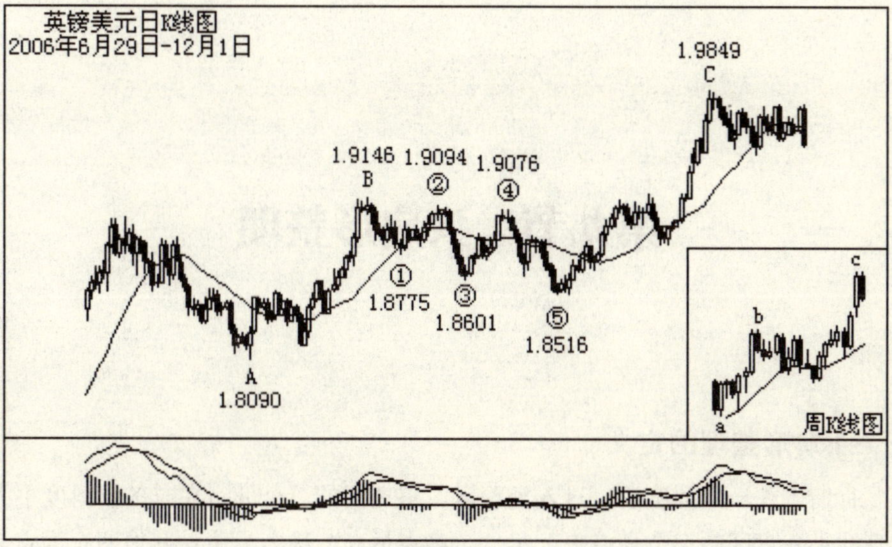


图 1-93

3. 发散形整理比较少见，一般难以辨别，通常不具有操作价值。

4. 后市计算：

1.8090+(1.9146-1.8090)×1.618=1.9799

# 第九节　头肩形整理

## 一、头肩形整理的定义

行情下跌一定幅度后，进入整理区。整理区的三个低点在一条倾斜度不大的直线上，盘区的三个高点中，第二个高点最高，称之为头，其他两个高点高度相差不大，称为左、右肩。整理后行情恢复原来的方向运行，这就是头肩形整理，见图 1-94。涨势中则反之。

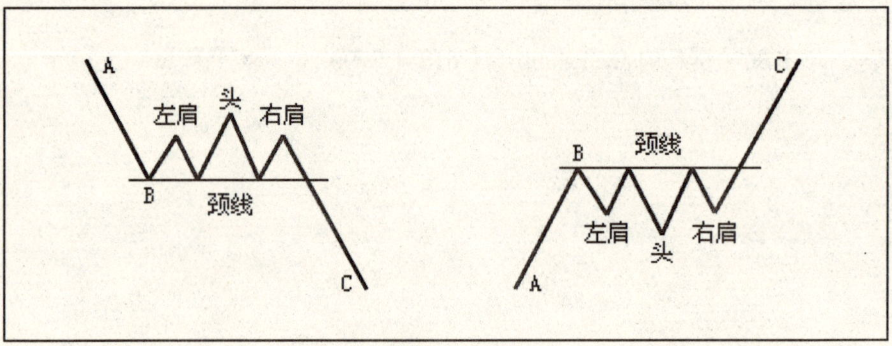


图 1-94

## 二、头肩形整理的形成条件

1. 前波幅度速度适宜，盘区底部倾斜度较小，两肩高度接近。

2. 头的高度大于肩的高度，但也不宜高得太多。整理时间充分。

3. 可以认为，头肩形整理是扩大形整理形态的第5波失败而形成的。原因可能是第3波涨得过高；或可认为，头肩形是底平扩大形和下降三角形的组合，见图 1-95。

4. 头肩形整理非常少见，辨认难度也大。可以在右肩形成中，有机会用图形组合去辨认它的可能出现，见图 1-96。

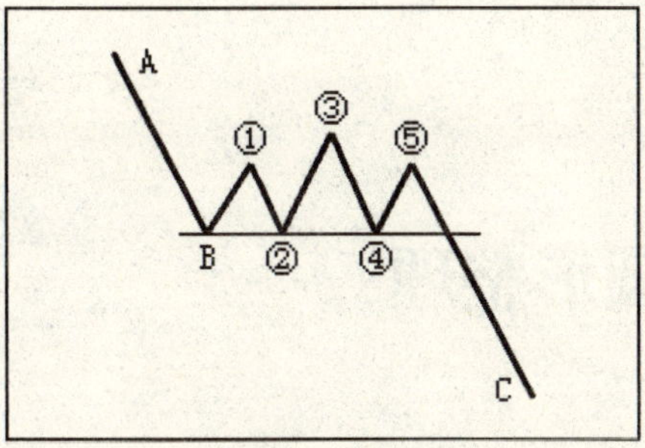


图 1-95

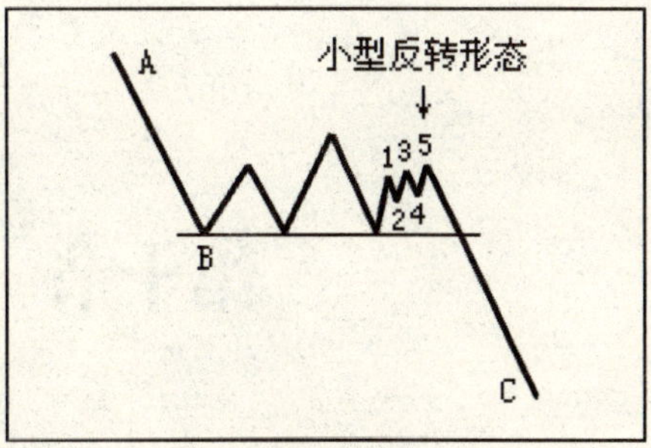


图 1-96

5. 头肩形整理的后市按整理形态计算，也可按盘区幅度计算。

计算公式：C 点=A 点±AB 波幅度×N

C 点=③点±盘区幅度×N

N 取 1.618、2、2.618……

6. 头肩形整理非常罕见，跌势中出现更可信。

# 第十节　圆形整理

## 一、圆形整理的定义

行情下跌一定幅度之后，进行反弹，反弹区呈现圆形，如山峦的顶部，而后行情突破前波最低点继续大幅度下跌，这就是跌势中的圆形整理。

行情上涨一定幅度之后，进行回档，回档区呈现圆形，如盆地的底部，然后行情突破前波最高点继续大幅度上涨，这就是涨势中的圆形整理，见图1-97。

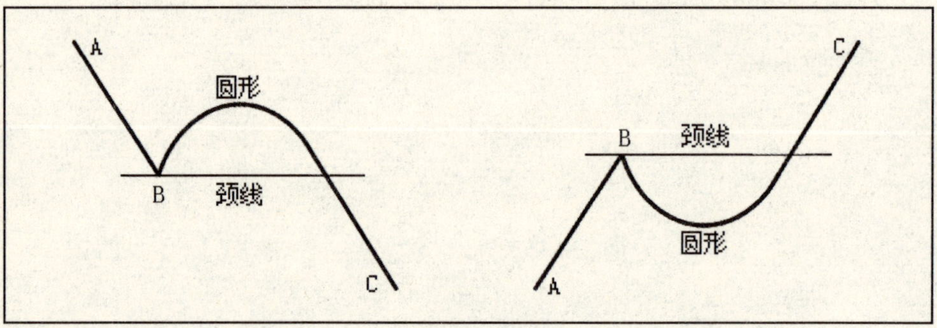


**图** 1-97

## 二、圆形整理的条件

1．前波幅度一般都有很大，而且速度较快。

2．行情在很狭窄的圆弧形区间内波动而形成圆形，在圆形的外部，由很多点形成圆形的趋势线。盘整时间十分充裕。

## 三、圆形整理的特点

1．标准的圆形整理十分罕见。如果出现，在跌势中出现居多。

2．多数的圆形整理在突破前波低点(或高点)后，拥有非常快的速度，非常大的幅度。

3．圆形整理可预测波是圆形整理区以后的波浪。

## 四、圆形整理后市幅度的计算

整理形态整体的幅度容易与其前波形成比例关系。

1．行情整体幅度与前波幅度有比例关系。

C点=A点±AB幅度×N　N取1.618、2、2.618、3……

2．从盘区最高点到最后行情的幅度与前波幅度有比例关系。

3．后市幅度与圆形盘区幅度可能有比例关系，在实际观察中，这个影响是最大的。

## 五、圆形整理的操作策略

1．圆形只有在其后半部分才可以辨认出来。

2．其进场也应在其后半部分。

3．止损设立在圆形最高点(低点)，或在进场位置临近的前高点(低点)上。

## 六、圆形整理实例分析

**[实例1]　涨势中的圆形整理**（见图1-98）

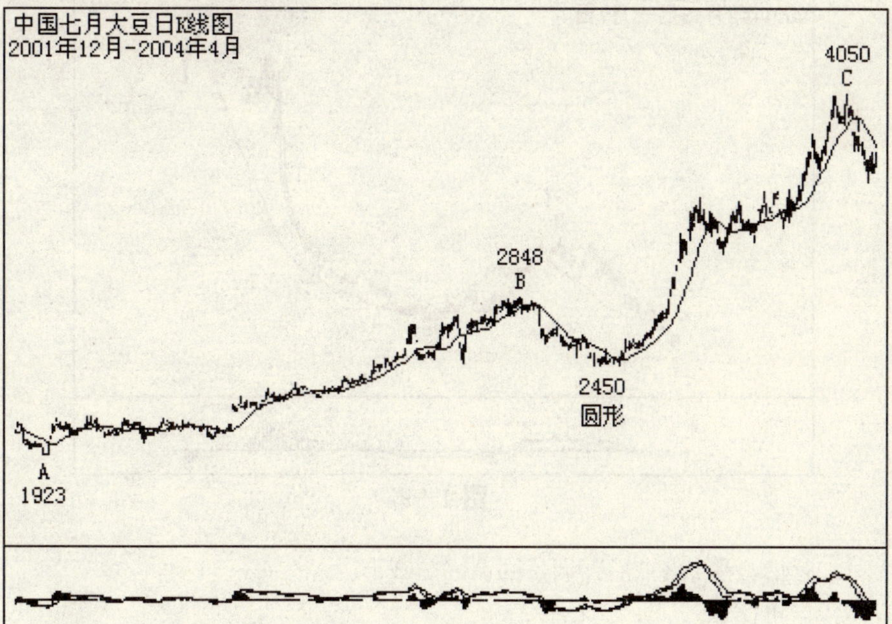


**图**1-98

1．圆形前波绵长，幅度是925点。

2．圆形整理区幅度398点，时间是19周。

3．后市计算：

1923+(2848-1923)×1.618=3420

1923+(2848-1923)×2 =3773

1923+(2848-1923)×2.618=4345

2450+(2848-2450)×1.618=3094

2450+(2848-2450)×2 =3246

2450+(2848-2450)×2.618=3492

2450+(2848-2450)×3 =3644

2450+(2848-2450)×3.618=3890

2450+(2848-2450)×4 =4042

4．这个形态一般只有在行情突破以后才能得到辨认。

**[实例2]** （见图 1-99）

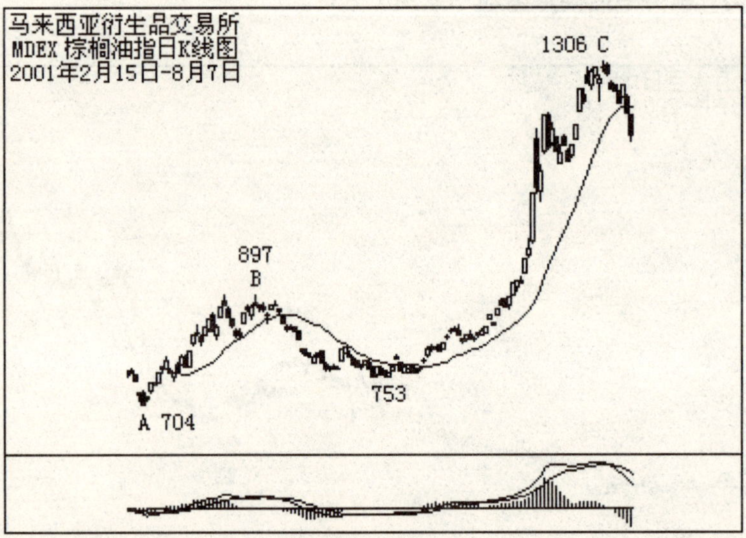


**图** 1-99

1．行情上涨193点后回调，回调区是圆形。

2．后市计算：

1.618 倍位置　704+(897-704)×1.618=1016

2　　倍位置　704+(897-704)×2　　=1090

2.618 倍位置　704+(897-704)×2.618=1209

3　　倍位置　704+(897-704)×3　　=1283

# 第十一节　强势五波整理

## 一、强势整理的定义

行情上涨之后，经历一个整理区，这个整理区整体向上倾斜。经过整理之后，行情继续上涨，这个整理称为：强势整理，见图 1-100。

行情大幅上涨之后，进入整理区，由于势道强劲，整理区整体向上倾斜，这个整理区被认为是跌势，其高点和低点没有成功的陆续走低，而是陆续走高，买盘强劲，卖盘极微弱。

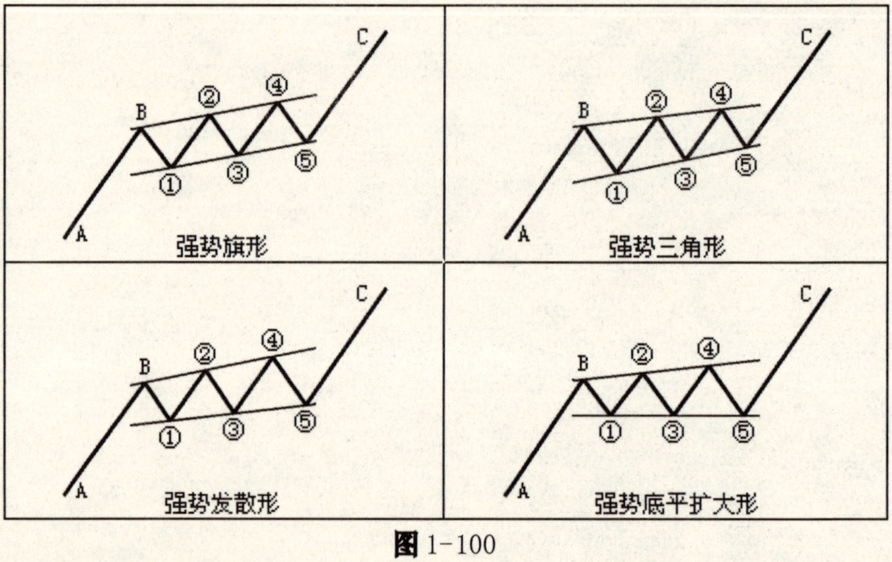


**图** 1-100

## 二、强势整理的条件

1. 一般强势整理的前波绵长，即：幅度大、时间长、速度稳定而适中。

2. 强势整理区本身时间较长，幅度较狭窄，走势缓慢。

3．盘区的倾斜度不是很大。

4．行情处在极强的势道中。

5．存在五波或七波结构，波浪清晰可见。模糊形态也具有可辨认性及投资价值。

6．强势形态必须得到均线系统支持。

## 三、强势整理的特点

1．强势整理十分少见。

2．这种行情多处在大的强势行情中。

3．盘区时间一般都偏长，幅度狭窄，走势缓慢。

4．一般都得到均线系统支持，这是辨认这种形态很重要的方法。

5．强势整理的天敌分别是其相应的反转形态：

强势五波旗形整理的天敌是旗形顶。

强势五波三角形整理的天敌是楔形顶。

强势五波发散形整理的天敌是发散形顶。

强势五波底平扩大形整理的天敌是底平扩大形顶。

6．强势整理可辨认波是⑤—C 波，这个波的幅度一般很大。

## 四、强势整理的分类

### ㈠ 强势五波三角形(楔形)整理

行情上涨之后，进入整理区，这个整理区的高点和低点都陆续走高，但低点的抬高速度略快于高点的抬高速度，整体像楔形，结构为五波。行情休整后，继续原来的趋势，这个整理称为强势五波三角形整理，这种强势整理可认为是三角形整理的强势变体。

强势五波三角形整理的天敌是楔形顶，其区别是：

1．一般情况，强势整理的前波幅度偏大而行进稳定，没有特别快的速度，盘区一般都比较狭窄；楔形顶的前波幅度一般不是非常大，反转区也较舒展，幅度和其前波比较，回档较大。

2．强势整理形态的长期均线一般都均匀向上。强势整理时，均线一般都在图形中间偏下一点，而楔形反转时，图形一般都在均线之上。

3．从第5波辨认。在这一波，行情无向下发动迹象；第5波之后，行情可能有向上发动的迹象。

4．当行情完成五波后，第四次临近高点时，行情向上发动在即。

5．强势形态能得到均线支持，均线不支持的，可能演变为楔形反转。

### ㈡ 强势五波旗形整理

行情上涨之后，进入整理区，这个整理区的高点和低点都陆续走高，低点的抬高速度和高点的抬高速度基本相当，或者说，高点形成的趋势线与低点形成的趋势线基本平行，休整区为五波结构，行情休整后，继续原来的趋势而上涨，这种整理就是强势五波旗形整理，可以认为它是矩形整理的强势变体。

强势五波旗形整理的天敌是旗形顶，其区别是：

1．旗形反转的前波一般较利落，而强势形态的前波一般较绵长。

2．旗形反转的反转区的时间一般必须比其前波时间长，而强势旗形整理则不一定。

3．旗形反转形态的波浪较舒展，幅度较大，而强势旗形整理区的幅度一般较狭窄。

4．强势旗形整理区的倾斜度一般都较小，旗形反转则不一定。

5．强势旗形整理必须得到均线系统支持，旗形反转一般得不到均线系统支持，其一般偏离均线较远，或均线不支持其继续上涨。

6．有时候，可能在行情回到支撑线时，得到辨认。

### ㈢ 强势五波发散形整理

行情上涨之后，进入整理区，这个整理区的高点和低点都陆续走高，但高点的抬高速度略快于低点的抬高速度，或者说，高点形成的趋势线与低点形成的趋势线是发散的，休整区为五波结构，行情休整后，继续原来的趋势而上涨，这种整理就是强势五波发散形整理，可以认为它是普通扩大形整理的强势变体，非常少见。

强势五波发散形整理的天敌是发散形反转，其区别是：

1．强势整理的前波绵长。

2．强势五波发散形整理的盘区应十分狭窄，时间充分，倾斜度足够小。

3．强势五波发散形整理一般能得到均线支持。

## ㈣ 强势五波底平扩大形整理

行情上涨之后，进入整理区，这个整理区的高点陆续走高，而低点是平齐的，休整区为五波结构，行情休整后，继续原来的趋势，这个整理称为强势五波底平扩大形整理。其天敌是底平扩大形反转，区别是：

1．强势整理区的前波绵长。

2．强势整理的盘区走势缓慢，幅度狭窄，时间充分，倾斜度小。

3．强势整理一般能得到均线支持。

**㈤ 有发射型、中继型、尾市型强势整理的区分**（见图 1-101）

**㈥ 存在三波的强势整理**（见图 1-102）

**㈦ 存在模糊形态**（见图 1-103）

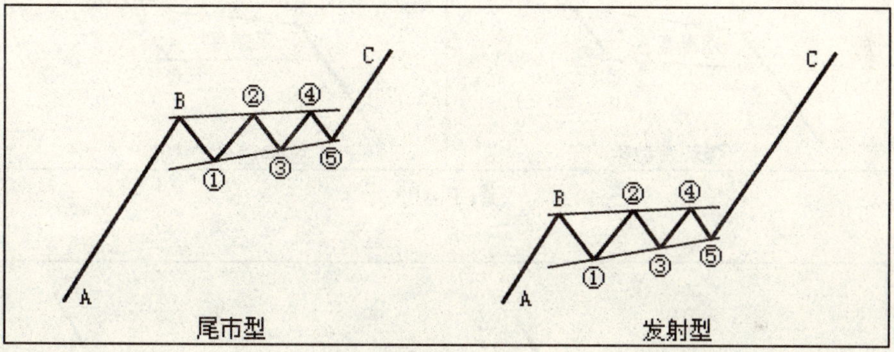


**图** 1-101

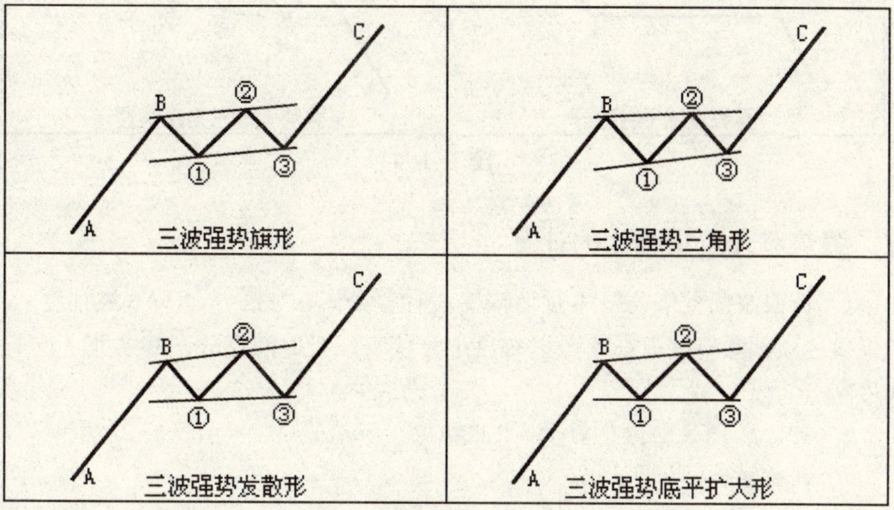


**图** 1-102

**(八) 有充分整理和不充分整理**

**(九) 存在直线型的强势整理，可能存在七波的强势整理形态**（见图 1-104）

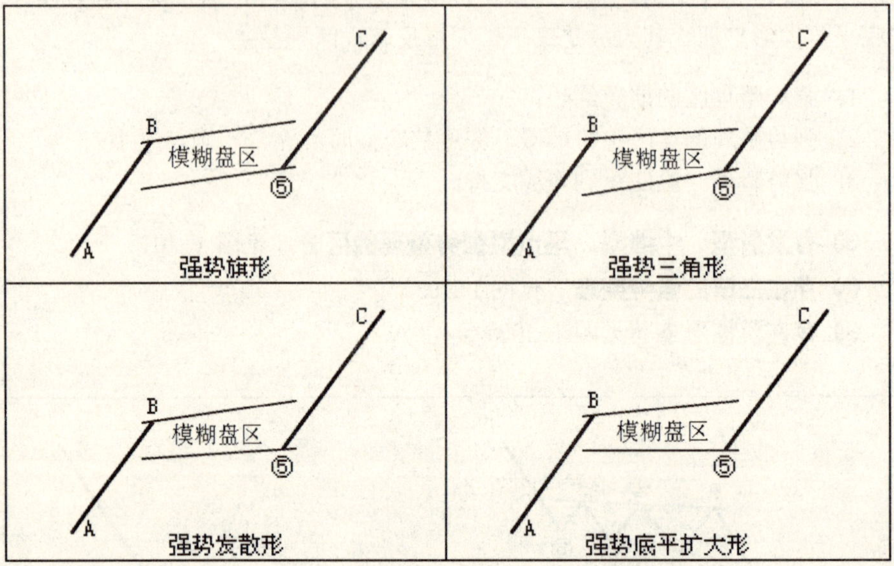


**图** 1-103

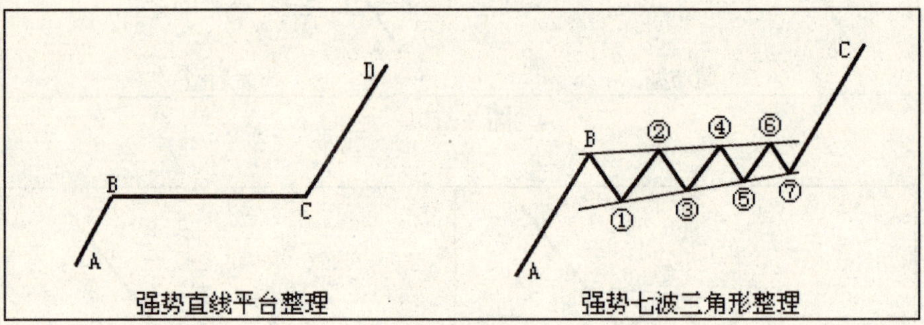


**图** 1-104

## 五、强势整理后市幅度的计算

1．按前波幅度估算整体行情幅度，计算公式：C 点=A 点+AB 波幅度×N。如果盘区顶部倾斜度很小，盘区幅度十分狭窄，且时间充分，AB 波取 A 点至盘区最高点的幅度。

2．可按A—B 波幅度估算①—C 点幅度。

3．估算偏差较大。

4．强势整理的整理区较狭窄，一般不按整理区计算后市。

## 六、强势整理的操作策略

1．强势整理可在⑤点直接进场。

2．止损设立在临近的低点上。

3．也可以在行情突破发动以后寻找进场时机。

## 七、强势整理实例分析

**[实例1] 强势五波旗形整理**（见图1-105）

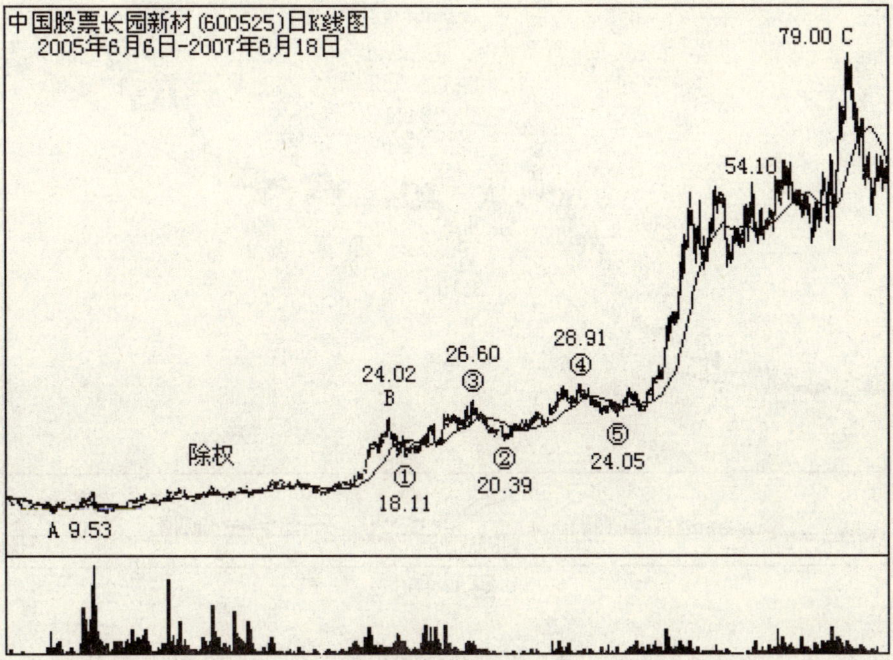


图1-105

1．前波幅度14.49元，整理区为强势五波旗形，时间非常充分。

2．后市计算：

| | | |
|---|---|---|
| 1.618倍位置 | 9.53+(28.91−9.53)×1.618 | =40.89 |
| 2 倍位置 | 9.53+(28.91−9.53)×2 | =48.29 |
| 2.618倍位置 | 9.53+(28.91−9.53)×2.618 | =60.27 |
| 3 倍位置 | 9.53+(28.91−9.53)×3 | =67.67 |
| 3.618倍位置 | 9.53+(28.91−9.53)×3.618 | =79.65 |
| 4 倍位置 | 9.53+(28.91−9.53)×4 | =87.05 |

3．⑤点半仓进场，在③点止损，风险7%，利润200%。也可以在行情突破④点后寻找进场时机。

4．在54.10点处，行情出现比较标准的扩大形，可参考相关股票和大盘进行判断，或可获利了结。

**[实例2]　强势五波三角形整理**（见图1-106）

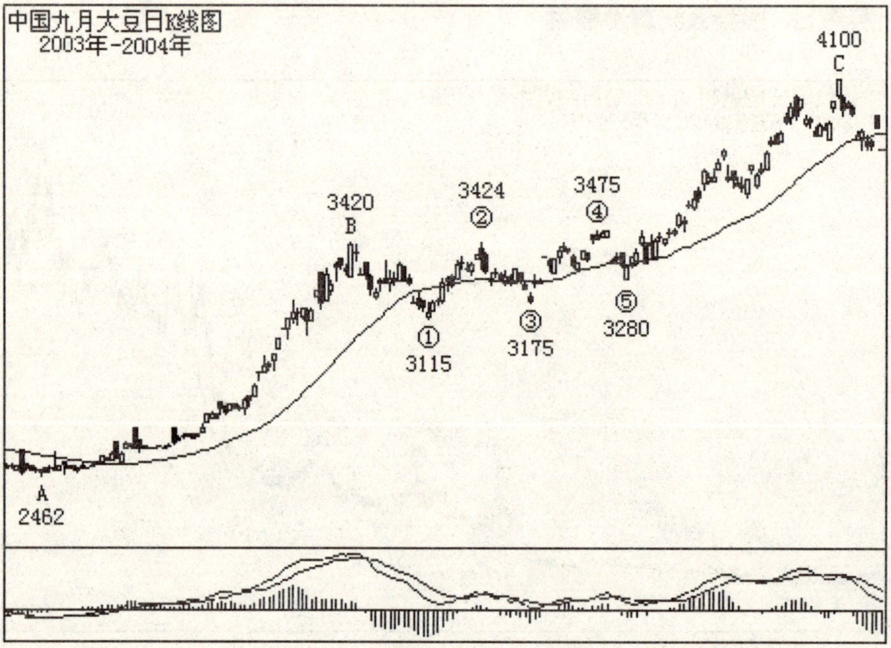


**图**1-106

1．前波幅度是958点，对于农产品来说，幅度很大，时间是65天。

2．盘区是强势三角形整理，时间57天，并得到均线系统支持。

3．盘区幅度和前波比较，较狭窄，为前波的32%。

4．后市估算：1.618倍位置　2462+(3420-2462)×1.618=4012。

5．强势三角形整理进场点可以选择⑤点，止损设立在③点，也可以在行情发动以后寻找新的进场机会。

**[实例3]　强势五波不充分的中继性能三角形整理**（见图1-107）

1．前波18天，幅度306点；盘区时间是7天，整理不充分。

2．盘区狭窄，均线支持此形态成立。

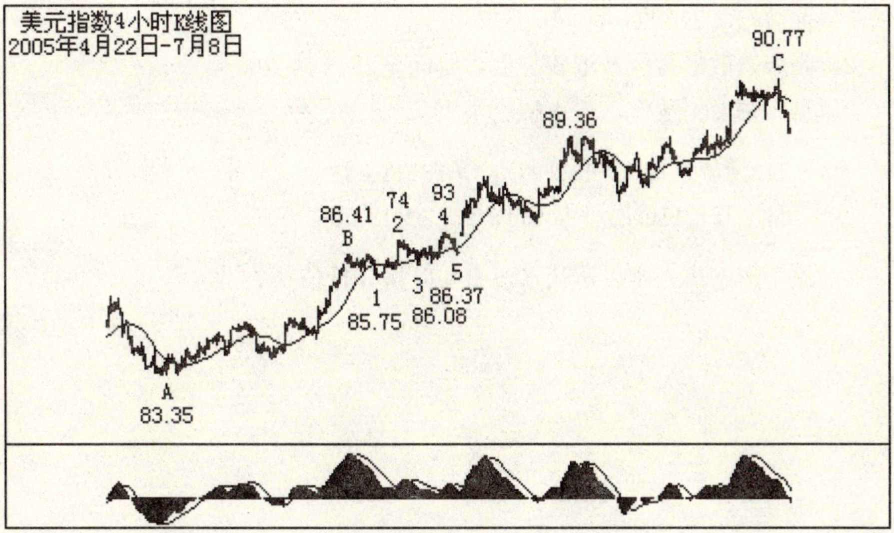


图 1-107

3. 后市估算：

1.618 倍位置　83.35+(86.41-83.35)×1.618=88.30

2　　倍位置　83.35+(86.41-83.35)×2　　=89.47

2.618 倍位置　83.35+(86.41-83.35)×2.618=91.36

**[实例 4]　强势五波发散形整理**（见图 1-108）

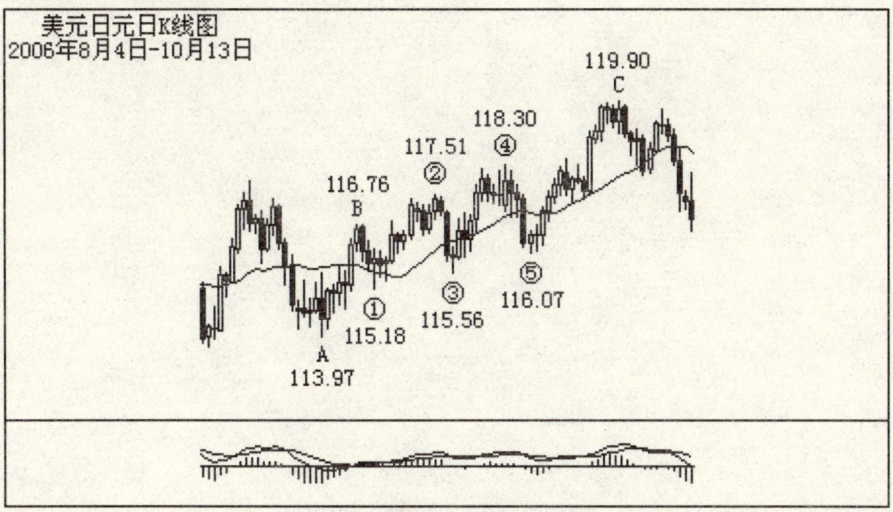


图 1-108

1. 前波幅度279点，时间6天。
2. 强势发散形盘区波浪较舒展，时间是25天。
3. 盘区幅度不狭窄，后市幅度不大：

113.97+(116.76-113.97)×1.618=118.48
113.97+(116.76-113.97)×2　　=119.55

4. 这个形态事先难以辨认，没有实际操作价值。

# 第十二节　弱势五波整理

## 一、弱势整理的定义

行情下跌之后，进入整理区间，这个整理区整体向下倾斜。行情经过这个整理区后继续下跌，这个整理称之为弱势整理，见图 1-109。

行情大幅度下跌之后，进入整理区，整个整理区可以被认为是涨势，但由于行情整体势道极弱，涨势的高点和低点没有成功地陆续走高，而是陆续走低，这是一个极弱的涨势。

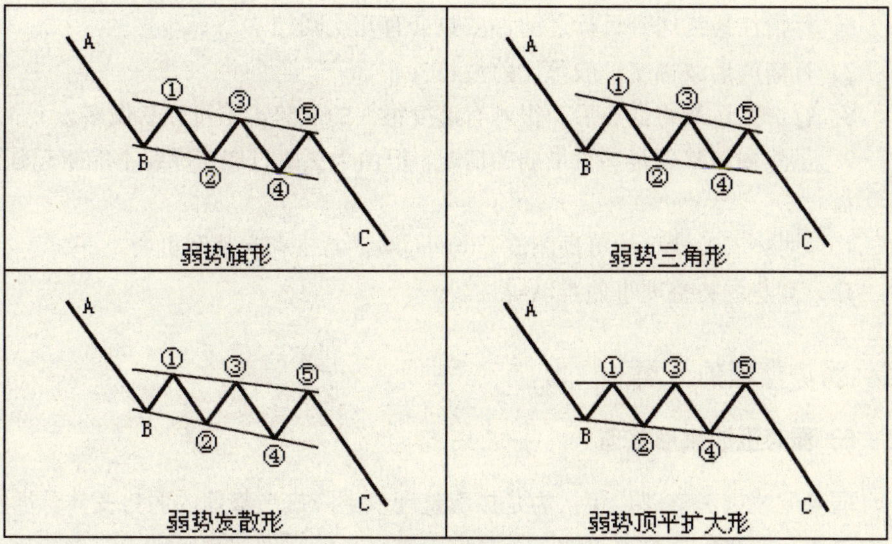


图 1-109

## 二、弱势整理的形成条件

1．一般情况下，弱势整理的前波幅度都很大，且跌势缓慢而稳定。

2．盘区多数是五波，也有七波的情况和模糊形态。

3．盘区走势缓慢，时间偏长。盘区幅度一般都狭窄。

4．具有可辨认性的弱势整理的盘区倾斜度一般都很小。

5．特别需要关注的是盘区第5波的情况，其应和其他4波有相似的特点。尤其注意有没有旗形底等反转形态的启动迹象。

6．行情整体势道很弱，或从更大级别的图形上可以辨别出来这个大势。

7．弱势整理一般很少见，但其比强势整理略多见。

## 三、弱势整理的特点

1．前波稳定绵长，时间和幅度都很大。

2．均线系统一般都表现良好，继续稳定向下。这是辨认弱势整理很重要的方法。

3．盘区各波走势稳定而缓慢，盘区幅度狭窄，且倾斜度也很小，盘区至少是支撑趋势线向下倾斜，盘区时间很长。

4．行情发动点⑤，一般都不超过盘区压力趋势线。

5．行情一直到突破最低点之前，下跌速度才明显快于盘区里的速度，明显区别于盘区，以标示行情正式发动。

6．行情在最终达到目标之前，多数会有几次回档。

7．行情的后波幅度一般都比前波长。

8．行情抵达最终低点后，很难有速度很快的涨势，不可轻易做多。

9．虽然弱势整理是买盘最弱的情况，但由于买盘过弱，导致不能激起强烈的卖盘。

10．弱势五波整理的可预测波是⑤—C波，常常存在暴利机会。

11．有些弱势整理事先难以辨认。

## 四、弱势整理的分类

### ㈠ 弱势五波旗形整理

弱势五波旗形整理，可认为是矩形整理或下降旗形整理的弱势变体。严格定义应为：弱势矩形整理，它和上升旗形有本质的区别，也区别于三次探底形态。弱势五波旗形整理的天敌是旗形底，它们的区别是：

1．旗形底形态波浪舒展，每个波浪也完成迅速，呈锯齿形，时间一般都比其前波长。弱势旗形整理盘区时间经常没有前波时间长，波浪缓慢，幅度狭窄。

2．旗形底之前的跌势一般速度都较快，或有其他底部迹象。

3．旗形底是三次探底的一种，条件严格的三次探底才可称之为：旗形底。

4．三次探底的要求非常不严格，在时间、波浪形状上，没有什么要求，其幅度也可大可小，形态倾斜度也可陡可缓。

5．弱势五波旗形整理也可以认为是旗形底或三次探底后，最失败的形态。

6．有时候，可以从盘区的第5个波上得到辨认。

7．旗形底部反转的倾斜度可大可小，而弱势五波旗形整理形态的倾斜度一般都很小。

8．弱势旗形整理时，均线系统支持行情继续下跌，而旗形底时均线未必支持行情下跌。

### ㈡ 弱势五波三角形整理（或称为弱势五波楔形整理）

弱势五波三角形整理，可认为是三角形整理或下降三角形整理的弱势变体，和上升楔形整理有本质区别，它的天敌是楔形底：

1．它与上升楔形不同的是，弱势五波三角形整理出现在跌势之后，而上升楔形整理则是出现在涨势之后。

2．楔形底形态与弱势五波三角形整理的区别是：楔形底形态的波浪较舒展，呈锯齿形，完成较迅速，时间一般都比前波长，它的前波一般较快，没有缓慢迹象。

3．弱势楔形整理的倾斜度较小，而楔形底则不一定。

4．弱势整理的前波特点是：跌势稳定而缓慢，幅度大，时间绵长，没有很明显的稳定迹象。而楔形底则不一定如此。

5．或从楔形底的启动波，就是弱势整理时的第5波上辨认它们的区别。

6．弱势五波楔形整理的盘区时间长，幅度小，盘区每波走势缓慢，而楔形底反转区波浪一般较舒展。

7．从均线辨认。

### ㈢ 弱势五波发散形整理

弱势五波发散形整理，可认为其是普通扩大形整理的弱势变体。弱势五波发散形整理的天敌是五波发散形底，它们的可能区别是：

弱势五波整理形态的前波绵长，或从更大趋势上可以看出：势道极其微弱。盘区时间不一定比前波时间长，盘区幅度狭窄，倾斜度小，均线系统良好。其非常少见。

**㈣ 弱势五波顶平扩大形整理**

弱势顶平扩大形整理，可认为其是普通扩大形整理的弱势变体，它的天敌是顶平扩大形底。如果在跌势中出现的顶平扩大形整理具备弱势整理的条件，则当以弱势整理论之：前波幅度绵长、速度缓慢，盘区时间长、幅度狭窄、走势缓慢、倾斜度小，均线良好。

**㈤ 弱势直线平台整理**（见图 1-110）

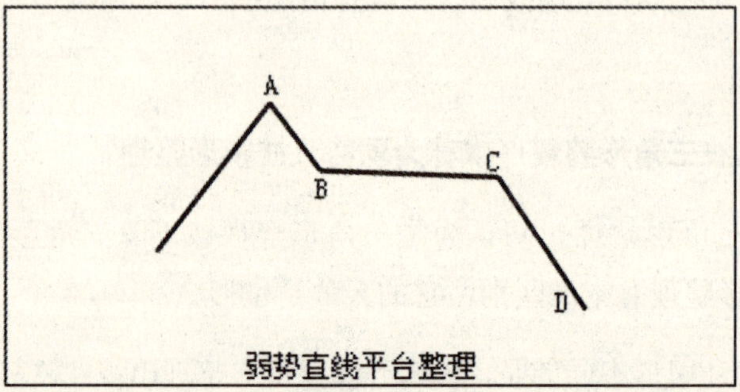


**图** 1-110

**㈥ 存在三波的情况，也可能有七波的情况**（见图 1-111）

**㈦ 可能存在模糊的弱势整理形态**

**㈧ 有发射型、中继型、尾市型弱势整理的区分**

**㈨ 有充分整理和不充分整理**

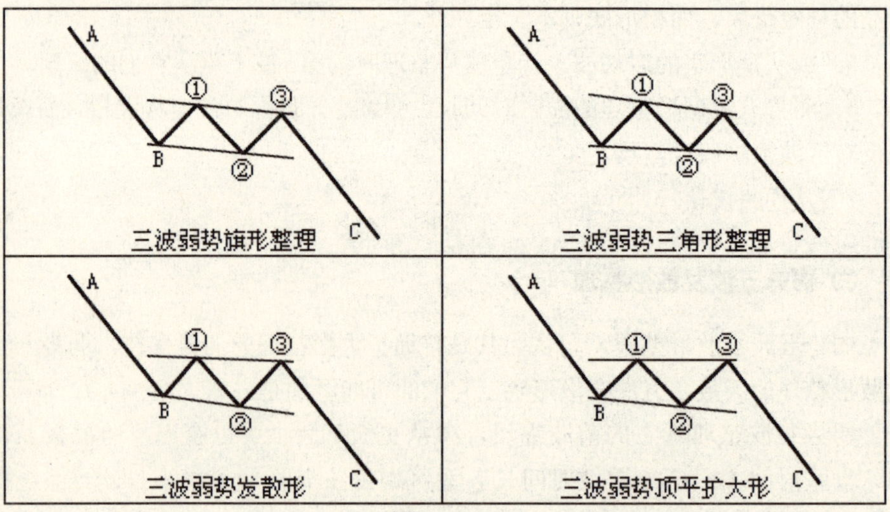


**图** 1-111

## 五、弱势整理后市目标位的计算

1．可按前波幅度估算整体行情的幅度。

计算公式： C点=A点-AB波幅度×N

如果盘区底部收敛很慢，盘区幅度十分狭窄，且时间十分充分，AB波取高点至盘区最低点的幅度。

2．可按A—B波幅度估算①—C点幅度。

3．估算偏差较大。

## 六、弱势整理的操作策略

1．弱势整理可在⑤点直接进场，而把止损设立在前面临近的高点上。

2．也可以在行情突破发动以后寻找进场时机。

## 七、弱势整理实例分析

**[实例1]　弱势五波三角形整理**（见图1-112）

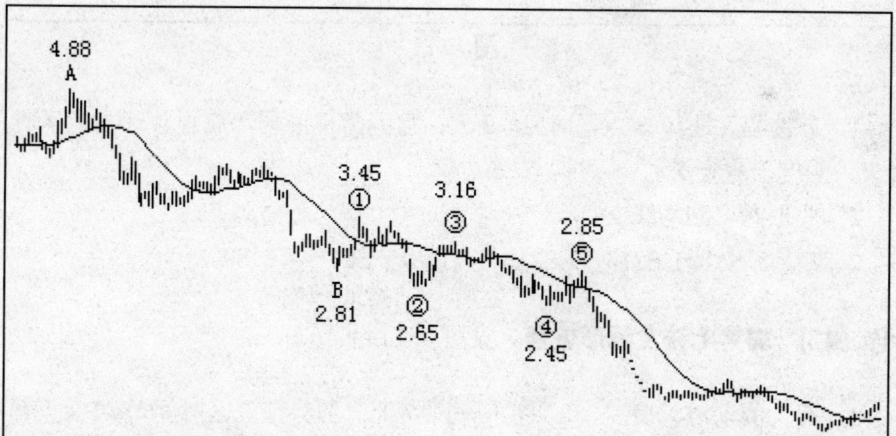


**图**1-112

1．前波幅度2.07元，时间68天，为三波结构。

2．弱势盘区幅度1.00元，为前波的48%，整理时间57天。

3. 后市估算：4.88-(4.88-2.45)×1.618=0.95。

4. 均线支持下跌。⑤点出场，可规避60%的损失。

**[实例2] 弱势五波旗形整理**（见图1-113）

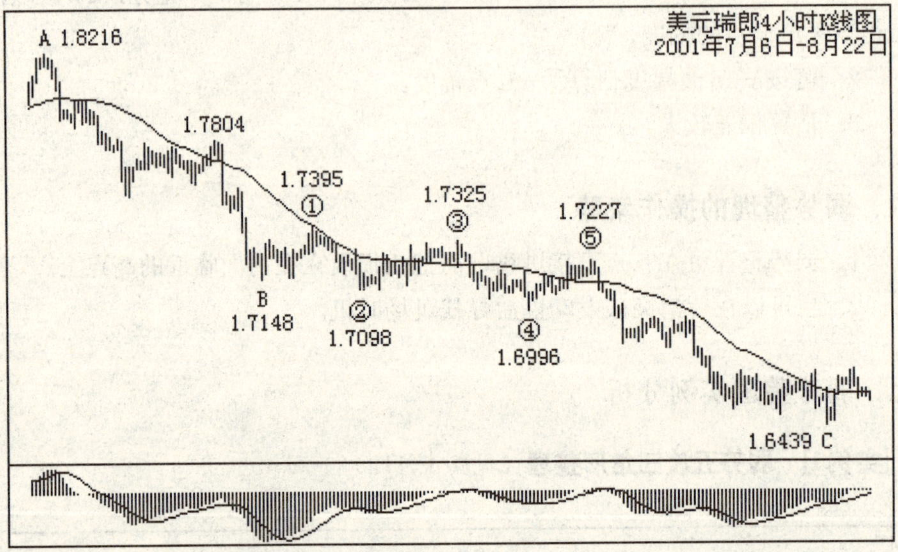


**图**1-113

1. 前波幅度是1068点，时间是9天；盘区为标准弱势旗形整理，盘区时间14天，幅度十分狭窄。

2. 此形态得到均线支持。

3. 后市估算：1.8216-(1.8216-1.7148)×1.618=1.6489。

**[实例3] 弱势七波发散形整理**（见图1-114）

1. 行情的前波幅度是333点，时间是7天；弱势整理区时间是44天，幅度十分狭窄。

2. 弱势整理区是七波结构的发散形，可以认为它是扩大形整理的弱势变体，这种形态一般难以事先辨认，但整理区的极限是七个波，当完成七个波浪以后，行情启动是非常可信的。可在行情行进中寻找进场机会。

3. 此形态得到均线系统支持。

4. 后市计算。因为盘区幅度较小，可按前波最高点到盘区最低点的幅度去估算后市：2225-(2225-1754)×1.618=1463。

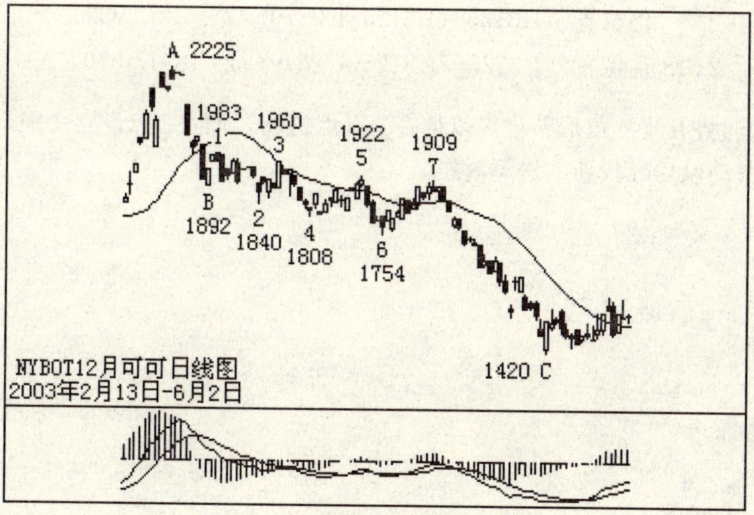


图 1-114

**[实例4]　弱势五波三角形(楔形)整理**（见图 1-115）

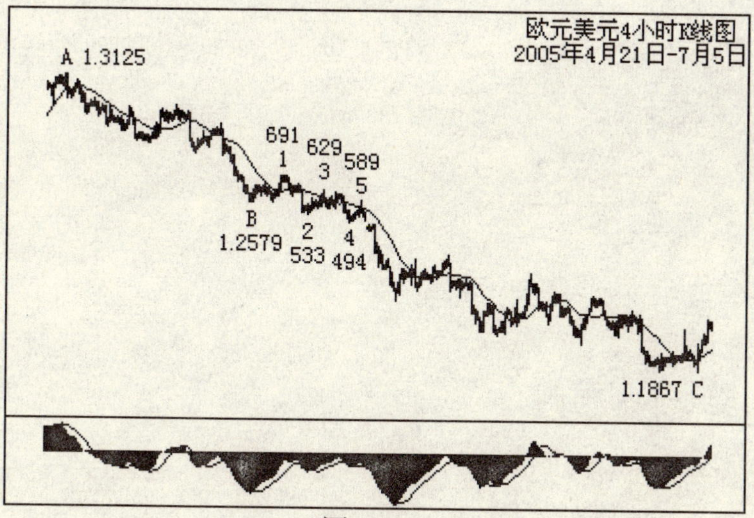


图 1-115

1．前波幅度546点，时间为17天；盘区时间为9天，幅度狭窄。

2．此形态得到均线支持。

3．此为不充分的弱势整理。

4．后市估算：

1.618 倍位置　1.3125-(1.3125-1.2579)×1.618=1.2242

2　　倍位置　1.3125-(1.3125-1.2579)×2　　=1.2033

2.618 倍位置　1.3125-(1.3125-1.2579)×2.618=1.1670

5. 弱势五波三角形整理可以选择在5点进场，而在3点设立止损，或在行情正式发动以后寻找新的进场时机。

# 第十三节 五波旗和七波旗整理

## 一、五波旗和七波旗整理的定义

行情下跌之后，经历一种特殊的发散形整理，而后继续大幅度下跌。这种整理一般只出现在跌势中，整理区有五波和七波两种，因其具有独特的性能，单开章节略加陈述。

**五波旗整理**(见图 1-116)**特点是：**

1．前波和一般的前波要求一样，但一般速度和幅度偏大些。

2．整理区是五波旗。

3．整理区的低点和高点都陆续抬高，但低点抬高速度远慢于高点抬高速度，是发散形的一种特殊情况。

4．整理区的前两波波浪和缓，2、4波回档非常深。就是说，B、②、④点距离非常近，而①、③、⑤点距离一般都很远，盘区的高点一般都不在一条直线上，⑤点假破前两个高点形成的趋势线。

5．盘区的第3波幅度大于第1波幅度，这是必须条件。

6．盘区的最后一波有加速快涨现象，幅度一般远大于前两波涨势。

7．如果前波和盘区幅度不是很大，后市行情能大幅度突破B点。

8．这种形态的可预测波是⑤—C波，成功率不会很高，需要谨慎求证。

**七波旗整理**(见图 1-117)**特点是：**

1．盘区是发散形的七个波。

2．五波旗中第5波的特点，发生在第7波上。

3．整理区在狭窄的区域内做整理。

4．后市幅度将大于五波旗整理。

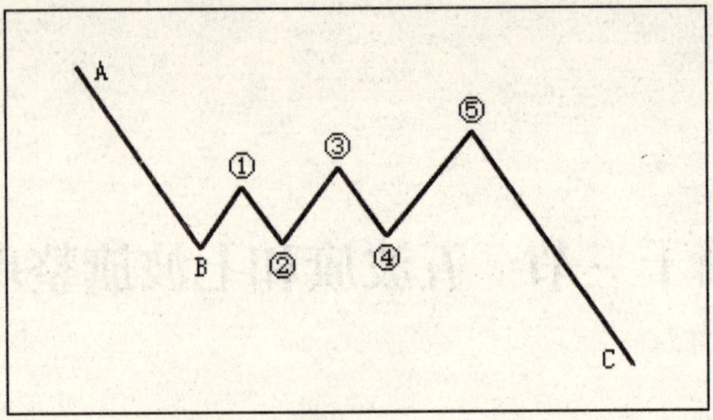


图 1-116

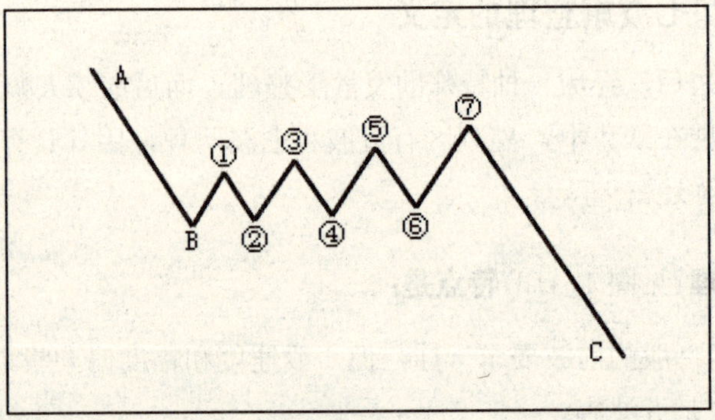


图 1-117

5. 它的天敌是七波旗。

6. 五波旗和七波旗整理出现都非常少。

7. 这种形态的可预测波是⑦—C 波，成功率不会很高，需要谨慎求证。

## 二、五波旗和七波旗整理的辨认

1. 如果按七波旗或五波旗计算盘区最后一波，行情容易没有到位就出现疲软迹象。

2. 五波旗整理时，行情突破④点或B点，行情确认。

3. 七波旗整理时，行情突破⑥点或B点，行情确认。

4. 观察更大趋势的形态和均线系统。

5. 盘区最高点，不可超过前波最高点。

## 三、五波旗和七波旗整理的操作

1. 五波旗和七波旗整理都可以在行情向B点行进中，寻找进场机会，或在突破B点以后寻找进场机会。

2．可在整理区的最后一个高点位置，寻找图形组合的帮助。直接操作，恐成功率不高，难度较大。

3．也许可以利用高点形成的趋势线，来辅助辨认盘区最高点的成立。

## 四、五波旗和七波旗整理后市幅度的计算

1．可按整理形态计算后市。

2．可按整理区的最后一波幅度，保守估算后市。

## 五、五波旗和七波旗整理实例分析

**[实例1]　五波旗整理**（见图1-118）

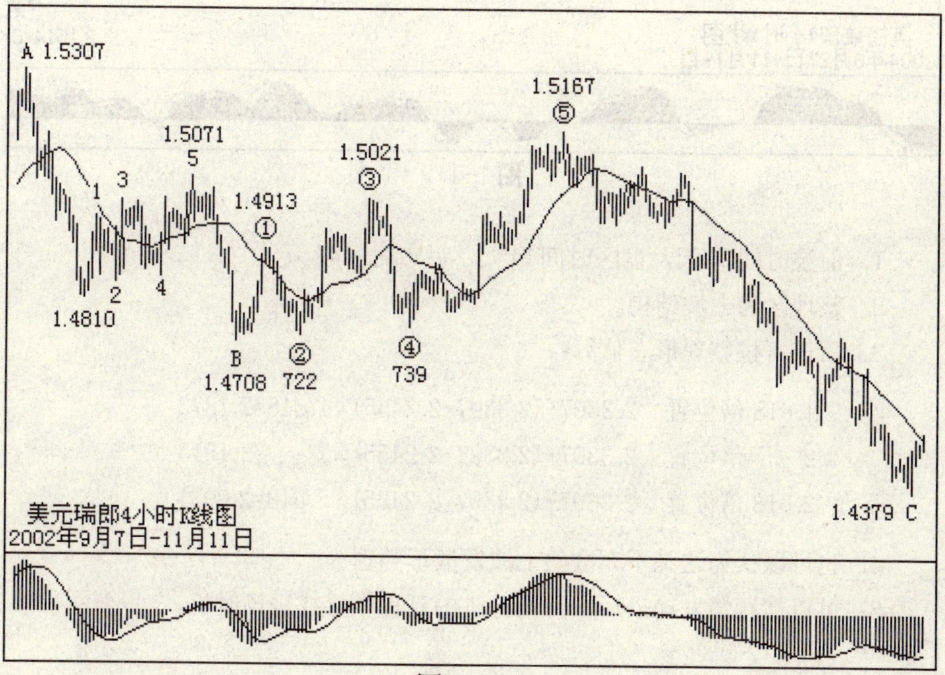


**图** 1-118

1．行情前波为三波结构，第2波是旗形整理，此为一个标准跌势。

2．前波9天，五波旗整理区15天，后市15天。

3．后市估算：

1.618 倍位置　1.5307-(1.5307-1.4708)×1.618=1.4338

**[实例2]　七波旗整理**（见图 1-119）

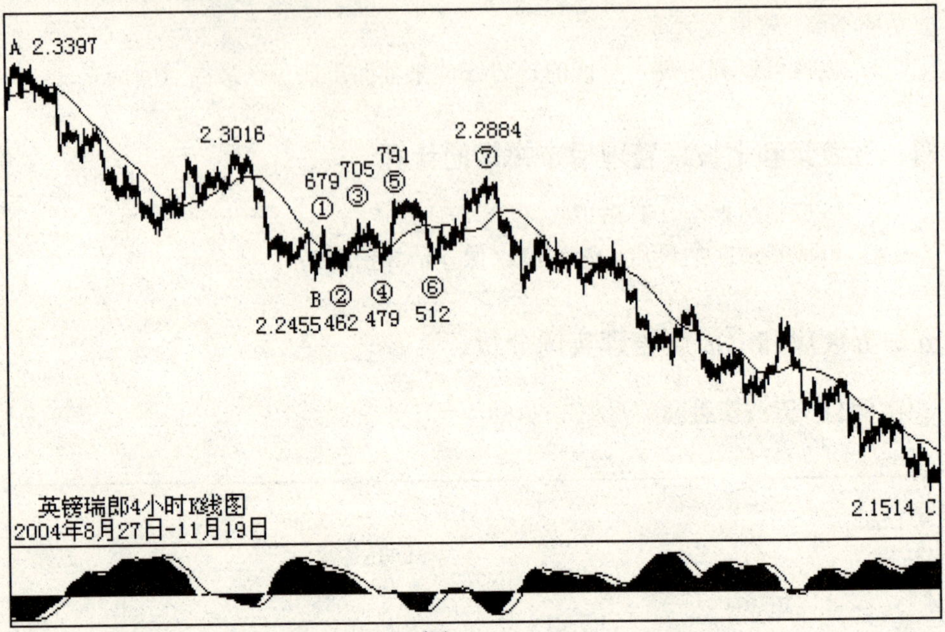


**图** 1-119

1. 前波时间26天，盘区时间14天，后市时间42天。
2. 整理区为七波结构。
3. 后市可按整理形态估算：

| | |
|---|---|
| 1.618 倍位置 | 2.3397-(2.3397-2.2455)×1.618=2.1873 |
| 2　　倍位置 | 2.3397-(2.3397-2.2455)×2　　=2.1513 |
| 2.618 倍位置 | 2.3397-(2.3397-2.2455)×2.618=2.0931 |

4. 也可以认为这是不充分的七波发散形整理。
5. 可以在行情发动以后，行情行进的过程中寻找进场时机。

# 第十四节　三波整理

## 一、三波整理的定义

有的时候，行情上涨(或下跌)之后，经历整理区的休整，再度恢复原来的趋势，这个整理区不是五波结构，而是三个波浪，名为三波整理形态。三个波浪的整理区一般没有可辨认性，但因其有其他一些价值，本节将对其略加陈述，示意图如图 1-120 所示。

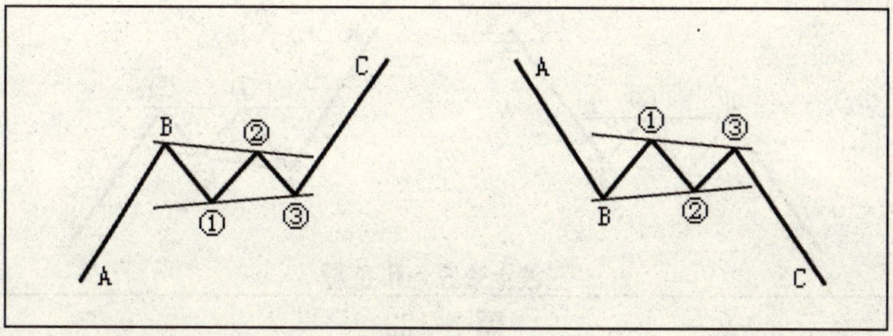


**图** 1-120

## 二、三波整理的类别

1. **三波矩形整理**　盘区两个高点和两个低点都是平齐的，只有行情突破低点(或高点)一定幅度后才能确认出这是一个三波矩形整理，它是矩形反转的天敌，见图 1-121。

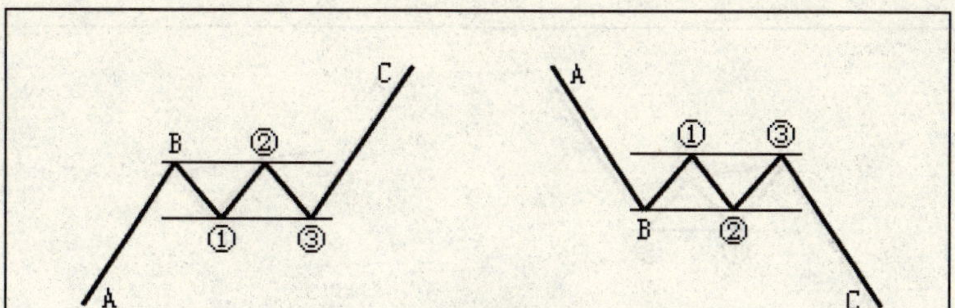


三波矩形整理

**图** 1-121

2. **三波三角形整理** 盘区的两个高点陆续走低，两个低点陆续走高，盘区的波浪是三个波，它是三角形反转的天敌，见图 1-122。这种形态比较多见。

3. **三波上升三角形整理** 盘区的两个低点陆续升高，两个高点是平齐的，盘区结构为三波，它是上升三角形反转的天敌，见图 1-123。

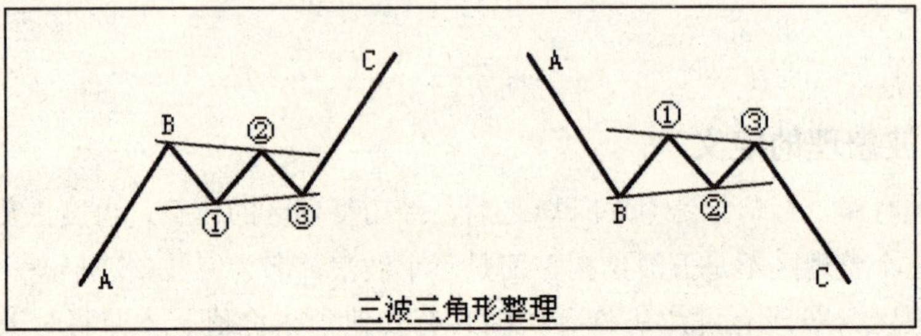


**图** 1-122

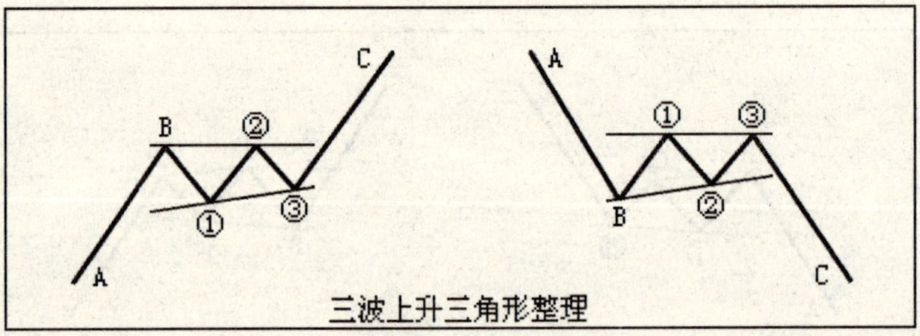


**图** 1-123

4. **三波下降三角形整理** 盘区的两个高点陆续降低，两个低点是平齐的，盘区结构是三波，它是下降三角形反转的天敌，见图 1-124。

5. **三波旗形整理** 盘区的两个高点和两个低点都陆续抬高(或降低)，且它们抬高(或降低)的速度是一样的，盘区是三波结构。有时候它是五波旗或双峰启动的天敌，示意图如图 1-125 所示。

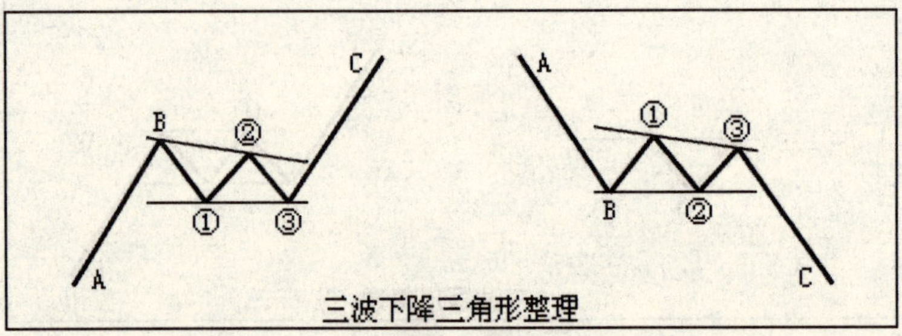


**图** 1-124

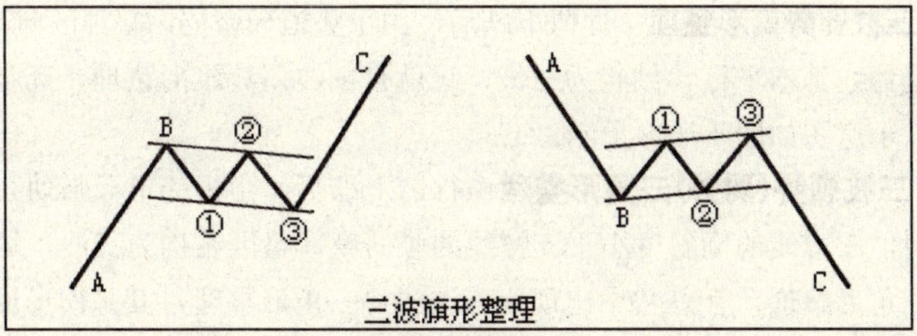


图 1-125

6. **三波扩大形整理**　盘区的两个高点陆续走高，两个低点陆续走低，整个盘区发散，并且是三波结构。它是扩大形反转的天敌，见图 1-126。

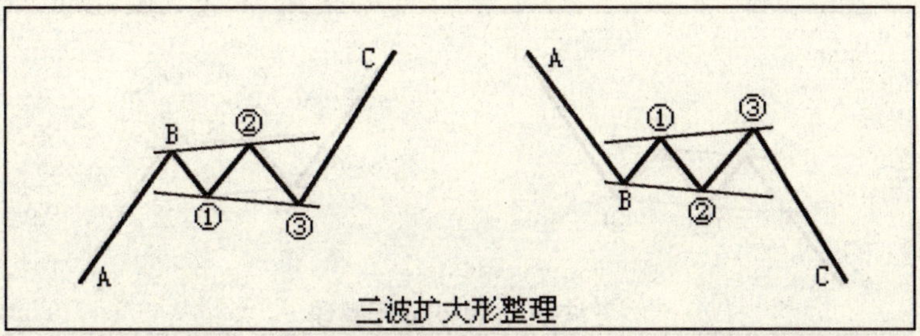


图 1-126

7. **三波发散形整理**　盘区的低点和高点都陆续走高(或走低)，高点抬高速度快于低点抬高速度(或低点降低速度快于高点降低速度)，盘区整体是发散的，并是三波结构。有时候它是五波旗或双峰启动的天敌，见图 1-127。

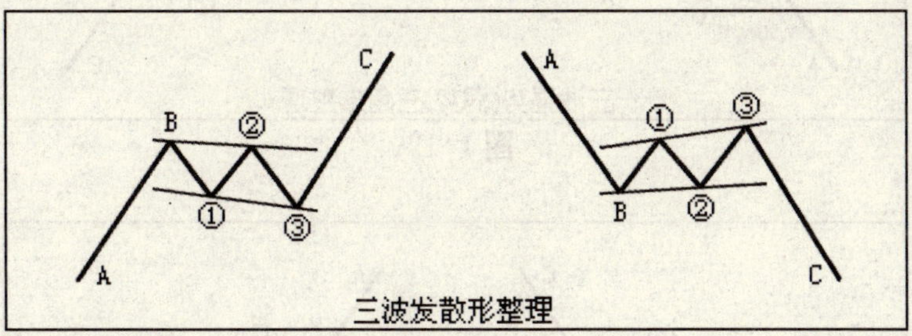


图 1-127

8. **三波强势旗形整理**　行情上涨后，由于势道极强劲，整理区向上倾斜，并上下趋势线基本平行，结构为三波，这就是三波强势旗形整理，其是旗形顶的天敌，示意图如图 1-128 所示。

9. **三波弱势旗形整理** 行情下跌后，由于势道极微弱，整理区向下倾斜，并上下趋势线基本平行，结构为三波，这就是三波弱势旗形整理，其是旗形底的天敌，示意图如图 1-128 所示。

10. **三波强势(弱势)三角形整理** 行情上涨后，由于势道极强劲，整理区向上倾斜，压力线的倾斜度小于支撑线的倾斜度，盘区结构为三波，这就是三波强势三角形整理，在跌势中出现为三波弱势三角形整理，其是楔形反转的天敌，见图 1-129。

11. **三波强势(弱势)发散形整理** 行情上涨后，由于势道极强劲，整理区向上倾斜，但压力线的倾斜度大于支撑线的倾斜度，盘区结构为三波，这就是三波强势(弱势)发散形整理，其是发散形反转的天敌，见图 1-130。

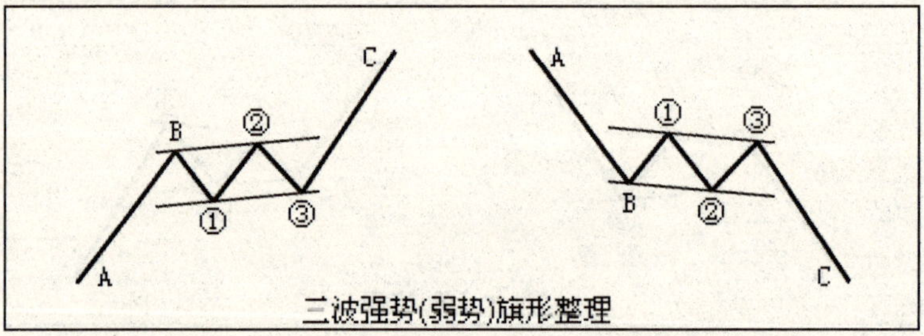


**图** 1-128

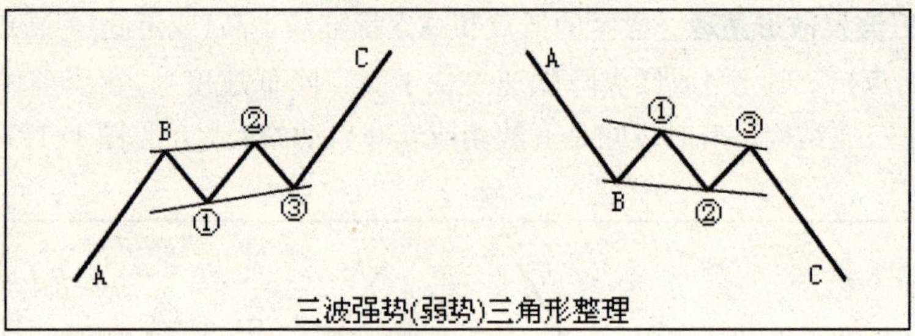


**图** 1-129

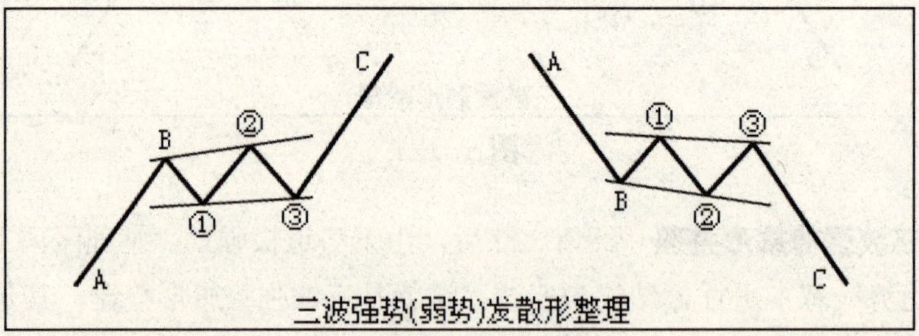


**图** 1-130

12．三波楔形整理，它是类上升三角形反转的天敌，出现略多。

13．三波底平扩大形整理，它是底平扩大形顶或底平扩大形底的天敌。

14．三波顶平扩大形整理，它是顶平扩大形底或顶平扩大形顶的天敌。

15．盘区时间如果多于前波为充分整理，否则为不充分整理。

## 三、三波整理的特点

1．三波整理形态是很多反转形态的天敌，但其本身较难事先辨认。

⑴ 从前波辨认：考察前波是否有足够的反转迹象。三波整理的前波一般稳定而幅度不是很大。

⑵ 从盘区辨认：行情离开③点向②点突破时，从小形态辨认是否有足够稳定迹象。

⑶ 加强对反转形态的操作要求，注意形态在更大级别行情中的位置。

⑷ 在一个大形态的启动以后，行情没有达到预期目标，出现的反转形态不可信，一般会转变成三波的整理形态。

2．三波整理很多见，多出现在一个大行情的中期，作为行情短暂的休整。

3．时间充裕的三波整理具有幅度预测意义，但多数三波整理都不够充分。

4．三波整理本身不具有操作价值，只可以帮助辨认行情。

5．三波整理的盘区幅度一般不大，时间一般也不长。幅度较大的三波不充分整理形态，后市一般幅度不大，并有反贯趋势，见图 1-131。很多密集盘区都有这个趋势。

6．行情下跌之后，经历三波的整理，完成一定幅度后，如果再次出现反态或启动形态，可信度加大。

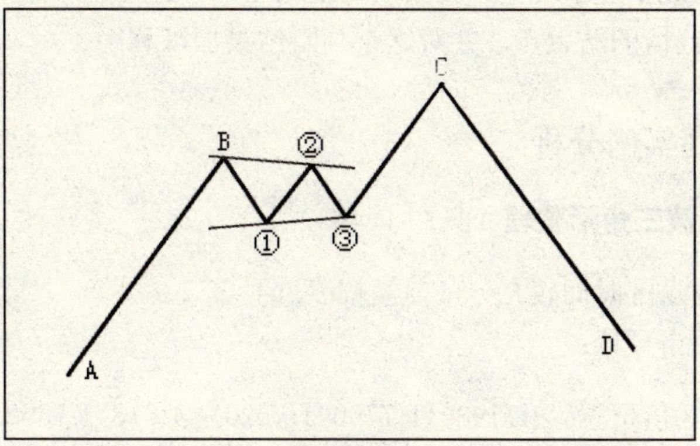


**图** 1-131

## 四、三波整理后市幅度的计算

1．盘区充分，各个条件适宜的三波整理可以按五波的整理形态估算后市。

2．如果三波整理区的幅度较大，可按盘区幅度计算后市。

3．一般的三波整理不按这个比例行走，后市幅度有限的情况很多。

## 五、三波整理的操作策略

1．行情下跌后，经历三波的整理，再次行走，完成幅度后，再次出现的反转形态或启动形态，可信度比较大，见图 1-132。

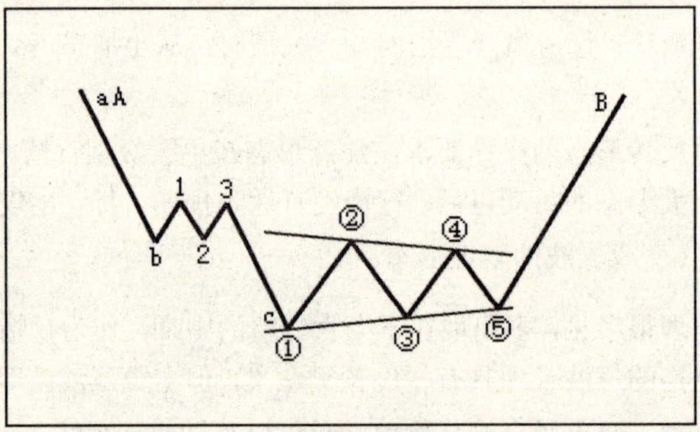


图 1-132

2．单独很难应用。

3．三波整理容易在很多幅度大的行情的中部出现。当一个发动行情出现三波整理并突破以后，后市将很可观。并可以利用对三波整理的计算，去预计后市目标位。

4．如果三波整理出现在一波大的行情的末端，并且盘区幅度偏大，可以按盘区幅度估算行情的结束点，并对这个判断结果加以利用。

## 六、三波整理实例分析

**[实例1] 三波三角形整理**（见图 1-133）

1．三波的盘区时间较充分，前波幅度264点。

2．它的后市预计：

1.618 倍位置　1.7790-(1.7790-1.7526)×1.618=1.7363

2　　倍位置　1.7790-(1.7790-1.7526)×2　　=1.7262

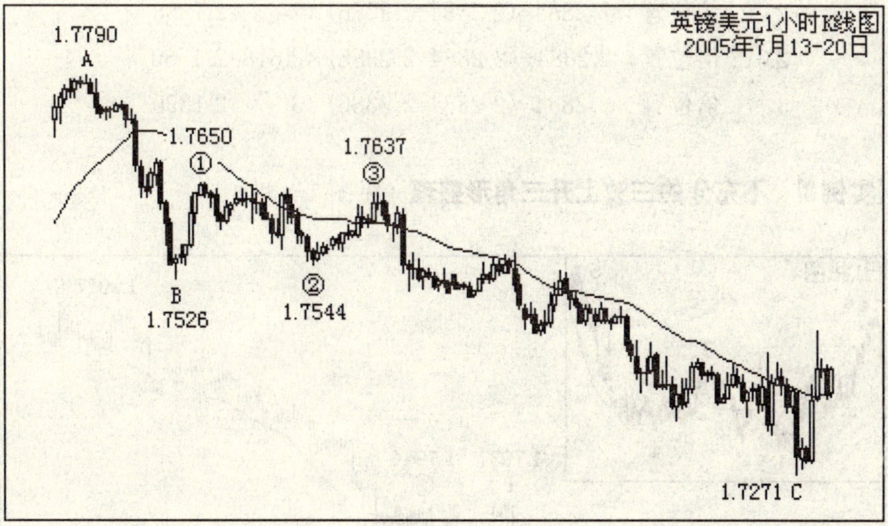


**图** 1-133

**[实例2]　三波下降三角形整理**（见图1-134）

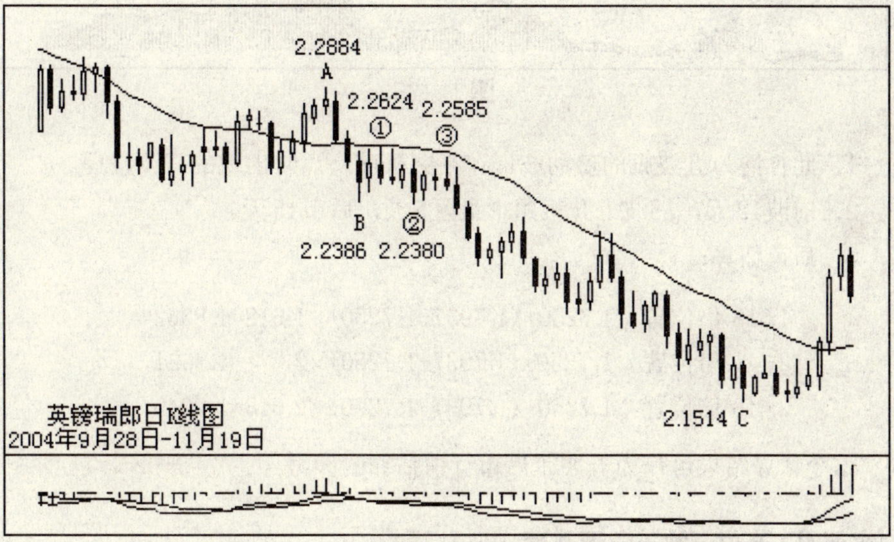


**图** 1-134

1. 此三波整理出现在七波发散形整理突破初期(见图1-119)，作为行情短暂的休整。

2. 它的后市预计：

1.618倍位置　2.2884-(2.2884-2.2386)×1.618=2.2078

2　　倍位置　2.2884-(2.2884-2.2386)×2　　=2.1888

2.618 倍位置　2.2884-(2.2884-2.2386)×2.618=2.1580

3　　倍位置　2.2884-(2.2884-2.2386)×3　　=2.1390

**[实例3]　不充分的三波上升三角形整理**（见图 1-135）

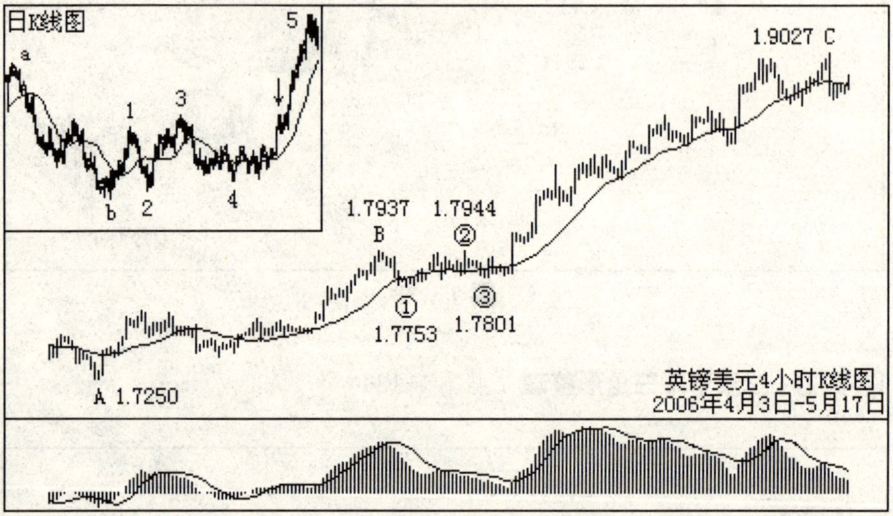


**图** 1-135

1. 此行情为五波旗的启动波，在略突破前高点时出现的三波整理。

2. 前波12天，三波上升三角形盘区5天，后市15天。

3. 后市估算：

1.618 倍位置　1.7250+(1.7937-1.7250)×1.618=1.8362

2　　倍位置　1.7250+(1.7937-1.7250)×2　　=1.8624

2.618 倍位置　1.7250+(1.7937-1.7250)×2.618=1.9049

这个计算结果可作为五波旗后市行情估算的参考。

**[实例4]　高位三波三角形整理**（见图 1-136）

1. 此为2004年欧元美元的日K线图，三波三角形整理出现在行情较高的位置，波浪幅度较大。

2. 后市估计：

1.3140+(1.3470-1.3140)×1.618=1.3674

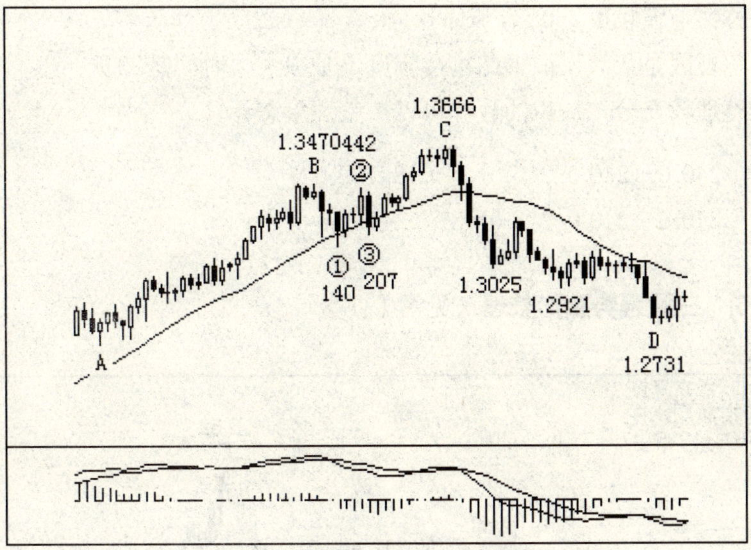


图 1-136

3. 这种行情有反贯的趋势，一般按比例行走：

1.618 倍位置　1.3666-(1.3666-1.3207)×1.618=1.2923

2　　倍位置　1.3666-(1.3666-1.3207)×2　　=1.2748

**[实例 5]　三波发散形整理**（见图 1-137）

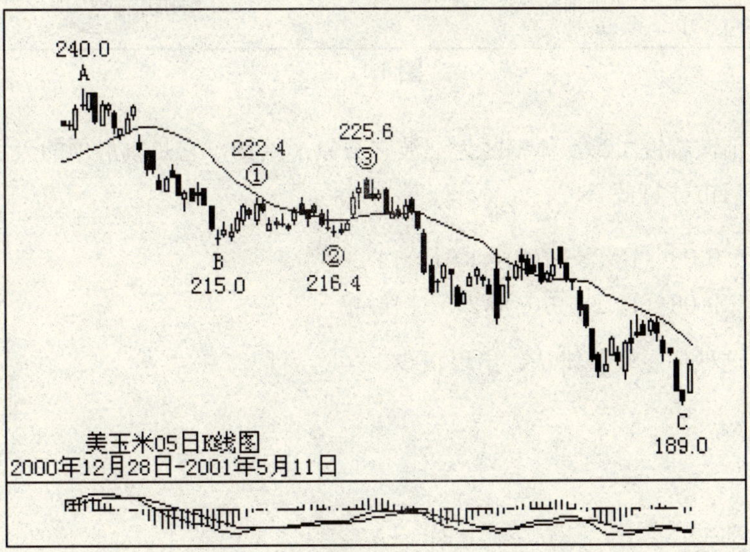


图 1-137

1. 行情前波幅度250点，时间21天。
2. 整理区是三波发散形结构，幅度不是很大，时间是23天。
3. 整理较充分，后市的计算可以按整理形态计算：

240.0-(240.0-215.0)×1.618=199.6

240.0-(240.0-215.0)×2 =190.0

**[实例6] 三波强势旗形整理**（见图 1-138）

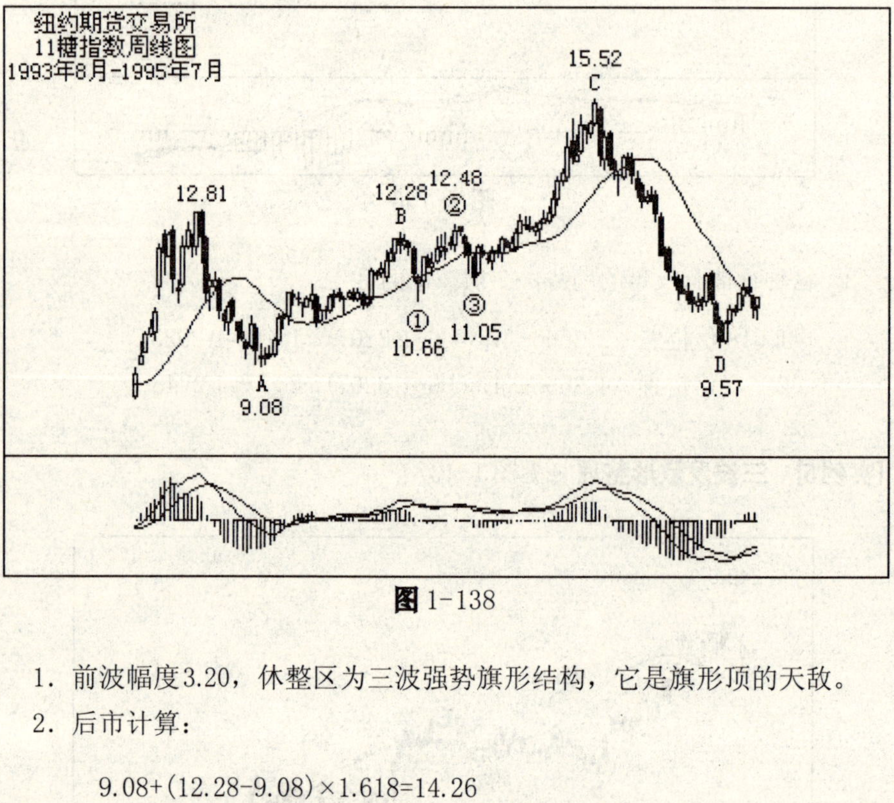


**图** 1-138

1. 前波幅度3.20，休整区为三波强势旗形结构，它是旗形顶的天敌。
2. 后市计算：

9.08+(12.28-9.08)×1.618=14.26

9.08+(12.28-9.08)×2 =15.48

3. 这种形态较难辨认，出现很少。

# 第二章　反转形态

## 反转形态简介

### 一、反转形态的定义

行情上涨之后下跌或下跌之后上涨，在行情转折的位置，有时候会出现一些特殊的形态，对这些形态加以命名、定义、统计和研究，并名之为反转形态。整理形态是研究如何顺势而为，反转形态是研究如何判断和应对行情的顶和底。但并不能认为研究反转形态是逆势的行为。很多时候，判断出行情的顶和底并不是一件做不到的事。见图 2-1。

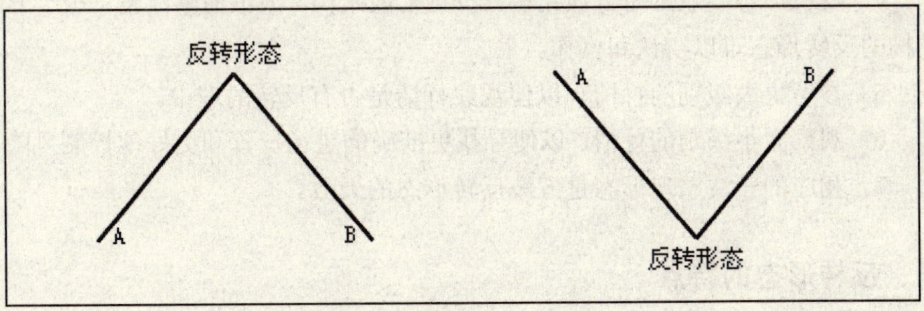


图 2-1

### 二、反转形态形成的基本条件

1. 顾名思义，反转形态的前面必须有明显的趋势存在，以便反转形态有趋势可反。

2. 反转形态盘区一般需要足够的时间和幅度，反转区时间比前波时间长的反转形态更可靠。幅度狭窄、时间短的反转形态，并不是严格意义的反转形态。

3．反转形态的反转迹象一般都出现在前波和反转区：

⑴ 前波幅度很大，或幅度偏大且速度较快。

⑵ 前波为N字结构、双N字结构或走势凌乱无力。

⑶ 前波进入反转区时，有滞涨或滞跌迹象，或有小型反转形态，见图2-2。

⑷ 反转区的最后一波，有小周期的反转形态。

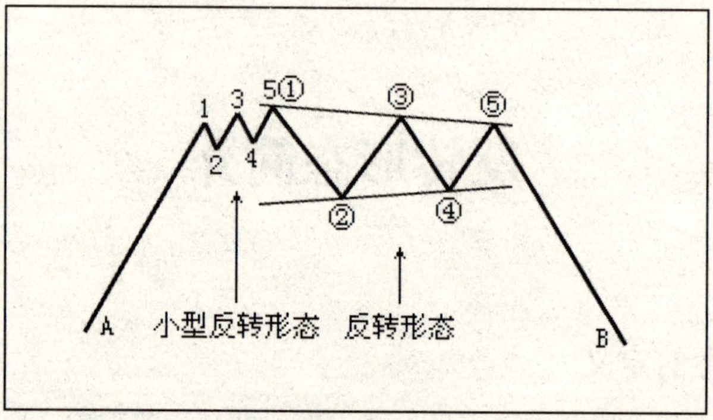


图2-2

⑸ 盘区巨大，在大周期的均线上，偏离均线过远，有反转要求。反转区幅度大、时间长的反转形态更为可靠。

⑹ 利用形态配合分析来辨认。

4．反转形态一般都是五波结构，少见七波结构。波浪清晰流畅，少于五波结构的反转形态难以辨认和操作。

5．参考更大级别的行情，以便观察行情是否有反转的理由。

6．观察更小级别的行情，以便寻找更准确的进场位置和更好地控制风险。

7．相应的三波整理形态是五波反转形态的天敌。

## 三、反转形态的特点

1．多数反转形态本身达不到操作条件，只作为操作时技术分析的一部分。

2．统计结果是：在外汇和股票里，反转形态多于整理形态。

3．反转形态的可预测波是⑤—B波，反转形态的辨认难度一般大于整理形态。判断更需谨慎。

4．很多整理形态都可能作为反转形态出现。

5．有的反转形态后市启动迅速，有的则启动缓慢并多有反复。

6．反转形态的判断和操作属于寻找行情顶底的行为，成功率将不会很高。

7．没有几个反转形态有机会成为真正的大顶或大底，或者说：它们只是短期的顶或底而已。尤其是形态舒展、时间短的反转形态，后市被反贯密集区的情况非常多见。

8．幅度狭窄而时间非常充裕的反转形态容易带来大规模的反转。有的反转形态甚至以七波的结构做成，盘整时间非常充分。

9．在行情中，真正的反转点非常之少，因此反转的判断，尤其大型反转的判断需要十分谨慎。

10．反转形态是研究跌-涨和涨-跌之间的问题。

11．反转形态的盘区情况，尤其是盘区幅度，对后市影响很大，后市倾向于按盘区幅度的比例行走。

12．有的反转形态出现在行情反弹(回调)的末端，有的出现在行情短期底(顶)部，有的则出现在震荡行情中。以三角形反转为例，见图2-3。

13．在顶部的反转形态里，形态上部不发散的反转形态，如矩形、三角形反转、下降三角形反转，它们的成功率低于顶部发散的形态，如旗形、楔形、发散形、扩大形。但其操作性能较好。因为这些形态的天敌是三波强势整理，比较少见。底部反转形态则反之。

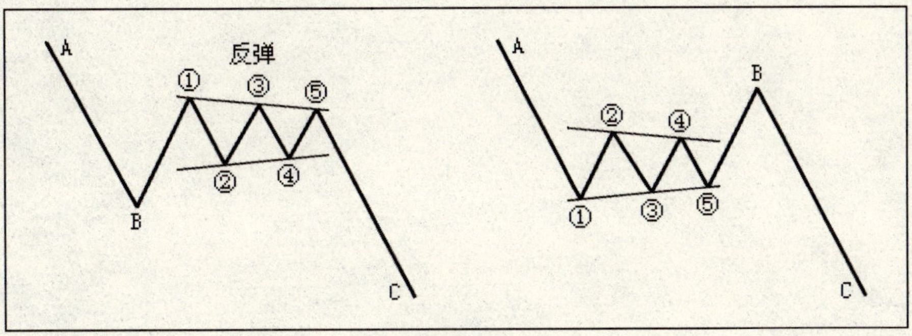


**图** 2-3

## 四、反转形态的类别

1．矩形反转；

2．普通三角形反转；

3．下降三角形反转；

4．上升三角形反转；

5．楔形反转；

6．旗形反转；

7．普通扩大形反转；

8．底平扩大形反转；

9．顶平扩大形反转；

10．发散形反转；

11．圆形反转；

12．头肩形反转。

**以下为组合的反转形态：**

13．矩形头下降(上升)三角形尾反转；

14．下降(上升)三角形头矩形尾反转；

15．三角形头矩形尾反转；

16．矩形头三角形尾反转。

# 第一节 矩形反转

## 一、矩形反转的定义

行情上涨一定幅度之后进入盘区，盘区的三个高点及两个低点都基本平齐，而后行情反转下跌，这个形态称为矩形反转。跌势中同理。多数矩形反转是五波结构，很少见七波结构和模糊形态，图 2-4 为其示意图。

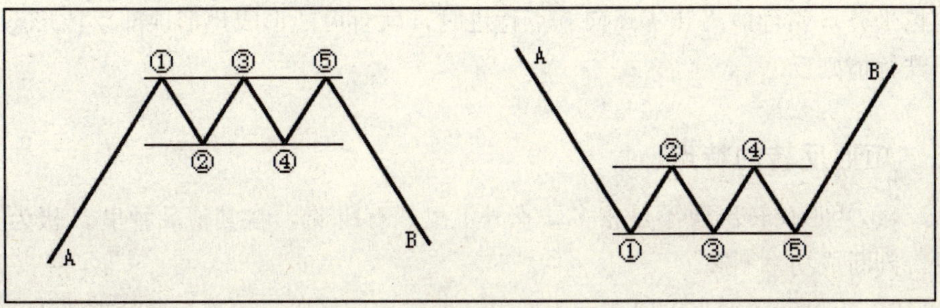


**图** 2-4

## 二、矩形反转的形成条件

1. 矩形前面需要有一个明显的可反转行情。

⑴ 前波幅度过大，而矩形休整区在幅度和时间上都不够充分。但有的不充分矩形也能构成整理。

⑵ 前波速度过快，不容易构成整理形态。

⑶ 前波有N字结构。

⑷ 前波凌乱，有绵软迹象。

⑸ 前波速度快，而盘区狭窄且时间充分，容易构成发射型矩形整理。时间短则容易构成矩形反转。

⑹ 前波在进入盘区的①点处，有小型的反转形态，或有滞涨滞跌现象。

2. 作为顶部反转，矩形区至少有三个高点和两个低点；作为底部反转，矩形盘区至少有三个低点和两个高点。就是说，盘区内至少可以看到五个波浪。

3．盘区时间充足，波浪宜清晰流畅。

4．平齐的各点之间可以有偏差，但不可以过大。这取决于不同品种及形态幅度的不同。

5．如果矩形反转前波的速度和幅度过大，可信度加大，很多矩形反转是如此情况。

6．关注前波和①点处有没有足够的反转迹象。

7．参考更大级别行情的情况，尤其是其长期均线，以确认不是整理形态。

8．从⑤点处可能出现的更小周期形态去辨认矩形反转。

9．也有的盘整区幅度很大，时间比前波长很多，也不形成对前波的整理，而容易形成反转形态。

10．后市时间一般不多于反转区时间。

11．行情上涨一定幅度之后，进入盘整区。盘整区两个高点平齐，两个低点也平齐，当行情离开④点向⑤点行进时，就有可能形成矩形顶部反转形态。下跌行情则反之。

## 三、矩形反转的特点

1．矩形反转出现不是很多，在外汇里偶有所见，在其他品种里，极为罕见，判断成功率不高。

2．矩形反转很少出现在大周期上，一般周期较小，因而反转幅度不大。

3．矩形反转在顶部出现的几率多于底部出现几率，操作性能良好，具有单独操作的价值。

4．矩形反转的后市一般较利落，少反复。

5．有时候，矩形反转是更大周期形态的一部分，或是其启动部位。

6．很难见到矩形反转顶部(或底部)三个点严格平齐的情况。反转部位的三个平行点，存在不同序问题，以矩形顶为例：

⑴ 如果③点高于①点，则⑤点容易低于①点，或介于①、③点之间。

⑵ 如果③点低于①点，则⑤点容易高于①点，或介于①、③点之间。

7．矩形反转盘区幅度和时间一般都不大。

8．矩形反转出现较少而后市幅度较小，投资价值一般不大，但它在图形组合里具有一定的价值。

9．后市走势的特点主要受前波和盘区的影响。

10．矩形反转后市幅度完成后，有反贯前密集区的趋势，见图 2-5。反贯容易按比例进行，比例依次是：2 倍、1.618 倍、2.618 倍…… 很多反转形态有这种倾向。

计算公式：C 点=B 点+(⑤点-B 点)×N

注：任何整理或反转形态被反贯的计算，都取其发动波，也就是⑤—B 波的幅度去计算。

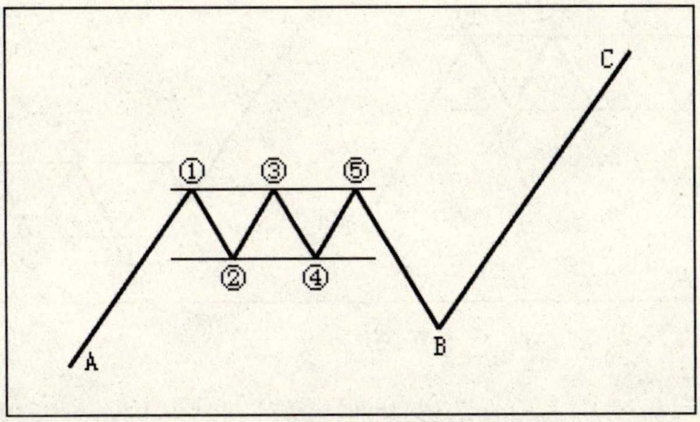


**图** 2-5

11．与所有突破形态一样，如果行情在突破趋势线之前有休整，则突破趋势线后不容易出现休整；如果突破前没有休整，则突破后容易出现休整。

12．存在七波结构的矩形反转形态，见图 2-6。

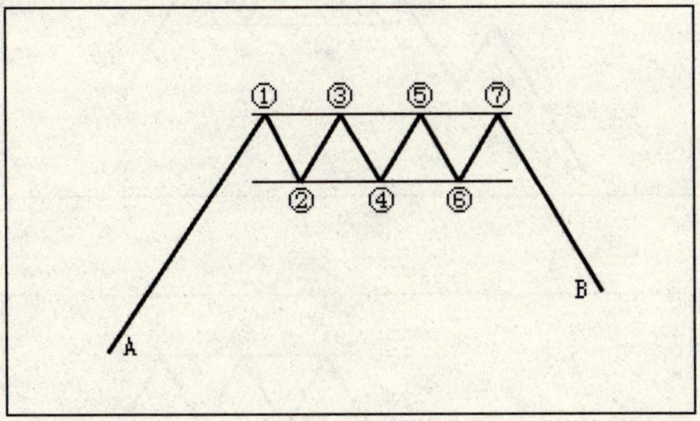


**图** 2-6

13．有些矩形反转的逃命线出现在突破之前，有些出现在突破之后。

14．有的矩形反转能得到均线系统支持，拥有更好的操作性能和成功率，有的则不能。

## 四、矩形反转的类别

1．按周期区分，有的矩形周期较大，有的矩形周期很小。

2．按前波情况区分。

⑴ 前波出现N字结构，N字结构出现在盘区之内，使盘区第1波非常清晰。这种结构在其他反转中也是非常理想的情况，成功率非常高，见图 2-7。

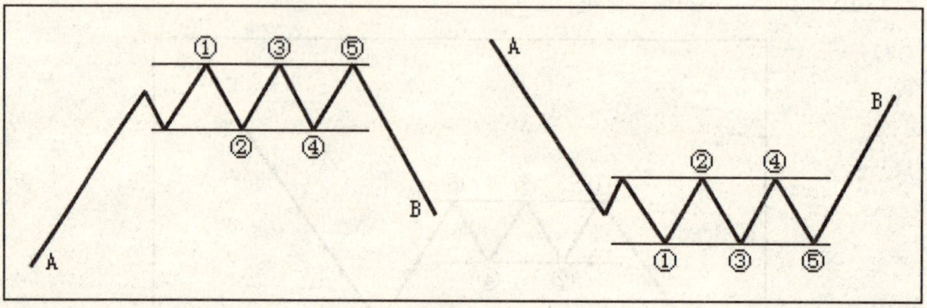


**图** 2-7

⑵ 前波的N字结构出现在前波中部。这种前波结构对判断很多反转形态都非常重要，尤其对于顶部的反转，见图 2-8。

⑶ 前波为双N字结构，在一般反转形态中都非常少见，见图 2-9。

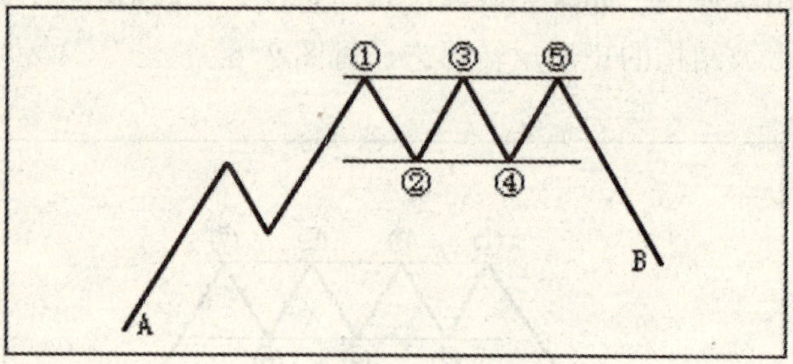


**图** 2-8

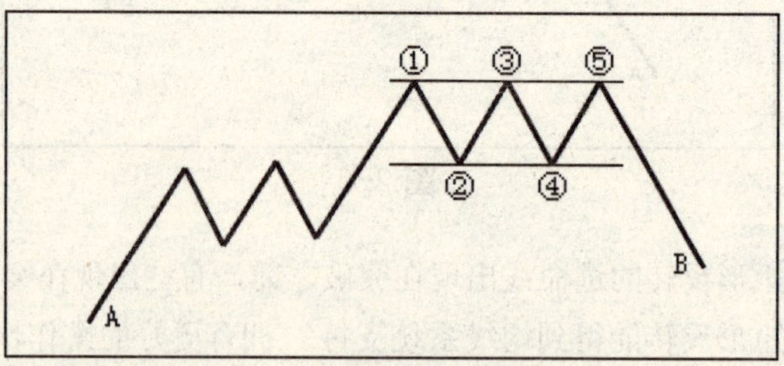


**图** 2-9

⑷ 有的前波在①点处出现滞涨(滞跌)迹象或其他小型反转形态：旗形反转、三次探(顶)底、楔形反转、扩大形反转、发散形反转等，甚至可以是更小级别的矩形或三角形反转，可以是不标准形态或模糊形态，见图 2-10。

⑸ 前波速度非常快，幅度较大，很容易形成反转，见图 2-11。

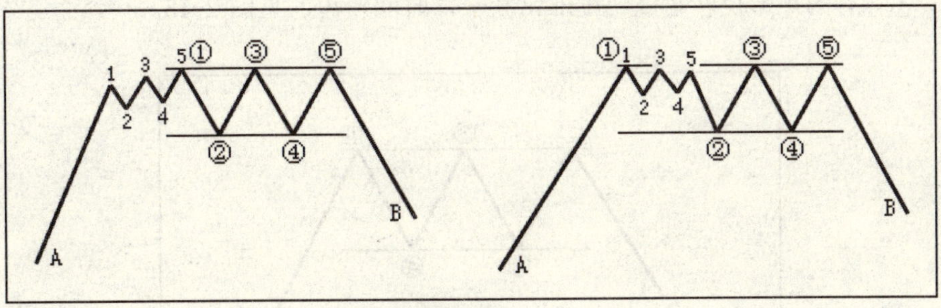


图 2-10

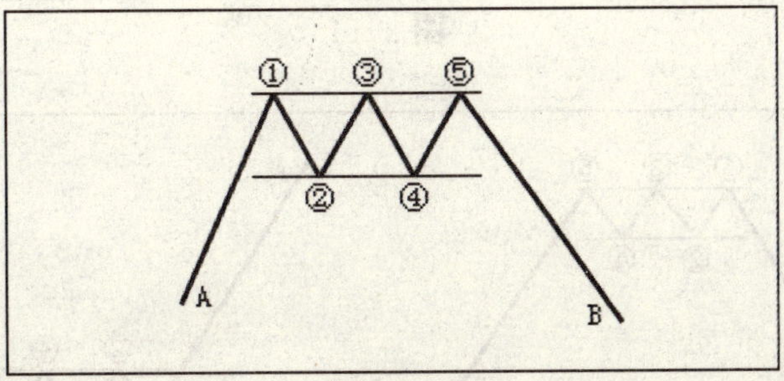


图 2-11

3．按逃命线区分。

⑴ 行情在突破盘区趋势线前出现逃命线，回档的幅度一般可达到临近波的 50% ～60%，见图 2-12。

⑵ 行情在突破盘区后出现逃命线，见图 2-13。

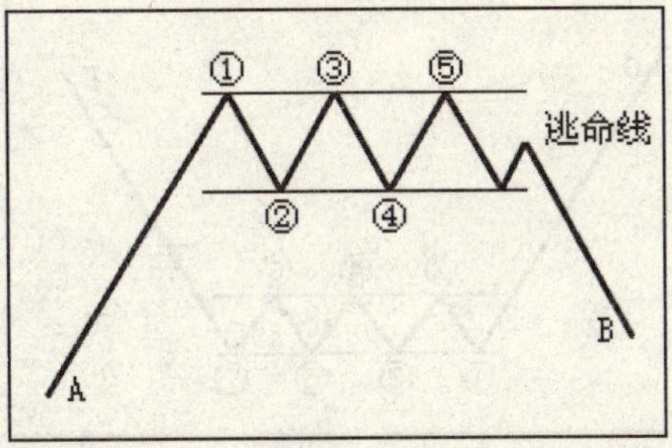


图 2-12

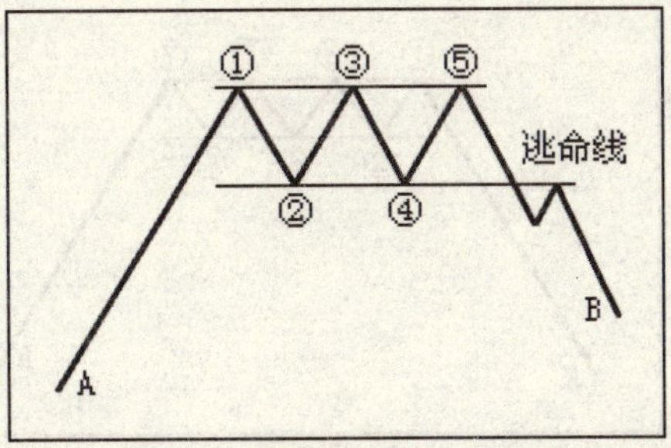


图 2-13

⑶ 多数矩形反转没有逃命线。盘区走势较利落，或幅度较窄，或时间较短，不容易出现逃命线。

4．按盘区情况区分。

⑴ 有的矩形反转盘区时间明显多于前波，幅度非常大，见图 2-14。

⑵ 有的矩形反转盘区幅度非常狭窄，时间较短，见图 2-15。

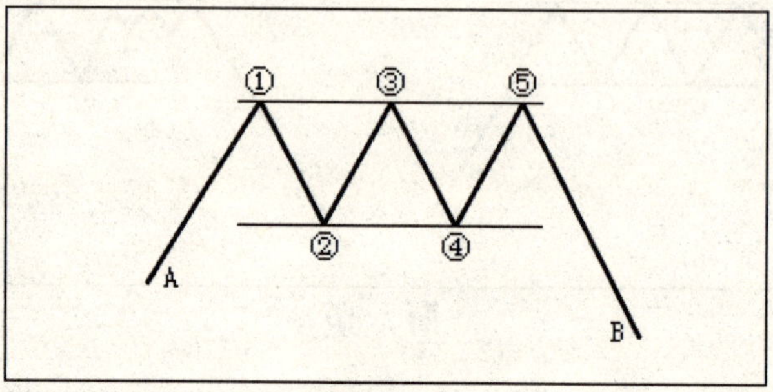


图 2-14

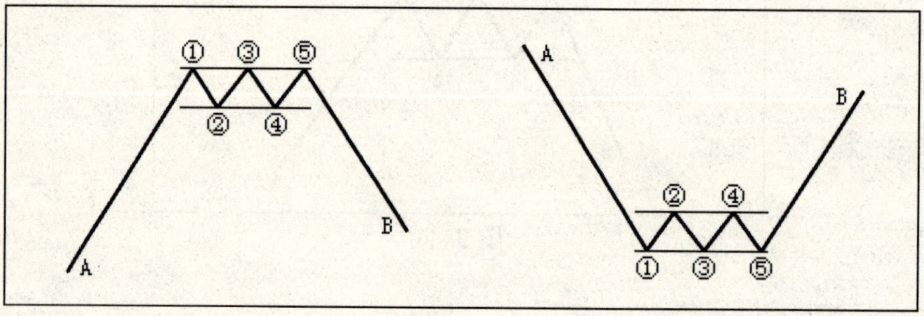


图 2-15

⑶ 存在七波的矩形反转。其形成原因有可能是五波时，盘整时间不够充分，幅度较狭窄。这种情况后市力度很大，见图 2-16。

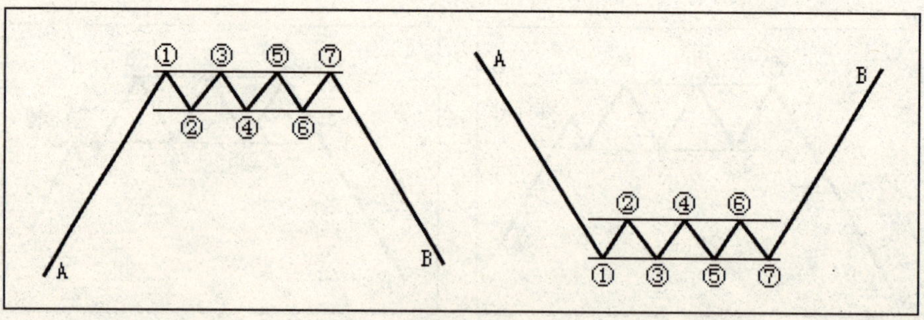


图 2-16

⑷ 也可能出现模糊矩形反转形态，见图 2-17。

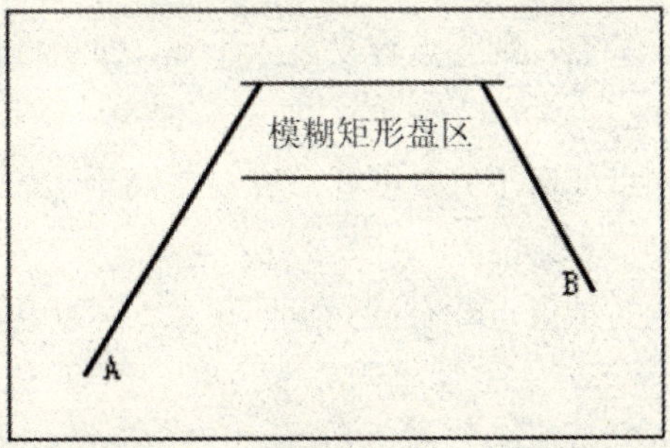


**图** 2-17

## 五、矩形反转后市幅度的计算

1. 反转行情后市幅度的估计，一般都是利用盘区的幅度去计算。认为后市的幅度与盘区的幅度容易形成比例关系。

计算公式：

顶部反转 后市位置=盘区最高点-盘区幅度×N

底部反转 后市位置=盘区最低点+盘区幅度×N

N取1.618、2、2.618…… 以2倍和2.618倍居多，1.618倍次之。

2. 矩形反转后市计算一般偏差较大，但对操作是有益的。对于大型的矩形反转，要注意1.5倍比例位置，尤其是盘区过大而前波过小的情况。

3. 如果可以利用更大周期上的其他情况进行估计，后市计算不在此列。

4. 如果前波绵长，矩形反转区幅度非常小，则容易出现大反转，后市计算不在此列，一般可回到前波起点附近。

5. 注意负偏差估计。在统计的矩形反转形态中，经常有仅差几个点而达不到计算位置的情况，可以做5% 的偏差估计。

## 六、矩形反转的操作策略

1. 矩形反转形态可以单独操作。

2. 矩形反转的可预测波是⑤—B 波，利润就在此波。

3. 如果矩形盘区较窄，则操作性能更好，止损也容易设定。

4. 可以寻找行情的发动点⑤进场。

5. 进场点⑤的估算，以矩形顶为例：

⑴ 如果矩形反转盘区的③点高于①点，则⑤点容易低于①点，或介于①、③点之间。

⑵ 如果③点低于①点，则⑤点容易高于①点，或介于①、③点之间，也有时候略低于③点的情况。

⑶ 如果①点与③点严格平齐，则⑤点容易略高于①、③点，低于它们的情况少见。

⑷ 很多矩形盘区的结束点⑤有回光返照现象，可以利用此现象来进一步确认⑤点。

⑸ 也可以利用⑤点出现的小型形态，利用形态组合进行操作，或利用形态配合，进一步准确把握进场时机。

6. 止损的设定：止损需要设立在矩形之外一定区域，这要视不同品种以及不同矩形的特点而定。

7. 矩形反转的利润和成功率、后市的利润估计，都可以达到操作要求，唯一难做的是止损的设立，因为止损需要设立在一个空位上。

8. 估计利润和风险比例，一般来说，少于3∶1比例，不予考虑操作。

9. 出场点参考计算的目标，并参考可能出现的其他形态。

10. 也可在⑤点形成以后寻找新的进场机会，或在行情突破盘区以后寻找机会进场。

11. 矩形反转的天敌是三波矩形整理。参考均线系统，并注意矩形盘区的时间是否足够充分。当行情临近前高点时，注意有没有十分缓慢的迹象。如果行情在应该反转的位置走势变得非常缓慢，迟迟不肯下跌，则很容易向上突破，很多顶部反转形态皆如此。

## 七、矩形反转的实例分析

**[实例1] 英镑美元**（见图2-18）

### ㈠ 此矩形反转的特点

1. 前波幅度403点，时间是8天，为双N字弹簧式结构。

2. 盘区幅度158点，时间是5天，波浪清晰。

3. 这种结构无法形成整理形态。

4. 第4、5波速度快，⑤点有利多消息。很多形态的进场点位置有利空或利多消息。

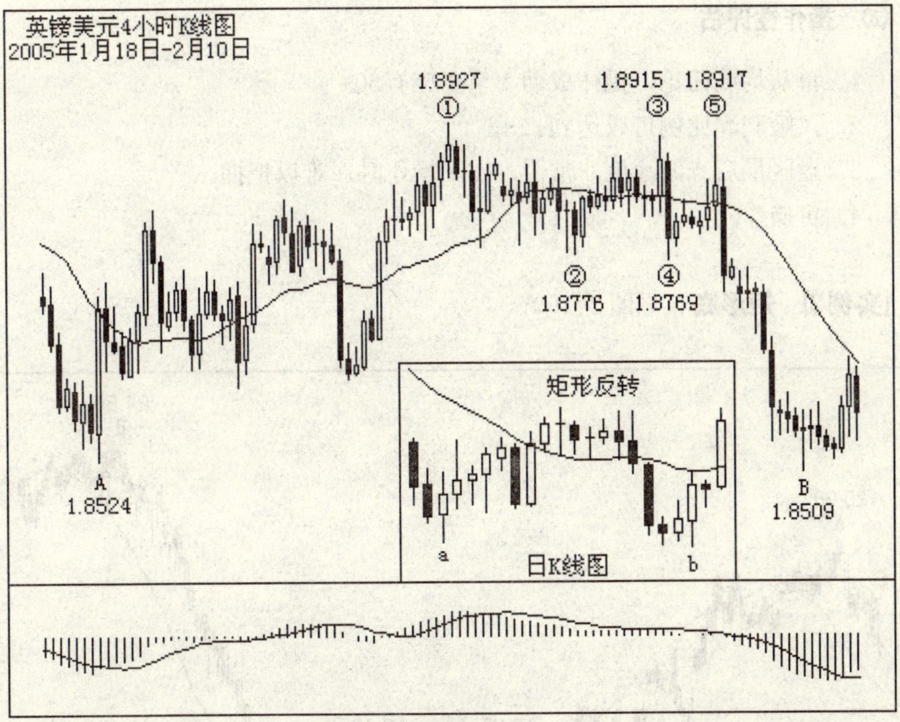


图 2-18

5. 均线转头略向下。

6. 日K线图上，长期均线向下而形态出现在其上方。

### ㈡ 进场点

矩形盘区③点低于①点，⑤点容易高于①点，或介于①、③点之间。关注1.8915～1.8939一带。

### ㈢ 止损的设定

止损设立在①点外一定区间。

### ㈣ 行情预估

1. 1.618 倍位置　1.8927-(1.8927-1.8769)×1.618=1.8671
   2 倍位置　1.8927-(1.8927-1.8769)×2 =1.8611
   2.618 倍位置　1.8927-(1.8927-1.8769)×2.618=1.8513
   3 倍位置　1.8927-(1.8927-1.8769)×3 =1.8453

2. 实际行走2.618倍，偏差+1%。

### ㈤ 操作性评估

1. 单从均线而论，操作成功率至少应有50%。
2. 风险利润比例可以达到1∶8。
3. 盘区最后一波速度非常快，实际操作时，难以把握。
4. 可操作。

**[实例2] 矩形底**（见图2-19）

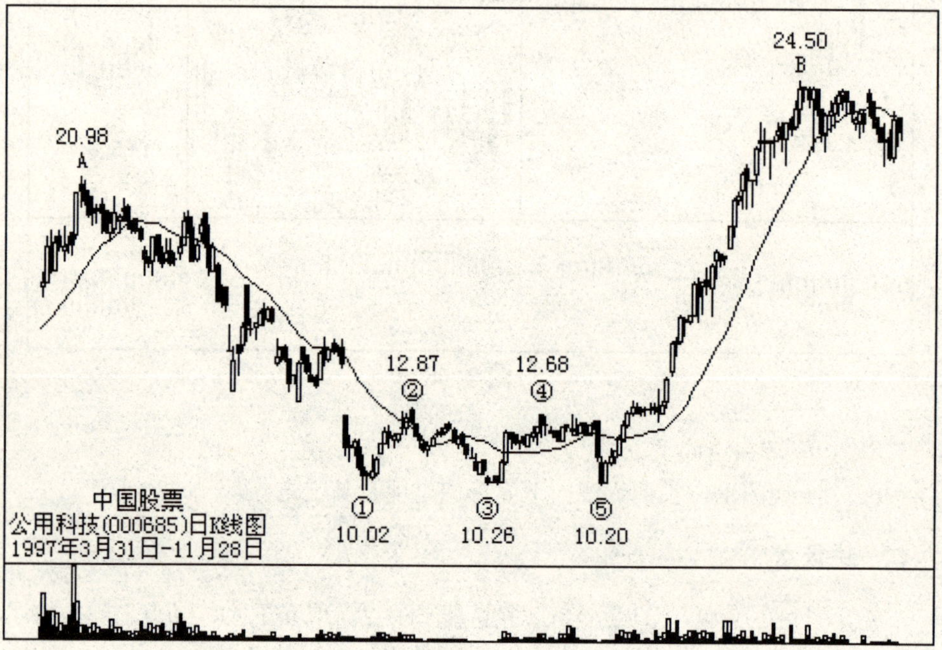


**图** 2-19

### ㈠ 此矩形反转的特点

1. 前波下跌幅度达52%。
2. 前波时间57天，盘区时间48天，后市时间44天。
3. 此矩形反转的均线走平。

### ㈡ 行情预估

1. 1.618 倍位置　10.02+(12.87-10.02)×1.618=14.63
   2 　　倍位置　10.02+(12.87-10.02)×2 　　=15.72
   2.618 倍位置　10.02+(12.87-10.02)×2.618=17.48

3　　倍位置　10.02+(12.87-10.02)×3　　=18.57

3.618 倍位置　10.02+(12.87-10.02)×3.618=20.33

4　　倍位置　10.02+(12.87-10.02)×4　　=21.42

4.618 倍位置　10.02+(12.87-10.02)×4.618=23.18

5　　倍位置　10.02+(12.87-10.02)×5　　=24.27

5.618 倍位置　10.02+(12.87-10.02)×5.618=26.03

2．实际行走5倍，与5倍位置偏差2%。

3．采用3.5%的风险，可获得130%的利润。

㈢ 股票中矩形形态非常少见，矩形反转不容易判断。

**[实例3]　美元日元**（见图 2-20）

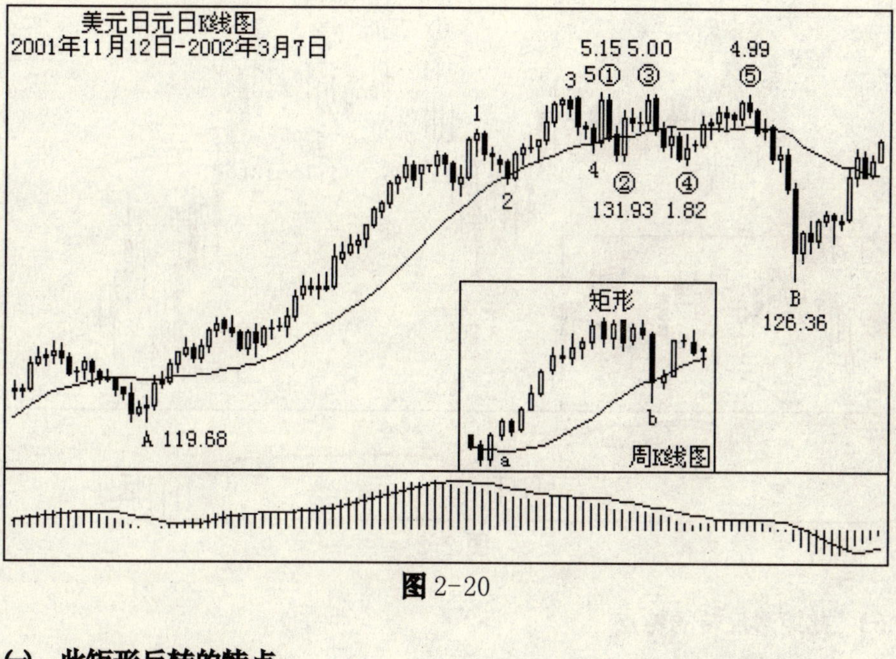


**图** 2-20

**㈠ 此矩形反转的特点**

1．前波幅度1547点，时间59交易日。前波漫长，并在盘区内形成N字结构。前波在进入矩形盘区前，有不标准的反转形态。

2．盘区幅度是333点，时间是19交易日。第5波较慢，这种情况在任何形态中的第5波都不多见。

3．整理区状况：盘区波浪清晰，走势稳定。

4．后市时间是9个交易日，约是盘区时间的一半，速度很快。

5．后市启动先慢后快。

## ㈡ 行情预估

1．1.618 倍位置　135.15-(135.15-131.82)×1.618=129.76

　 2　　 倍位置　135.15-(135.15-131.82)×2　　=128.49

　 2.618 倍位置　135.15-(135.15-131.82)×2.618=126.43

2．实际行走2.64倍，与2.618倍位置偏差+0.8%。

## [实例4]　七波结构的矩形反转（见图2-21）

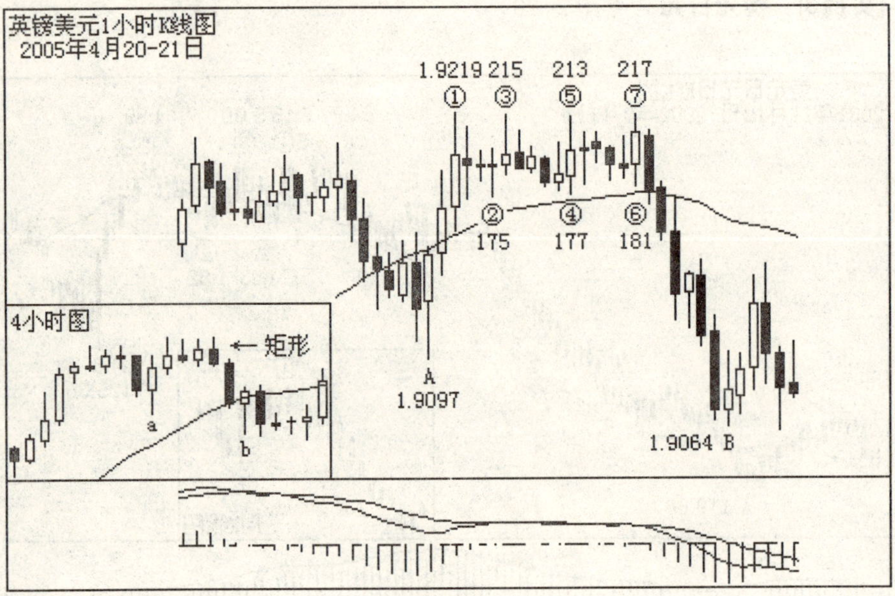


图 2-21

## ㈠ 此矩形反转的特点

1．这个矩形出现在一个很高的行情中，是在一个上升三角形底部反转后的1.618倍位置，距离4小时图MA(20)较高的位置。

2．前波122点，时间3小时，速度很快。

3．整理区时间14小时，幅度狭窄，为44点，结构为七波；后市时间是7小时，为盘区的一半。

4．4小时图MA(20)不支持整理形态的成立。

### ㈡ 行情预估

1. 1.618 倍位置　$1.9219-(1.9219-1.9175)\times1.618=1.9148$

   2 倍位置　$1.9219-(1.9219-1.9175)\times2=1.9131$

   2.618 倍位置　$1.9219-(1.9219-1.9175)\times2.618=1.9104$

   3 倍位置　$1.9219-(1.9219-1.9175)\times3=1.9087$

   3.618 倍位置　$1.9219-(1.9219-1.9175)\times3.618=1.9060$

2. 盘区过度狭窄的反转一般都能回到其前波的0.618 位置或起点附近。用盘区幅度计算没有实际意义。实际走了前波的1.27 倍。

# 第二节　三角形反转

## 一、三角形反转的定义

行情上涨(或下跌)一定幅度之后，进入一个三角形的盘整区，行情经过一定的休整，而后反转下跌(或上涨)，这种反转形态名为三角形反转。一般为五波结构，盘区的高点陆续降低，低点陆续抬高，见图 2-22。

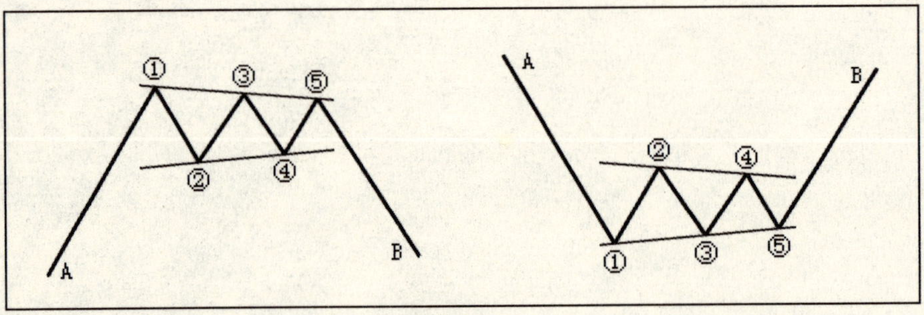


**图** 2-22

## 二、形成三角形反转的条件

1. 反转形态不同于整理形态，反转形态的盘区比整理形态少一个高点(或低点)，判断难度大于整理形态，辨认成功率不高。也可以把前波的一部分理解为盘区的一个波，在高点与低点之间形成的三角形区域内，存在五个波浪，见图 2-23。其他反转形态也可以这样看待。

2. 三角形前面有一个可反转的趋势存在。

3. 在一般的反转形态中，反转区时间都比前波时间长，这样的反转，成功率高，可操作性也好。

4. 作为顶的三角形反转盘区至少有三个高点和两个低点；作为底的三角形反转盘区至少有三个低点和两个高点。也就是说，至少有五个波。

5. 高点与高点之间，低点与低点之间收敛和缓，否则易转变成其他形态。

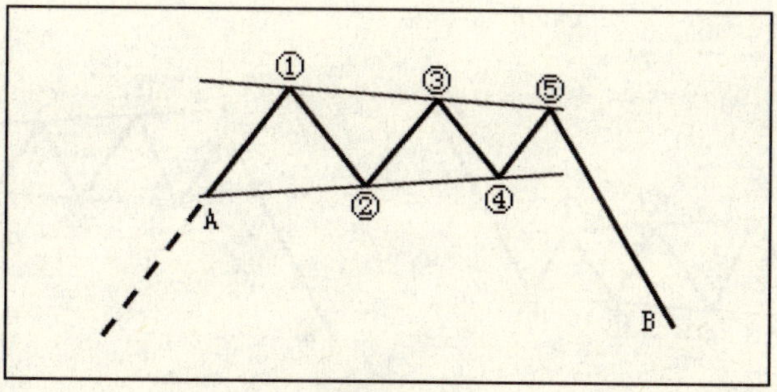


图2-23

作为顶部的三角形，要求其低点收敛和缓；作为底部的三角形，要求其高点收敛和缓。

6. 前波幅度过大，三角形盘区时间过少，无法对其做整理，易形成反转。

7. 前波走势过度凌乱，或有N字结构，这是难整理甚至无法整理的行情。

8. 前波幅度大，速度过快，容易形成反转。

9. 在行情进入盘区的①点处，如果有明显的滞涨滞跌特征，或有小型的反转形态，或有明显的急涨急跌现象，易形成反转形态。

10. 三角形形态的位置，出现在更大级周期K线图长期均线的过高位置或过低位置。例如，在外汇4小时图中，上涨后出现的三角形，在日线图上如果处于长期均线之上，将难以形成整理，而容易形成反转。

11. 三角形盘区明显和前波不相称。

12. 盘区幅度一般不可过小，波浪需清晰，各波浪的时间相差不可太悬殊。

13. 三角形整理的前波一般幅度适宜而速度均匀和缓。

14. 前波为明显的结束行情，无需整理，只可能反转。

行情幅度过大，已经远离长期均线MA(20)或MA(30)，这是最有效最简单的判断方法。在出现三角形形态时，一定要检查均线状况，以辨认其是反转还是整理或是其他混乱形态。

15. 在行情进入盘区时，有N字结构，从而使盘区有明显的三个高点和三个低点，这是一种很难得的三角形反转，成功率非常高，见图2-24。

16. 盘区的行情在向⑤点接近时，这个波浪最好能和前三个波有相似的特点，或在⑤点处形成更小周期的反转形态，或有明显的回光返照现象。

17. 三角形反转的天敌是三波的三角形整理，其出现较多。

18. 在其他形态突破并完成一定幅度之后出现的三角形形态，易反转。

19. 如果前波走势一直非常稳定，而三角形盘区波浪舒展而清晰，前波幅

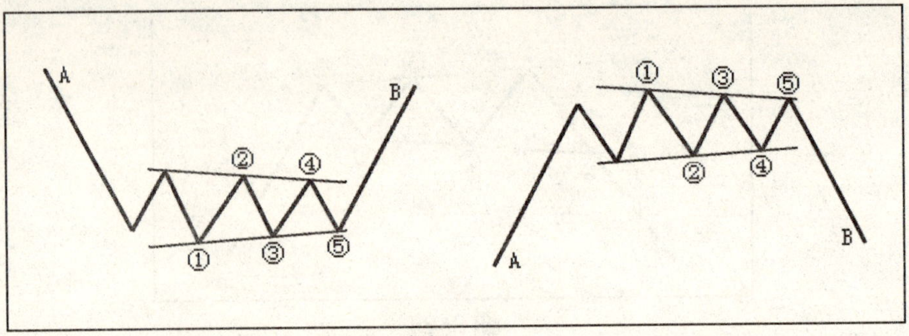


图 2-24

度大也一般不形成反转，这与其他反转形态不同。

20. 当行情突破②点后，反转行情基本确认。

21. 密切关注第5波和第⑤点情况。

22. 盘区里的四个波浪，需要和谐，并有相似性。

23. 三角形反转盘区如果幅度较小，盘整时间明显少于前波，且前波绵长，则很可能构成大的反转；如果盘整时间多于前波，前波幅度不是过大，则一般只构成整理。

24. 如果前波非常大，三角形盘区幅度狭窄，且盘整时间不是很短，则容易构成大反转，行情常能回到前波的启动点附近。

25. 如果三角形反转的前波幅度较小，盘区幅度也很小、时间较长，容易构成射击型整理。

## 三、三角形反转的特点

1. 三角形反转形态非常多见。在所有的形态里，以扩大形和三角形出现为最多。以反转形态出现的三角形大约是以整理形态出现的三角形的两倍。大型的三角形多以反转形态出现。

2. 三角形反转的天敌是三波的三角形整理，其出现也非常之多。换言之，三角形反转失败情况很多。

3. 三角形反转本身是可以单独操作的形态，在所有形态里，三角形的操作最简单，因其是收敛形态。

4. 如果三角形盘区波浪清晰，走势稳定，则后市一般也能很利落。如果盘区波浪不是很利落，其后市也容易多反复。换言之，后市容易和盘区走势具有相同的特点，多数形态都有这个特点。

5. 三角形反转在任何周期上出现的都很多。

6. 三角形反转的后市消耗时间多数没有盘区时间长。

7. 行情从⑤点抵达终点，有时是三波的结构，三波中也容易存在比例关系。五波的情况相对少见。这也是很多形态的特点，见图 2-25。

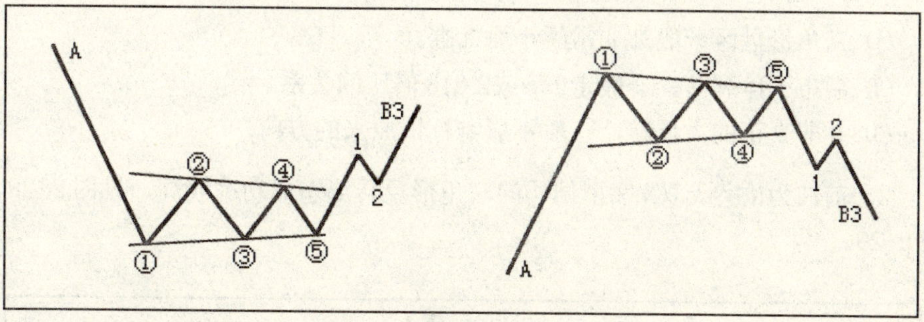


图 2-25

8. 在外汇中，行情一旦突破②点，假破的情况很少见，除非盘区过度凌乱而不标准。在其他品种里，也拥有很高的成功率。

9. 行情在突破④点前有休整，或突破②点后有休整。若在突破④点前有休整，则突破②点时不容易有回调，反之则容易有回调，这个回调一般都能回到④点略上方。跌势中尤其容易如此。

10. 幅度窄的三角形反转破位时非常容易加速，也常有快速的回档。

11. 三角形反转后市的幅度完成后，行情有反贯前密集区的趋势，很多时候按比例行走。三角形区域只作为短期的顶部或底部。⑤—B 与B—C 波幅度容易形成比例关系，比例依次为：2 倍、1.618 倍和 2.618 倍，少见 3.618 倍和 4.618 倍比例，见图 2-26。

计算公式：C 点=B 点+(⑤点-B 点)×N

12. 很多三角形反转得到均线系统支持。

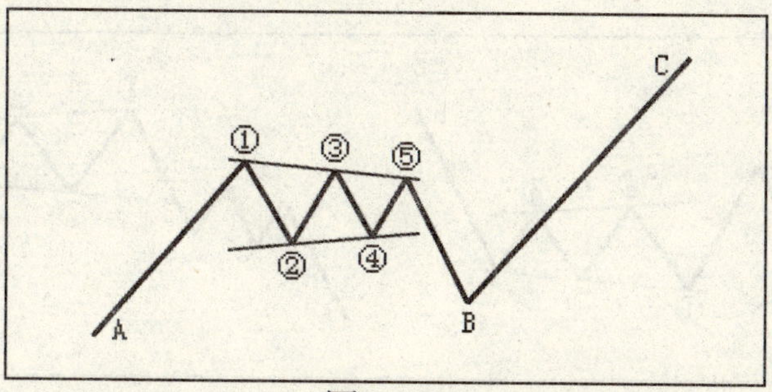


图 2-26

## 四、三角形反转的分类

### ㈠ 前波情况

1. 波绵长，三角形盘区幅度和时间都不够大，见图 2-27。其特点：

⑴ 三角形盘区一般都非常娇小而标准。

⑵ 后市干净利落，一般走2倍或2.618倍比例关系。

⑶ 并非真正的大反转，一般不影响行情原来的方向。

2. 前波为N字或双N字型结构的三角形反转形态成功率较高，见图 2-28、图 2-29。

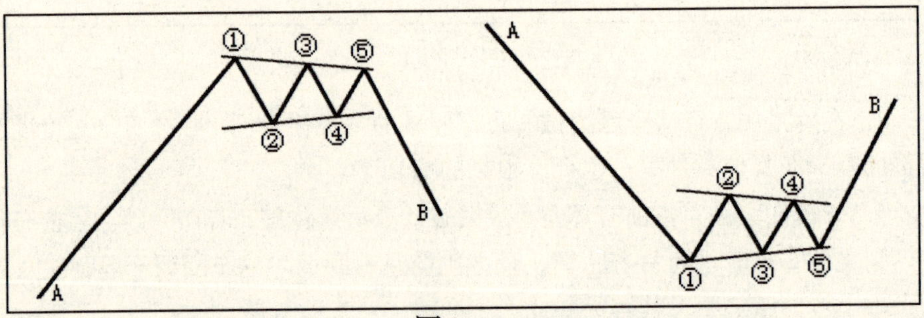


图 2-27

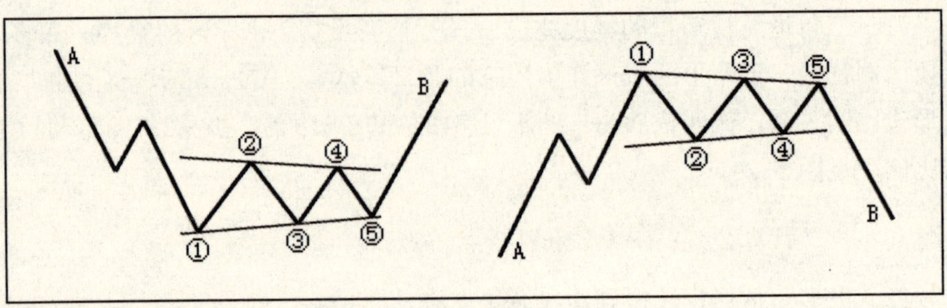


图 2-28

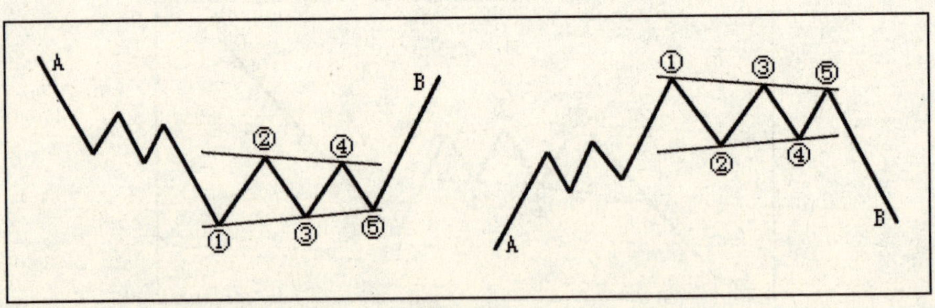


图 2-29

3．前波由慢而快，见图 2-30。

4．前波由快而慢，见图 2-31。

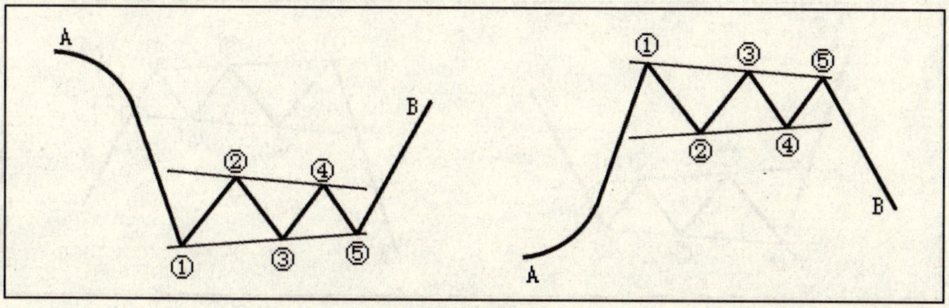


图 2-30

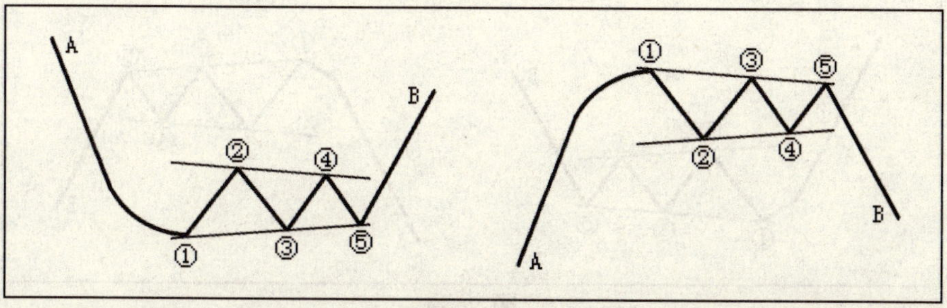


图 2-31

5．前波在进入三角形盘区时有N字型结构，从而使三角形盘区五波清晰。这是成功率最高的三角形反转。也可以认为这种三角形盘区是一种独立的形态，见图 2-32。

6．前波速度快且幅度大，见图 2-33。

7．在①点处，行情有滞涨或滞跌现象。可以是小型楔形、三次探底(顶)、旗形、扩大形、发散形，也可以是矩形、三角形，以及它们的不标准形态或

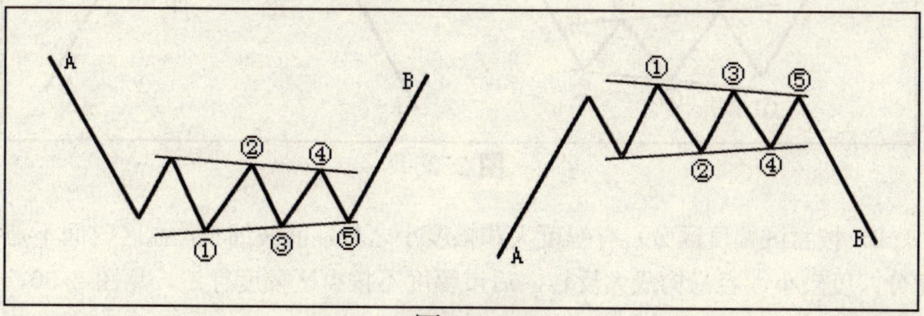


图 2-32

模糊形态，见图 2-34。

8. 前波走势涣散，凌乱无力，速度不均匀。

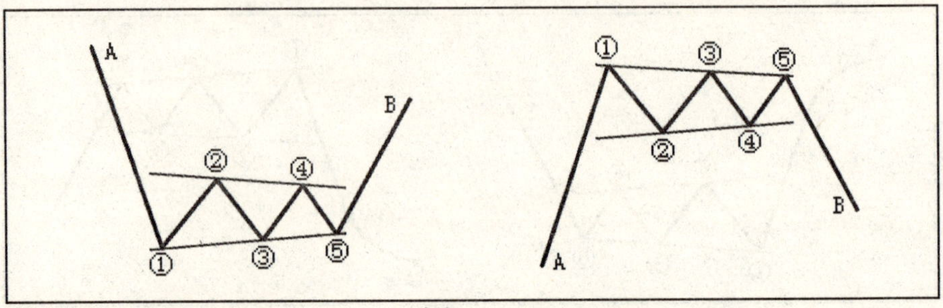


图 2-33

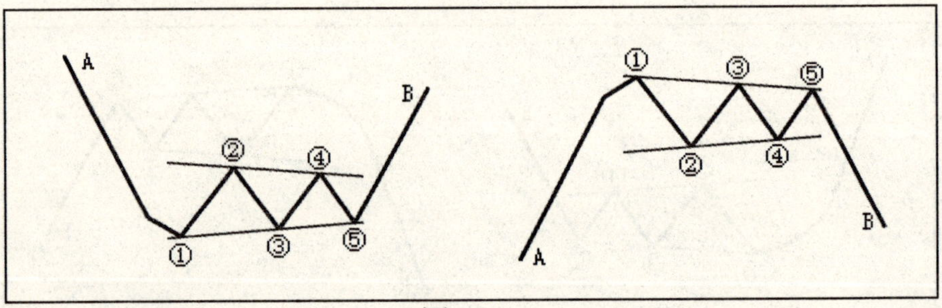


图 2-34

## ㈡ 盘区情况

1. 有1波短的三角形反转，其事先难以辨认。如果第1波短的幅度不是很大，尚可辨认。要求第1波在幅度和时间上都足够，不可牵强，见图 2-35。

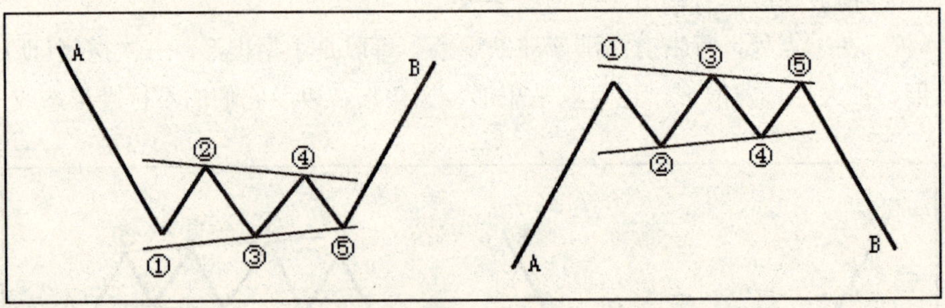


图 2-35

2. 按盘区幅度区分，有幅度大和幅度小之分。前波绵长，盘区时间不是很充分，度较小，容易构成大反转，后市幅度不按盘区幅度行走，见图 2-36。一般可回到前波起点附近，拥有非常大的投资价值。

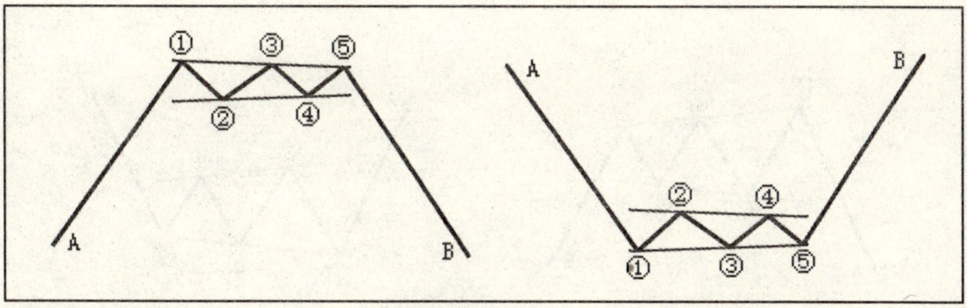


图 2-36

3．按盘区时间区分，有时间长的三角形和时间短的三角形。

4．有的盘区走势缓慢，而有的盘区行情走得很快。

5．有可能出现模糊形态，但其尚未见到过，见图 2-37。

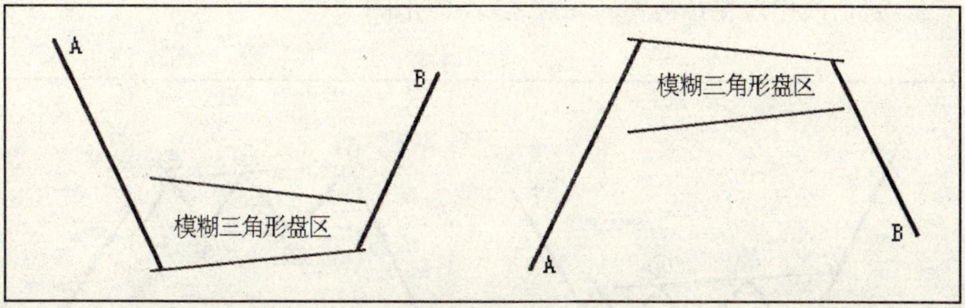


图 2-37

6．也有七波的三角形反转。七波的反转盘区幅度可能较狭窄，后市幅度一般非常大，启动较为快速，见图 2-38。

7．盘区幅度过大且时间明显多于前波，显然不构成对前波的整理。这种情况后市一般走不到比例，见图 2-39，可按盘区最后一波计算后市。

B 点=⑤点±5波幅度×N　N一般取1.618。

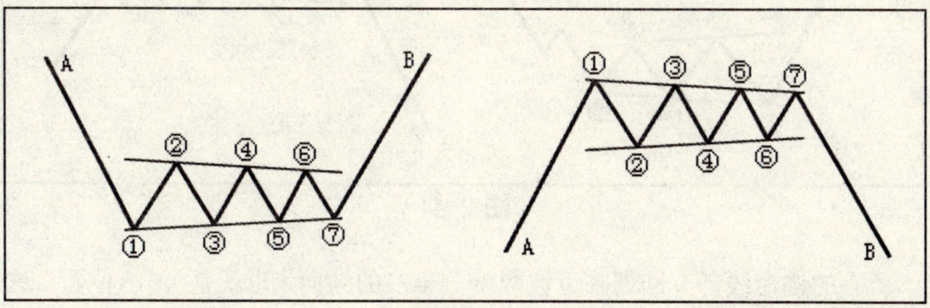


图 2-38

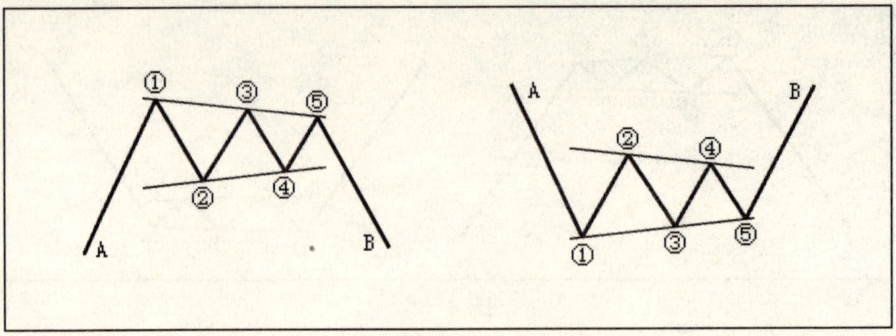


图 2-39

### ㈢ 逃命线情况

1. 逃命线出现在行情突破④点之前，见图 2-40。

2. 逃命线出现在行情突破②点之后，见图 2-41。

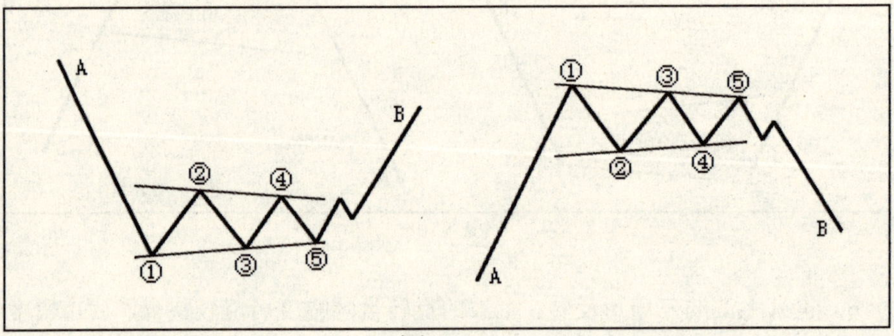


图 2-40

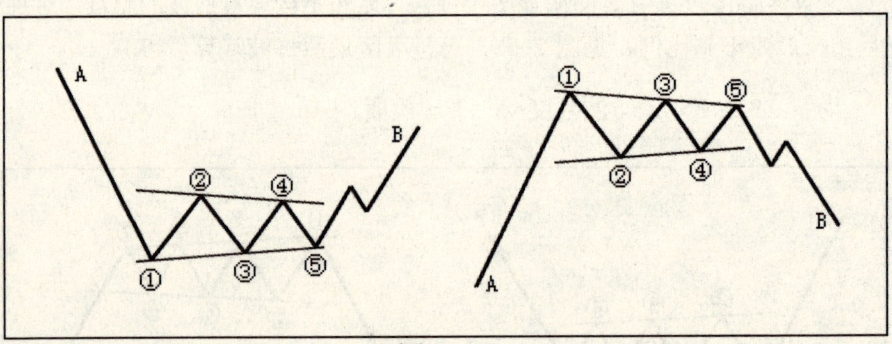


图 2-41

所有的逃命线都有回调临近波幅度一半多的倾向，也就是0.618位置，这是最常见的情况，或60% ～70% 。偶尔也有回调100% 的情况。

## 五、三角形反转后市行情的计算

1．反转形态的后市幅度与盘区幅度容易形成比例关系。

2．计算公式：

底部反转　B点=①点+(②点-①点)×N

顶部反转　B点=①点-(①点-②点)×N

N取1.618、2、2.618…… 幅度大的三角形以走1.618居多；幅度狭窄的，以走2.618居多，有时候也有2倍或3.618。

3．注意参考更大周期行情，是否有计算后市的机会，以帮助最终确认出场时机。

4．前波绵长，三角形盘区幅度较窄并时间充分的三角形反转后市计算不在此列，其多能回到行情前波的起点附近。

5．盘区为清晰五波结构的三角形反转，幅度不取①、②点距离，而取盘区的最大幅度，见图 2-42。如果①—②波短，则取②—③波幅度计算后市。

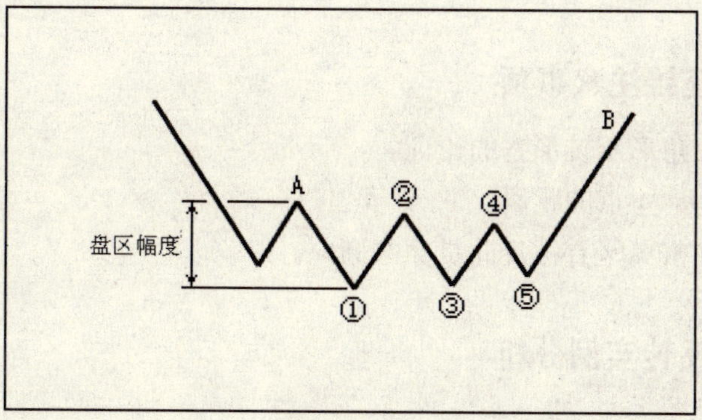


图 2-42

## 六、三角形反转的操作策略

1．符合条件的三角形反转具有非常高的操作价值。

2．三角形反转可预测波是⑤—B 波，利润就在此波。

3．采用图形配合和图形组合帮助提高成功率。注意行情在更大周期图形上的位置。

4．在⑤点进场，在③点设立止损。

5．三角形反转成功率不高，失败的三角形反转非常多见，谨慎选择操作。

6．进场点的估计：

⑴ 台阶法：按①、③点之间距离估计③、⑤点之间距离。

⑵ 趋势线法：按①、③点形成的趋势线估计⑤点抵达的位置。

⑶ 不同序法：①、③点距离近则③、⑤之间距离容易偏远。反之，①、③点距离远则③、⑤之间距离容易偏近。

⑷ 根据利润风险比例。一般三角形反转都有较好的风险利润比例。

⑸ 为了更好地确认进场位置，可关注均线和回光返照现象。

⑹ 有时候可参考②、④点距离，估算③、⑤点距离。

7．出场：

⑴ 注意后市出现的新图形，以帮助辨认出场点。

⑵ 按比例计算后市，并做保守估计。

⑶ 三角形反转后市走不到1.618倍位的非常少见。

8．盘中止损不宜轻易跟进。

9．参考均线系统，得到均线系统支持的三角形反转后市更加容易操作。

10．也可以在行情突破②点后，寻找机会进场。

## 七、三角形反转注意事项

1．注意三角形反转形态的论证。

2．注意②、④点的距离。

3．三角形密集区有被反向贯穿的倾向。

## 八、三角形反转实例分析

**[实例1] 标准的三角形反转**（见图2-43）

### ㈠ 此三角形反转的特点

1．在前波的早期出现N字结构。前波幅度偏大，是573点。外汇中超过500点的行情难以形成整理形态，除非整理条件十分充足。

2．这个三角形盘区整体向下倾斜，底部的趋势线倾斜度小，这个三角形与下降三角形很接近。

3．休整区波浪清晰，但在回调幅度和时间上，都不形成对前波的整理。

4．前波时间16天，盘区时间20天，后市10天，为盘区时间的一半。

5．日线图上，形态没有得到均线支持，这种情况容易出现逃命线。

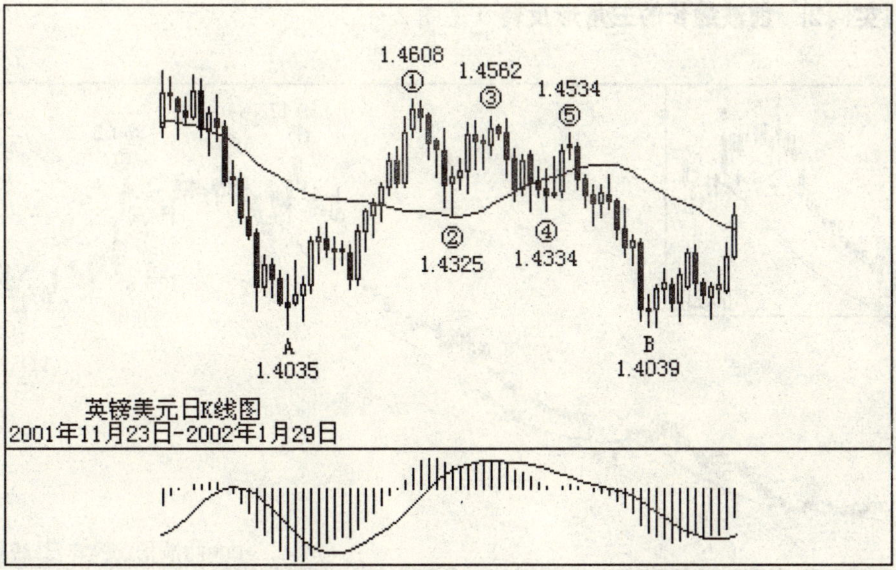


**图** 2-43

## ㈡ 进场点预计

1．按台阶法计算进场位置：1.4562-(1.4608-1.4562)=1.4516。

2．这个三角形和下降三角形接近，注意⑤点不到位的可能，也因此导致③、⑤点之间距离偏远。

3．实际情况是，③、⑤点间距离是28点，①、③点间距离是46点，它们正好是0.618比例关系。

4．止损1.4562，50点风险。

## ㈢ 利润预估

1．三角形反转很少有走不到1.618倍位置的情况。

2．如果条件适宜，一般都可以达到2倍的位置。条件充分的甚至可以达到2.618倍位置。

3．参考盘区时间。当后市时间接近盘区时间50%～70%时，应十分注意。

4．后市计算：

1.618倍位置　1.1608-(1.4608-1.4325)×1.618=1.4150

2　　倍位置　1.1608-(1.4608-1.4325)×2　　=1.4042

2.618倍位置　1.1608-(1.4608-1.4325)×2.618=1.3867

5．利润为360点或470点，风险利润比例为1∶7或1∶9。

**[实例2] 前波绵长的三角形反转**（见图 2-44）

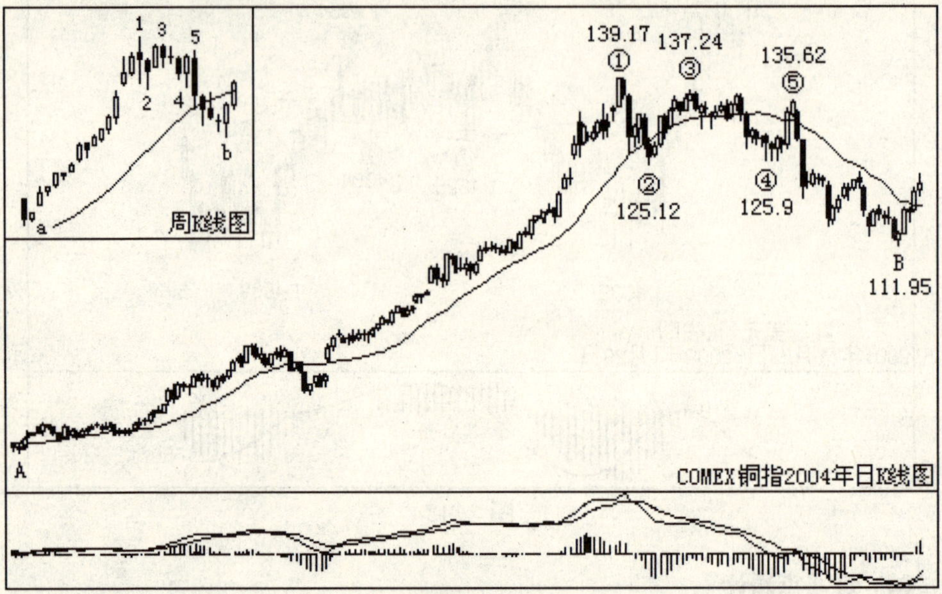


**图** 2-44

1. 行情的前波绵长，时间和幅度都很大。

2. 三角形盘区较有幅度，波浪舒展、走势流畅、波浪清晰。

3. 盘区时间34天，后市21天，为0.618比例。

4. 此三角形反转得到均线支持，后市不容易出现逃命线，较利落。

5. 后市计算：

1.618 倍位置　139.17-(139.17-125.12)×1.618=116.44

2　　 倍位置　139.17-(139.17-125.12)×2　　=111.07

2.618 倍位置　139.17-(139.17-125.12)×2.618=102.39

一般这种行情都可选择2倍作为出场参考点。注意时间的参考。实际走势和计算偏差-4%。

**[实例3] 盘区为清晰五波的三角形反转**（见图 2-45）

**㈠ 此三角形反转的特点**

1. 前波幅度很大，为1804点，前波中部有慢涨变急涨现象。

2. 前波在进入三角形盘区前有回档，从而使盘区的五波清晰，这种三角形

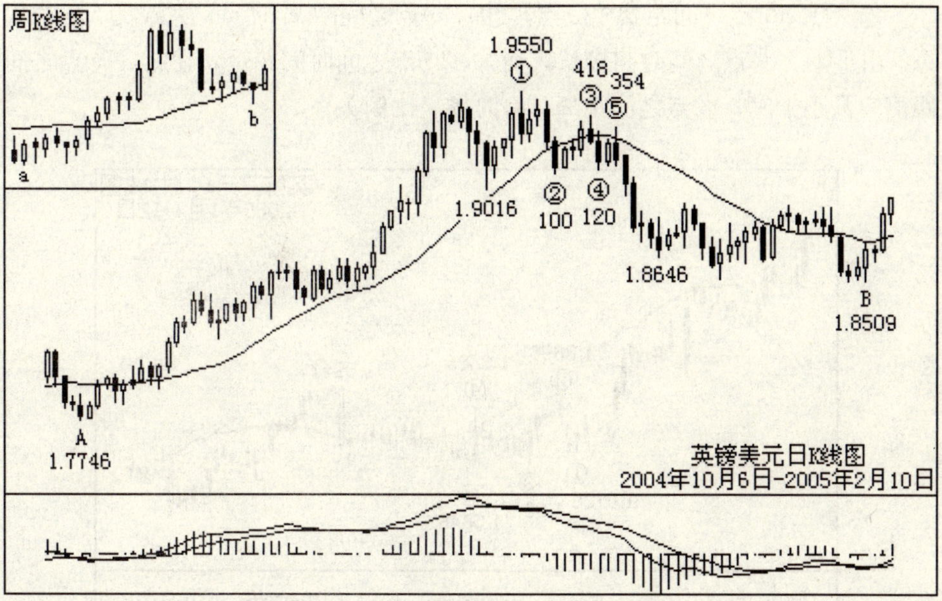


图 2-45

反转的成功率率为最高。

3. ①、③点之间的距离132点，②、④点之间的距离20点，②点与其前低点距离84点，盘区幅度534点，盘区幅度较大。

4. 盘区时间为15天。

## (二) 后市计算

1. 按盘区的幅度19550-19016=534点计算：

1.618 倍位置　1.9550-(1.9550-1.9016)×1.618=1.8686

2　　　倍位置　1.9550-(1.9550-1.9016)×2　　=1.8482

2.618 倍位置　1.9550-(1.9550-1.9016)×2.618=1.8152

2. 一般可以考虑选取2倍作为出场点，但由于盘区幅度很大，也可以选择1.618倍位置作为出场点。

3. 实际行情的走势是，行情抵达1.618倍位置时，4小时图出现发散形底部迹象，见图2-46。可确认，1.618倍位置为阻力位。

## (三) 盘后讨论

1. 实际走势偏差：1.618倍偏差为+5%，2倍为-2.5%。实际操作时，有必要做5%的偏差估计。

2．①、③点之间距离132点，③、⑤点之间距离64点，大致为2倍的关系。由于①、③点之间时间较长，而③、⑤点之间时间较短，使③、⑤点之间距离容易小于①、③点之间距离。有时候呈比例关系。

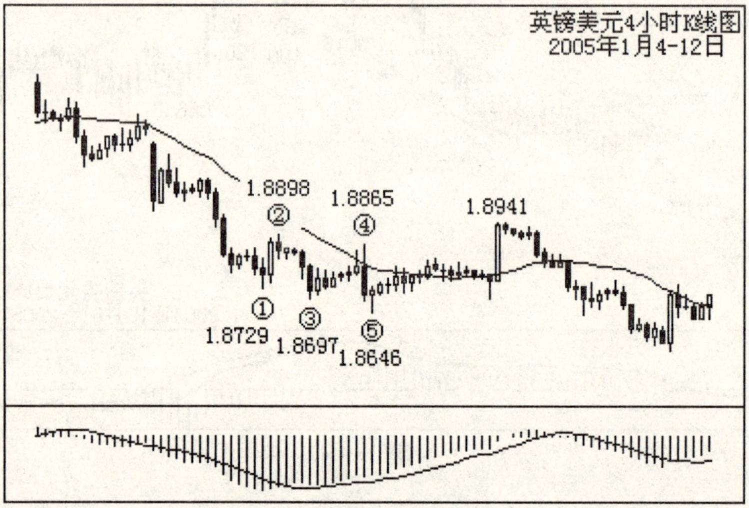


图 2-46

**[实例4]　大型三角形反转**（见图 2-47）

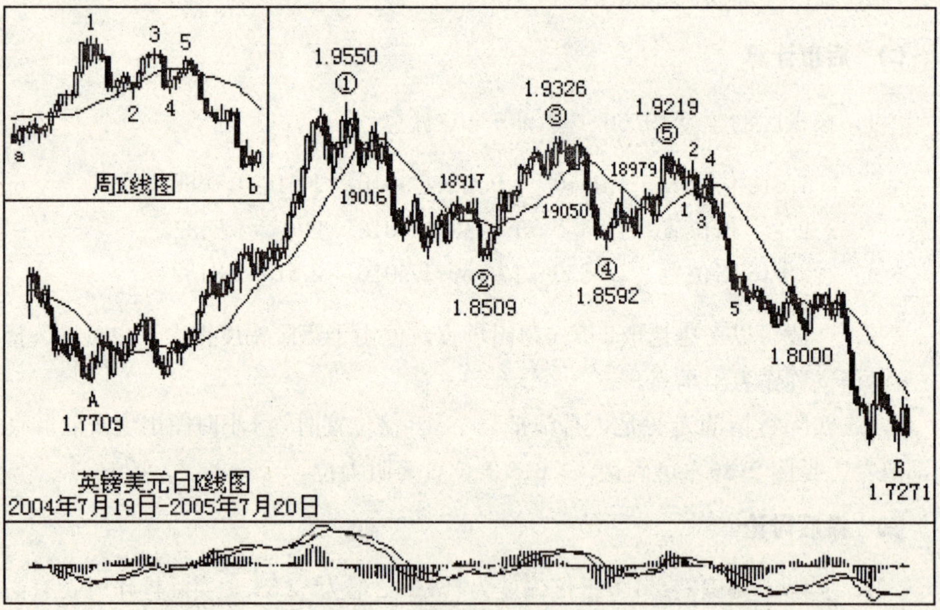


图 2-47

## ㈠ 此三角形反转的特点

1．这个三角形由很多图形组成：

⑴ 这个三角形的前波是五波旗的第5波，见图 3-45，五波旗完成幅度后有反转倾向。

⑵ 三角形盘区的①点是一个小型的三角形反转，可理解为滞涨现象，非常罕见。完成2倍幅度而达到②点位置。见图 2-45。

1.9550-(1.9550-1.9016)×2=1.8482

⑶ ②点是顶平扩大形反转，见图 6-12，覆盖前密集区的2倍位置而达到③点位置。

1.8509+(1.8917-1.8509)×2=1.9325

⑷ 盘区的③点是个1波短尾的三角形反转，完成2.618倍而达到④点位置。见图 2-74。

1.9326-(1.9326-1.9050)×2.618=1.8603

⑸ 三角形盘区的④点为上升三角形底，完成1.618倍而达到⑤点位置。见图 2-73。上升三角形反转后市有反贯上升三角形密集区的倾向。

1.8592-(1.8979-1.8952)×1.618=1.9218

⑹ 行情从⑤点启动，为双峰结构。

2．盘区幅度为1041点，盘区时间很长。

## ㈡ 后市计算

1.618 倍位置　1.9550-(1.9550-1.8509)×1.618=1.7866

2　　倍位置　1.9550-(1.9550-1.8509)×2　　=1.7468

2.618 倍位置　1.9550-(1.9550-1.8509)×2.618=1.6825

行情实际出现了三波，按此计算：1.9219-(1.9219-1.8000)×1.618=1.7247。可估计行情抵达1.7247～1.7468的可能最大。

## ㈢ 盘后讨论

1．在这个三角形反转中，可以利用④点出现的上升三角形反转计算行情进场位置。

2．后市出现了双峰启动形态，可以在行情发动后的第三顶进场。

3．周线图上，此形态得到均线支持，后市容易较利落。

**[实例5]　盘区收敛缓慢的三角形反转**（见图 2-48）

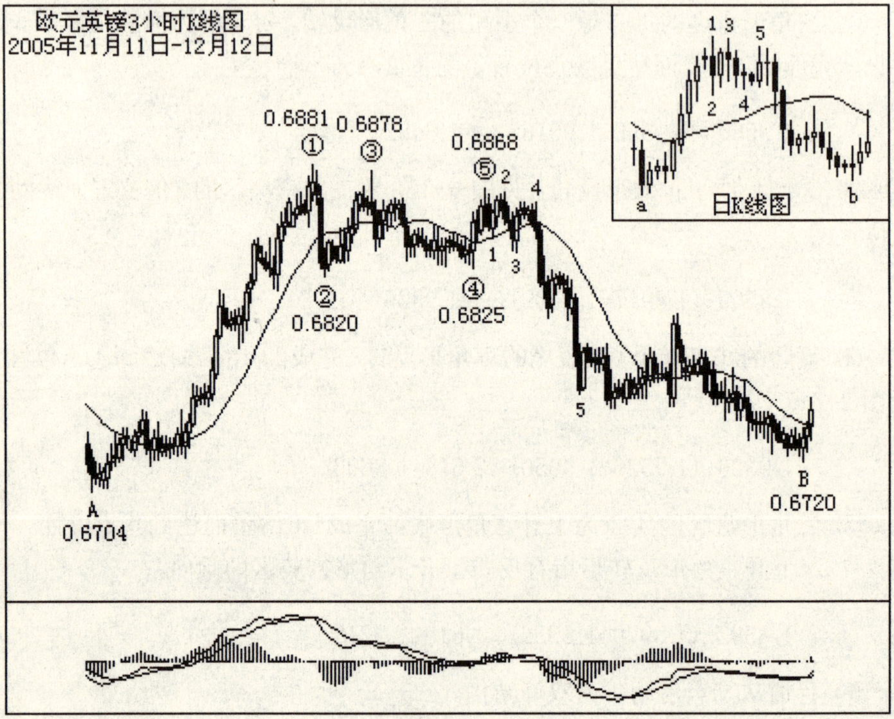


**图** 2-48

1．前波偏长，三角形出现在日线图20日均线之上，均线基本平走。

2．盘区高点和低点收敛非常和缓，盘区时间充分，投资价值很大。

3．这种前波较大、盘区狭窄、时间不很充分的三角形，不容易形成整理。一旦反转成立，一般可回到前波起点附近。

4．前波时间7天，盘区6天，后市9天。

5．后市计算：

1.618 倍位置　0.6881-(0.6881-0.6812)×1.618=0.6782

2　　倍位置　0.6881-(0.6881-0.6812)×2　　=0.6759

2.618 倍位置　0.6881-(0.6881-0.6812)×2.618=0.6721

实际走到0.6720，偏差为+0.7%。

**[实例6]**（见图 2-49）

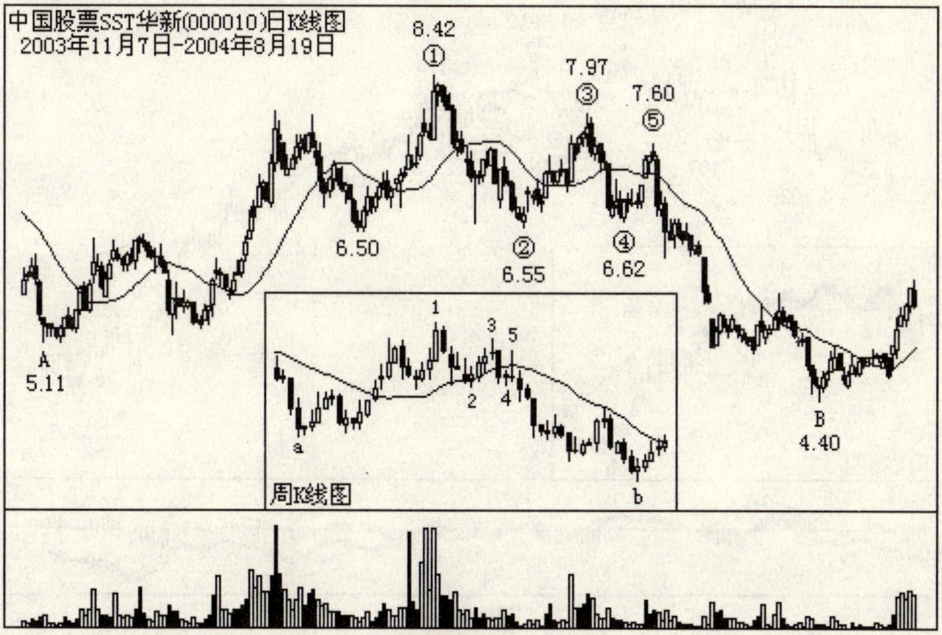


**图** 2-49

1．前波幅度3.31，为五波结构。

2．行情进入盘区前有回档，使盘区五波清晰。

3．盘区的幅度为1.92，时间为52天，后市时间为40天。后市时间是盘区时间的77%。

4．均线支持行情下跌。

5．后市计算：

1.618 倍位置　8.42-(8.42-6.50)×1.618=5.31

2　　 倍位置　8.42-(8.42-6.50)×2　　=4.58

6．在⑤点离场，可以避免40%的损失。这也是相关品种离场的重要参考。

**[实例7]　大型三角形反转**（见图 2-50）

1．前波时间6周，盘区时间15周，盘区时间远大于前波时间。

2．行情突破②点后有巨大回档，幅度是其临近波的75%。

3．后市幅度巨大，很可能是回档导致的。

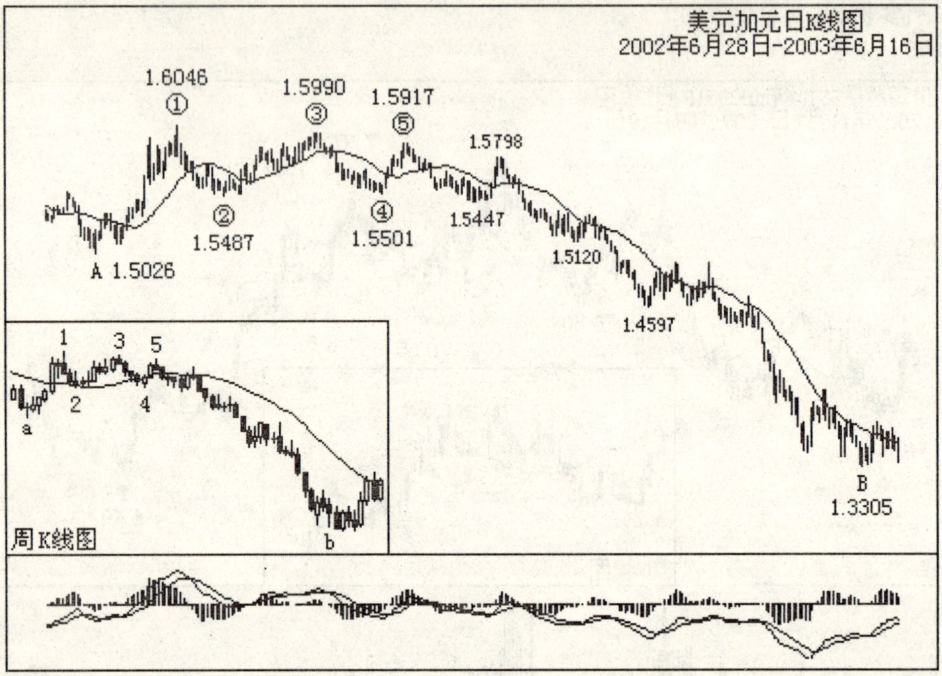


图 2-50

4. 这种大型的形态一旦成立，将影响相关国家的经济。

5. 后市计算：

按盘区幅度估算

| | | | |
|---|---|---|---|
| 1.618 | 倍位置 | 1.6046-(1.6046-1.5487)×1.618 | =1.5142 |
| 2 | 倍位置 | 1.6046-(1.6046-1.5487)×2 | =1.4928 |
| 2.618 | 倍位置 | 1.6046-(1.6046-1.5487)×2.618 | =1.4583 |
| 3 | 倍位置 | 1.6046-(1.6046-1.5487)×3 | =1.4369 |
| 3.618 | 倍位置 | 1.6046-(1.6046-1.5487)×3.618 | =1.4024 |
| 4 | 倍位置 | 1.6046-(1.6046-1.5487)×4 | =1.3810 |
| 4.618 | 倍位置 | 1.6046-(1.6046-1.5487)×4.618 | =1.3465 |
| 5 | 倍位置 | 1.6046-(1.6046-1.5487)×5 | =1.3251 |

按前波幅度估算

| | | | |
|---|---|---|---|
| 1.618 | 倍位置 | 1.6046-(1.6046-1.5026)×1.618 | =1.4396 |
| 2 | 倍位置 | 1.6046-(1.6046-1.5026)×2 | =1.4006 |
| 2.618 | 倍位置 | 1.6046-(1.6046-1.5026)×2.618 | =1.3376 |

**[实例8] 三角形反转**（见图2-51）

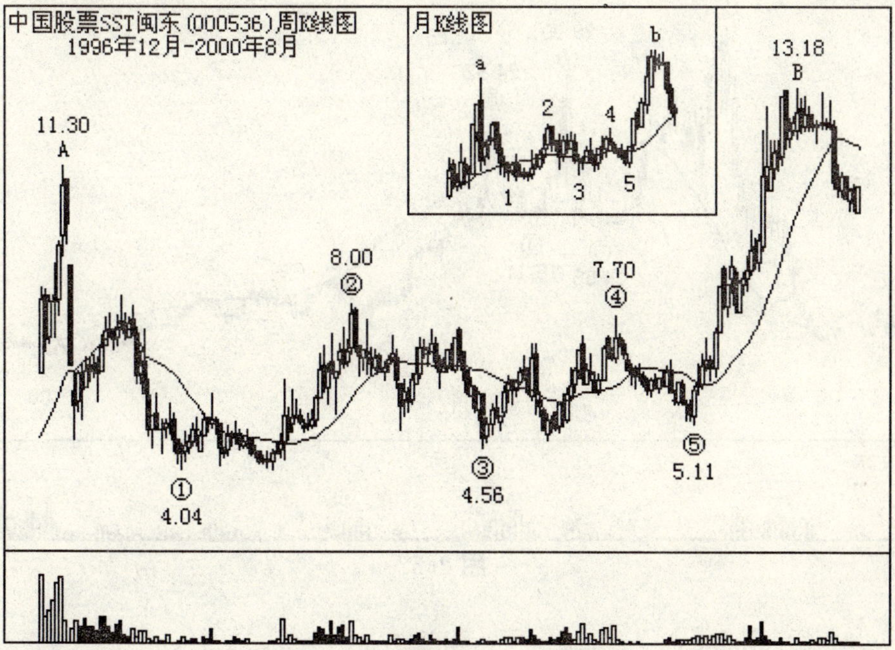


**图**2-51

1．前波幅度7.26，跌幅64%，时间28周。盘区幅度3.96，时间100周。

2．此形态周期非常大，月K线图的均线支持反转的成立。

3．后市估算：

1.618 倍位置 4.04+(8.00-4.04)×1.618=10.45

2 倍位置 4.04+(8.00-4.04)×2 =11.96

4．后市在到达顶点时，日K线图上出现矩形反转，可进一步确认出场时机。

5．在⑤点进场，在③点设立止损，风险10%，利润约150%。如降低风险为5%，利润为75%。

6．在中国股票市场中，顶部形态远多于底部形态。这个形态属于难得的操作时机。

**[实例9] 大型三角形反转**（见图2-52）

1．前波时间16个月，盘区时间36个月，后市时间69个月。

2．前波幅度29.12，盘区幅度18.72，比例是64%。

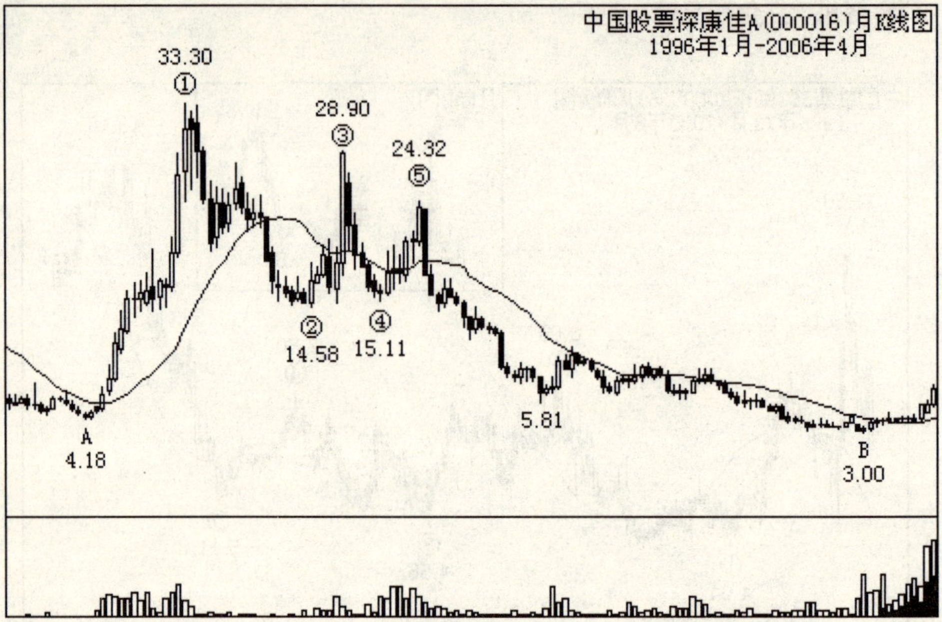


图 2-52

3. 后市计算：

33.03-(33.03-14.58)×1.618=3.01

4. ①、③点间价格差4.4，估计⑤点在24.5左右，宜在此位置一带离场。

5. 均线支持此形态的成立。

6. ⑤点在2001年6月29日形成，这也是其他相关股票离场的参考信号。

**[实例10] 大型三角形反转**（见图 2-53）

1. 行情前波幅度2050点，行情由慢而快。

2. 三角形反转区幅度巨大，波浪舒展，时间十分充分。反转区底部下降倾斜度非常小，接近下降三角形。

3. 盘区时间是11个月，后市时间是7个月，比例是68%。

4. 幅度过大的形态，后市计算要保守，最多采用1.5的比例：

751.0-(751.0-624.0)×1.618=545.5

或采用其第5波的1.618比例：

705.4-(705.4-625.0)×1.618=575.3

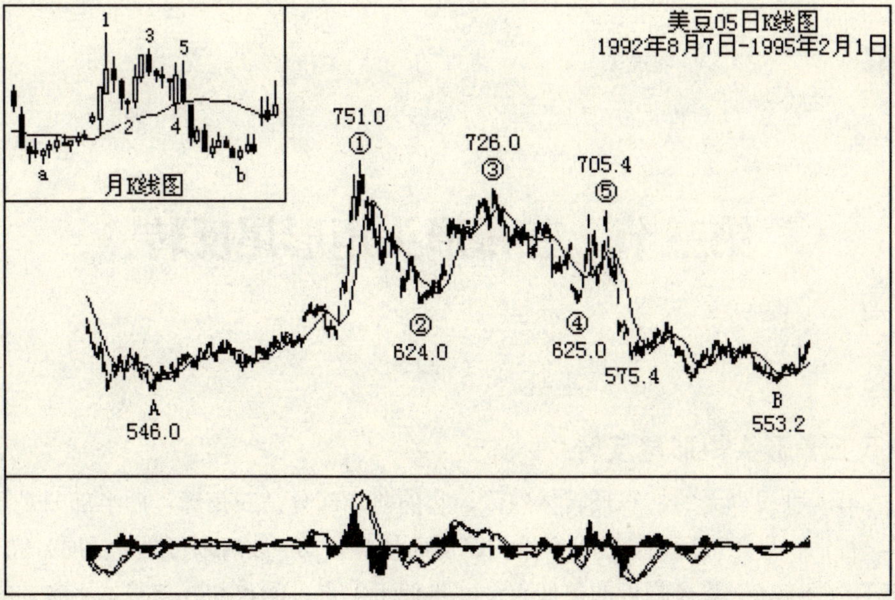
美豆05日K线图
1992年8月7日-1995年2月1日
月K线图
1
3
5
2
4
a
b
751.0
①
726.0
③
705.4
⑤
②
624.0
④
625.0
575.4
A
546.0
B
553.2

图 2-53

# 第三节　三角形头矩形尾反转

## 一、三角形头矩形尾反转

有一种很少见的特殊反转休整区，它的前半部分是三角形，后半部分是矩形。行情在进入盘区时，有N字结构，从而使盘区第1波清晰可见。以顶为例：盘区的②点高于其最临近的前低点，③点低于①点，④点与②点基本平齐，⑤点与③点基本平齐，而后反转下跌，这种形态就是三角形头矩形尾反转，见图2-54。

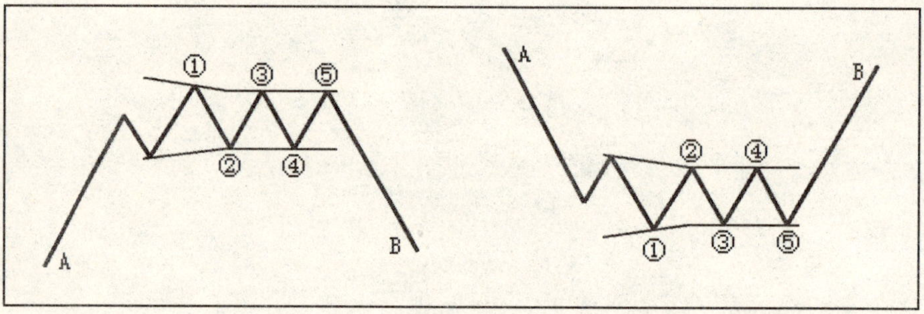


图 2-54

与此类似的形态是，行情进入盘整区，盘区的前部是矩形而后半部分是三角形。行情在进入盘区时，有N字结构，从而使盘区第1波清晰可见。以顶为例：盘区②点与其最临近的前低点基本平齐，③点与①点基本平齐，④点高于②点，⑤点低于③点，而后反转而下跌，这种形态就是矩形头三角形尾反转，见图2-55。

## 二、此形态的一些问题

1. 反转形态的形成时要求其前波具有一定的幅度，以及其他必要的反转迹

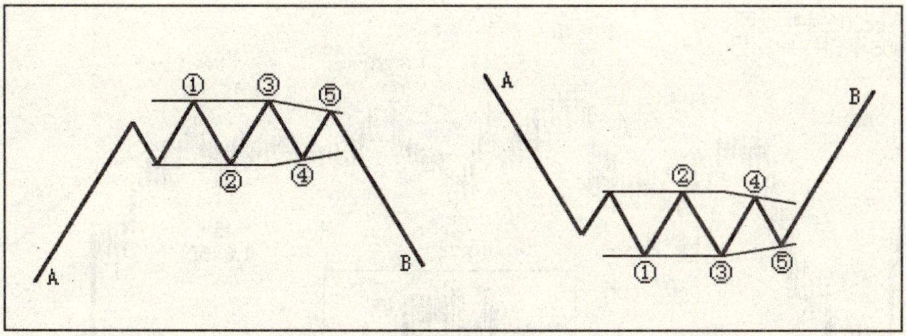


图 2-55

象。而这种形态则还要求其前波进入盘区时有N字结构，以便使盘区第1波清晰，否则无法辨认。由于其五波清晰，这种反转形态的成功率比较高。

2. 盘区时间充足，波浪清晰流畅，为五波结构。反转形态的反转区时间一般都比前波时间长。

3. 各波幅度偏差不可太大。

4. 当行情上涨(或下跌)一定幅度后，进入盘区，②点略高于其临近的前低点，盘区的③点低于①点，④点基本与②点平齐，当行情离开④点，向上涨时，就可以怀疑三角形头矩形尾反转形态的可能出现。

5. 当行情上涨(或下跌)一定幅度后，进入盘区，盘区的前两个高点及低点基本平齐，而④点却比②点略高，行情离开④点，向上涨时，就可以怀疑矩形头三角形尾反转形态的可能出现。

6. 后市利润计算按盘区最大幅度估算：

B点=①点±盘区幅度×N　N取1.618、2、2.618……

7. 这种形态具有单独的投资价值。

8. 止损设立在盘区的最高点(或最低点)。

9. 矩形头三角形尾反转形态，可按②、④点之间距离估算③、⑤点距离。

10. 这个形态易转化为其他形态。

## 三、实例分析

**[实例1] 三角形头矩形尾反转**（见图 2-56）

1. 前波幅度228点，时间是20小时，有N字结构。

2. 盘区幅度100点，时间是25小时。

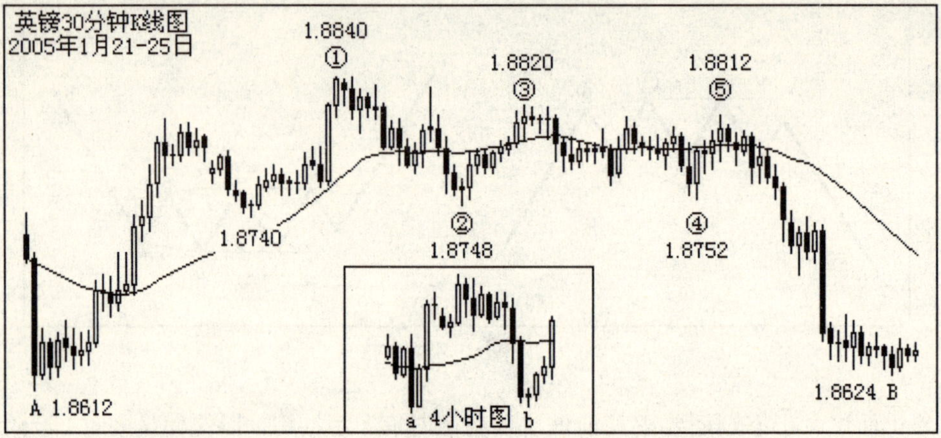


图 2-56

3. 后市计算：

1.8840-(1.8840-1.8740)×1.618=1.8678

1.8840-(1.8840-1.8740)×2　　=1.8640

**[实例2]　矩形头三角形尾反转**（见图 2-57）

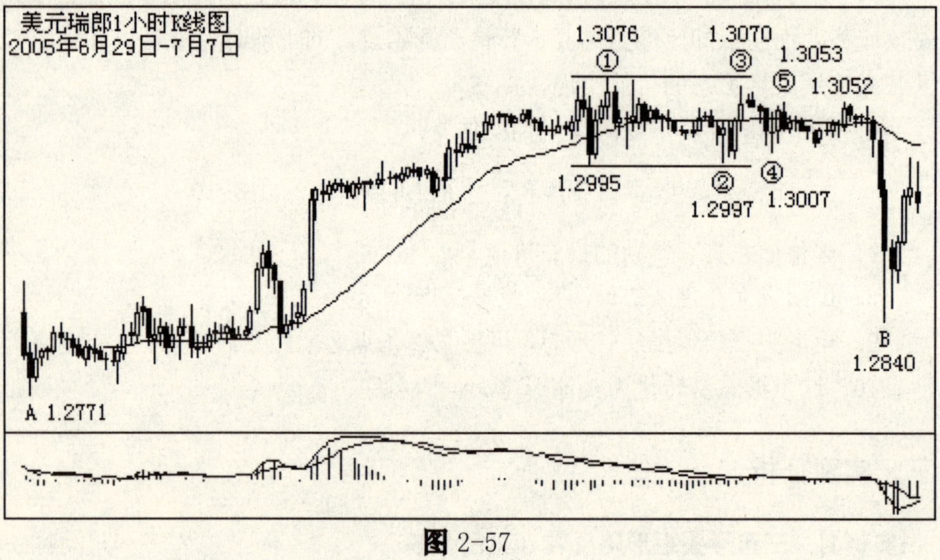


图 2-57

1. 行情的前波幅度为305点，时间绵长。

2. 盘区幅度81点，时间是40小时，为矩形头三角形尾结构。

3. 后市计算：

1.3076-(1.3076-1.2995)×1.618=1.2945

1.3076-(1.3076-1.2995)×2　　=1.2914

1.3076-(1.3076-1.2995)×2.618=1.2864

# 第四节　上升和下降三角形反转

## 一、上升(下降)三角形反转的定义

行情上涨一定幅度之后，进入五波的盘区，盘区的两个低点基本平齐，三个高点陆续降低，而后行情突破盘区最低点下跌，这就是下降三角形顶。可认为它是三角形反转的极限情况，见图 2-58。

行情下跌一定幅度之后，进入五波的盘区，盘区的三个低点基本平齐，两个高点陆续降低，而后行情向上突破盘区而上涨，这就是下降三角形底。可以认为它是楔形反转和三角形反转的过渡形态，见图 2-59。

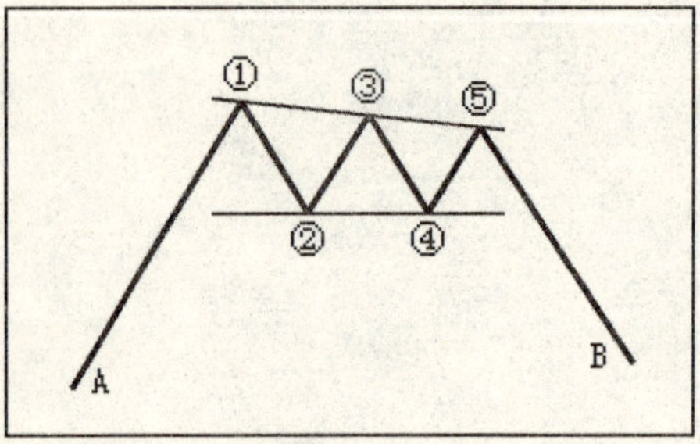


**图** 2-58

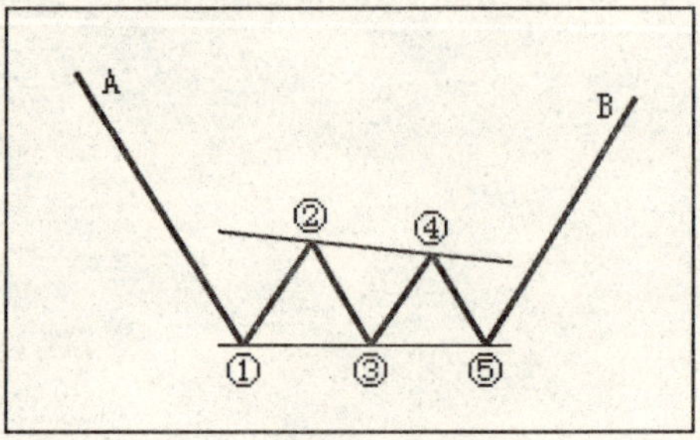


**图** 2-59

行情下跌一定幅度之后，进入五波的盘区，盘区的两个高点基本平齐，三个低点陆续升高，而后行情向上突破盘区而上涨，这就是上升三角形底。可认为它是三角形反转的极限情况，见图 2-60。

行情上涨一定幅度之后，进入五波的盘区，盘区的三个高点基本平齐，两个低点陆续升高，而后行情向下突破低点下跌，这就是上升三角形顶。可认为它是楔形反转和三角形反转的过渡形态，见图 2-61。

## 二、上升(下降)三角形反转的特殊情况

理论上，它可能存在五种特殊情况。

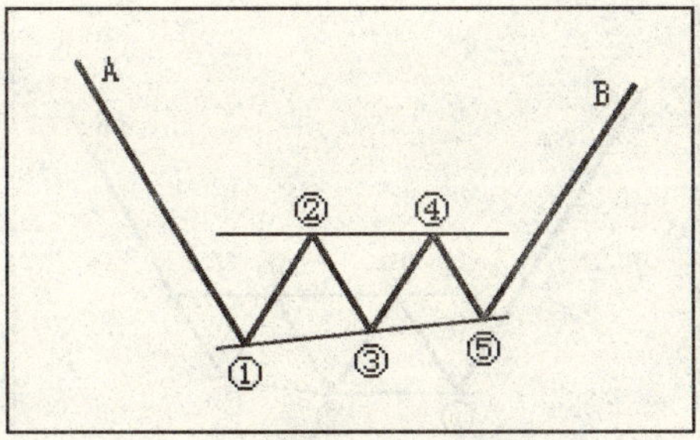


图 2-60

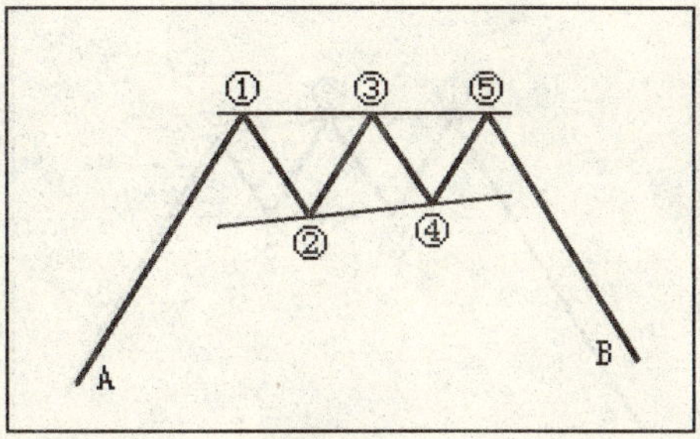


图 2-61

1. **下降三角形头矩形尾顶**

盘区的两个低点基本平齐，三个高点的情况是：③点低于①点，⑤点与③点基本平齐。这是下降三角形顶的变体，也是操作下降三角形反转时应当防范的情况。在实际中，并未见到过，其出现几率应该非常小，见图 2-62。

2. **上升三角形头矩形尾底**　下降三角形头矩形尾顶的镜像，见图 2-63。

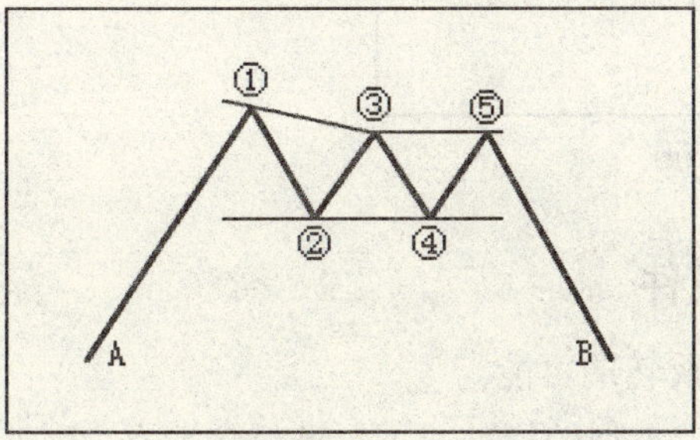


图 2-62

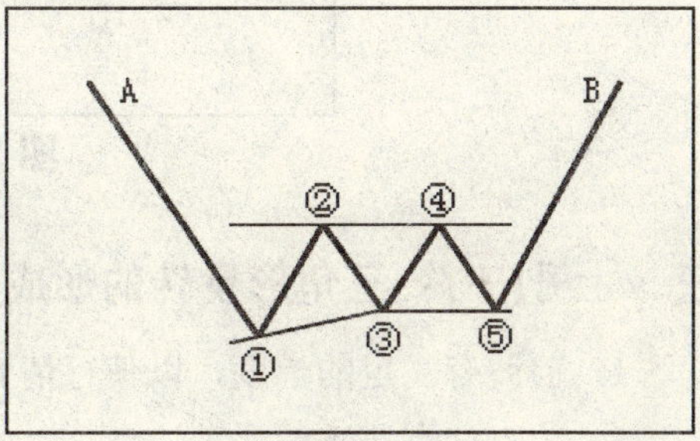


图 2-63

3. **矩形头下降三角形尾顶**

盘区的两个低点基本平齐，三个高点的情况是：③点与①点基本平齐，⑤点略低于③点。可以认为，其是矩形反转最后一波没走到位的特殊情况，理论上可能出现，但在实际中没有见到过。其出现的可能条件是：形态过大，或从均线或形态组合上可以辨认出来，见图 2-64。

4. **矩形头上升三角形尾底**　其是矩形头下降三角形尾顶的镜像，见图2-65。

5. **类上升三角形底**　还有一种形态，是上升三角形底的变体，其具有上升三角形底的特点，只是盘区的④点略高于②点，后市速度较快。完成幅度后，后市有时反贯前密集区。可称其为：类上升三角形底。它在小周期和大周期上都有出现，做底略多。见图 2-66。

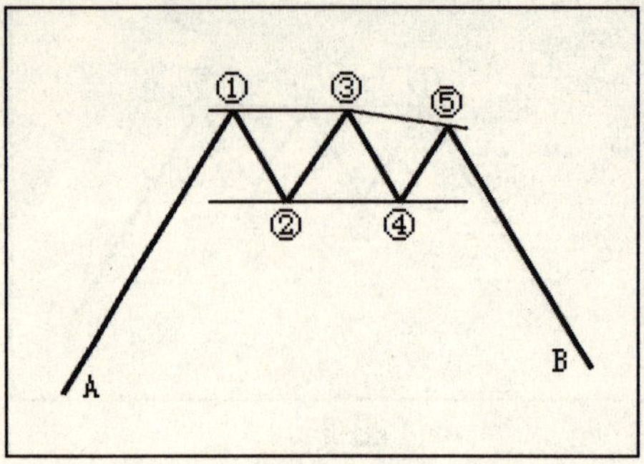


图 2-64

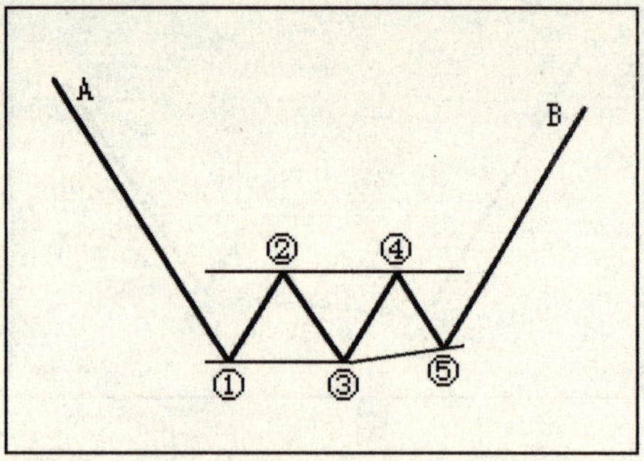


图 2-65

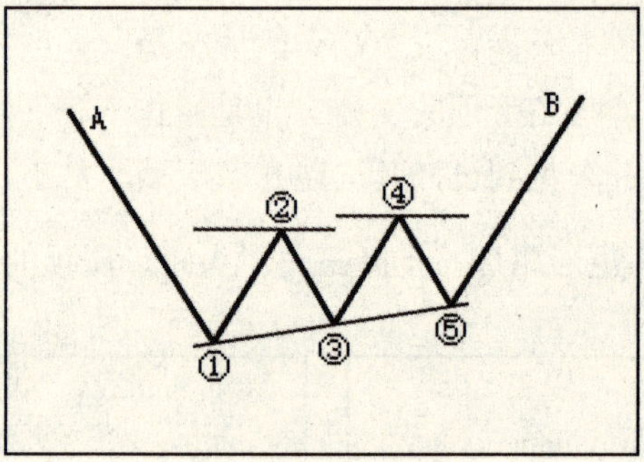


图 2-66

## 三、上升(下降)三角形反转的形成条件

1. 前波有一定的幅度，以使行情有反转的可能。

2. ①点处有滞涨或滞跌迹象，如出现小型的标准或不标准反转形态，则使反转的可能性加大。

3. 盘区五波清晰，波浪舒展，走势流畅，各波在时间上相差不可太悬殊。

4. 盘区幅度适宜，时间充分。

5. 盘区收敛面的倾斜度不宜过大。

6. 标准的上升(下降)三角形反转是：

⑴ 前波幅度足够大，最好有N字结构。

⑵ 反转区的五波清晰流畅舒展。

⑶ 反转区幅度适宜，时间比前波略多。

⑷ 盘区的收敛面，收敛和缓。

7. 一般所见到的三角形反转多是：前波绵长，盘区比较狭窄，时间不长，不是严格意义上的上升(下降)三角形反转。

## 四、上升(下降)三角形的类别

1. 标准上升三角形底、下降三角形顶，见图2-67。

2. 前波有明显的N字结构或双N字结构，见图2-68。

3. 前波时间和幅度不大，而盘区的幅度和时间都较大，见图2-69。

4. 前波绵长，盘区幅度狭窄，盘区时间没有前波时间长，属不完全的反转，见图2-70。

5. 有七波结构的上升(下降)三角形反转，见图2-71。

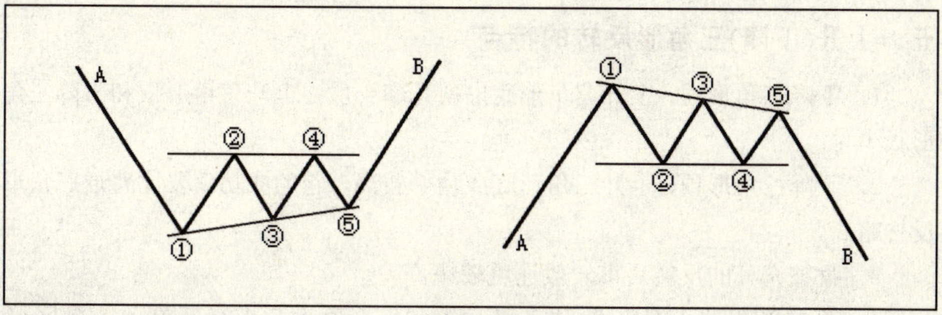


图2-67

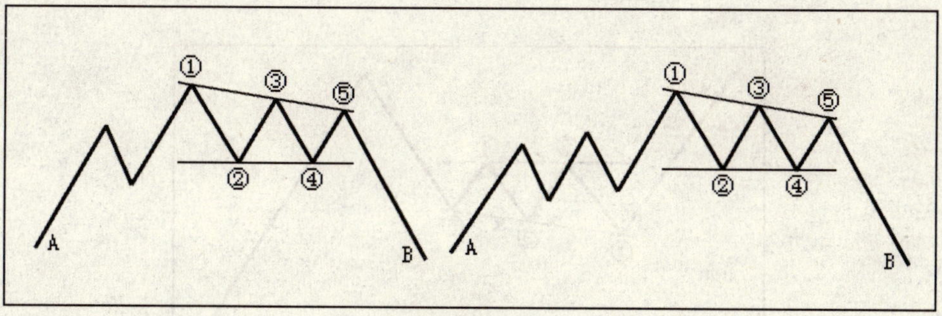


图2-68

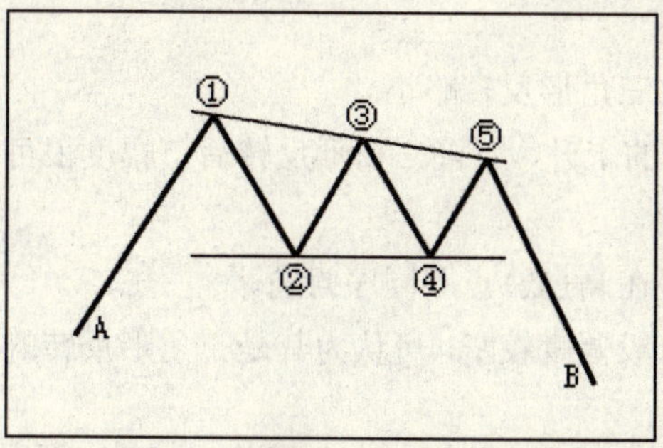


图2-69

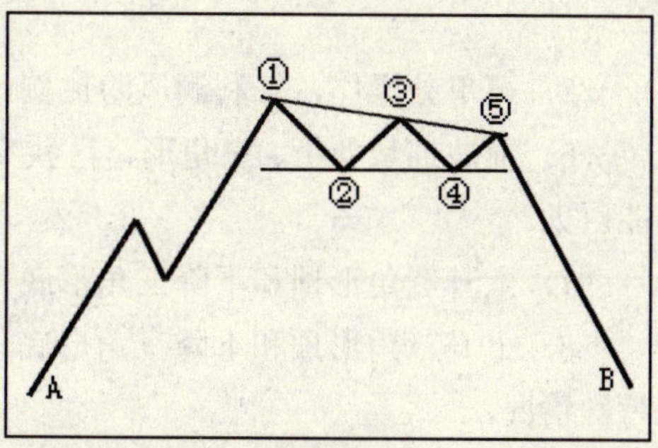


图2-70

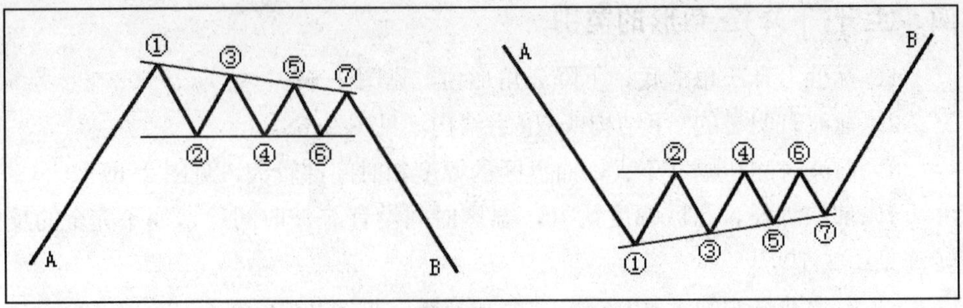


图 2-71

## 五、上升(下降)三角形反转的特点

1. 下降三角形顶、上升三角形底出现几率一般；上升三角形顶和下降三角形底少见。

2. 下降三角形顶、上升三角形底成功率较高，它的成功率要比普通三角形反转略高。

3. 盘整充分的反转后市一般速度较快。

4. 形态舒展的上升三角形底和下降三角形顶，后市有反贯前密集区趋势，见图 2-72。反贯幅度容易按比例。

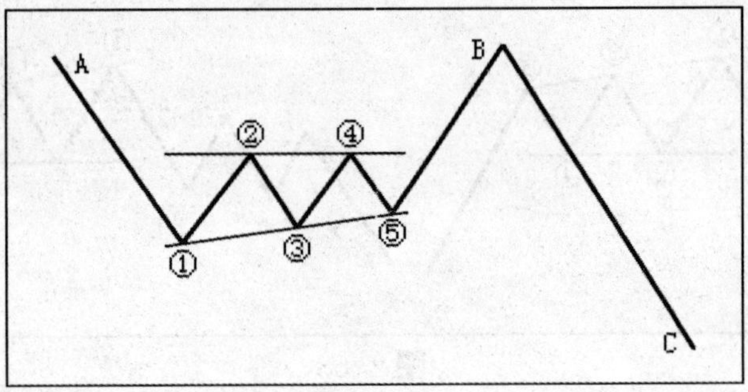


图 2-72

5. 可单独操作，其利润风险比例比三角形反转略小。

6. 前波绵长曲折、三角形盘区狭窄的上升、下降三角形反转后市幅度很可能巨大。

7. 上升三角形顶和下降三角形底存在高(低)点不同序问题。

8. 上升三角形顶和下降三角形底一般幅度较窄，可认为其是三角形反转的特殊情况。

9. ⑤点经常不到位，按台阶法计算⑤点，不够准确。换言之，③、⑤点距离经常大于①、③点距离。

10．有很多的反转可以得到均线系统支持。

11．上升三角形底和下降三角形顶，突破②、④形成的趋势线一般都会加速，成交变得更活跃。

## 六、上升(下降)三角形反转的操作策略

1．这个形态的可预测波是⑤—B波。

2．一般的上升三角形底或下降三角形顶都可以单独操作，选择⑤点进场而在③点上设立止损。

3．上升三角形顶或下降三角形底不容易辨认，没有多大的价值。其在形态组合中有很重要的意义。

4．⑤点估算：

⑴ 一般情况，①、③点之间的时间差多于③、⑤点之间的时间差。

⑵ ③、⑤点幅度大于①、③点幅度的情况很多，可利用台阶法对⑤点做初步估算。

⑶ 也可利用趋势线对⑤点位置做大致的估计，⑤点达不到趋势线是常有的情况。

⑷ 也可以利用更小周期的形态来辅助估计进场点。

⑸ 多数形态的最后一波，尤其是在其末端，会出现回光返照现象。

5．估算利润并权衡风险。

6．出场：

⑴ 计算的行情幅度作为最重要的出场参考。

⑵ 按行情在后市出现的新形态作为出场参考。

⑶ 做好行情失败的准备。

⑷ 行情如果抵达止损点，形态被破坏，出场。

## 七、上升(下降)三角形反转的后市计算

1．窄幅的上升(下降)三角形反转，幅度计算不在此列。

2．盘区时间和幅度特大的反转，可取盘区④⑤波幅度进行计算。

3．幅度大的上升(下降)三角形反转，一般按盘区幅度行走。

计算公式：B点=①点±盘区幅度×N　N取1.618、2、2.618……

盘区幅度大的三角形反转以走1.618倍位置为多。

## 八、上升(下降)三角形反转实例分析

**[实例1] 标准的上升三角形底**（见图2-73）

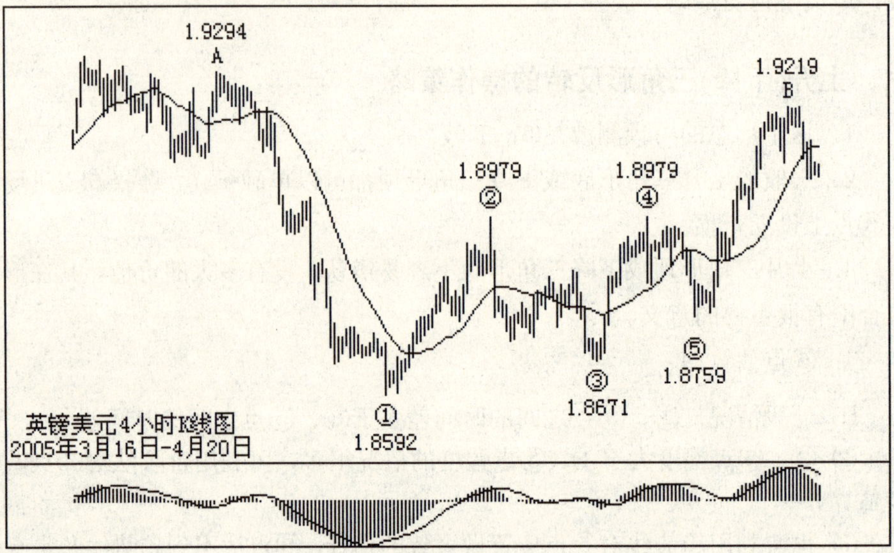


**图** 2-73

1. 前波时间8天，反转区13天，后市4天。

2. 前波幅度比较大，是702点。此上升三角形出现在前一个盘区突破后的2.618倍位置上，反转较可信，见图2-74。

3. 盘区五波清晰，走势流畅，幅度较大，为387点。盘区时间较长，盘区高点严格走平，实属难得。

4. 后市计算：

1.618 倍位置　1.8592+(1.8979-1.8592)×1.618=1.9218

2 　　倍位置　1.8592+(1.8979-1.8592)×2　　=1.9366

5. 进场点估计：

按台阶法估算：1.8671+(1.8671-1.8592)=1.8750。

由于上升三角形反转存在很多的③、⑤点之间幅度大于①、③点间幅度的情况，要考虑⑤点达不到估算位置的情况。

6. 利润估计：

19218-18750=468　利润大约450点。

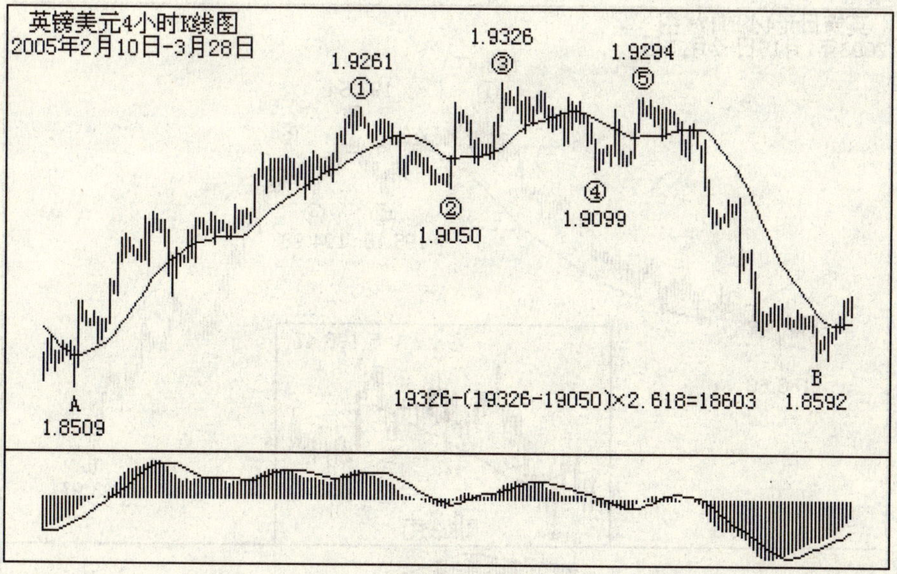


图 2-74

7. 止损设立在③点。如果行情接近或突破③点，上升三角形反转被破坏。也可以把止损设立在③点之上的位置。风险将大于80点，风险利润比例大约为1∶5。

8. 标准的上升(下降)三角形反转具有非常高的成功率，在实际行情中非常难得一见。

9. 此形态得到均线系统支持，可操作。

**[实例2] 下降三角形顶**（见图 2-75）

1. 前波绵长，幅度979点，时间是13天。

2. 盘区幅度337点，时间是8天；盘区的④点比②点低12个点，由于盘区幅度较大，此偏差在允许范围内。

3. 此形态得到均线系统支持，在更大级别的行情上，它是发散形反转的启动波，按此判断行情，其成功率将会很高。

4. ①、③点距离97点，此作为③、⑤点之间距离的参考：

198.47-(198.47-197.54)=196.57

5. 这个下降三角形反形态的后市估计应按更大级别的行情去计算。风险利润比例可以达到1∶10以上。

6. 后市8天，与盘区时间接近。

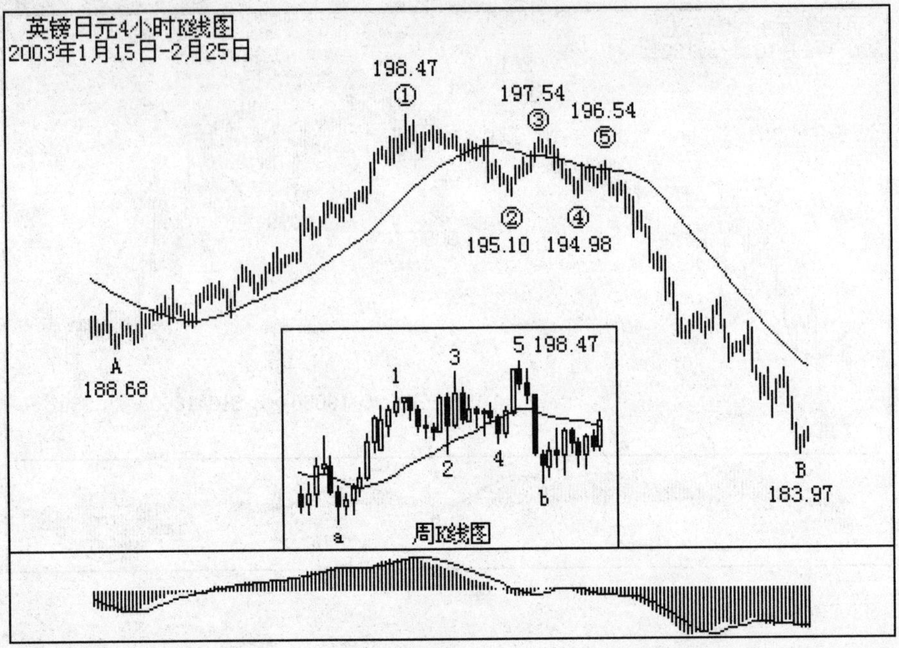


图 2-75

**[实例3] 七波结构的上升三角形底**（见图 2-76）

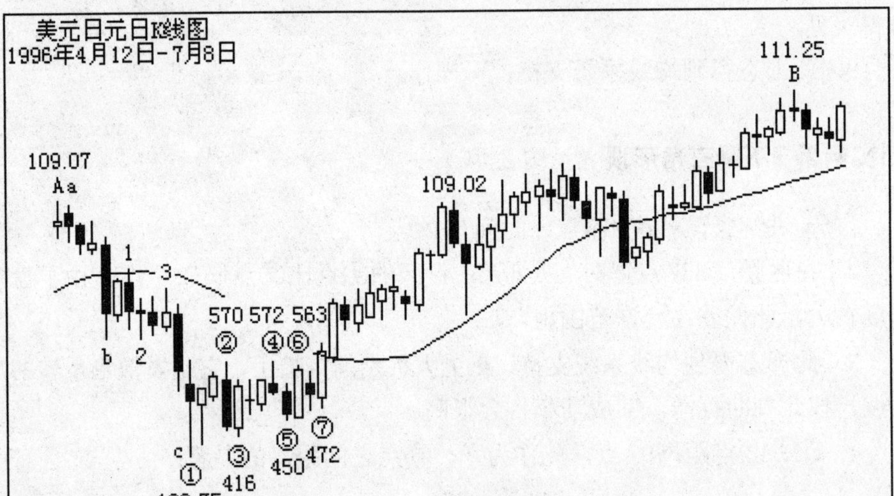


图 2-76

1．前波幅度为532点，时间11天。前波中部有一个三波的整理形态，使前波整体为三波结构。

2．反转区时间为10天，幅度197点。

3．反转区高点平齐，低点陆续走高，为上升三角形结构。其波浪为七波结构，也可认为第7波只是一个较大幅度的回档 。七波结构反转形态的后市漫漫无期，出场操作可更从容。

4．后市计算：

1.618 倍位置　103.75+(105.72-103.75)×1.618=106.94
2　　 倍位置　103.75+(105.72-103.75)×2　　 =107.69
2.618 倍位置　103.75+(105.72-103.75)×2.618=108.91
3　　 倍位置　103.75+(105.72-103.75)×3　　 =109.66

可选择在2.618倍位置出场。

**[实例4]　上升三角形反转**（见图2-77）

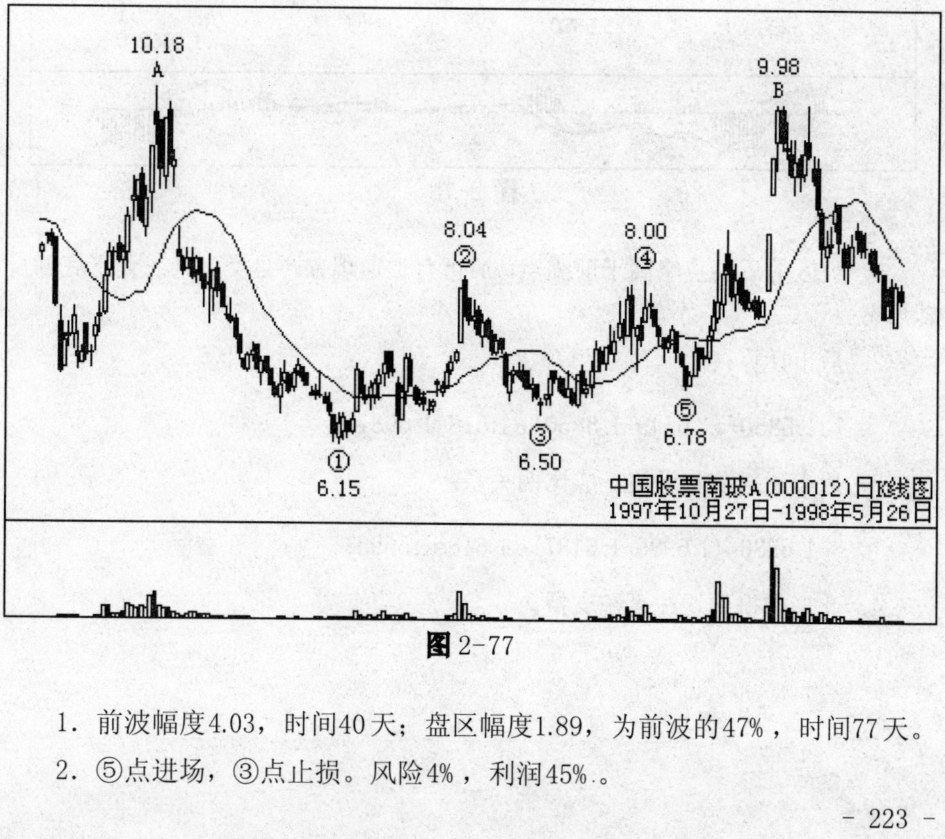


**图**2-77

1．前波幅度4.03，时间40天；盘区幅度1.89，为前波的47%，时间77天。

2．⑤点进场，③点止损。风险4%，利润45%.。

3. 后市计算：

1.618 倍位置　6.15+(8.04-6.15)×1.618=9.21

2　　 倍位置　6.15+(8.04-6.15)×2　　=9.93

**[实例5]　类上升三角形底**（见图2-78）

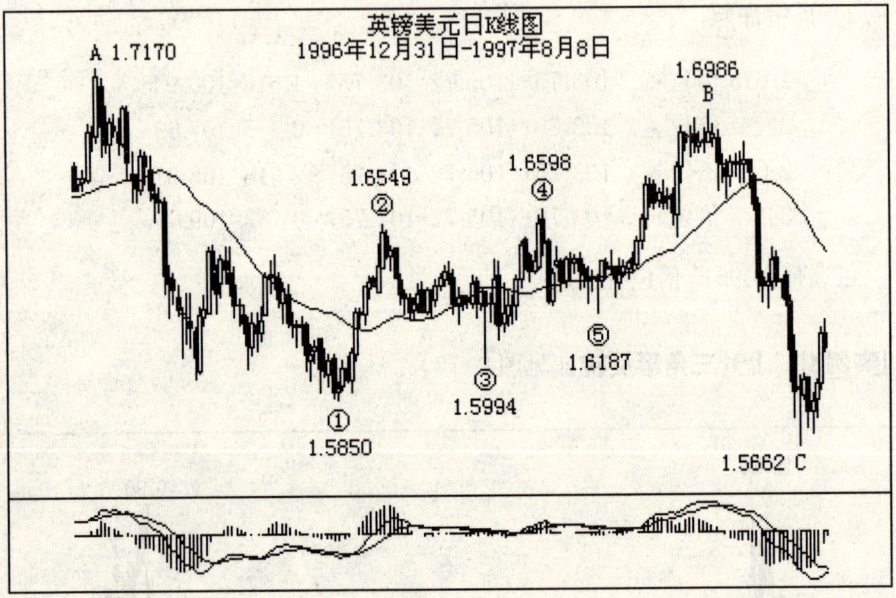


**图** 2-78

1. 盘区的后高点略高于前高点，后市有加速现象，是类上升三角形底部反转形态。

2. 后市计算：

1.5850+(1.6549-1.5850)×1.618=1.6981

3. 后市反贯前临近波，成比例关系：

1.6986-(1.6986-1.6187)×1.618=1.5693

4. 此形态得到均线系统支持。

# 第五节　旗形反转

## 一、旗形反转的定义

行情上涨一定幅度之后，进入休整区，休整区的三个高点陆续走高，两个低点也陆续走高，高点的趋势线和低点的趋势线基本平行，而后行情反转下跌，并跌破休整区的最低点，这就是旗形顶。旗形底则反之。旗形反转是一种特殊的三次探顶(或探底)，是发散形反转和楔形反转的过渡形态，见图 2-79。

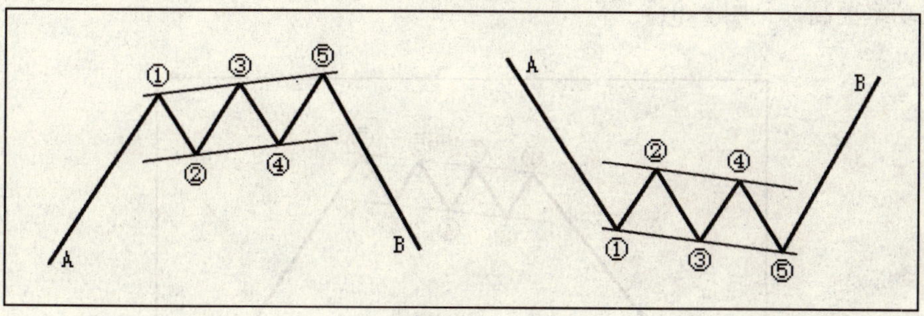


**图** 2-79

## 二、旗形反转的形成条件

1．和所有反转形态一样，反转之前必须有一个明显的可反转的趋势存在。旗形反转的前波一般都很稳定，这与三角形反转、矩形反转不同。

2．旗形盘区必须是五波结构，波浪清晰、走势和谐流畅。盘区波浪舒展的旗形反转成功率更高。

3．旗形盘区的上下趋势线倾斜度不大。

4．旗形反转的盘区在时间和幅度上都与前波相匹配。反转区时间多于前波时间的反转形态更可信。

5．旗形顶可以理解为买方力量的“一鼓作气，再而衰，三而竭”。竭者，尽也，为买盘耗尽。

6．行情上涨一定幅度后，进入盘整区。盘区内①、③点的趋势线与②、④点的趋势线基本平行，并且倾斜度不大。盘区波浪舒展。当行情离开④点向⑤点行进时，就可以怀疑旗形顶的出现了。旗形底则反之。

## 三、旗形反转的特点

1．旗形反转是一种常见的反转形态，尤其是不标准的旗形反转非常多见，作为图形组合分析的一部分，有实际意义。

2．旗形反转也常在大周期上出现，非常标准的旗形反转出现不多。

3．旗形顶具有更利落的后市，旗形底有时候多反复。旗形顶有时候有一次回调，而旗形底则经常有一次回调。

4．旗形反转最保守的后市估计是突破④点。

5．有模糊形态和七波结构。七波结构的旗形反转一般盘区幅度不大，后市的幅度力度很可能巨大，见图 2-80。

6．最理想的旗形是在行情进入盘区前有一个回档，从而使盘区五波清晰，成功率更高，见图 2-81。

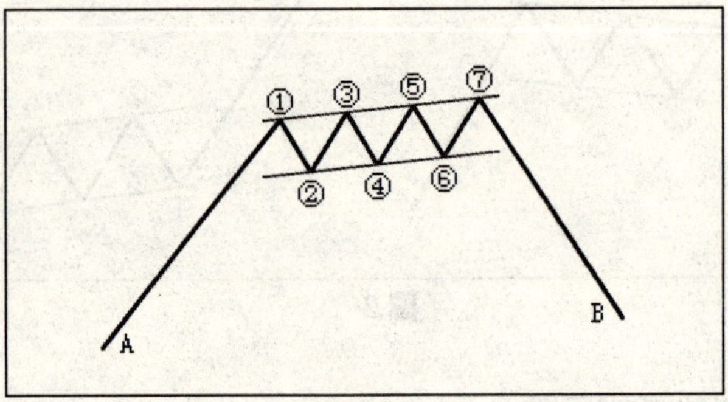


图 2-80

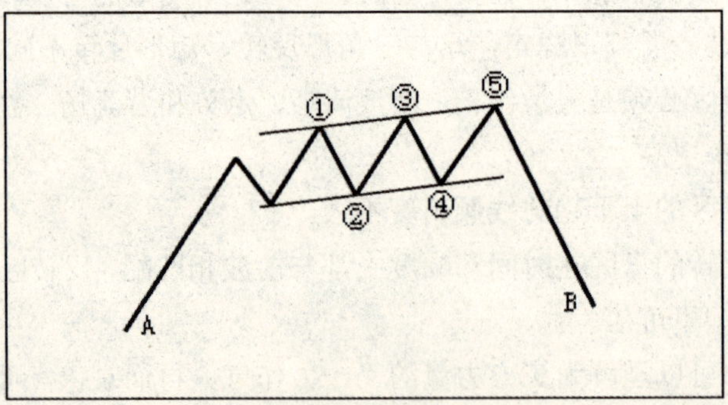


图 2-81

7．不标准的旗形反转后市幅度无保障。

8．前波过快，而盘区时间和幅度过小的旗形反转，后市幅度一般很有限。

9．旗形反转的天敌是强势(弱势)三波旗形整理，见图 2-82。

三波强势(弱势)旗形整理与旗形反转的辨认：

⑴ 前波幅度不足够大。

⑵ 盘区幅度小或波浪不舒畅，趋势线陡峭。

⑶ 行情突破前高(低)点后，有十分严重的盘局。

⑷ 参考均线和更大级别的行情。

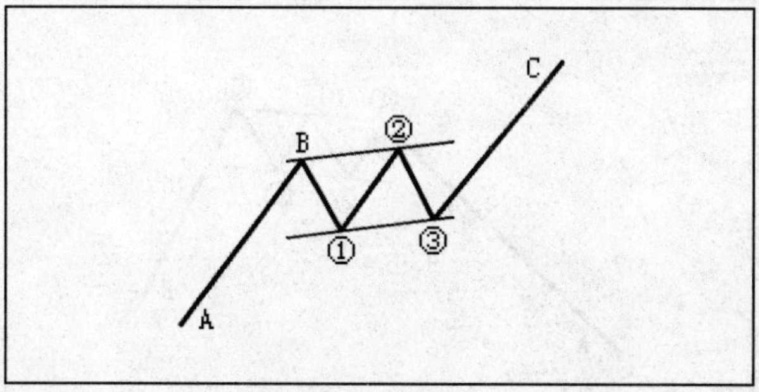


图 2-82

10．多数旗形反转操作性能不好，没有单独操作价值。

11．盘区倾斜度小、幅度窄、时间长的旗形反转后市幅度大，成功率高。

12．前波由慢而快或由快而慢后出现的旗形反转，成功率更高，见图2-83。

13．有的旗形反转前波幅度不大而旗形区幅度和时间都很大，见图 2-84。

14．有的旗形反转前波幅度和时间都很大，而旗形区幅度和时间都不是很大，可认为此情况属于非充分反转，并不是真正意义的旗形反转，见图 2-85。

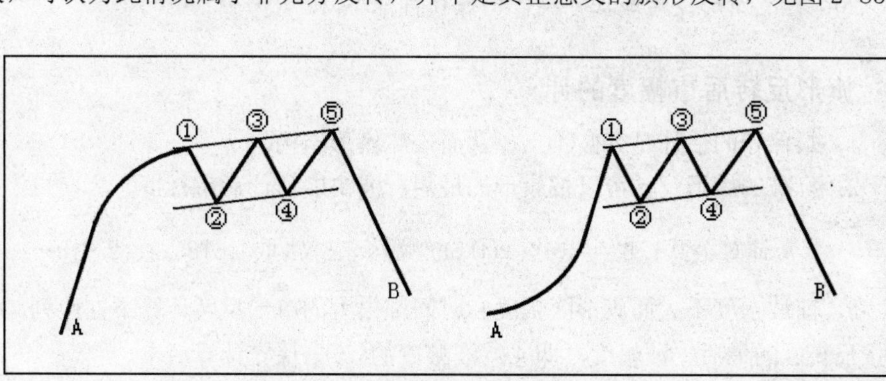


图 2-83

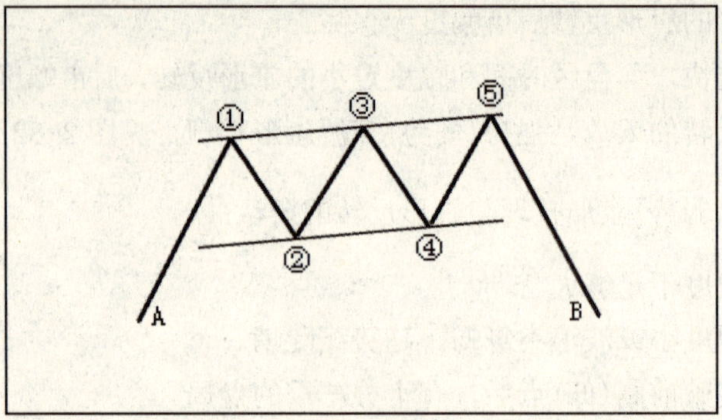


图 2-84

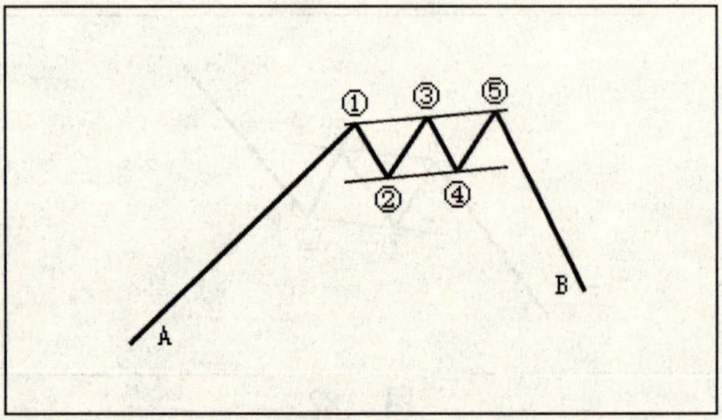


图 2-85

15. 条件充分的旗形反转有很高的成功率，高于三角形、矩形反转。
16. 行情在第5波时，一般未能得到均线系统支持。
17. 反转区的第3波幅度与第5波幅度相近，偏差约在±10%。
18. 反转区的时间多于前波时间的旗形反转可信度加大。
19. 有很多的旗形反转后市消耗时间与反转区时间接近。
20. 标准旗形反转成功率高，但操作性能不好。

## 四、旗形反转后市幅度的计算

1. 最保守的估计是突破④点，从而破坏旗形结构。
2. 标准的旗形反转可以按旗形的最后一波幅度估计后市行情。

计算公式：B点=⑤点±④⑤波幅度×N　N取1.618、2、2.618……

3. 前波幅度不大而旗形区幅度和时间都很大的旗形反转计算不在此列，可以按反转区的最后一波幅度，即④⑤波幅度的1.5倍保守计算后市。

4. 计算偏差较大，注意参考更大周期行情估算后市。

## 五、旗形反转的操作策略

1．参考更大周期行情的长期均线，判断行情是否有反转的需要。

2．进场点计算：

⑴ 台阶法：可以利用台阶法对⑤点位置进行估算，未来的行情将在其上下一带。

⑤点=③点-(③点-①点) 或 ⑤点=③点+(①点-③点)

⑵ 趋势线法：未来行情在其左右。

⑶ 回光返照现象。

⑷ 根据第3波幅度估算第5波幅度。

⑸ 可以利用图形组合和图形配合帮助判断行情和寻找进场时机。

3．旗形反转本身不可单独操作，可在行情离开⑤点后，寻找新的机会进场操作，或在相关品种上寻找进场机会。

4．直接操作，止损难以设立。

## 六、旗形反转实例分析

**[实例1]　美元加元的旗形顶**（见图2-86）

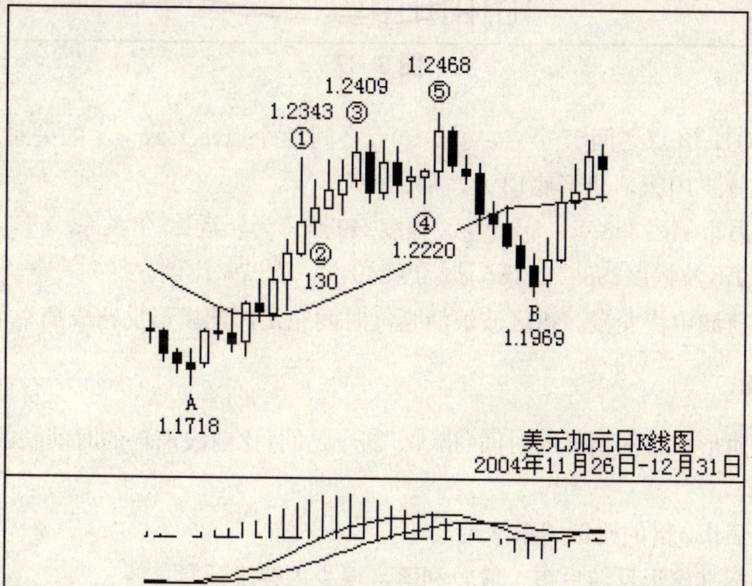


**图**2-86

1. ①、③点之间66个点，③、⑤点之间59个点，大致1倍的关系。

2. 前波8天，旗形顶10天，后市7天。

3. 后市幅度500点，④—⑤波幅度248点，为2倍多一点的关系。

4. 第3波幅度279点，第5波幅度248点，为89% 比例。

5. 前波幅度大，旗形盘区波浪清晰流畅，时间充足，为标准旗形顶。

**[实例2]　旗形底**（见图2-87）

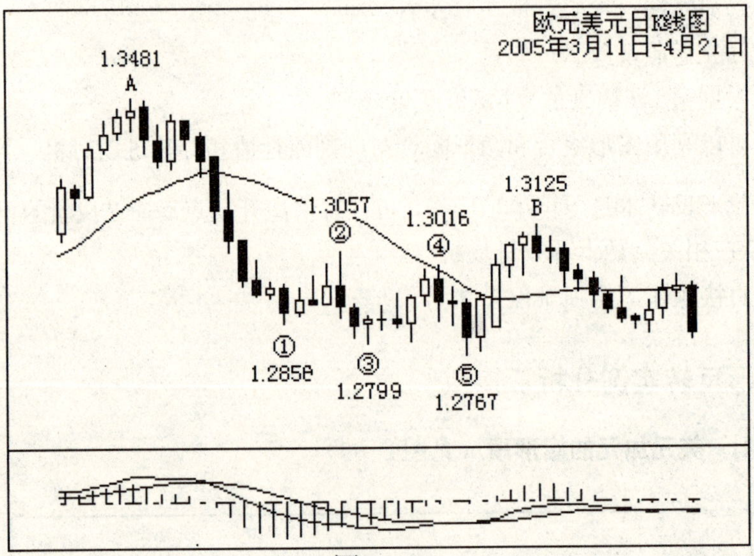


**图** 2-87

1. ①、③点之间57个点，③、⑤点之间32个点，大致一半的关系。

2. 前波10天，旗形底13天，后市5天。

3. 后市幅度358点，④—⑤波幅度249点，为接近1.5倍关系。

4. 第3波幅度258点，第5波幅度249点，为97% 比例。

5. 前波由快变慢。盘区波浪清晰，时间充足，此旗形反转成功率很高。

**结论：**

1. 旗形反转区消耗的时间(指①、⑤点之间)比前波消耗的时间长的旗形反转更可信。

2. 后市2倍的比例关系常见。

3. 标准旗形反转后市一般较利落，很少大幅度反复。

4. 第3波幅度与第5波幅度比例一般在90% ～110% 。

**[实例3]　大型旗形顶　英镑美元**（见图2-88）

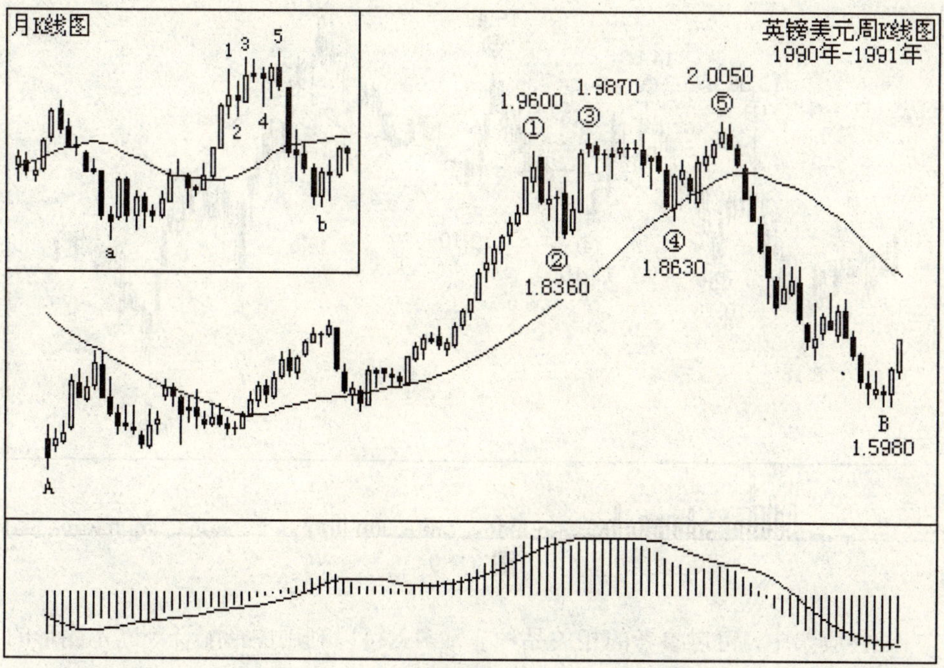


**图**2-88

1．①、③点之间170个点，③、⑤点之间180个点，大致1倍的关系。

2．其最临近的前波是22周，旗形顶24周，后市21周。

3．后市幅度4070点，④—⑤波幅度1420点，为2.618倍多的关系。

4．第3波幅度1510点，第5波幅度1420点，为94% 比例。

5．旗形盘区波浪清晰流畅，倾斜度小，时间很长。

**[实例4]　七波旗形顶**（见图2-89）

1．旗形反转的前波幅度是5.68，盘区消耗时间是33周。

2．旗形反转区消耗时间非常长。反转区幅度较大，波浪为七波结构。

3．后市计算：

1.618倍位置　16.98-(16.98-12.10)×1.618=9.08

2　　倍位置　16.98-(16.98-12.10)×2　　=7.22

2.618倍位置　16.98-(16.98-12.10)×2.618=4.20

4．⑤点离场，可避免约60%的损失。

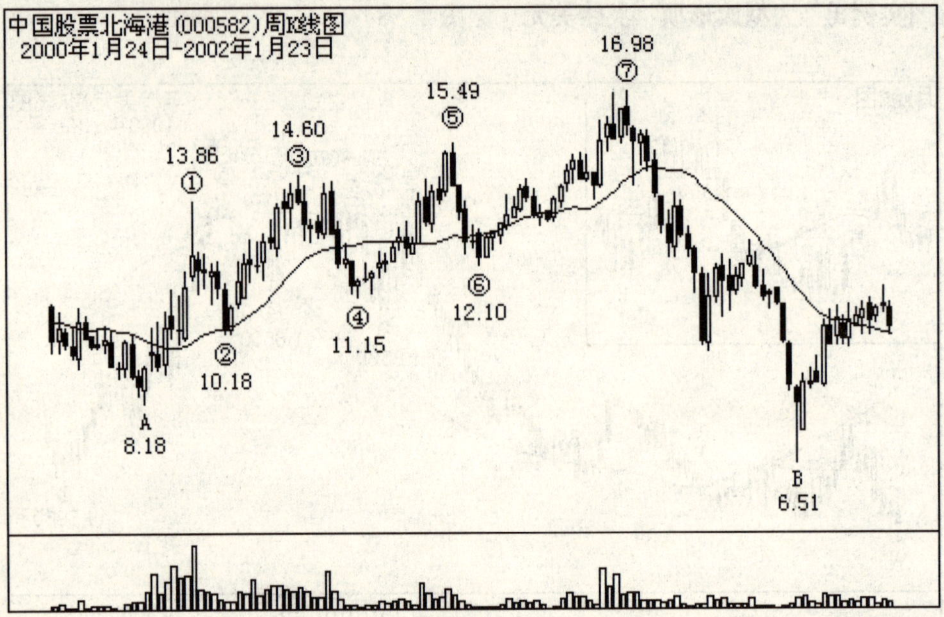


图 2-89

5. 股票中，可以参考的相关品种非常多，可以利用图形配合判断本图形的大方向，这使形态方向的辨认变得非常容易。

# 第六节　楔形反转

## 一、楔形反转形态的定义

行情上涨之后进入五波的休整区，休整区的高点和低点都陆续抬高，但低点抬高的速度略快于高点抬高的速度。或者说，休整区高点形成的趋势线的斜率略小于低点形成的趋势线的斜率，而后行情反转下跌，这就是楔形顶部反转。反之就是楔形底，见图 2-90。

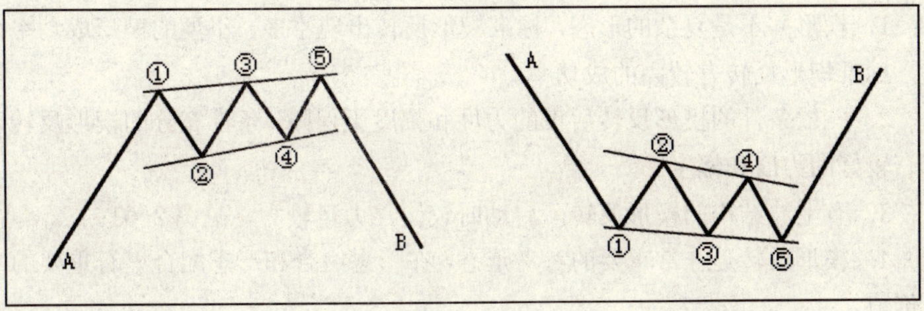


**图** 2-90

## 二、楔形反转形态的形成条件

1. 反转形态的前面必须有一个可反转的趋势存在。

2. 楔形反转区至少是五波结构，波浪清晰而舒展，走势稳定，幅度适宜。幅度过小的楔形需要更长的盘整时间。

3. 楔形反转区消耗的时间和前波时间相对应。

前波消耗的时间是指从A点到①点的时间，楔形反转区消耗的时间是指从①点到⑤点消耗的时间，后市消耗的时间是指从⑤点到B点的时间。盘区消耗的时间多于前波时间的反转形态可信度加大。多数楔形反转区时间多于前波时间，即使少于前波时间，也不是少得多。后市如果启动不是很快，消耗时间一般不会太短暂。

4．反转区趋势线倾斜度不宜过大，上下趋势线的倾斜度不可相差太多，否则易转变为其他形态。或者说，2、4波回档较大并幅度差别不是很大。

5．最理想的楔形反转是：

前波幅度足够大，这使图形处在足够高的位置上，以保证判断的成功率和利润空间；楔形盘区倾斜度小，收敛和缓，相临波的幅度相差不可太悬殊，以保证风险足够小；楔形盘区时间十分充足；楔形盘区波浪清晰和谐，幅度适宜。

6．注意图形在更长周期行情中的位置，位置不够高的楔形，容易转变成强势形态。

7．当行情上涨一定幅度后，进入盘整区，盘区的①、③点形成的趋势线斜率略小于②、④点形成的趋势线斜率，当行情离开④点，向⑤点行进时，就可以开始怀疑楔形反转的可能出现。

8．观察本图形在更大周期的均线上所处的位置。

## 三、楔形反转形态的特点

1．楔形并不是复杂的形态，标准楔形反转出现不多。小型的楔形成功率很差，标准楔形反转有较高的成功率。

2．一般条件的楔形反转后市的力度和幅度无保障，条件充分的楔形反转后市有较好的力度和幅度。

3．有七波结构的楔形反转，启动时较快，力量较大，见图2-91。

4．楔形反转是非常重要的参考形态，在形态组合和形态配合里有重要的参考价值。

5．多数楔形反转不标准。标准楔形反转成功率很高，但一般楔形反转的操作性能不理想。

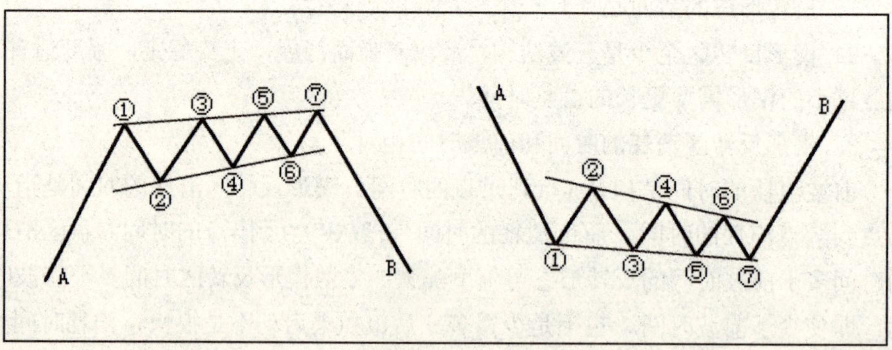


图 2-91

6. 很多楔形底后市经常多反复，启动不是非常干净利落。

7. 时间充分的楔形顶启动较利落。有时候的后市是三波结构。三波结构给后市计算带来新的机会，见图2-92，计算公式是：

3点=⑤点-(⑤点-1点)×N　N一般取1.618，偶尔有2倍关系。

8. 有的突破后有回档，回到支撑线附近，楔形底更容易如此，见图2-93。

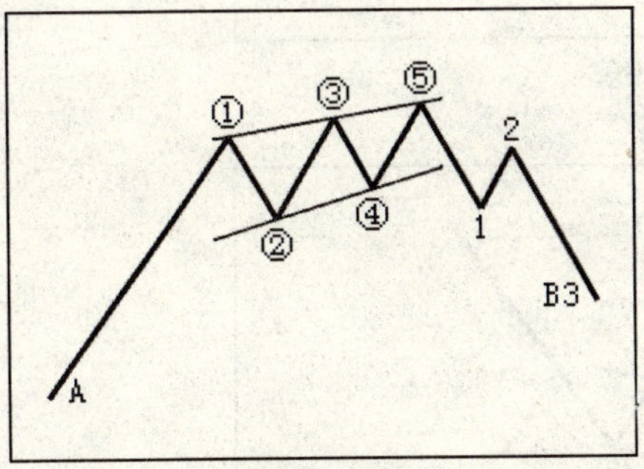


图2-92

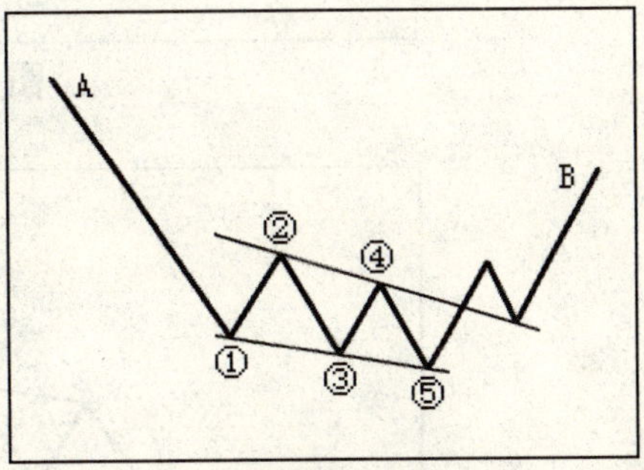


图2-93

9. 存在前波大而楔形反转区幅度和时间都小的情况，它的后市幅度有限，成功率低，属于不完全反转形态，见图2-94。

10. 可能存在波浪混乱或模糊形态，见图2-95，罕见。

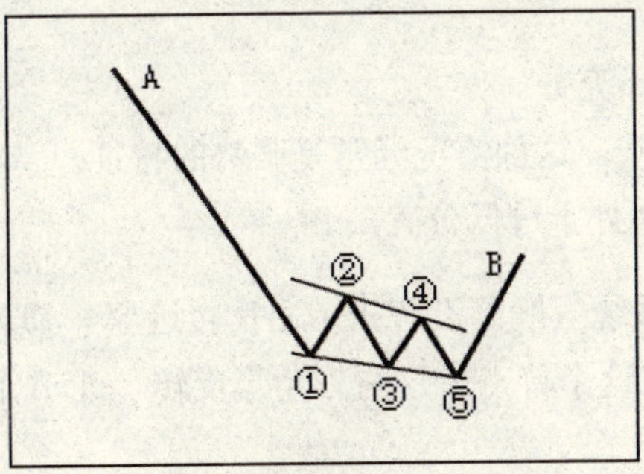


图2-94

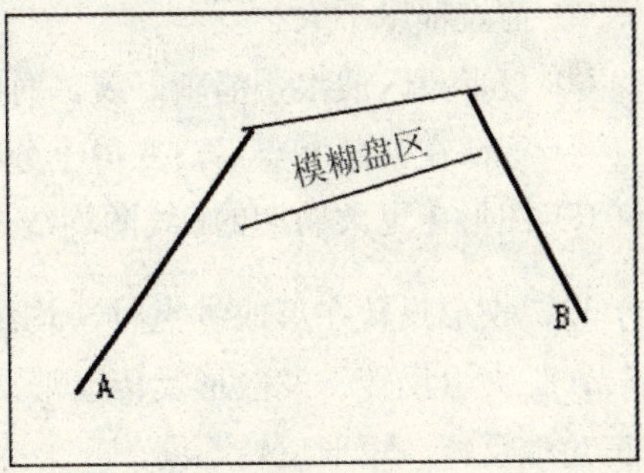


图2-95

11. 也有的楔形反转完成后，行情反贯前反转区的情况。楔形形态只作为短期的顶部(底部)，见图2-96。反贯容易按比例行走，计算公式是：

C点=B点+(⑤点-B点)×N　N以2倍为多，1.618、2.618次之。

12. 楔形反转的天敌是强势(弱势)三波楔形整理，示意图见图2-97。形成的原因(以楔形顶为例)：

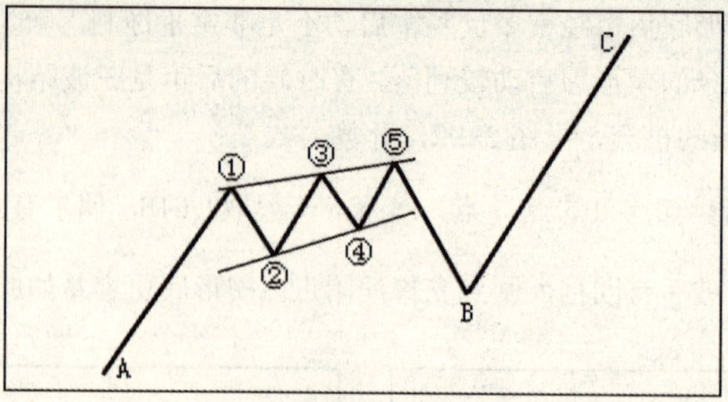


图 2-96

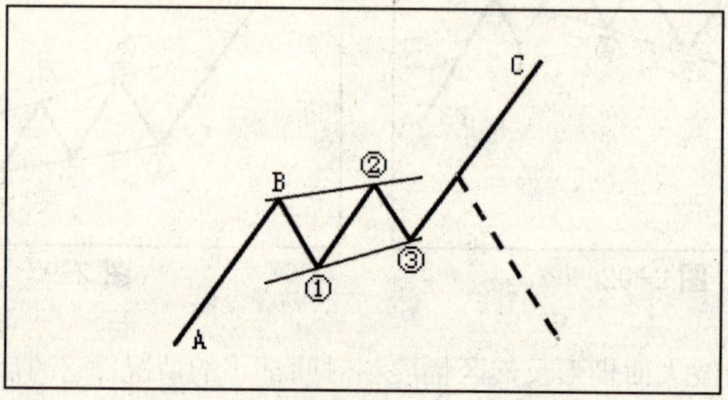


图 2-97

⑴ 行情过强(过弱)。

⑵ 前波幅度不大。

⑶ 楔形盘区波浪不清晰舒展，时间不充分。

⑷ 行情在突破③点后，变得十分缓慢，这种情况经常是强势的特征。

⑸ 图形在更大周期的K线图均线上，处于过低位置。

13. 楔形反转在形成⑤点时，均线系统一般都没有指示出反转迹象，旗形反转、扩大形反转、发散形反转也常具有这个特点。这与三角形反转、上升下降三角形反转、矩形反转不同。

14. 一般楔形反转的③、⑤点之间在时间和距离上都小于①、③点之间的时间和距离。

15. 也可能出现，行情在进入反转区前有回档的楔形反转，从而使反转区五波清晰，其有很高的成功率，后市计算采用反转区最大的幅度，见图 2-98。

16. 有的楔形反转区倾斜度较大，其成功率和操作性都降低。

17. 多数楔形反转形态在⑤点都有急涨或急跌现象，可帮助确认⑤点的成立。楔形顶尤其如此。

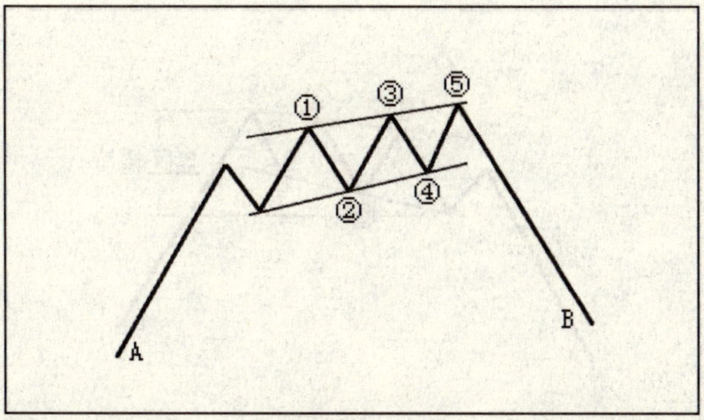


图 2-98

18．和矩形及三角形反转不同，楔形反转、发散形反转、旗形反转，只要求前波有足够幅度，实际出现的楔形反转前波也一般都很稳定。

19．从统计结果上看，多数成功的楔形反转的第5波幅度都小于第3波幅度。或者说③、⑤点之间距离，经常小于②、④点之间距离。这对于估计⑤点的成立和设立止损是非常重要的。

20．楔形反转有个问题：当⑤点不成立时，反转区的幅度就不确定，后市幅度计算就不能准确。

## 四、楔形反转形态的后市计算

1．盘整充分、盘区倾斜度小的楔形，按楔形反转形态的幅度，即②、⑤点幅度估计后市。

计算公式：B点=⑤点-(⑤点-②点)×N

或 B点=⑤点+(②点-⑤点)×N

N取1.618、2、2.618…… N以2倍比例居多，1.618、2.618倍次之。

2．进入盘区前有回档的楔形反转按五波的最大幅度计算后市，见图2-99。

3．大型或不标准的楔形反转，最保守的估计是按楔形盘区最后一波估计：

B点=⑤点±④⑤波幅度×N

N以1.618倍比例居多，2、2.618倍次之。估算数据和实际结果偏差比其他形态的计算方法大。

4．也可按楔形反转前波估计，一般可回到前波的0.618倍位或1倍位左右。

5．如果楔形启动不是非常快，其后市消耗时间一般和盘区时间相差不会很悬殊。

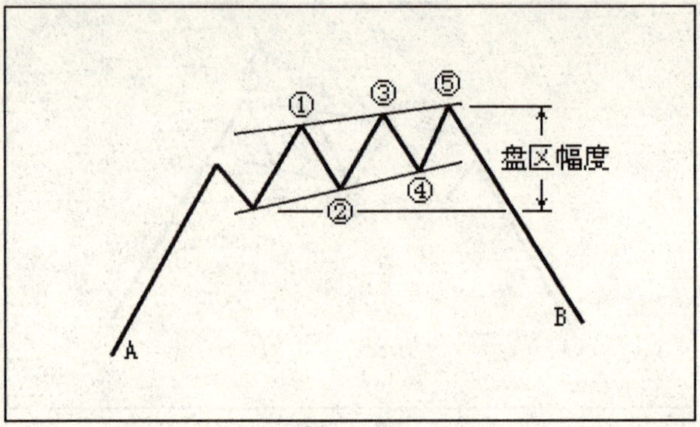


图 2-99

## 五、楔形反转形态的操作策略

1. ⑤点的估算：

⑴ ③、⑤点之间距离多数没有①、③点之间距离大。

⑵ 按趋势线估计⑤点，但⑤点有达不到趋势线的情况。

⑶ 按行情在第5波出现的小周期的其他形态估计。

⑷ 根据回光返照现象判断。

⑸ 利用第3波幅度估计第5波幅度。

2. 一般楔形反转不可直接操作，可在证明⑤点形成以后，寻找新的机会。

3. 如果楔形盘区倾斜度非常小，可考虑直接操作。

4. 也可以利用在⑤点出现的小周期图形，利用图形组合进行操作。

5. 从统计结果看，成功的楔形反转的第5波幅度都小于第3波幅度，可利用此特点设立止损；止损点=④点±第3波幅度。

6. 根据估计的后市幅度和止损，权衡风险利润比例。

7. 当第4波幅度小于第2波的幅度时，就开始怀疑楔形反转的可能出现。

8. 楔形反转可预测波是⑤—B波。

## 六、楔形反转形态实例分析

**[实例1] 楔形顶**（见图 2-100）

1. 前波10天，盘区30天，后市45天。

2. 这个楔形反转区时间非常充分，可信度非常大。

3. 反转区波浪清晰，收敛和缓，倾斜度很小，幅度很狭窄。

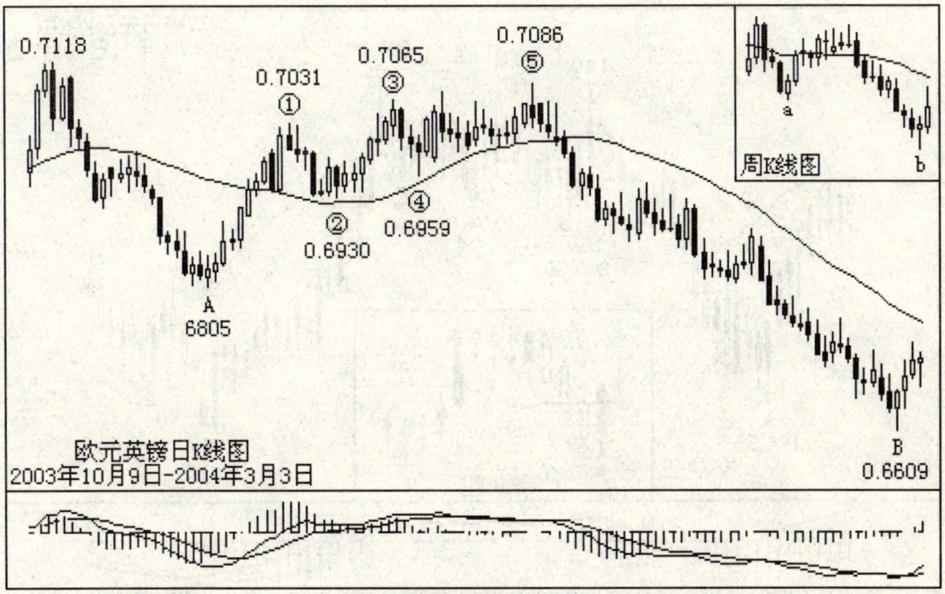


图 2-100

4．后市计算：

| | | |
|---|---|---|
| 1.618 倍位置 | 0.7086-(0.7086-0.6930)×1.618 | =0.6834 |
| 2　倍位置 | 0.7086-(0.7086-0.6930)×2 | =0.6744 |
| 2.618 倍位置 | 0.7086-(0.7086-0.6930)×2.618 | =0.6678 |
| 3　倍位置 | 0.7086-(0.7086-0.6930)×3 | =0.6618 |

5．实际偏差+2%。

6．反转区时间充分的楔形反转，可以利用时间来校正后市计算。如果行情走势不是非常快速，轻易不会反转。可在时间和幅度同时达到估计位置时，再考虑出场。

7．反转区第3波幅度135，第5波幅度127，比例是94%。

**[实例2]　七波结构的楔形顶**（见图 2-101）

1．前波17天，盘区20天，后市16天。

2．反转区时间多于前波，可信度加大。

3．反转区倾斜度很小，幅度很狭窄。

4．在行情抵达⑤点时，盘区耗费时间是13天，尚不够充分，如果出现七波结构，则可信度、可操作性、后市幅度加大。

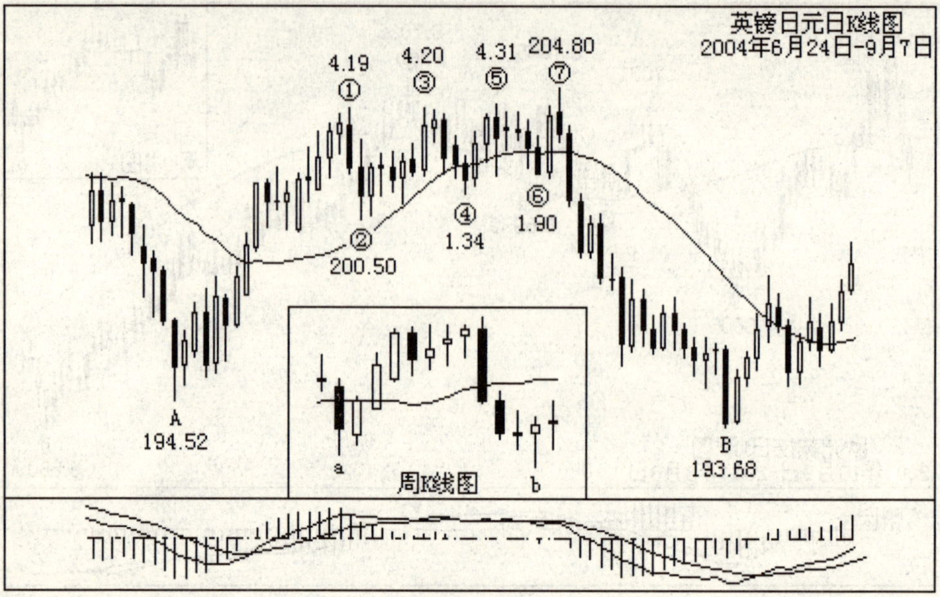


图 2-101

5．后市计算：

1.618 倍位置　204.80-(204.80-200.50)×1.618=197.84

2　　倍位置　204.80-(204.80-200.50)×2　　=196.20

2.618 倍位置　204.80-(204.80-200.50)×2.618=193.54

6．反转区第3波幅度370，第5波幅度297，第7波幅度290，比例是98%。

7．当反转区的时间小于前波时间时，要小心行情可能出现七波结构，或其后市有较大幅度的回档。

**[实例3]　前波绵长的楔形顶**（见图 2-102）

1．前波漫长，反转区37天，后市7天。

2．反转区的第5波是三波结构，影响操作，但有利于后市速度和幅度。

3．这个五波楔形反转也类似七波结构楔形反转。

4．后市估计。盘区幅度599点，幅度较大，后市按盘区的第5波幅度计算：

1.618 倍位置　159.65-(159.65-155.19)×1.618=152.43

2　　倍位置　159.65-(159.65-155.19)×2　　=150.73

5．反转区第3波幅度498，第5波幅度446，比例90%。

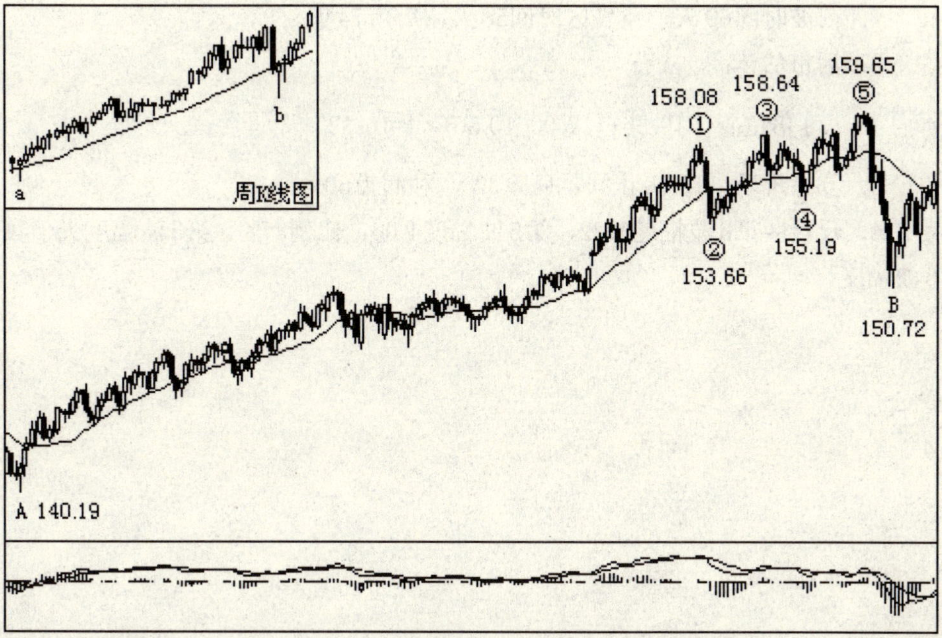


图 2-102

**[实例4]　楔形底**（见图 2-103）

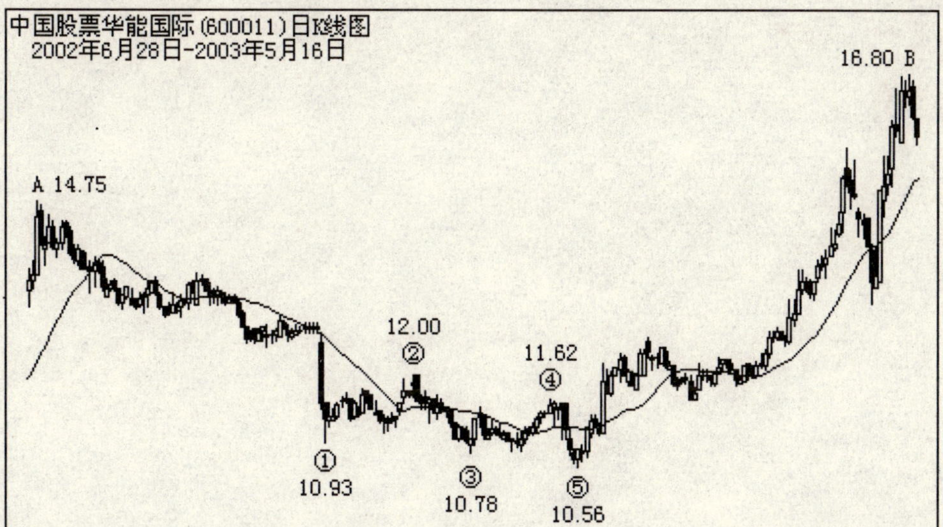


图 2-103

1．前波时间69天，反转区时间58天，后市74天。

2．后市估计：

4倍位置　10.56+(12.00-10.56)×4=16.32

3．⑤点进场，10.40止损，风险3%，利润为50%。

4．反转区第3波幅度1.22，第5波幅度1.06，比例87%。第3波幅度大于第5波幅度。

# 第七节 扩大形反转

## 一、扩大形反转的定义

行情上涨(或下跌)一定幅度之后，进入五波的盘区。盘区的高点陆续走高，低点陆续走低，而后行情改变原来的趋势而反转，这个反转形态就是普通扩大形反转形态，图 2-104 为其示意图。

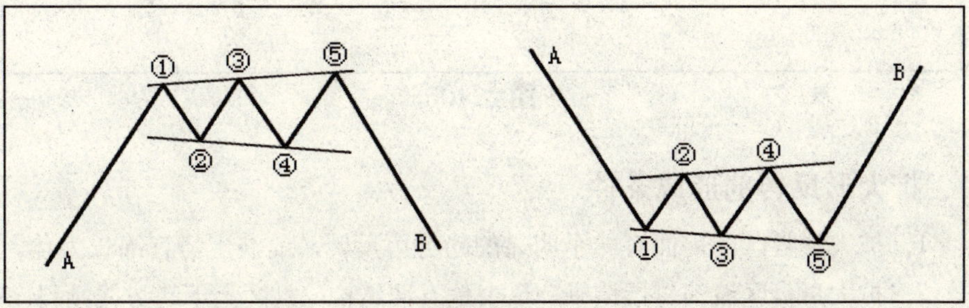


**图** 2-104

有四个极限情况：

### 1. 顶平扩大形底(顶)

反转区的两个顶点是平齐的，底部三个低点陆续走低，在底部出现，而后行情反转上升，名之为：“顶平扩大形底”，其有较高的成功率；在顶部出现，三个高点基本平齐，两个低点陆续降低，而后行情反转下跌，名之为“顶平扩大形顶”，成功率一般，出现较少，见图 2-105。

### 2. 底平扩大形顶(底)

反转区的两个低点是平齐的，三个高点陆续走高，在顶部出现，名之为“底平扩大形顶”，它的成功率在扩大形反转中是最高的，它是发散形反转和普通扩大形反转的过渡形态；在底部出现，三个低点基本平齐，两个高点陆续降低，名之为“底平扩大形底”，它出现很少，成功率一般，见图 2-106。

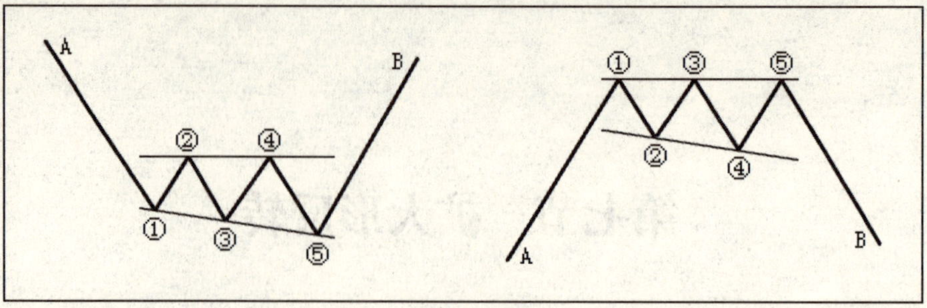


图 2-105

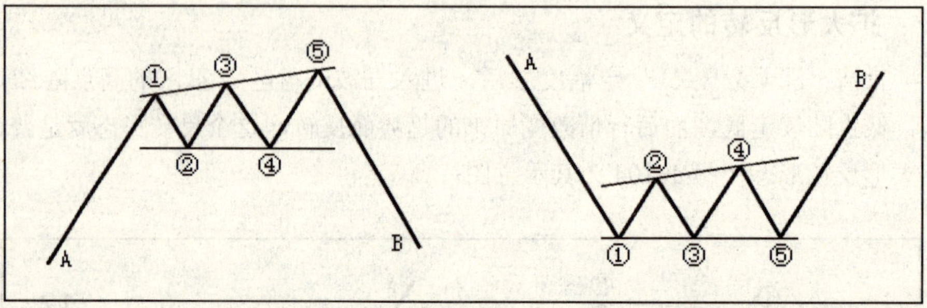


图 2-106

## 二、扩大形反转的形成条件

1. 扩大形盘区的前面有一个明显的趋势可反转，前波走势宜绵长为佳。

2. 扩大形盘区波浪舒展清晰，至少是五波结构，盘区上下趋势线倾斜度越小越好。

3. 盘区时间充分。盘区时间多于前波时间的反转更可信。盘区消耗时间是指从①点到⑤点的时间。

4. 如果是在某些形态完成幅度后出现的扩大形反转，更为可靠。

5. 底平或顶平的扩大形反转要求底点或顶点偏差不大。

6. 得到均线系统支持的形态拥有更高的成功率。

7. 三个高点(或低点)形成的波峰幅度不宜相差太悬殊。

## 三、扩大形反转的特点

1. 在所有形态中，扩大形和三角形出现为最多，尤其以扩大形反转为多，扩大形整理很少见。

2. 多数扩大形反转不可单独操作。

3. 普通扩大形反转、底平扩大形顶和顶平扩大形底具有较高的成功率。

4. 存在七波的扩大形反转，见图 2-107。一般其盘区幅度不大。可以认为，前两波并不是扩大形的一部分，只是行情进入反转区前的一次回档而已，从而使盘区五波清晰，如同其他形态的这种情况；也可以认为，行情在前五波，休整时间上不是非常的充分。

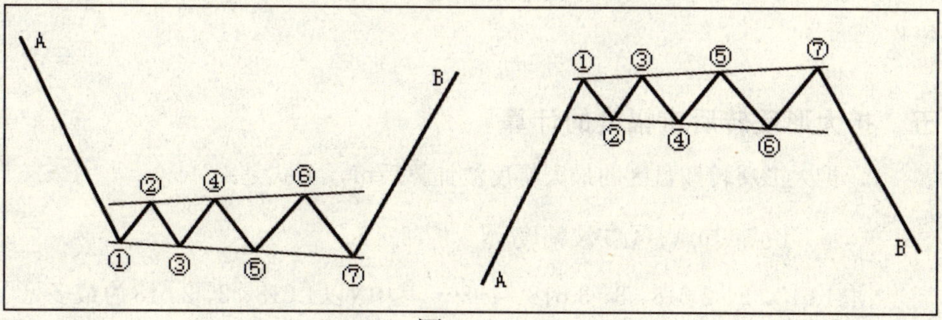


图 2-107

5. 扩大形盘区的趋势线越平，后市力量也越大，可操作性也越好，成功率也越高。

6. 后市走势容易和前波及盘区走势有关系。

7. 扩大形反转在顶部和底部都有出现，以顶部出现为多，以普通扩大形反转和底平扩大形顶为多。扩大形顶部反转比扩大形底部反转力量要大。

8. 七波的扩大形反转突破后，容易出现大幅度的快速回抽。

9. 盘区狭窄、时间充分的扩大形反转后市力量一般都很大，以底平扩大形顶为最甚。

10. 扩大形反转的最后一波经常有加速现象，以扩大形顶为甚。这个现象作为判断盘区的结束很有意义。

11. 后市如果启动时较慢，行情在后期容易速度很快。

12. 后市无法保证迅速启动，有的扩大形反转回档非常大。

13. 这种形态一般得不到均线系统支持。

14. 存在波浪混乱或模糊形态。

15. 多数扩大形反转形态的③、⑤点之间时间多于①、③点之间时间，这是确定⑤点很重要的参考。

## 四、扩大形反转的意义

1. 扩大形反转本身难以操作，除非它的盘区非常狭窄。盘区非常狭窄、时间非常充分的扩大形反转，后市常有惊人的力度，其有很高的投资价值。

2．作为图形组合分析和图形配合分析，意义重大。

3．在行情的行进过程中寻找新的进场时机，直接寻找反转点，需要承受很高的风险。

4．扩大形反转可预测波是⑤—B波。

5．顶平扩大形顶和底平扩大形底出现几率较少，成功率较低，不建议直接操作。

## 五、扩大形反转后市幅度的计算

1．扩大形反转按盘区的最大幅度波计算后市，公式是：

B点=⑤点±④⑤波幅度×N

N取1.618、2、2.618、3、3.618、4…… 其中N以1.618、2、2.618为最多见。

2．计算准确性一般，但依然具有非常好的参考价值。

3．如果扩大形盘区倾斜度小、盘区幅度窄、时间十分充分，后市一般比例比较大，至少是2.618倍。

4．盘区波浪舒展的扩大形容易走1.618比例。

## 六、扩大形反转⑤点估计

1．台阶法：此方法偏差较大，只作为参考。如果①、③点距离适宜，③、⑤点距离容易和它相近。

2．趋势线法：利用①、③点所画趋势线，未来的⑤点将距离此线不远。

3．回光返照：多数的扩大形顶部反转都有急涨现象，可利用这个特点辨认第5波和⑤点的成立。

4．顶平扩大形顶和底平扩大形底都存在顶点或低点的不同序问题。

5．多数扩大形反转形态的③、⑤点之间时间多于①、③点之间时间，当进场点达不到这个条件时，应非常谨慎。

## 七、扩大形反转实例分析

**[实例1] 扩大形顶**（见图2-108）

1．这个扩大形反转非常标准：形态舒展，波浪清晰，时间适宜，各波和谐。

2．周线图上，均线支持行情下跌。基本面上，全球正面临严重的经济危机，铂金和石油价格大跌。这也是一个反转整理形态，回档幅度是3/4，前波与

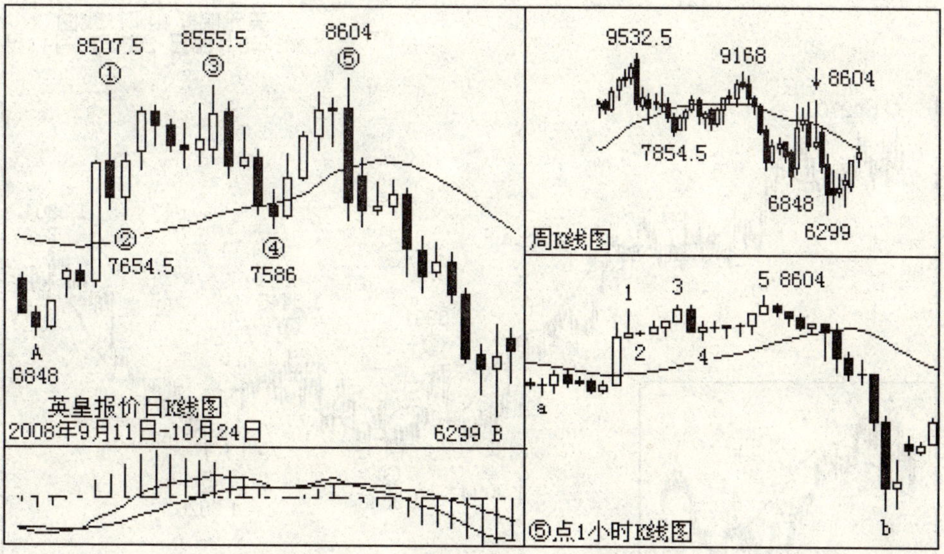


**图** 2-108

后波幅度一致。

3. 前波时间5天，反转区时间16天，后市时间10天。

4. ⑤点处有小型扩大形反转相配合，使进场点更精确。

5. ③、⑤点之间时间9天，①、③点之间时间7天。

6. 后市计算：

1.618 倍位置　8604-(8604-7586)×1.618=6957

2　　 倍位置　8604-(8604-7586)×2　　=6568

周K线图上，按第3波计算第5波：8604-(9168-6848)=6284。

**[实例2]　扩大形底**（见图2-109）

1. 前波25天，反转区18天，后市10天。

2. ①、③点偏差42点，③、⑤点偏差22点，约0.5倍比例。

3. ③、⑤点之间时间11天，①、③点之间时间7天。

4. 后市计算：

1.618 倍位置　1.3026+(1.3445-1.3026)×1.618=1.3704

2　　 倍位置　1.3026+(1.3445-1.3026)×2　　=1.3864

实际行走1.8倍。

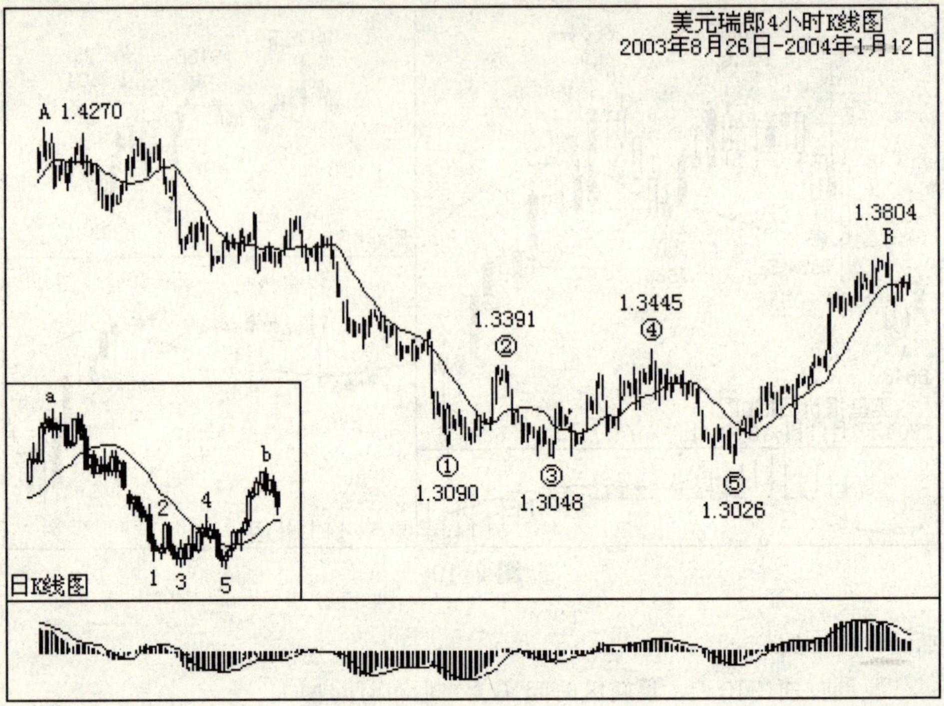


图 2-109

**[实例3] 扩大形顶**（见图 2-110a、2-110b）

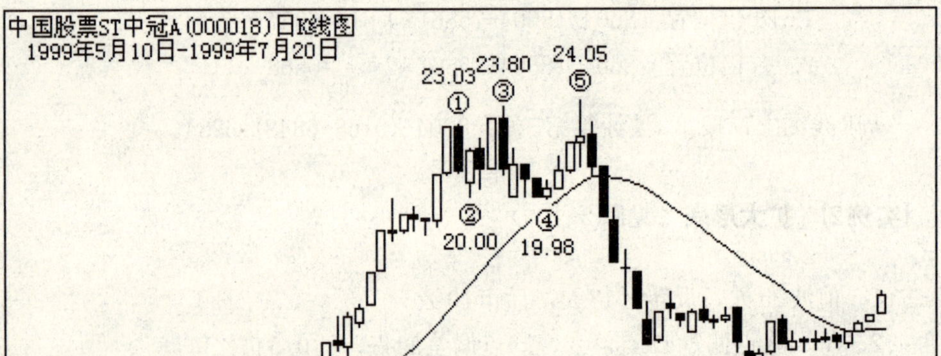


图 2-110a

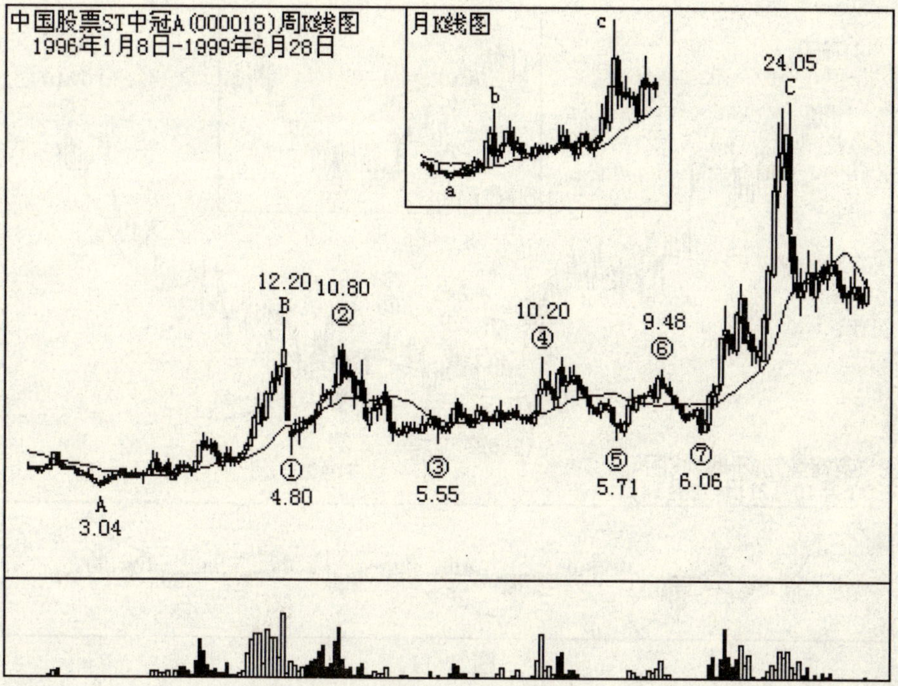


图 2-110b

1．行情前波是七波三角形整理的发动波，完成2倍多的幅度后出现的扩大形形态。

2．反转区幅度4.07，时间是11天，为五波结构。

3．③、⑤点间时间7天，①、③点间时间4天。

**[实例4]　标准七波扩大形底**（见图 2-111）

1．扩大形盘区有七个波。

2．前波时间14天，盘区时间8天，后市时间12天。

3．③、⑤点之间20根K线，⑤、⑦点之间30根K线，比例150%。

4．反转区休整时间不够充分，但其是以七波结构构成的，从而使反转区反转充分。

5．行情发动以后，有极大幅度的回调，幅度为67%。

6．后市计算：

2.618 倍位置　1.7048+(1.7288−1.7048)×2.618=1.7676

3　　倍位置　1.7048+(1.7288−1.7048)×3　　=1.7768

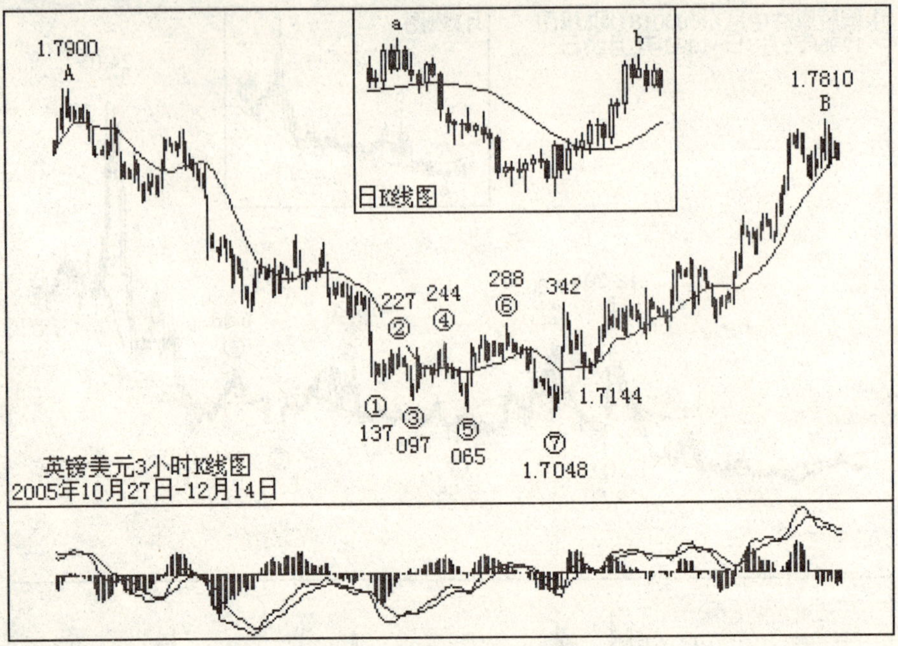


**图**2-111

**[实例5]　顶平扩大形底**（见图2-112、图2-113）

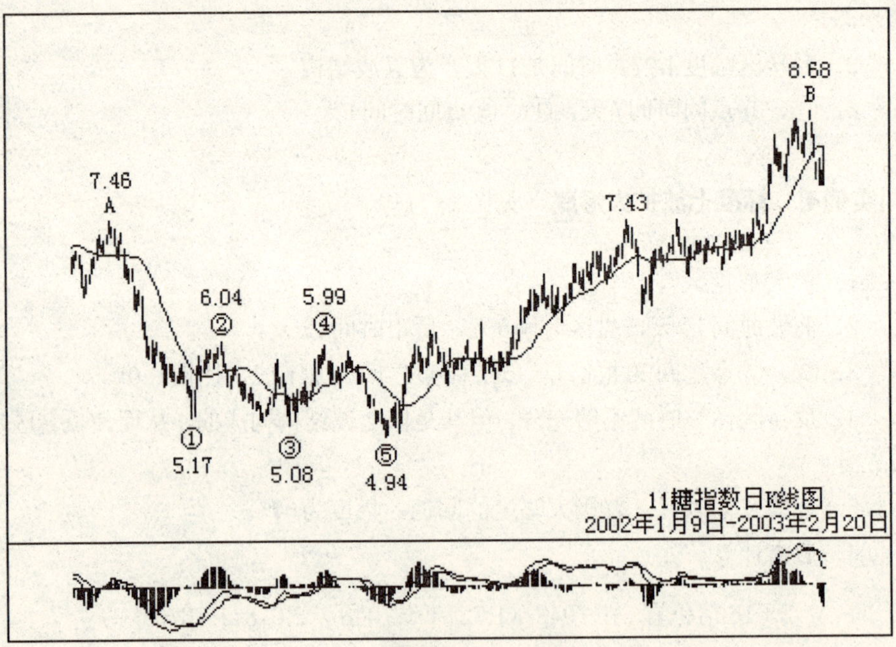


**图**2-112

1．此为纽约期货交易所11糖指数日K线图和周K线图。

2．这个顶平扩大形出现在一个大型的五波跌势之后，见图2-113。这种反转一旦成立，行情可能就要对这个五波进行回调，回调最小幅度为，回至五波的②、④点之间。

3．这个顶平扩大形反转和发散形反转非常接近，但其为不完全反转。

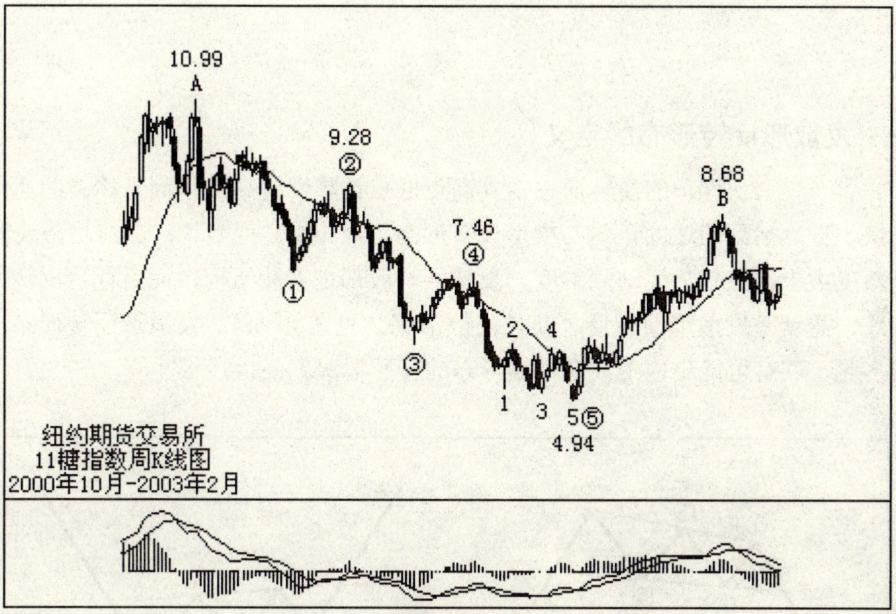


图 2-113

# 第八节　发散形反转

## 一、发散形反转形态的定义

有一种三次探顶的反转形态，其高点低点都陆续走高，但高点抬高的速度略快于低点抬高的速度，这与楔形反转形态正好相反。或者说：高点趋势线的倾斜度大于低点趋势线的倾斜度，反转区一般都是五波结构，而后行情反转而下跌，这就是发散形顶。反之就是发散形底，见图 2-114。发散形反转形态不很多见，其有可能出现七波或模糊形态的特殊情况。

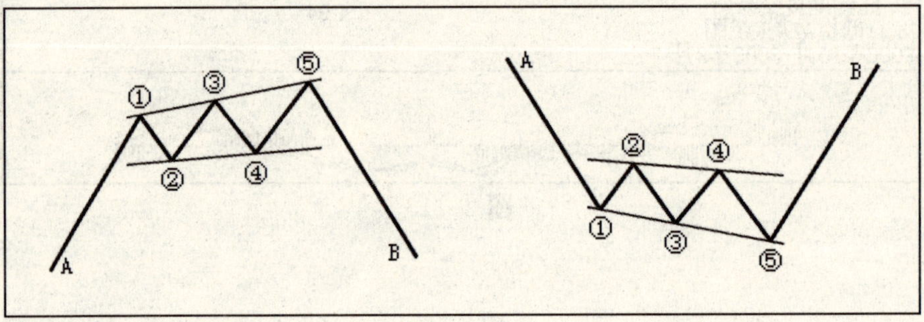


图 2-114

## 二、发散形反转形态的形成条件

1. 发散形反转形态的前面有可反转的前波存在，一般发散形反转的前波幅度大，较稳定。

2. 盘区必须是五波结构，波浪清晰而舒展，走势稳定。

3. 反转形态盘区趋势线倾斜度不可过大，或者说，反转区各波幅度相差不可以太悬殊。

4. 上下趋势线的倾斜度相差不宜过大。

5. 盘区幅度适宜走势流畅，时间充分，反转区时间多于前波时间的反转形态更可信。

6．注意本形态在更大周期行情上所处的位置。

7．行情上涨一定幅度后进入盘区，盘区①、③点形成的趋势线的倾斜度大于②、④点形成的趋势线的倾斜度，当行情离开④点向⑤点行进时就可以怀疑发散形顶的可能出现。或者说当盘区的第4波幅度大于第2波幅度时，就可以怀疑发散形反转的出现。

## 三、发散形反转形态的特点

1．发散形很少出现，出现时，也以反转形态为多，发散形整理非常少见。

2．发散形反转后市一般都有惊人的力度，尤其以盘区时间长、倾斜度小、走势流畅为甚(1992年索罗斯操作英镑时就是这种形态)。

3．发散形顶略多见于发散形底。

4．有的发散形反转前波时间短暂而反转区时间很长，有的发散形反转前波绵长，而反转区时间短暂，见图2-115。

5．如果盘区内的波浪走势流畅，波动较大，消耗时间短，突破前后容易出现反弹(回档)。见图2-116。

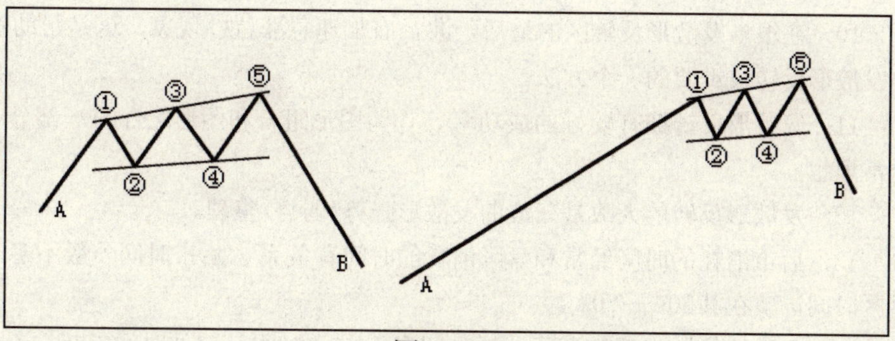


图2-115

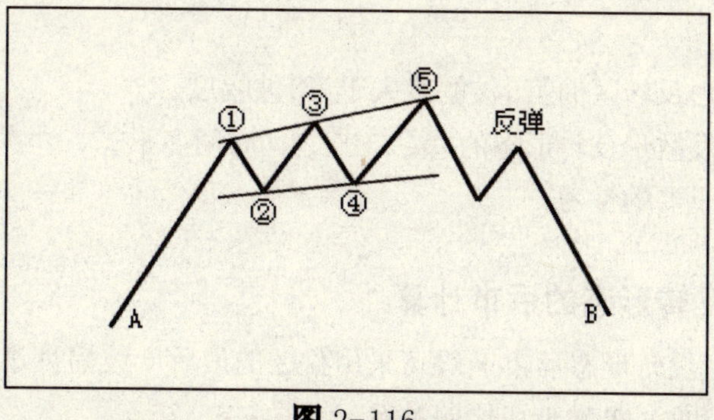


图2-116

6. 盘区时间长、幅度适宜、倾斜度小的发散形反转，可信度大，后市力量也大，经常是破坏性的，可操作性也较大。

7. 一般的发散形反转操作性能不好，难以直接操作，因其进场点和止损难以确立。只作为辅助判断或应用于图形组合、图形配合分析，或在其发动途中寻找进场时机。

8. 倾斜度不大的发散形反转具有很高的成功率。

9. 其存在七波结构和模糊形态的可能，见图2-117。

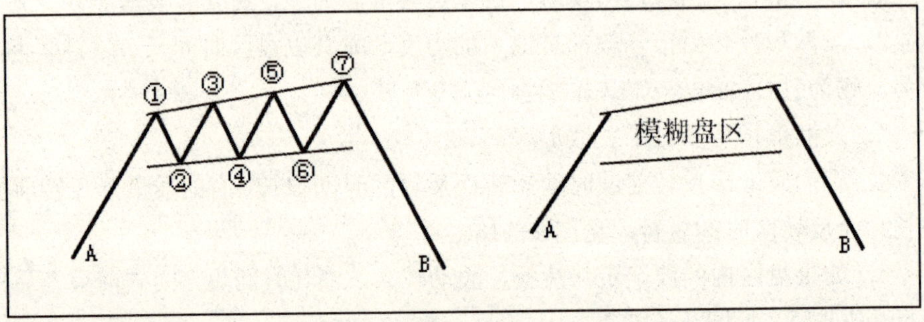


图2-117

10. 在很多发散形反转区的最后一波，有加速急涨(跌)现象，这是帮助确定发散形反转很重要的一个方法。

11. 发散形反转拥有较好的成功率，作为图形组合和图形配合的一部分，非常理想。

12. 发散形反转的天敌是三波的发散形强势(弱势)整理。

13. 后市消耗的时间经常和盘区消耗的时间有关系，后市时间一般不多于盘区时间，多在其50%～70%。

14. 多数的发散形反转盘区消耗时间多于前波时间。前波时间是指：A点到①点的时间；盘区时间是指：①点到⑤点的时间；后市时间是指：⑤点到B点的时间。

15. 发散形反转区的第5波幅度大于第3波幅度。

16. 多数发散形反转形态的③、⑤点之间时间多于①、③点之间时间，这是确定⑤点很重要的参考。

## 四、发散形反转形态的后市计算

1. 发散形反转形态后市一般可采用盘区的最后一波幅度进行计算，认为④—⑤波容易和⑤—B波形成比例关系。

计算公式：B点=⑤点±④⑤波幅度×N

N取1.618、2、2.618…… 有时候也采用1.5这个保守比例。

2．由于④—⑤波形成耗费的时间不是很长，对后市影响有限，因而这个计算方法偏差很大，但仍具有很好的实际意义。

3．如果反转区只是更大级别行情的一小部分，后市估计不在此列。

4．如果反转区幅度狭窄、时间很长，后市力量和幅度将会很大。

## 五、发散形反转形态的操作策略

1．发散形反转形态的⑤点难以事先预计，因而，发散形反转本身难以直接进行操作。

⑴ 可以尝试采用趋势线法寻找进场点。

⑵ 利用急涨(跌)现象寻找进场点。

⑶ 急涨(跌)稳定后，寻找进场点和止损位置。

⑷ 发散形反转区的第5波幅度大于第3波幅度。

2．发散形反转形态的止损也难以确定，除非反转区域非常狭窄，才容易设立止损。

3．可以在行情行进过程中寻找新的时机进行操作。

4．可以利用图形组合或图形配合进行操作。

5．标准的发散形反转成功率很高，可预测波是⑤—B波。

## 六、发散形反转形态实例分析

**[实例1]**（见图2-118）

1．前波45天，幅度5.40，涨幅155%。反转区25天，属于非充分反转。

2．第3波幅度2.08，第5波幅度2.19，比例是105%。

3．后市估算：

1.618倍位置　10.09-(10.09-7.90)×1.618=6.55

2　倍位置　10.09-(10.09-7.90)×2　=5.71

2.618倍位置　10.09-(10.09-7.90)×2.618=4.36

3　倍位置　10.09-(10.09-7.90)×3　=3.52

4．1996年12月15日《人民日报》社论促使此行情突飞猛进。

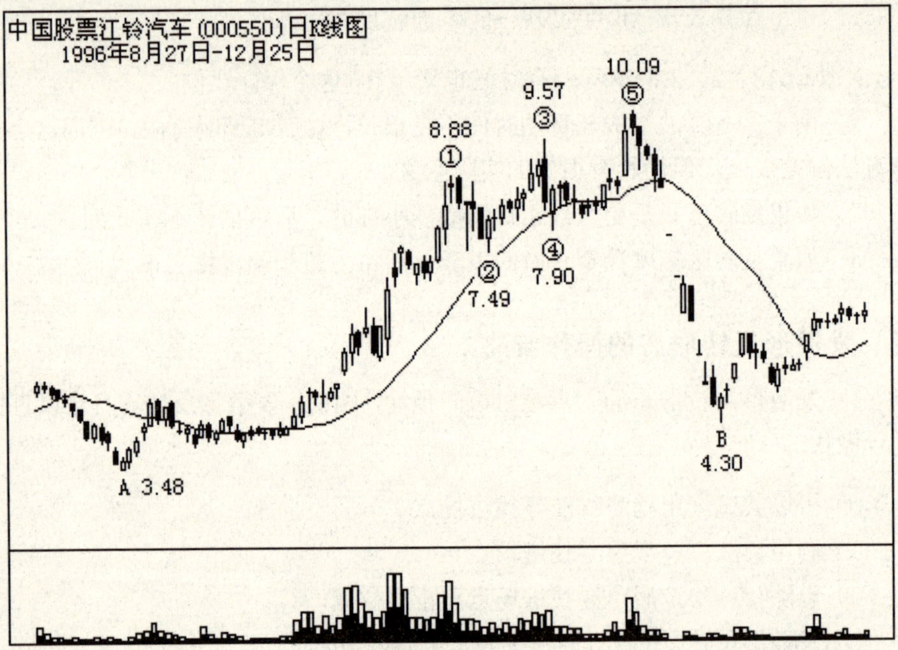


图 2-118

**[实例 2] 发散形顶**（见图 2-119）

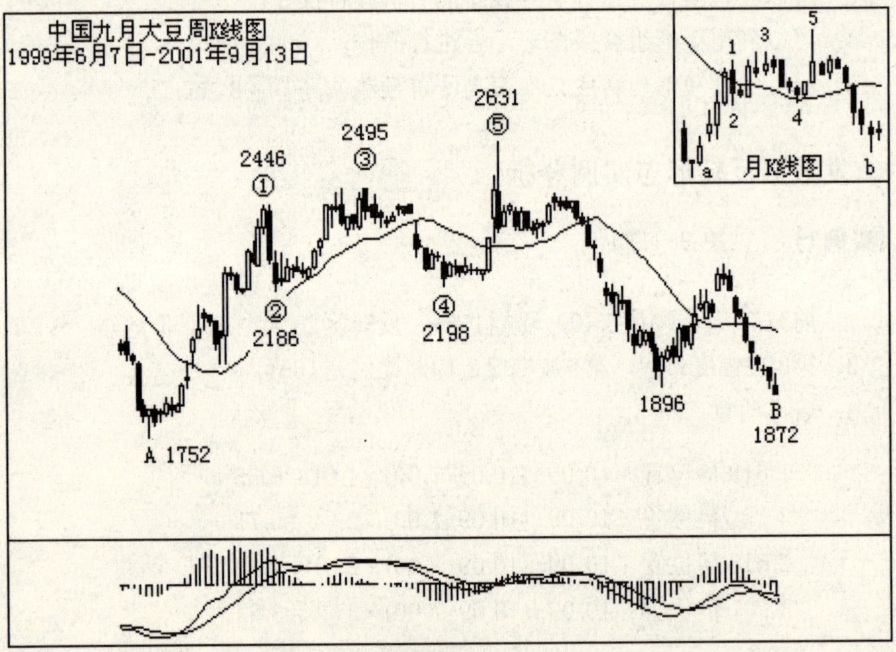


图 2-119

1．前波幅度694点，时间21周。

2．反转区幅度445点，时间42周，是前波时间的两倍。

3．第3波幅度309，第5波幅度433，比例是140%。

4．后市估算：2631-(2631-2198)×1.618=1930。

**[实例3]　澳洲综合指数**（见图2-120）

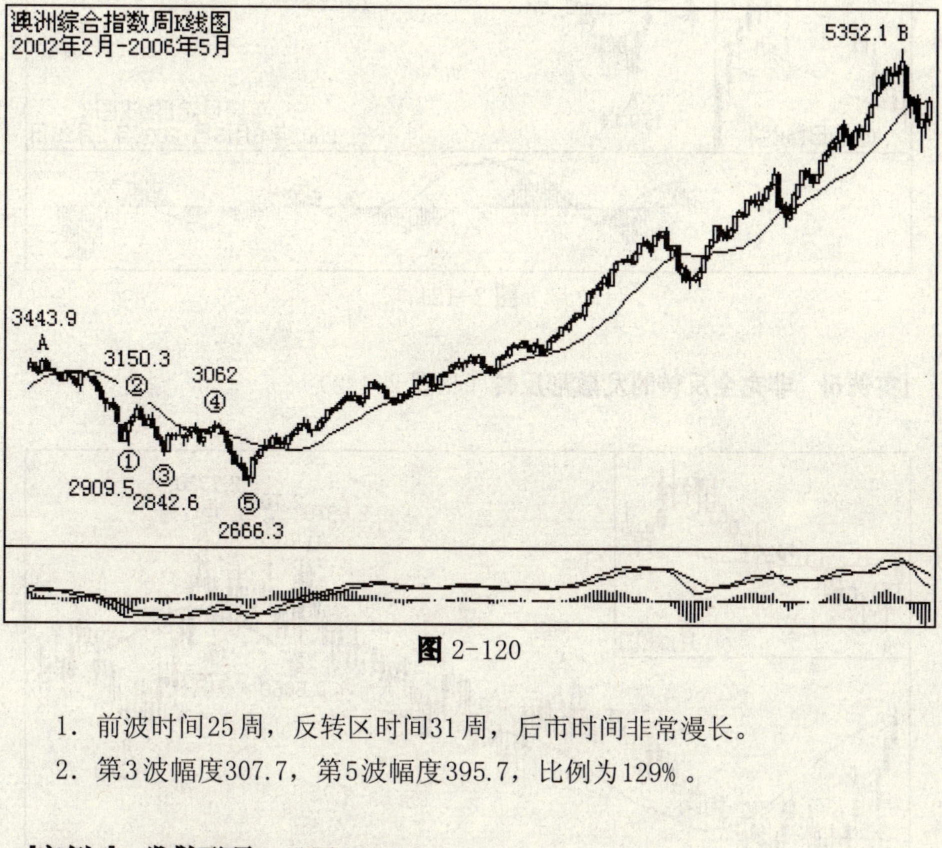


**图**2-120

1．前波时间25周，反转区时间31周，后市时间非常漫长。

2．第3波幅度307.7，第5波幅度395.7，比例为129%。

**[实例4]　发散形顶**（见图2-121）

1．前波时间38天，反转区时间71天，后市时间16天。

2．第3波幅度962，第5波幅度979，比例102%。

3．后市计算：1.618倍位置　198.47-(198.47-188.68)×1.618=182.63。

4．反转区形态过大，可保守按1.5倍计算后市目标，为183.79。

5．此发散形的第④点也是一个小型的发散形反转，⑤点是一个下降三角形反转。

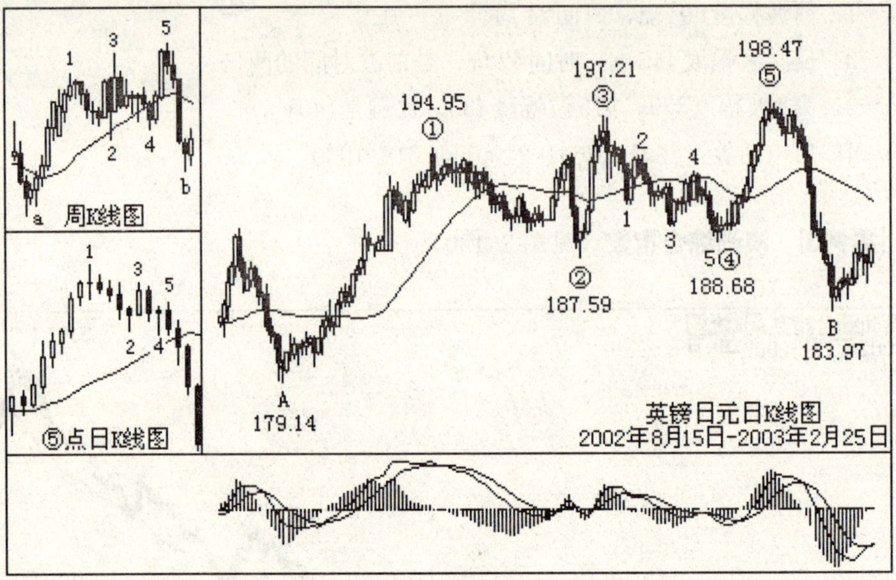


图 2-121

**[实例5] 非完全反转的发散形反转**（见图 2-122）

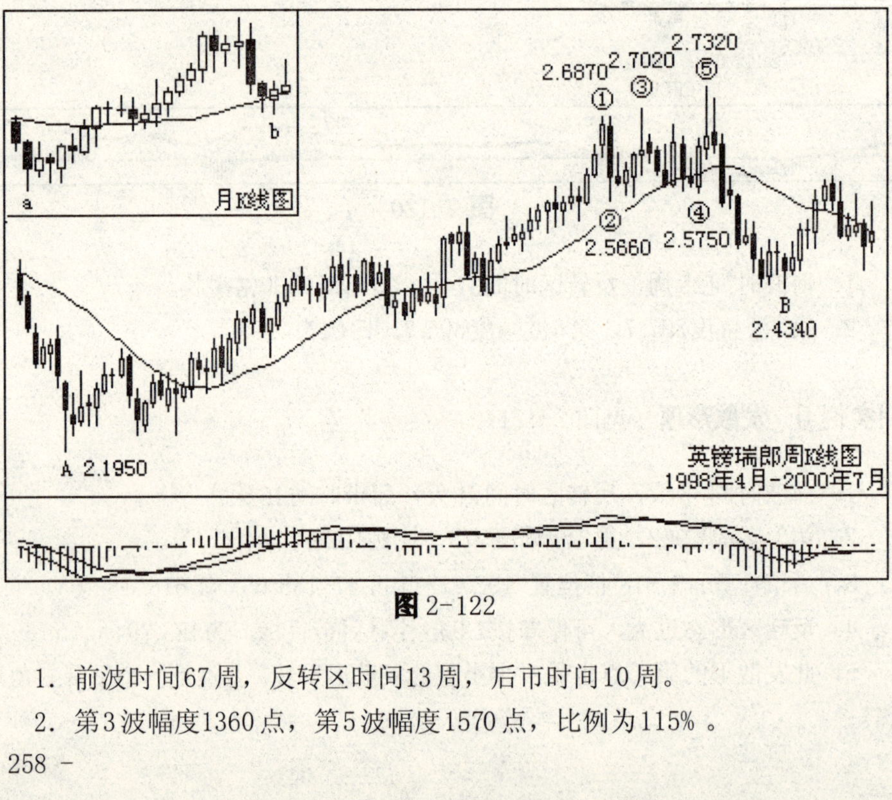


图 2-122

1. 前波时间67周，反转区时间13周，后市时间10周。

2. 第3波幅度1360点，第5波幅度1570点，比例为115%。

3．后市计算：

1.618 倍位置　2.7320-(2.7320-2.5750)×1.618=2.4780

2　　倍位置　2.7320-(2.7320-2.5750)×2　　=2.4180

**[实例6]**（见图 2-123）

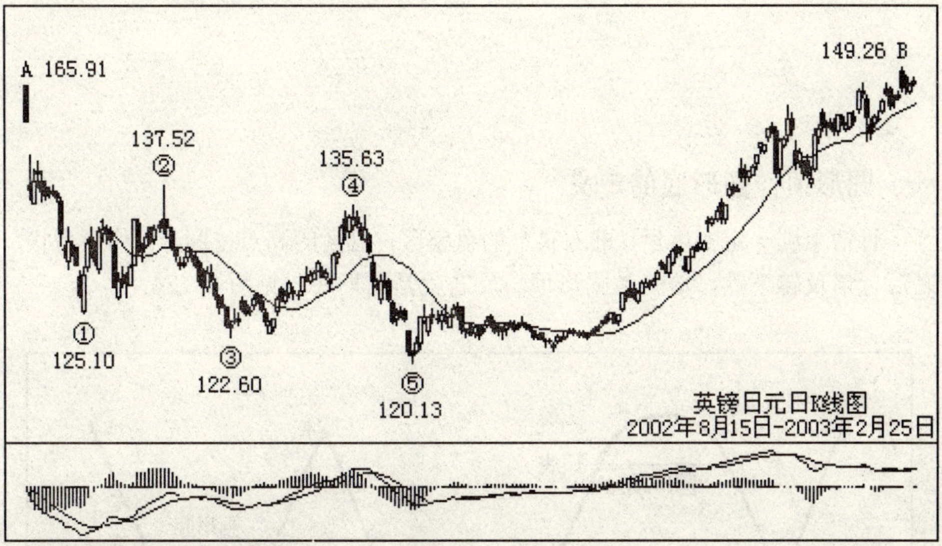


**图** 2-123

1．前波时间17天，反转区时间83天，时间充分，为完全反转，也类似于独立形态。后市时间123天。

2．第3波幅度1399，第5波幅度1488，比例为106%。

3．后市计算：

1.618 倍位置　120.42+(135.30-120.42)×1.618=144.50

2　　倍位置　120.42+(135.30-120.42)×2　　=150.18

**统计结果**：第5波幅度一般都是第3波幅度的100%～140%。

# 第九节　圆形反转

## 一、圆形顶、圆形底的定义

行情上涨一定幅度后，进入狭窄的盘整区，盘区的高点呈圆形，如山峦状，之后行情反转下跌，这就是圆形顶。反之就是圆形底，见图 2-124。

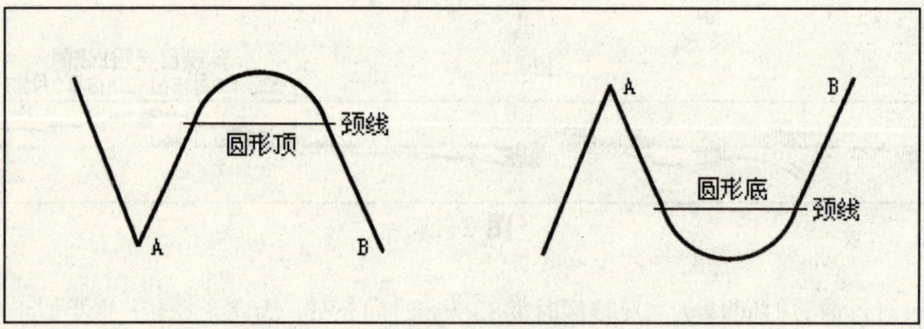


图 2-124

## 二、圆形反转的形成条件

1. 圆形反转多为大型反转，其前波幅度一般都非常大。

2. 要求盘区的圆形非常严格，盘区震荡的幅度也非常狭窄，盘区消耗时间十分充分。

3. 行情突破颈线为圆形反转的确认。

## 三、圆形反转的特点

1. 圆形反转的后市幅度一般都非常大，其前波幅度一般都很大。

2. 行情突破颈线后，经常有惊人的力度和幅度。

3. 标准的圆形反转非常罕见，可遇不可求。

## 四、圆形反转的操作策略

1．圆形反转的反转区交易气氛十分沉闷。

2．一般可在行情离开反转区最高点之后，辨认出圆形反转，同时也是进场时机。行情突破后，一般都速度惊人，难有好的进场时机。

3．止损可设立在前面临近的高点上，或反转区最高点上。

4．圆形反转可按圆形区的最大幅度估算后市，但准确性一般。

## 五、实例分析

**[实例1] 圆形底**（见图 2-125）

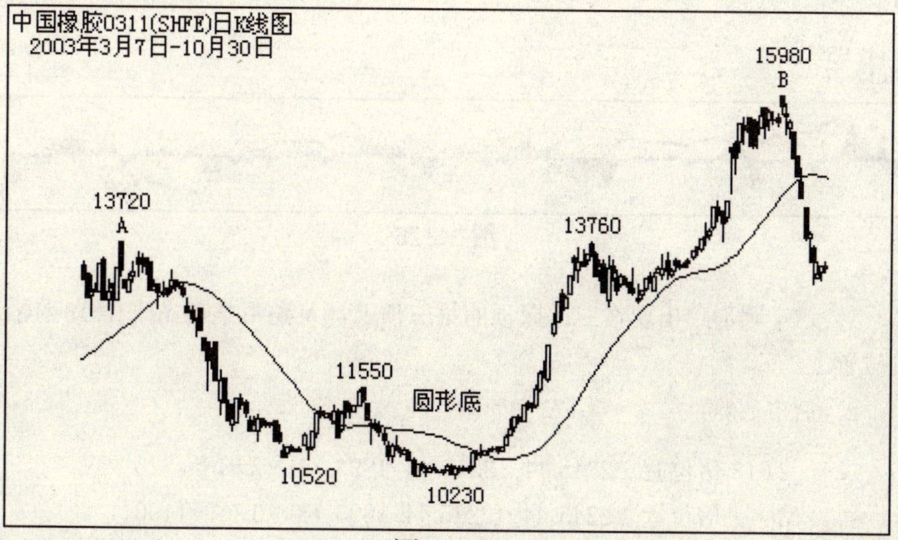


**图** 2-125

1．圆形区时间41天，幅度1320点。

2．后市估算：

10230+(11550-10230)×1.618=12366

10230+(11550-10230)×2 =12870

10230+(11550-10230)×2.618=13686

10230+(11550-10230)×3 =14190

10230+(11550-10230)×3.618=15006

10230+(11550-10230)×4 =15510

10230+(11550-10230)×4.618=16326

**[实例2] 圆形顶**（见图2-126）

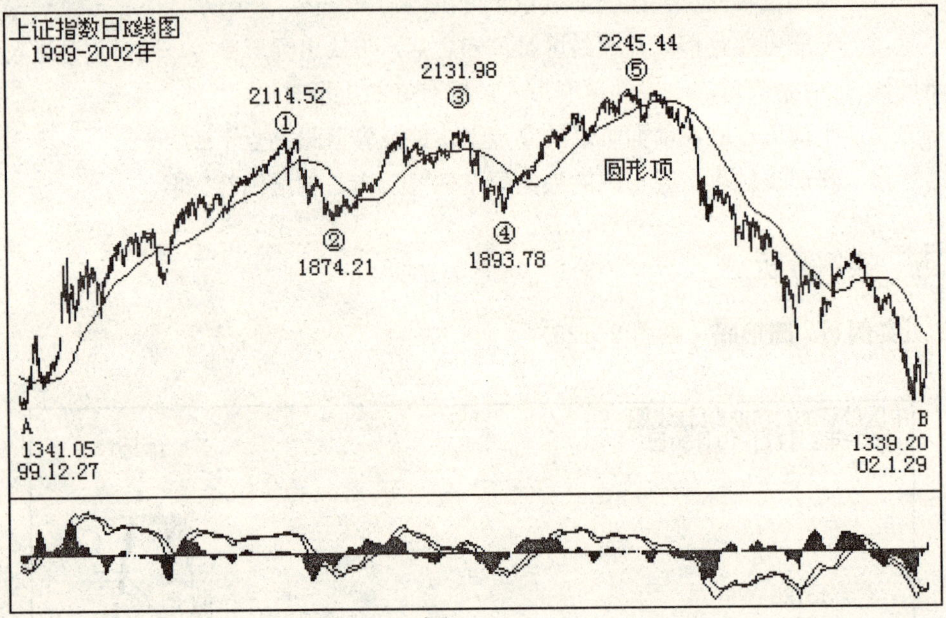


**图**2-126

1. 这个圆形顶出现在三次探顶的第三顶上，三角形整理完成1.618倍幅度的位置上。

2. 后市估算：

| | | |
|---|---|---|
| 2.618 倍位置 | 2245.44-(2245.44-1893.78)×2.618 | =1325 |
| 3 倍位置 | 2245.44-(2245.44-1893.78)×3 | =1190 |
| 3.618 倍位置 | 2245.44-(2245.44-1893.78)×3.618 | =973 |
| 4 倍位置 | 2245.44-(2245.44-1893.78)×4 | =839 |

# 第十节 三次探顶和三次探底

行情上涨(或下跌)一定幅度后回档，然后再次创立新高点，第二次回档后，第三次创立新高点，之后一般都会进入较长时间的回调期或反转，这就是三次探顶，反之为三次探底。旗形反转、普通扩大形反转、发散形反转、楔形反转，都是三次探顶(或探底)的一种特殊情况。见图 2-127。

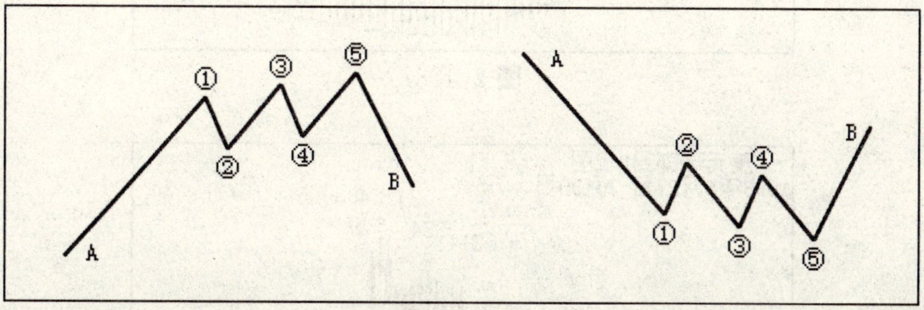


**图** 2-127

一般的这种反转都是不标准的，完成盘整区所消耗的时间较短、倾斜度偏大，其成功率和投资价值非常有限。其思想为：当一种趋势完成五波的结构时，非常容易结束这种趋势而转为其他趋势。在任何周期上，三次探顶和探底出现都非常多见。很多的时候，无论进场还是出场，或是帮助判断行情，这种形态都是非常有用的参考。也可以认为，三角形反转、矩形反转、上升(下降)三角形反转也是其变种。三次探顶(底)的后市，行情最起码会突破④点，从而破坏图形结构。

**[实例1]** (见图 2-128a、2-128b)

图 2-128a，这是一个反转时间不充分的发散形反转，为三次探底形态，行情突破休整区最高点后，又继续下跌并突破前最低点。

在图 2-128b 中，行情的第5波出现波浪延伸，从而形成三次探顶。后市行情回到②④点之间的可能性很大。

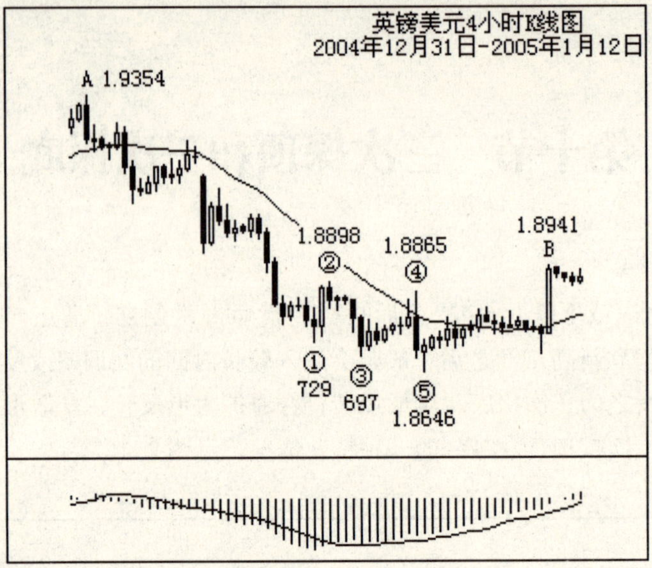


图 2-128a

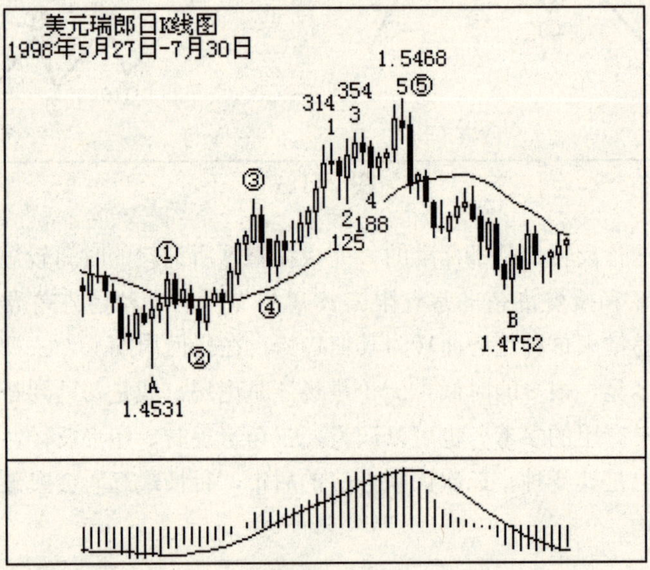


图 2-128b

**[实例2]** （见图 2-129）

欧元美元形成三角形反转以后上涨，在涨势的末端月线图上出现形态较大的三次探顶，这对判断后市非常重要，行情应至少突破④点，可在行情行进过程中进一步证明行情并寻找机会操作。

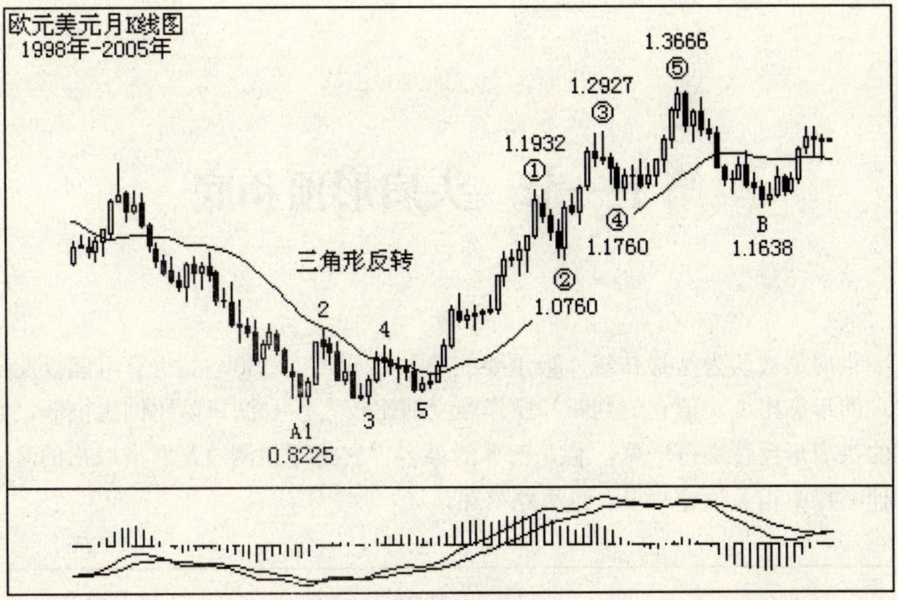
欧元美元月K线图
1998年-2005年
三角形反转
2
4
A1
0.8225
3
5
1.0760
1.1932
①
②
1.2927
③
④
1.1760
1.3666
⑤
B
1.1638

图 2-129

# 第十一节　头肩形顶和底

头肩形被认为是最传统、最重要的形态，见图 2-130，其也有可能以反转整理的形态出现。但它的判断和操作难度都比较大，利润风险比例也很低。标准的头肩形反转难得一见，似是而非的很多。它的可预测波是右肩以后的波。其他书籍中相关论述颇多，这里略赘述。

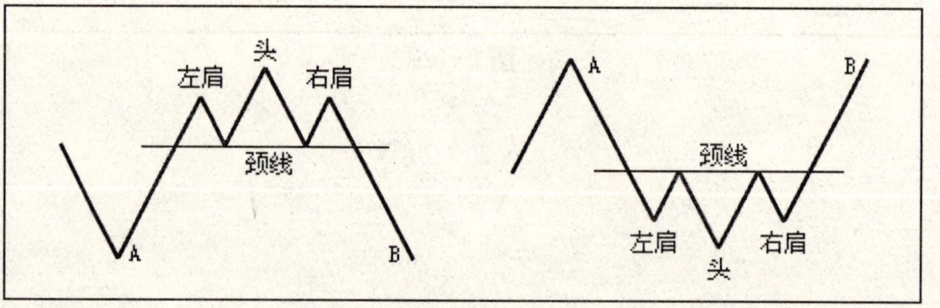


**图** 2-130

**[实例1]　头肩底**（见图 2-131）

1．头肩形反转的颈线倾斜度不宜过大，两肩高度相近，整个形态宜有足够的酝酿时间。

2．后市或许可以按盘区的最大幅度计算，如果盘区时间充分，盘区的幅度必然对后市影响很大。

1.618 倍位置　$51.40+(64.90-51.40)\times1.618=73.24$

2　　 倍位置　$51.40+(64.90-51.40)\times2=78.40$

2.618 倍位置　$51.40+(64.90-51.40)\times2.618=86.74$

3　　 倍位置　$51.40+(64.90-51.40)\times3=91.90$

3．是否可以认为，头肩形反转是上升三角形反转形态的变形，即第1波短尾，见图 2-132。

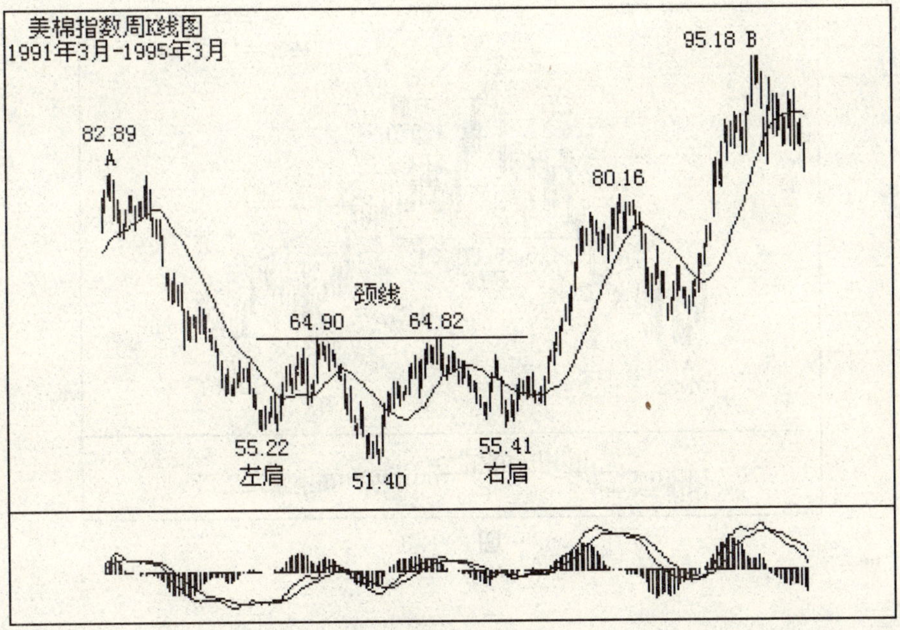


图 2-131

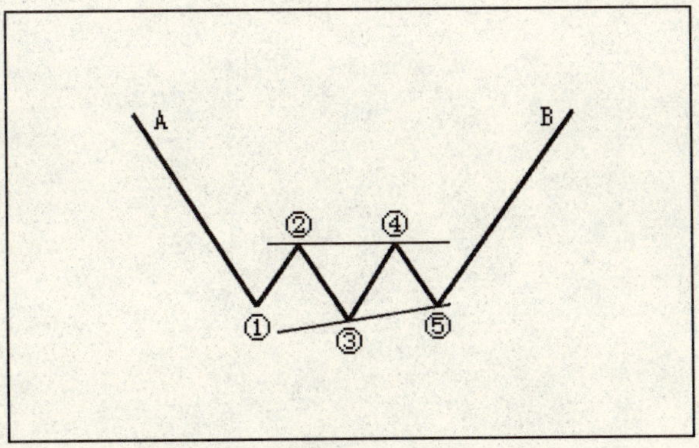


图 2-132

**[实例2]　头肩顶**（见图 2-133）

1. 此头肩形耗费了较长的时间，形态较大。头肩形反转的操作可待行情有效突破颈线以后寻找进场时机，或在右肩处利用形态组合分析进行操作。

2. 后市计算：

135.15-(135.15-115.15)×1.618=102.95

偏差+9%。

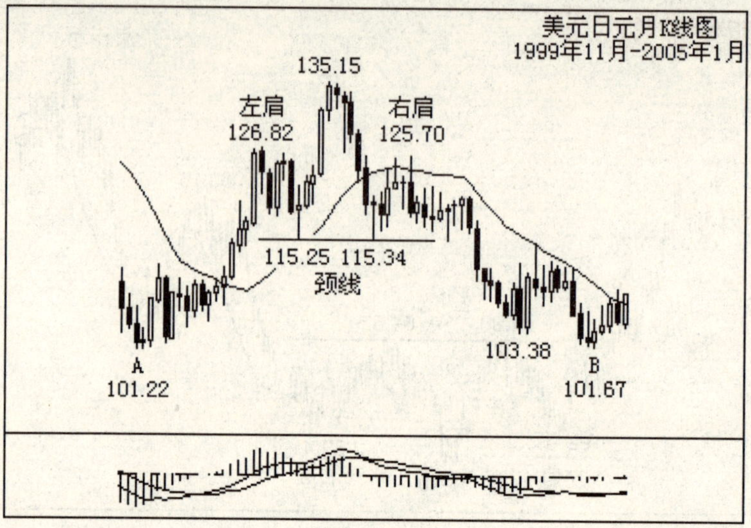
美元日元月K线图
1999年11月-2005年1月
135.15
左肩
126.82
右肩
125.70
115.25 115.34
颈线
A
101.22
103.38
B
101.67

图 2-133

# 第三章　反转整理形态

## 反转整理形态简介

### 一、反转整理形态的定义

有一种形态，同时具有整理形态和反转形态双重性质。它是一种特殊的反转形态，也是一种特殊的整理形态，如图 3-1 所示。行情下跌一定幅度后反弹，在反弹波的末端出现反转形态，而后行情继续下跌并跌破前波最低点。上涨的行情则反之。

如图 3-2，行情从A下跌到B后，又经历→①→②→③→④→⑤，而后行情继续下跌，此为跌势中的反弹而已，是整理形态。但行情从B→①→②→③→④→⑤，是个反转形态，其后行情反转而下跌。但B—①波作为反转形态的前波，幅度不够大，尚不能构成严格的反转条件。这是一个以反转形态作为整理区的整理形态，故命名为：反转整理形态。

可以认为这种形态其实是一种形态组合：三波的涨势(或跌势)与反转形态

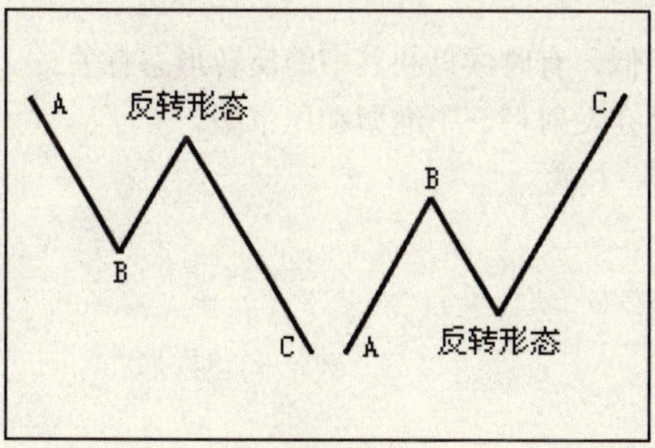


图 3-1

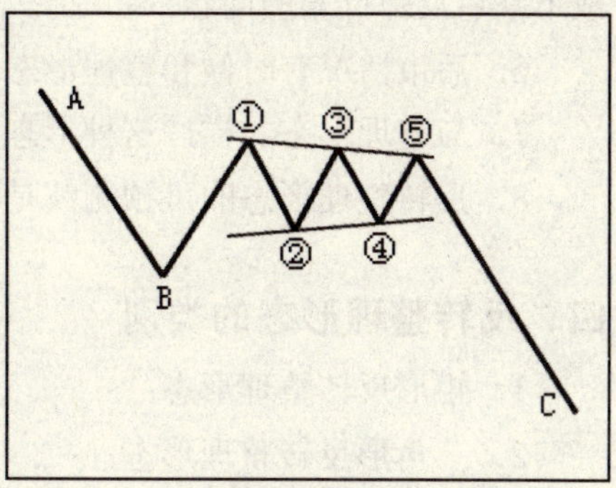


图 3-2

的组合。在上涨(或下跌)后回档(或反弹)的位置出现反转形态或启动形态，而后行情继续原来的趋势并突破前最高点(或最低点)。

## 二、形成反转整理形态的条件

1. 与所有整理形态一样，前波要求稳定而幅度适宜，但也有很多时候A—B波非常的漫长。对前波的要求，远不如一般整理形态那么严格。

2. 反转整理区的时间要求足够，波浪清晰，至少为五波结构。对反转区的要求，可以比正常的反转形态低一些。反弹(回档)区的最高点，不可超过前波最高(低)点。

3. 反转整理区(B点—⑤点)的反转区(①点—⑤点)时间如果比其前波(B点—①点)时间长，为标准反转整理形态(完全反转)，否则为不标准反转整理形态(不完全反转)，标准的反转整理形态拥有更高的成功率。

4. 此形态的反转区，多数是五波结构，也可能出现七波结构或模糊形态。

## 三、反转整理形态的特点

1. 反转整理形态制作十分巧妙，因而出现较少，与很多反转形态相似，经常难以事先加以有效辨认。

2. 此形态成功率应比单独的整理和反转形态高，具有比整理形态和反转形态更好的操作性能。很多难以操作的反转形态，在这里变得非常容易操作。

3. 反转整理形态的操作，是按反转形态进场和设立止损，而利润估计一般是按整理形态计算。因为反转形态幅度一般较小，整理形态幅度略大，所以，利润风险比例要比单独的反转形态高，有时候甚至高出很多。

4. 反转整理区内的反转区消耗时间一般都比其前波时间长。

5. 这种形态的判断属于逆小势、顺大势，是寻找上涨后回档位置的问题，或下跌后反弹位置的问题。

6. 后市情况有时候和整理形态相似，有时候只和其中的反转形态有关。

7. 与整理形态一样，这种形态存在发射型、中继型和尾市型。

8. 反转整理形态的可预测波是⑤—C波。

## 四、反转整理形态的类别

1. 矩形反转整理形态；

2. 三角形反转整理形态；

3. 上升三角形反转整理形态；

4. 下降三角形反转整理形态；

5. 楔形反转整理形态；

6. 旗形反转整理形态；

7. 普通扩大形反转整理形态；

8. 顶平扩大形反转整理形态；

9. 底平扩大形反转整理形态；

10. 发散形反转整理形态；

11. 圆形反转整理形态；

12. 五波旗启动整理形态和七波旗启动整理形态；

13. 头肩形反转整理形态，其非常罕见。

# 第一节　矩形反转整理

## 一、矩形反转整理的定义

行情下跌后反弹，在反弹波的末端，出现五波矩形反转，而后行情继续下跌，并突破前低点。上涨行情则反之。这种以不完全的矩形反转作为整理区的整理形态就称为：矩形反转整理形态，见图 3-3。

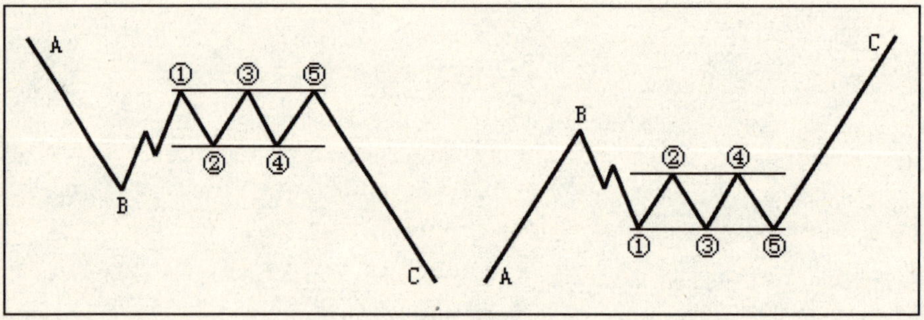


**图** 3-3

## 二、矩形反转整理的类别

1. 整理区出现在行情的早期，后市幅度较大，具有发射性能，见图 3-4。

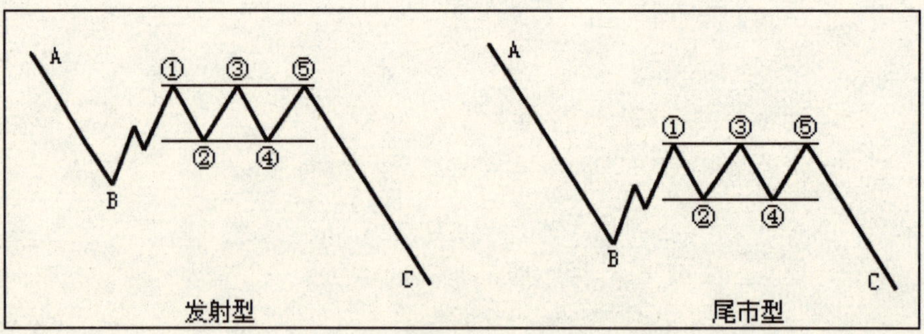


**图** 3-4

2. 有的可能出现在一个幅度很大的行情之后，后市幅度有限，见图 3-4。

3. 有的出现在行情中期，前波和后波幅度大致相同，中继性能。

4. 有可能出现矩形形态非常小的矩形反转整理形态，见图 3-5。

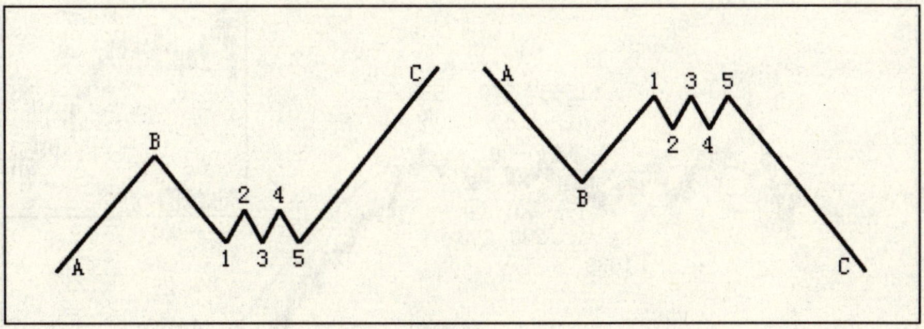


**图** 3-5

## 三、矩形反转整理的后市估算

1. 按前波幅度估算行情整体幅度。

计算公式：C 点=A 点±AB 波幅度×N

N取1.618、2、2.618……

2. 按前波幅度大致估计后波幅度。

计算公式：C 点=⑤点±AB 波幅度×N

N取1、1.618、2、2.618……

3. 有的矩形反转整理可能出现在尾市，后市幅度有限，可按反转区幅度估算后市。

计算公式：C 点=⑤点±矩形盘区幅度×N

N取1.618、2、2.618……

## 四、矩形反转整理的特点

1. 矩形本身是难以见到的形态，矩形反转整理更是难得一见。

2. 反转整理区的反转区时间比其前波短，为不完全反转；反转整理区的反转区时间比其前波长，为完全反转，成功率很高。

3. 矩形反转整理形态有非常好的操作性能。

4. 矩形反转整理形态的可预测波是⑤—C 波，可按矩形反转进行操作。

## 五、实例分析

**[实例1] 矩形反转整理形态**（见图3-6）

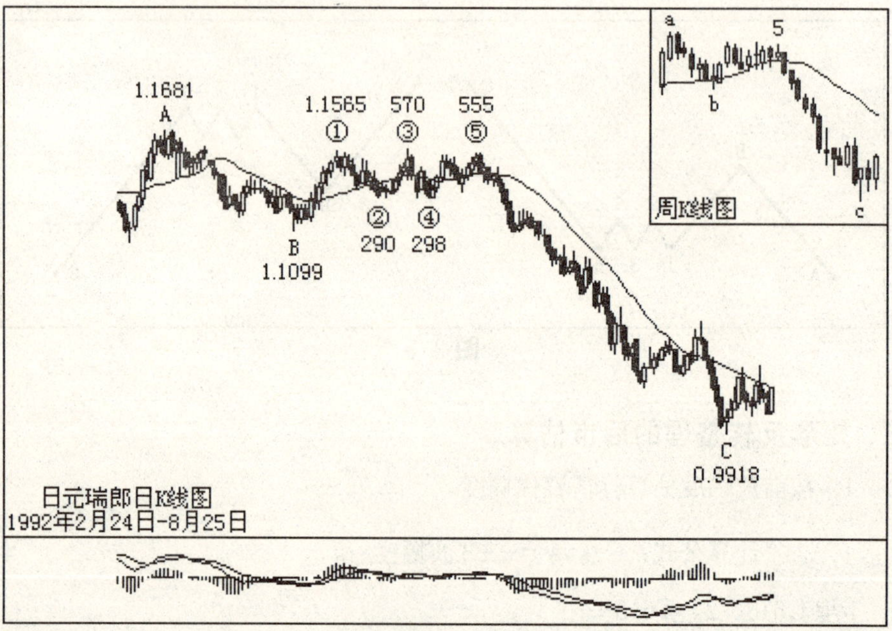


**图** 3-6

1．行情前波582点，时间是29天。

2．回档区幅度是471点，为前波的81%，时间是44天。回档区的末端是矩形反转。

3．此整理较充分，可能是发射型矩形反转整理。

4．后市计算：

1.1681-(1.1681-1.1099)×1.618=1.0739

1.1681-(1.1681-1.1099)×2　　=1.0517

1.1681-(1.1681-1.1099)×2.618=1.0157

1.1681-(1.1681-1.1099)×3　　=0.9935

**[实例2] 矩形反转整理形态**（见图3-7）

1．这个矩形反转整理的矩形区是矩形和下降三角形的极限情况。

2．前波24天，整理区41天，反转区前波10天，反转区31天。

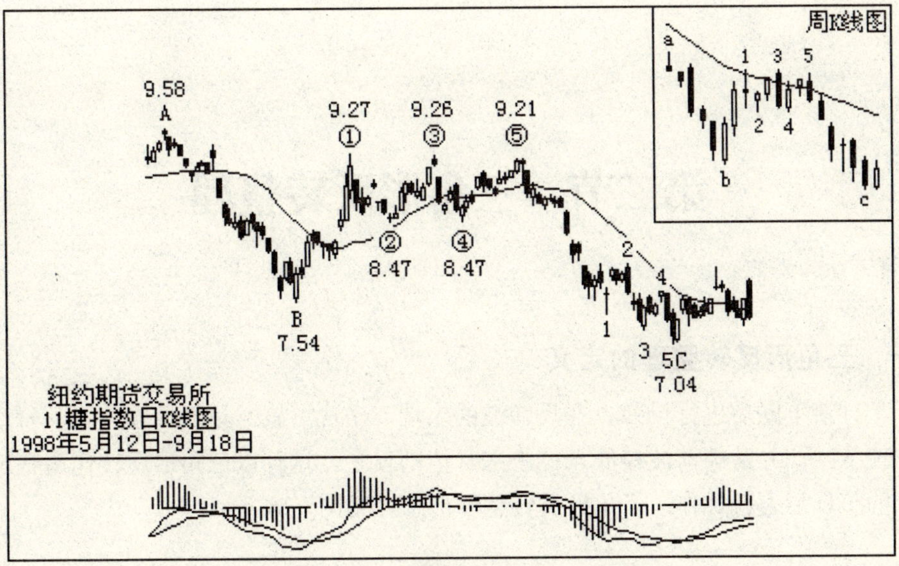


图 3-7

3．后市计算：

按前波计算后波

9.21-(9.58-7.54)=7.17

按矩形反转区计算

9.27-(9.27-8.47)×2.618=7.18

也可按后市出现的小型楔形反转来确认行情结束的位置。

# 第二节　三角形反转整理

## 一、三角形反转整理的定义

行情下跌后进行反弹，在反弹波的末端，出现五波三角形反转，而后行情继续下跌，并跌破前波最低点，上涨行情则反之。这种以三角形反转作为整理区的整理形态就称作：三角形反转整理形态，见图 3-8。

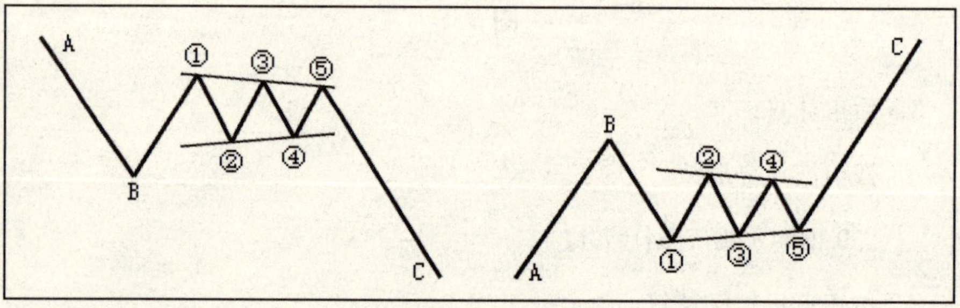


**图** 3-8

## 二、三角形反转整理的形成条件

1. A—B波是幅度适宜的行情，但要求远不如整理形态的前波那么严格。

2. B—①波幅度不是很大，一般时间都比其后的反转区时间短，这样的形态更可信。

3. 反转区的要求也不必像三角形反转形态那么严格。

4. 虽然行情经历A—B 波的下跌之后，盘区的低点陆续走高，盘区的高点陆续走低，符合三角形整理定义，但B、②点距离与②、④点距离差别过大，如果按反转整理形态的思想视之则更为恰当。

## 三、三角形反转整理的特点

1. 三角形反转整理具有较好的操作性能，可单独操作。

2. 它是整理形态和反转形态的组合，成功率应该比单独的整理形态或反转形态高。

3．有的反转整理形态出现较早，图形具有发射性能；有的出现在幅度很大的行情之后，后市幅度有限，为尾市型，见图 3-9。

4．有的反转整理形态出现在行情中部，前波A—B和后波①—C 幅度相近，具有中继性能，见图 3-10。

5．有可能出现三角形反转区形态非常小的三角形反转整理形态，其并非严格意义的反转整理形态，见图 3-11。

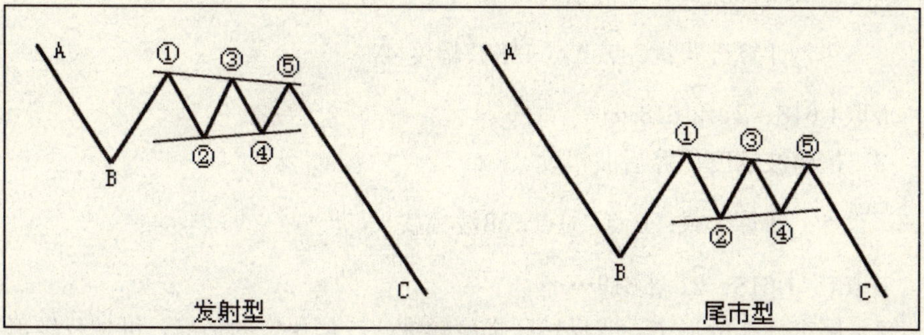


图 3-9

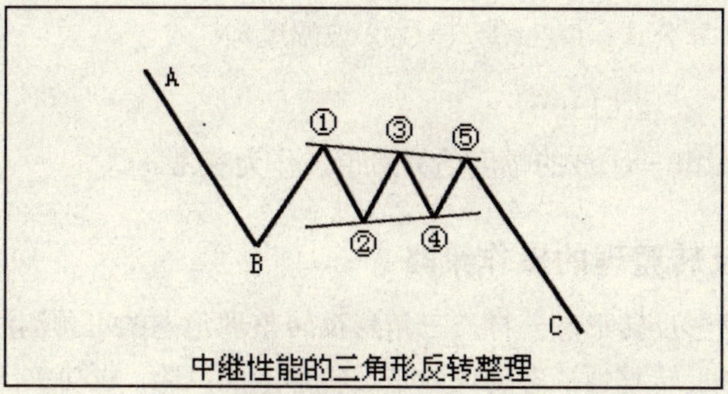


图 3-10

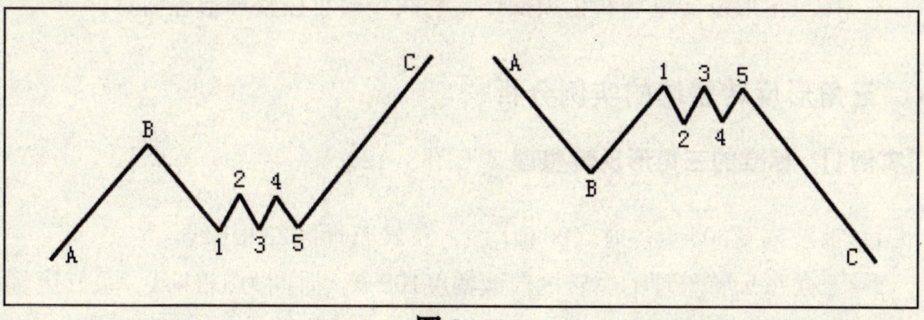


图 3-11

6．很多时候，B、②点距离和②、④点距离，区别不是非常明显，但把其作为三角形整理，亦牵强。

7．标准的反转整理形态出现非常少，在统计里，以三角形反转整理形态出现为最多。

8．三角形反转整理一般拥有较大的风险利润比例，可以达到1∶10～1∶60。

## 四、三角形反转整理的后市估算

1．按前波幅度估算行情整体幅度。

计算公式：C点=A点±AB波幅度×N

N取1.618、2、2.618……

2．按前波幅度估算后波幅度。

计算公式：C点=①点±AB波幅度×N

N取1、1.618、2、2.618……

3．尾市性能的形态、或反转区幅度较大、或最保守的估算，可按反转形态盘区幅度估计后市。

计算公式：C点=①点±①②波幅度×N

N取1.618、2、2.618……

4．也可采用B—①波的幅度估算后市，作为参考。

## 五、三角形反转整理的操作策略

1．与三角形反转形态一样，三角形反转整理形态的可预测波是⑤—C波。

2．三角形反转整理形态的风险是反转形态的风险，成功率比三角形反转形态高，而利润一般要大于反转形态，是走整理形态的利润。

3．按三角形反转进场和止损操作，利润一般可按整理形态估算。

## 六、三角形反转整理的实例分析

**[实例1] 标准的三角形反转整理**（见图3-12）

1．前波幅度203点，时间26根K线，反转整理区23根K线。

2．三角形反转整理的反转区前波幅度108点，时间为8根K线。反转区幅度75点，时间为15根K线。

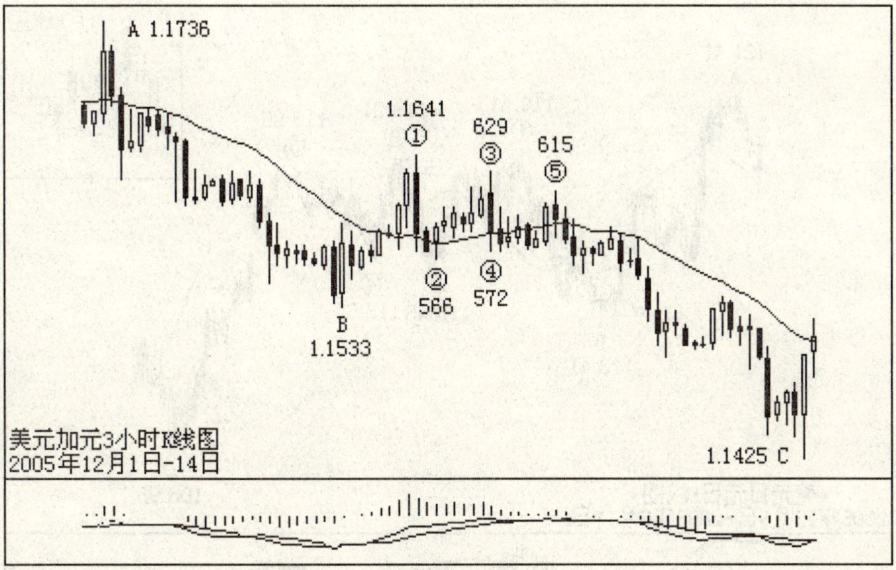


**图** 3-12

3．这个三角形反转整理非常标准，它的后市计算：

1.1736-(1.1736-1.1533)×1.618=1.1407

1.1641-(1.1736-1.1533)×1　　=1.1438

1.1641-(1.1641-1.1533)×2　　=1.1425

**[实例2]　反转区收敛缓慢的三角形反转整理**（见图 3-13）

1．行情前波800点，时间是28天。反转区的前波600点，时间16天。反转整理区的反转区幅度396点，是其前波的2/3，时间47天，比其前波多很多。这种幅度大、时间过长的休整区，容易是反转。

2．参考相关品种，利用形态配合分析和形态组合分析。

3．后市估算：

1.618倍位置　121.41-(121.41-113.41)×1.618=108.47

按反转区计算后市

1.618倍位置　119.41-(119.41-115.45)×1.618=113.00

2　　倍位置　119.41-(119.41-115.45)×2　　=111.49

2.618倍位置　119.41-(119.41-115.45)×2.618=109.04

4．这个形态有非常好的操作性能，非常大的利润风险比例。

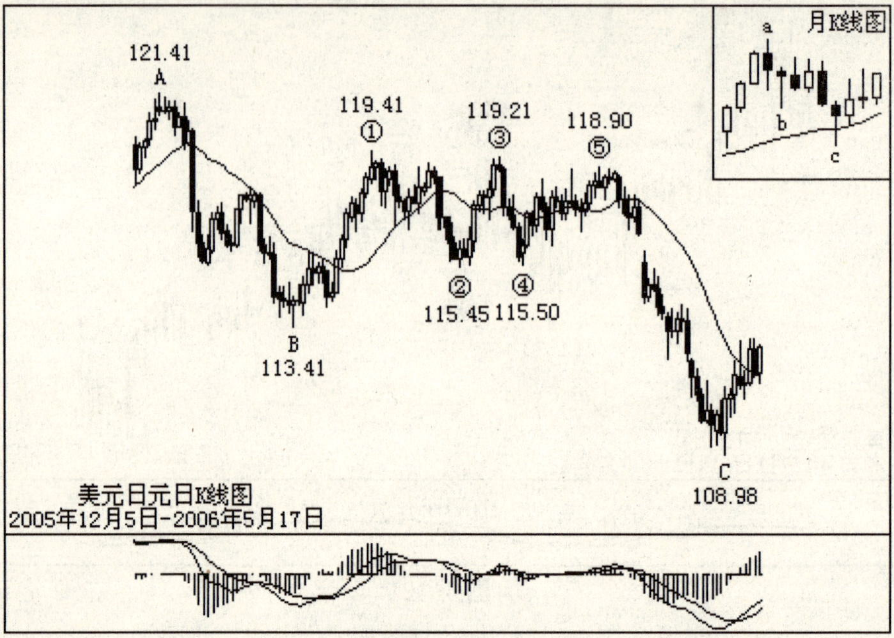


图 3-13

**[实例3]　三角形反转整理**（见图 3-14）

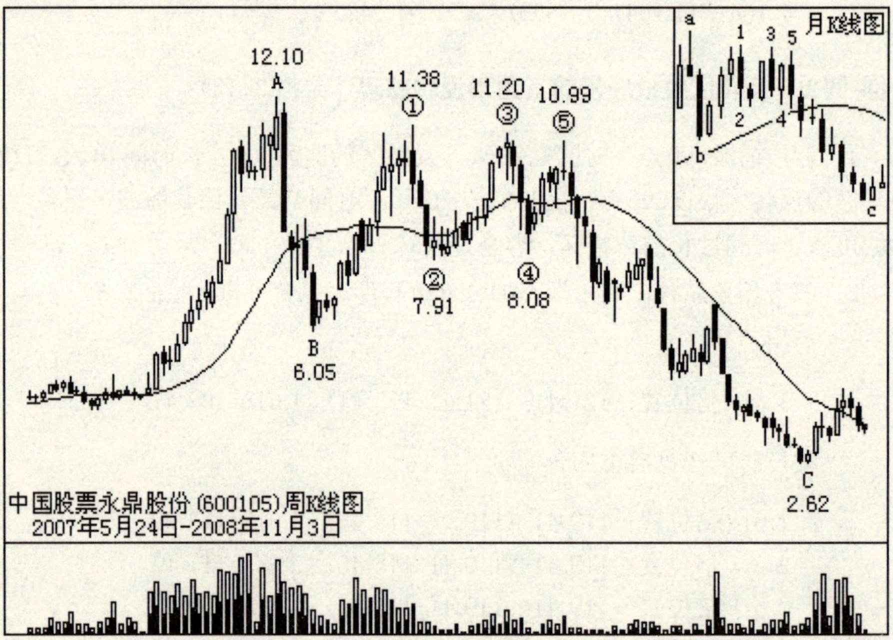


图 3-14

1．行情前波6.05元，时间是5周。反转区的前波时间14周，反转整理区的时间21周，反转区时间非常充分。

2．这个三角形反转整理形态很标准，反转区收敛和缓。如果股票可以做空，可以在⑤点进场，而在③点设立止损，利润风险比例很大。同时参考相关股票及大盘来帮助判断此行情。

3．后市计算：

按前波幅度计算

1.618 倍位置　12.10-(12.10-6.05)×1.618=2.31

按反转区幅度计算

1.618 倍位置　11.38-(11.38-7.91)×1.618=5.77

2　　 倍位置　11.38-(11.38-7.91)×2　　=4.44

2.618 倍位置　11.38-(11.38-7.91)×2.618=2.30

按反转整理区的前波幅度计算

1.618 倍位置　11.38-(11.38-6.05)×1.618=2.76

# 第三节　上升和下降三角形反转整理

## 一、上升(下降)三角形反转整理的定义

行情上涨之后，进行回档，回档波的末端出现上升或下降三角形反转，而后行情继续上涨，并突破前高点。下跌行情则反之。这种形态就称为上升(下降)三角形反转整理。此形态很少见到，见图 3-15。

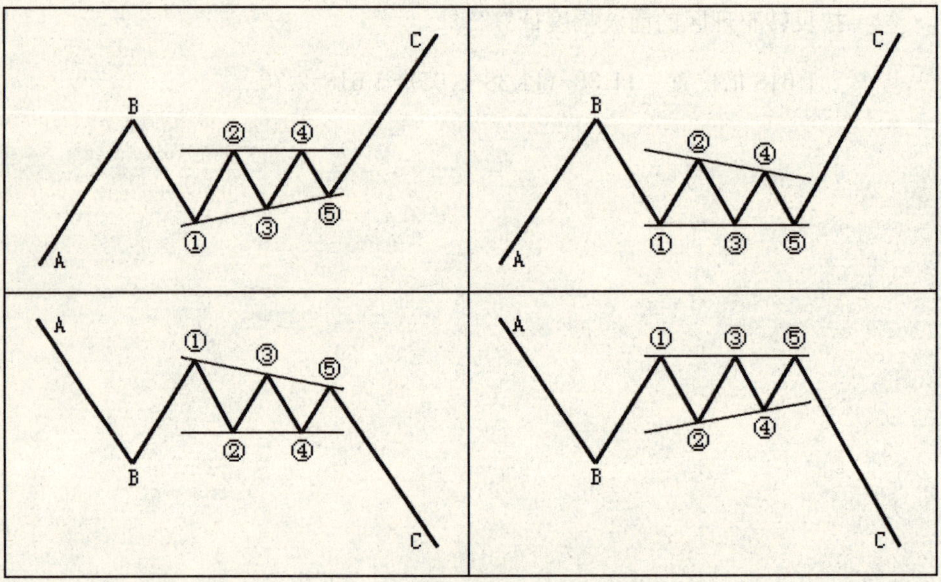


**图** 3-15

## 二、上升(下降)三角形反转整理的分类

简单区分，为四类：

1．涨势中，回档区是上升三角形反转，成功率应该很高。

2．涨势中，回档区是下降三角形反转。

3．跌势中，反弹区是下降三角形反转，成功率应该很高。

4．跌势中，反弹区是上升三角形反转。

5．有发射型、中继型和尾市型，见图 3-16。可能有七波结构和模糊形态。

6．可能出现反转整理区的反转形态幅度、时间都很小的情况，见图 3-17。

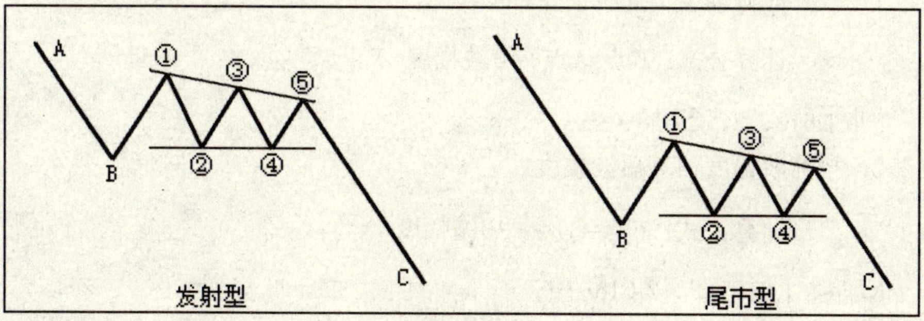


图 3-16

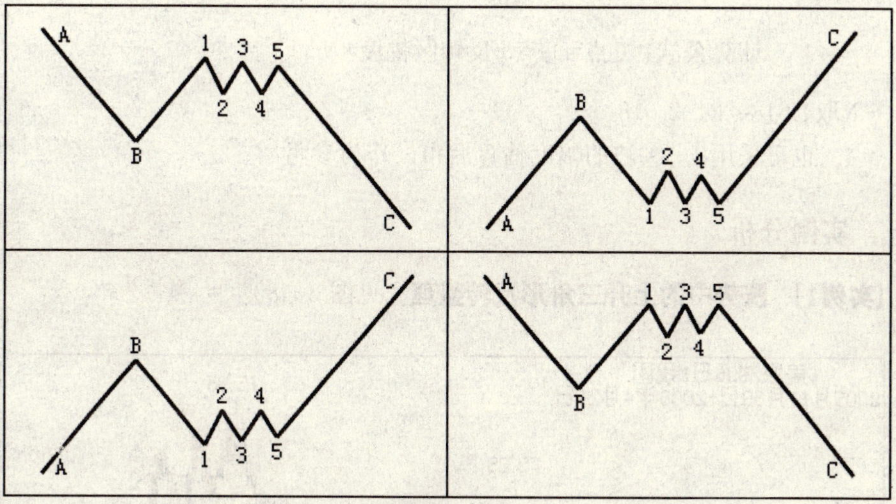


图 3-17

## 三、上升(下降)三角形反转整理的特点

1．在实际统计中，出现非常少。

2．矩形反转整理的反转区消耗的时间比其前波时间长，为完全反转，成功率会更高。

3．矩形反转整理形态一般都具有投资价值，可按相应的反转形态操作，按整理形态计算利润。

4．得到均线支持的形态成功率更高。

5．上(下)三角形反转整理形态的可预测波是⑤—C波。

6．此形态的操作性能良好，拥有较大的利润风险比例。

## 四、后市计算

1．按其前波幅度估算行情整体幅度。

计算公式：C点=A点±AB波幅度×N

N取1.618、2、2.618……

2．按前波幅度估算后波幅度。

计算公式：C点=①点±AB波幅度×N

N取1、1.618、2、2.618……

3．尾市型形态、或反转区幅度较大、或最保守的估算，可按反转形态幅度估计后市。

计算公式：C点=①点±反转区幅度×N

N取1.618、2、2.618……

4．也可采用B—①波的幅度估算后市，作为参考。

## 五、实例分析

**[实例1]　涨势中的上升三角形反转整理**（见图3-18）

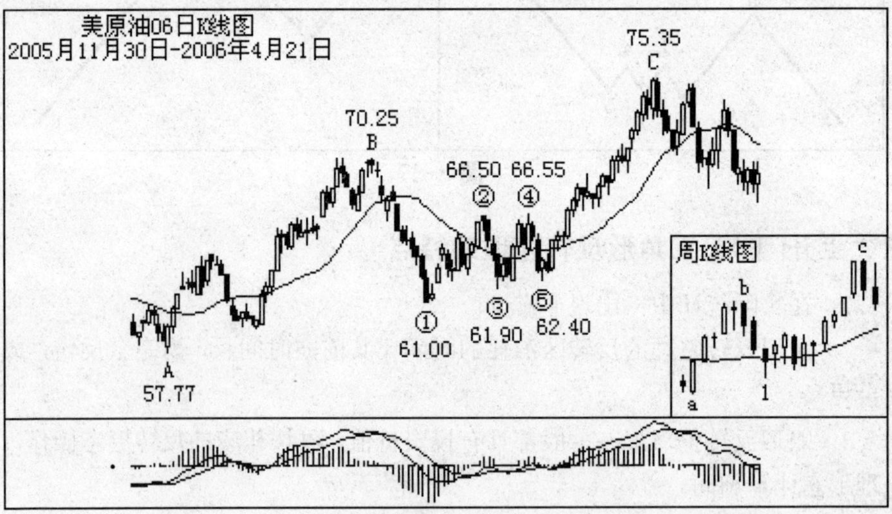


图3-18

1．行情前波上涨1248点，回档区是上升三角形反转，而后行情继续上涨。

2．可以按中继形态计算后市：61.00+(70.25-57.77)=73.48。

3．或按上升三角形反转计算后市：

61.00+(61.55-61.00)×1.618=69.98

61.00+(61.55-61.00)×2　　=72.10

61.00+(61.55-61.00)×2.618=75.53

**[实例2]　涨势中的下降三角形反转整理**（见图 3-19）

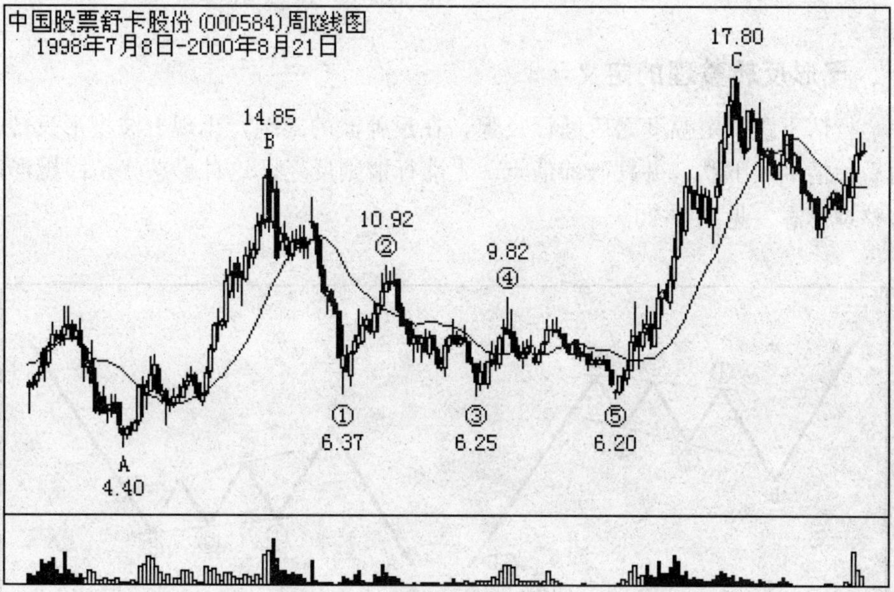


**图** 3-19

1．此形态前波幅度是10.45元，下降三角形形态比较标准。

2．回档幅度是8.65元，与前波比例是83%。

3．前波时间35周，整理区时间84周，后市28周。

4．后市计算：6.20+(14.85-4.40)=16.65。

5．涨势中的下降三角形反转整理成功率不高，可利用图形配合分析提高成功率。

6．采用2%～4%的风险，可获得160%的利润。

# 第四节 楔形反转整理

## 一、楔形反转整理的定义

行情下跌一定幅度之后进行反弹，在反弹波的末端，出现五波楔形反转，而后行情继续下跌，并跌破前低点。上涨行情则反之，这种形态就是：楔形反转整理形态，见图 3-20。

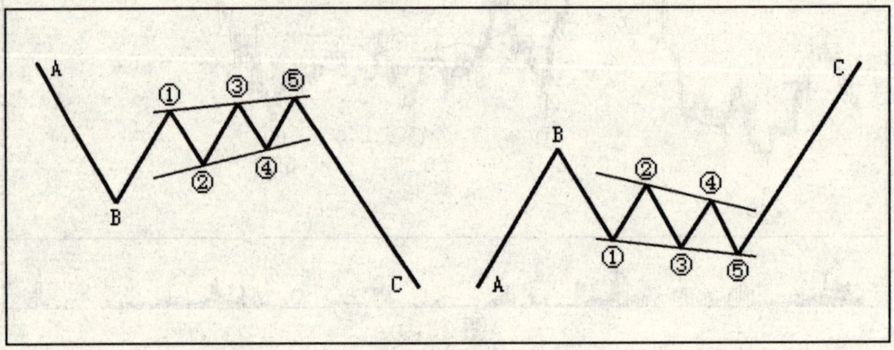


**图** 3-20

## 二、楔形反转整理的一些问题

1．这种形态的成功率应比楔形整理形态及反转形态高。

2．有时候，楔形反转的最高点可能距离前高点不远，操作时，可考虑把前高点作为止损位。

3．形态要求条件应没有单独的楔形整理或楔形反转那么严格。

4．此形态比较少见。

5．整理区时间充分的整理形态，成功率将会更高。

6．一般反转整理区的前波时间都没有其后的楔形反转区长。

7．可能存在三种情况的楔形反转整理：发射型、中继型、尾市型，示意图如图 3-21 所示。

8．如果反转整理区的反转区时间比其前波时间长，则为完全反转，其可信度加大。

9．可能存在反转区形态很娇小的情况，见图 3-22。

10．楔形反转整理形态，比单独的楔形反转容易操作。

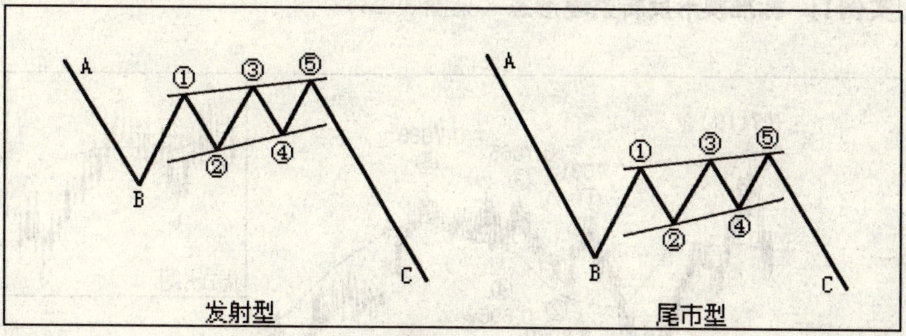


图 3-21

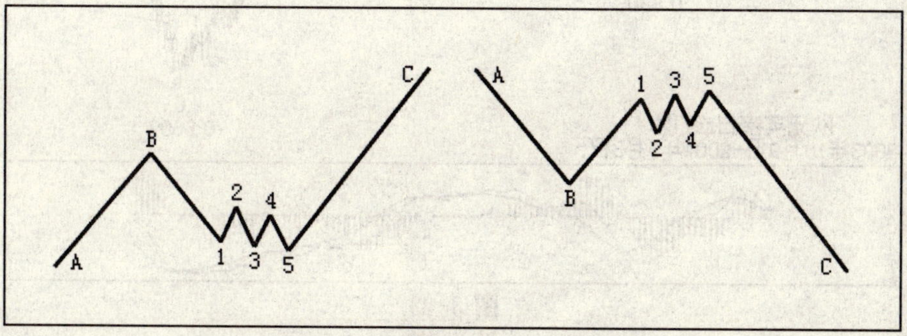


图 3-22

## 三、楔形反转整理的后市估算

1．整理充分的反转整理形态可按整理形态估算后市。

计算公式：C 点=A 点±AB 波幅度×N

N取1.618、2、2.618……

2．也可按前波幅度大致估算后波幅度。

计算公式：C 点=⑤点±AB 波幅度×N

N取1、1.618、2、2.618……

3．可按楔形反转区幅度估算后市。

计算公式：C点=⑤点±②⑤波幅度×N

N取1.618、2、2.618……

## 四、楔形反转整理的实例分析

**[实例1] 标准楔形反转整理形态**（见图3-23）

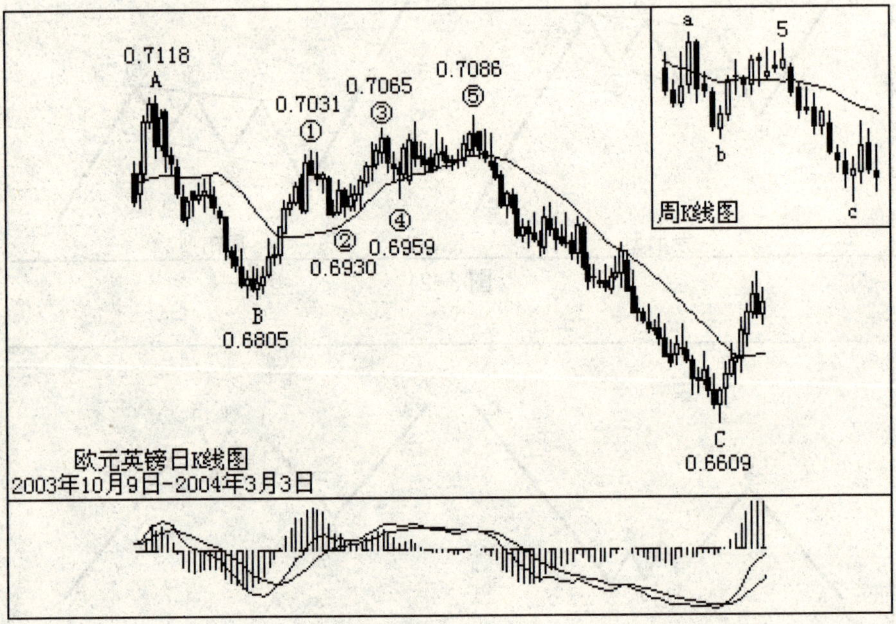


**图**3-23

1．前波时间19交易日，幅度313点，整理区40交易日，休整十分充分。

2．反转整理区的前波幅度是226点，时间是10天。反转区时间是30天，反转区时间十分充分。

3．后市估算：

按整理形态计算

1.618倍位置　0.7118-(0.7118-0.6805)×1.618=0.6611

按反转区幅度计算

0.7086-(0.7086-0.6930)×3=0.6618

**[实例2]　七波的楔形反转整理形态**（见图3-24）

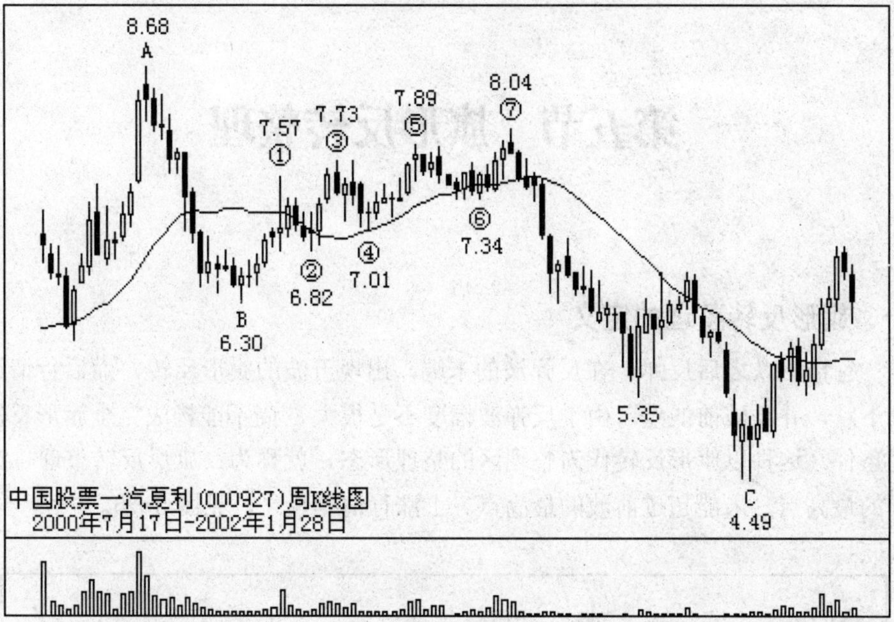


**图**3-24

1．前波时间12周，幅度2.38元，跌幅27%。整理区幅度1.74元，是前波的73%，时间34周，整理充分。

2．楔形反转区是七波结构。

3．后市计算：

$$8.68-(8.68-6.30)\times 1.618=4.83$$

$$8.68-(8.68-6.30)\times 2=4.56$$

4．⑤点或⑦点离场，可避免40%的损失。

# 第五节 旗形反转整理

## 一、旗形反转整理的定义

行情下跌之后反弹，在反弹波的末端，出现五波的旗形反转，而后行情继续下跌，并跌破前低点。由于反弹波幅度不是很大，尚不能构成完全旗形反转的条件。这种以旗形反转作为整理区的整理形态，就称为：旗形反转整理。反弹的最高点，未能超过前波的最高点。上涨行情则反之，见图 3-25。

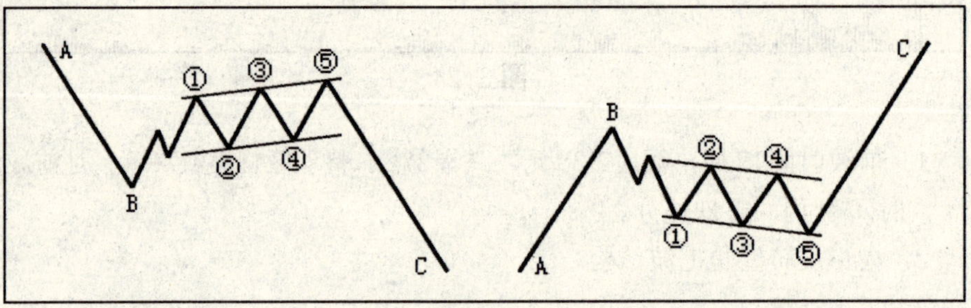


**图** 3-25

## 二、旗形反转整理的构成条件

1. 对前波的要求与整理形态一样，但可以不那么严格。

2. 反弹区的要求和反转形态类似，并时间足够。

3. 反弹的最高点，不超过前波最高点。

4. B—①波时间一般没有其反转区时间长。

## 三、旗形反转整理的特点

1. 和整理行情一样，前波幅度将影响行情整体的幅度，条件充分，可形成和整理形态一样的比例关系。

计算公式：C点=A点±AB幅度×N　N取1.618、2、2.618……

2. 也可采用前波A—B与后波⑤—C1∶1的比例关系计算。

3. 形态过大的，可参考反转形态估算后市。

4. 它将兼有整理形态和反转形态的特点。

5. 反转区时间一般都比它的前波时间长。

6. 这种形态出现非常少，但它的成功率应该是较高的。

7. 存在发射型、中继型和尾市型。

8. 这种形态的判断属于逆小势、顺大势。

9. 可能存在反转区幅度和时间很小的情况，见图3-26。

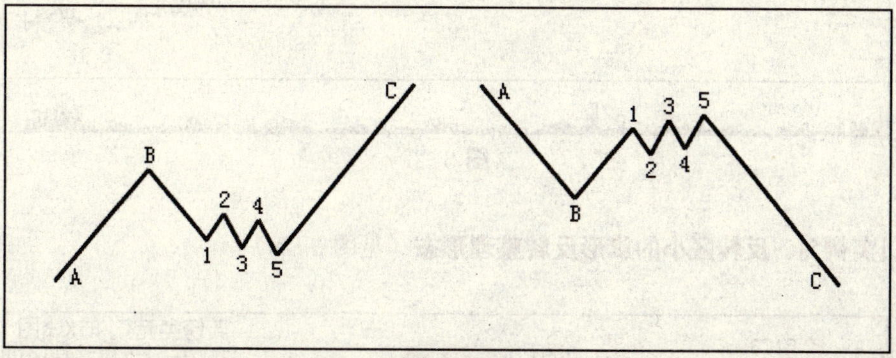


**图**3-26

## 四、旗形反转整理的操作策略

1. 进场点估计按旗形反转形态的方法。

2. 如果反弹区的最高点距离前波最高点不远，可以把止损设立在前高点。

3. 权衡利润风险比例，少于3∶1比例一般不考虑操作。

4. 旗形反转整理形态的可预测波是⑤—C波。

## 五、实例分析

**[实例1] 旗形反转整理形态**（见图3-27）

1. 前波幅度较大，股票整体下跌了50%。

2. 如果股票允许融券，可在⑤点做空。

3. 后市计算：

54.68-(54.68-27.70)×1.618=11.03

44.50-(54.68-27.70)×1　　=17.52

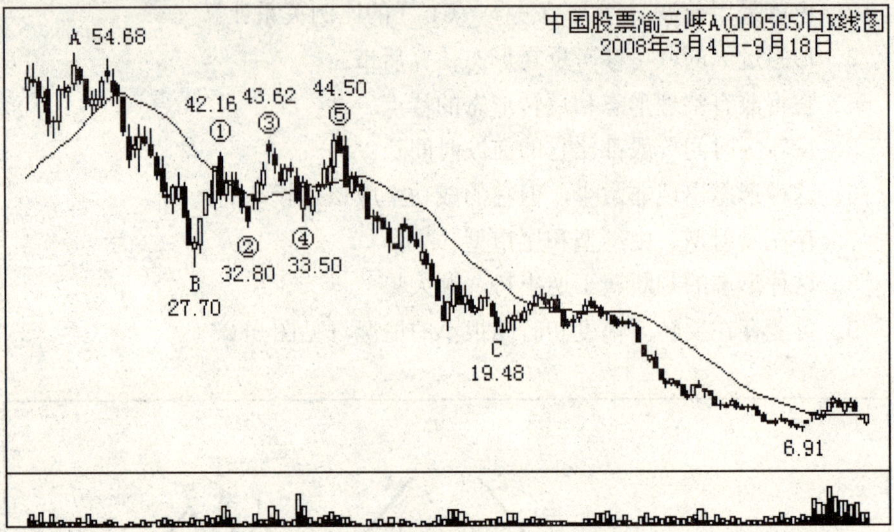


**图** 3-27

**[实例2] 反转区小的旗形反转整理形态**（见图 3-28）

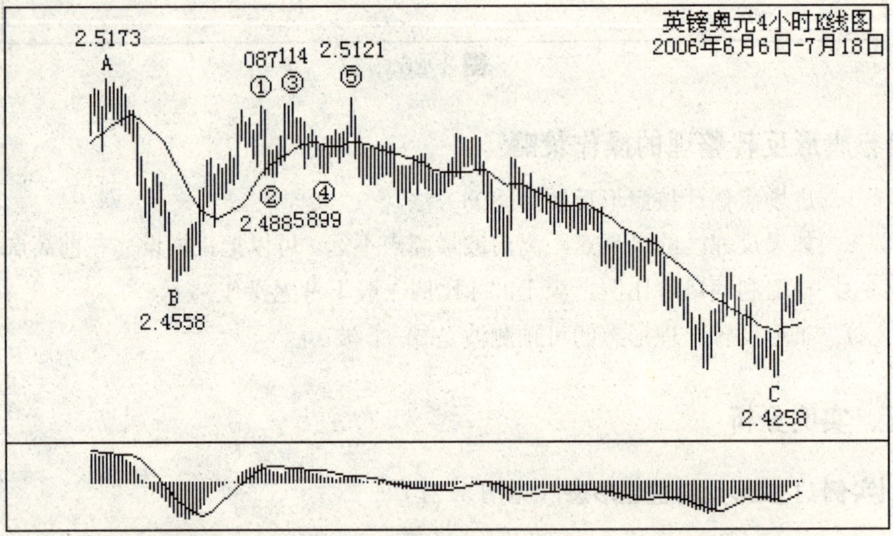


**图** 3-28

1．前波幅度615点，时间3天；旗形反转整理区幅度556点，时间是8天。

2．旗形反转整理区内，反转区前波时间是4天，反转区时间也是4天；但反转区的幅度小，是整体反转整理区的41%。

3．此为反转区很小的旗形反转整理形态。

# 第六节　扩大形反转整理

## 一、扩大形反转整理的定义

有一种整理形态，它是以扩大形反转作为整理区的特殊情况，见图 3-29。可称之为：扩大形反转整理形态。

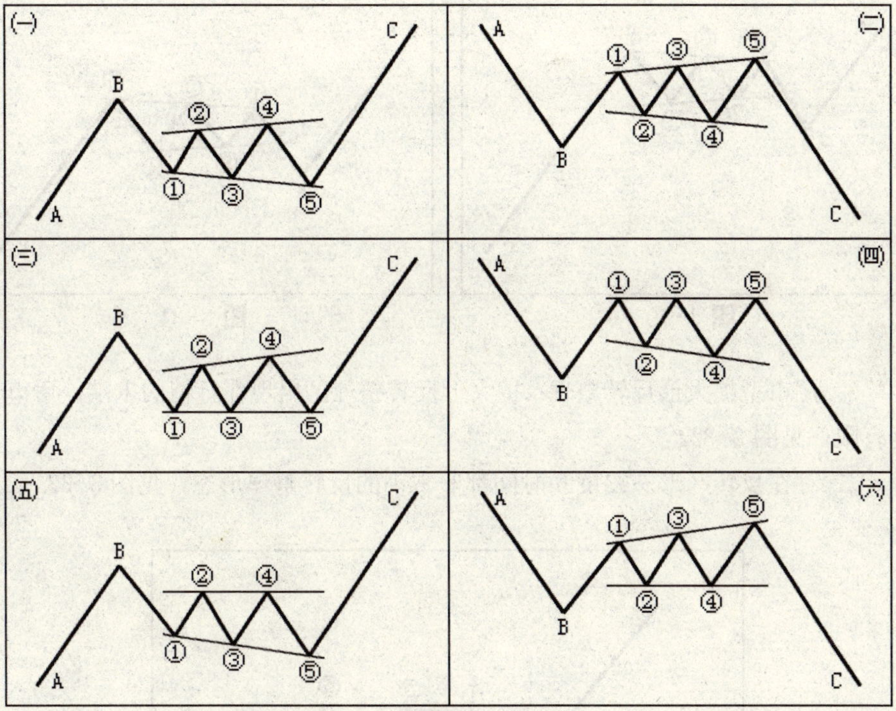


**图** 3-29

## 二、扩大形反转整理的类别

1．涨势中普通扩大形反转整理，见图 3-29㈠；

2．跌势中普通扩大形反转整理，见图 3-29㈡；

3. 涨势中底平扩大形反转整理，见图 3-29㈢；

4. 跌势中顶平扩大形反转整理，见图 3-29㈣；

5. 涨势中顶平扩大形反转整理，见图 3-29㈤；

6. 跌势中底平扩大形反转整理，见图 3-29㈥。

根据它们的细节可以再次分类。分类的原因是，不同特点的整理形态，可预见性、容易操作性、利润风险比例、成功率等因不同的细节情况而有所不同。

1. 发射型扩大形反转整理：扩大形反转整理区出现在行情早期，后市潜力非常大，见图 3-30。

2. 中继型扩大形反转整理：扩大形反转整理区出现在行情中部，前波的幅度和后波的幅度相近，见图 3-31。

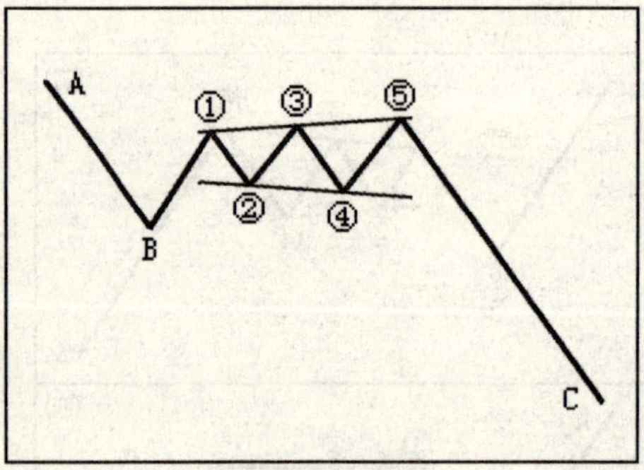


图 3-30

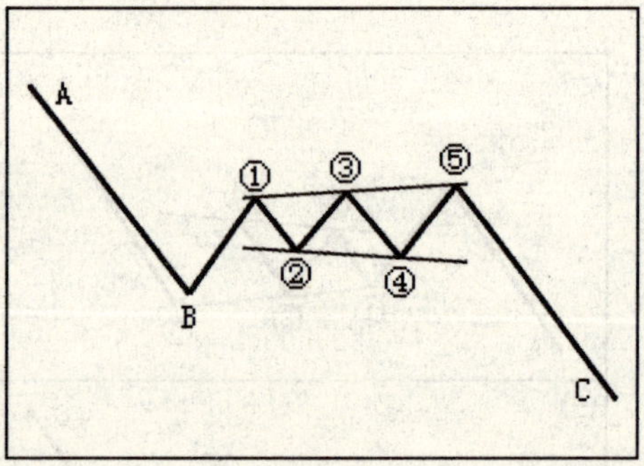


图 3-31

3. 尾市型扩大形反转整理：扩大形反转整理区出现在行情的末端，后市幅度有限，见图 3-32。

4. 存在反转区形态幅度和时间都非常小的反转整理形态，见图 3-33。

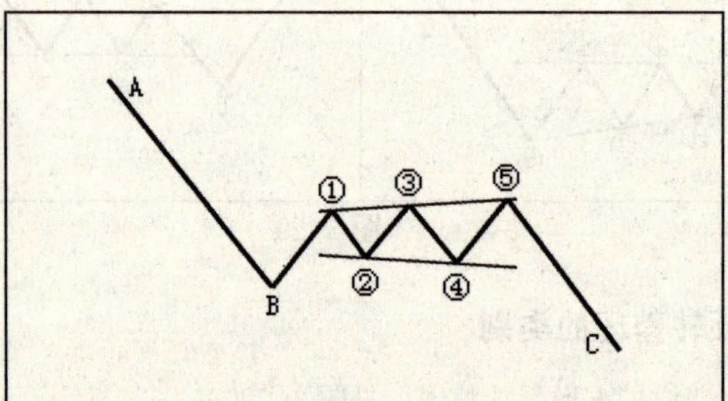


图 3-32

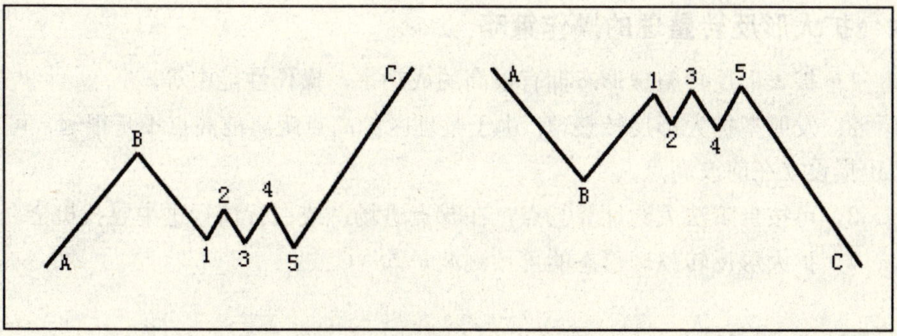


图 3-33

## 三、扩大形反转整理的构成条件

1. 在整理区内，由于扩大形的前波幅度小，形成不了完全反转的条件。

2. 盘区内，如果走势稳定，幅度较小，则这样的扩大形反转整理后市的利润将有可能很大，极具投资价值。

3. 在跌势中多见。在跌势中出现可信度加大。

4. 反转整理区时间最好比前波时间长。

## 四、扩大形反转整理的特点

1. 扩大形反转整理不多见。

2. 它的成功率应比单独的扩大形整理或扩大形反转为高。

3. 有的扩大形反转整理极具投资价值，后市具有很大的幅度空间。

4. 反转区的时间一般都比其前波时间长。

5. 这种形态一般得不到均线系统的支持，注意观察更大周期K线图上的长期均线。

## 五、扩大形反转整理的后市估算

1. 可按整理形态估算后市。

计算公式：C点=A点±AB幅度×N

2. 很多的时候，扩大形反转整理只是中继性能，行情的前波幅度与后波幅度相近。

3. 盘区幅度较大，或不很标准的扩大形反转整理可按反转形态，保守地估算后市幅度。

4. 有时候可以利用后市出现的新形态估计后市。

## 六、扩大形反转整理的操作策略

1．扩大形反转整理形态拥有很高的成功率，操作性能中等。

2．发射型扩大形反转整理，由于整理区的高点距离前高点不是很远，可以把止损设立在前波高点。

3．可按台阶法大约计算⑤点，在⑤点进场，或在行情行进中寻找机会。

4．扩大形反转整理形态的可预测波是⑤—C 波。

## 七、扩大形反转整理的实例分析

**[实例1]　标准底平扩大形反转整理形态　澳洲综合指数**（见图 3-34）

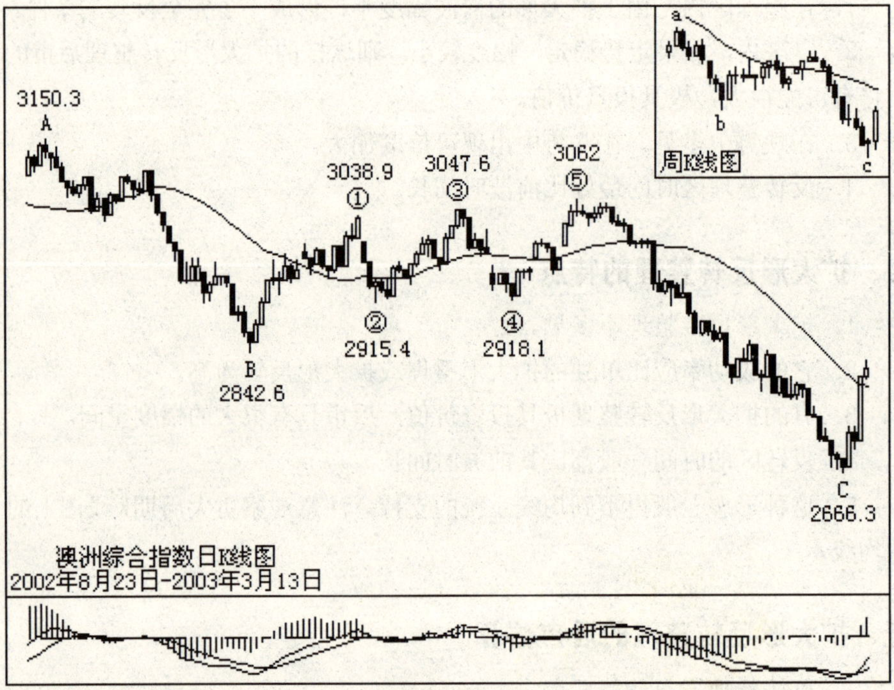


**图** 3-34

1．前波时间35天，反转整理区时间55天，后市时间44天。

2．前波幅度307.7点，后波395.7点。

3．后市估算：

$$3150.3-(3150.3-2842.6)\times1.618=2652.4$$

4．这是一个标准的底平扩大形反转整理。

**[实例2]　顶平扩大形反转整理形态**（见图3-35）

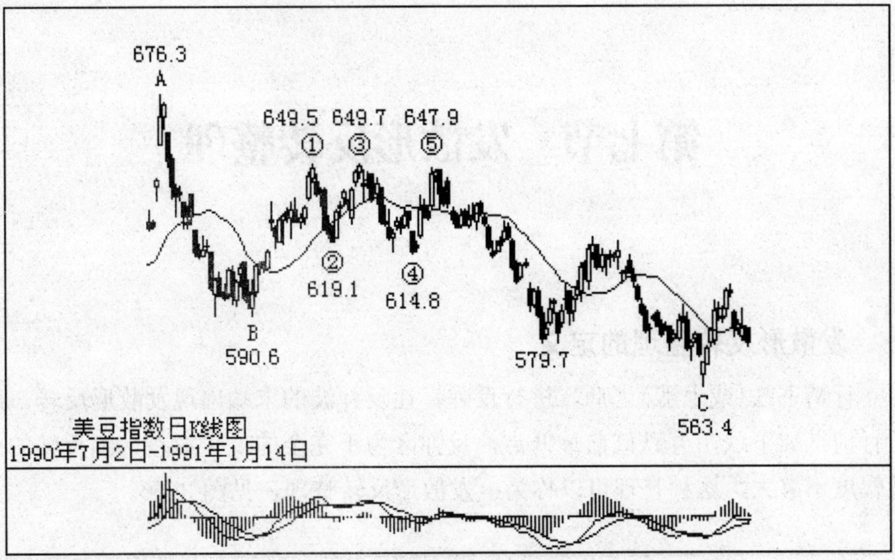


**图**3-35

1．行情下跌之后进行反弹，在反弹波的末端，出现顶平扩大形反转，而后行情继续下跌，并跌破了前波最低点。此为以顶平扩大形反转作为整理区的整理形态。

2．后市估算：

按整理形态计算

676.3-(676.3-590.6)×1.618=537.6

按反转形态计算

1.618倍位置　649.5-(649.5-614.8)×1.618=593.4

2　　倍位置　649.5-(649.5-614.8)×2　　=590.1

2.618倍位置　649.5-(649.5-614.8)×2.618=558.7

3　　倍位置　649.5-(649.5-614.8)×3　　=545.4

3.618倍位置　649.5-(649.5-614.8)×3.618=524.0

对于多个品种同时出现形态时，需要关注相应品种是否走到位。如果已经到位，应多加注意。

# 第七节　发散形反转整理

## 一、发散形反转整理的定义

行情下跌(或上涨)之后，进行反弹，在反弹波的末端出现发散形反转，而后行情继续下跌，并跌破前最低点，反弹区为不完全的反转形态，因反转的前波幅度不够大，这种整理可以称为：发散形反转整理，见图 3-36。

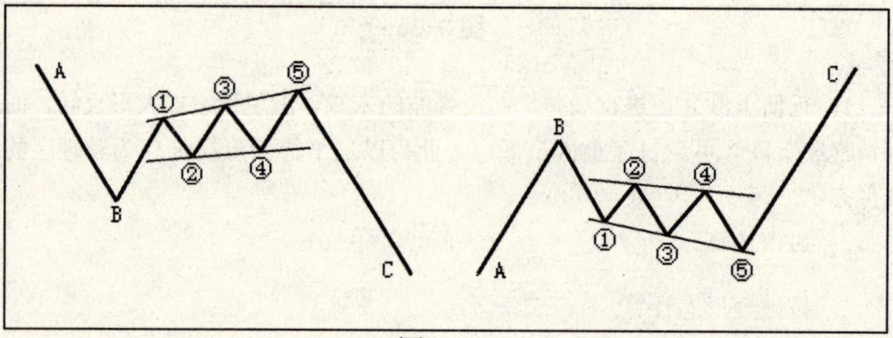


图 3-36

## 二、发散形反转整理的形成条件

1. 反转整理的前波要求没有整理形态前波要求那么严格。
2. 反转整理区的时间多于前波时间的整理更可靠。
3. 在反转整理区内，反转区时间多于其前波时间的更可靠。

## 三、发散形反转整理的后市估算

1. 按前波估算后市，认为整体的行情与前波幅度有关系。

计算公式：C 点=A 点±A B 波幅度×N

N取1.618、2、2.618……

2. 按前波幅度估算后波幅度。

计算公式：C点=⑤点±AB波幅度×N

N取1、1.618、2、2.618…… N以取1的情况居多。

3. 如果反转形态比较大，可保守地按反转形态幅度估算后市幅度。

计算公式：C点=⑤点±④⑤波幅度×N

N取1.618、2、2.618……

## 四、发散形反转整理的特点

1. ⑤点不超过前波高点(或低点)。

2. 其具有反转形态的特点，更具有整理形态的特点。

3. 其应有比整理形态和反转形态更高的成功率。

4. 整理区内反转形态的前波时间一般都比反转区时间短很多。

5. 任何整理形态的整理区时间都要比前波时间长，以便整理充分。

6. 一般得不到均线系统支持。

7. 可预测波是⑤—C波。

8. 发散形反转整理形态有很多情况是，盘区的最高点(或最低点)距离前波最高点(或最低点)不远，操作时，止损可以考虑设立在这个位置。

## 五、发散形反转整理的分类

1. 存在发射型、中继型和尾市型，见图3-37。

2. 可能存在反转区幅度和时间都特别小的情况，见图3-38。

3. 回调区里，如果反转区的时间多于其前波的时间，称为完全反转整理，否则称为不完全反转整理。

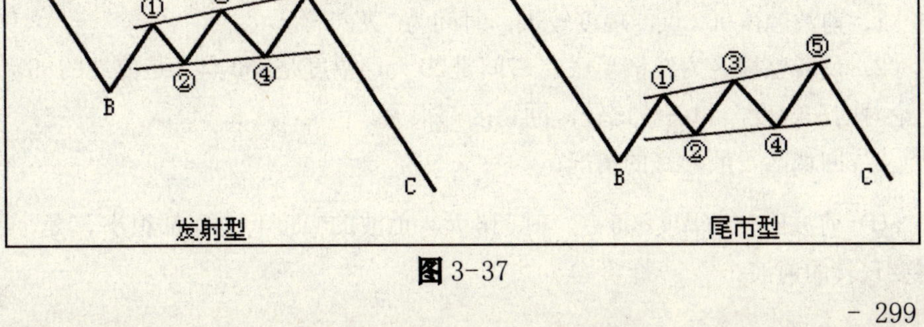


图3-37

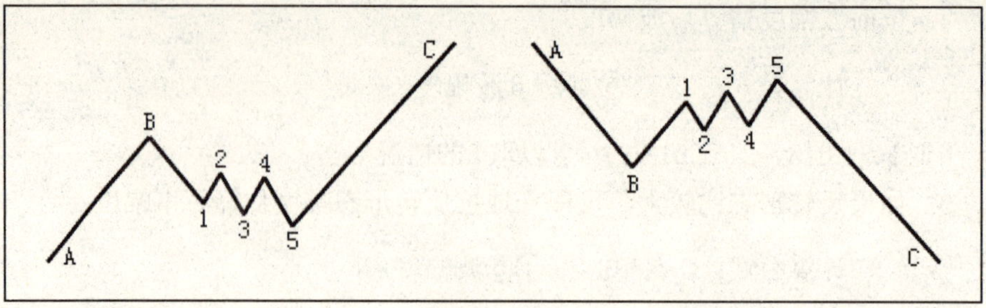


图 3-38

## 六、实例分析

**[实例1] 发散形反转整理**（见图 3-39）

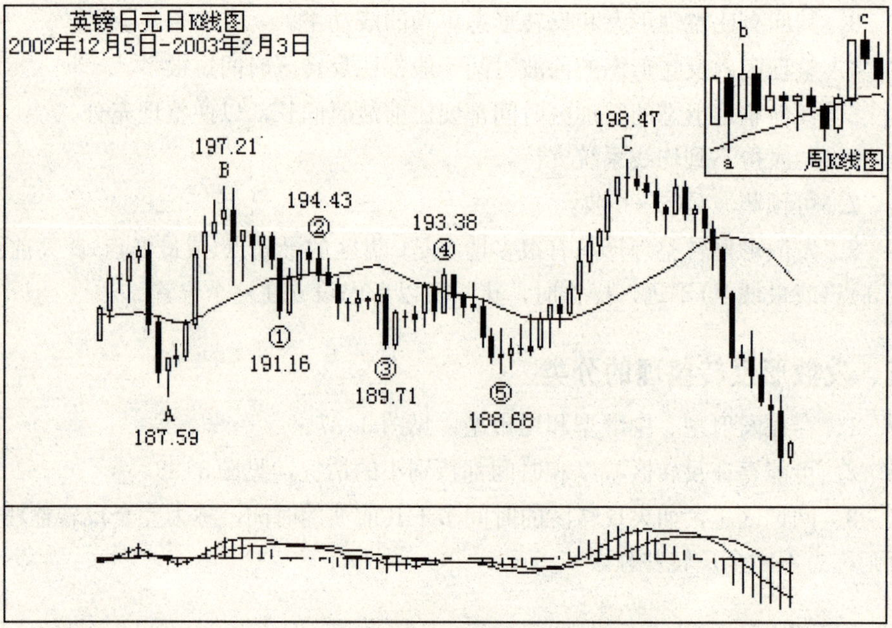


图 3-39

1．前波幅度962点，幅度较大，时间为6天。

2．反转整理区为发散形底，时间是29天，幅度是853点，是前波的89%。无论时间和幅度，和前波比较，回调区都很大。

3．回调区发散形底的情况：

⑴ 前波B—①幅度605点，时间6天。前波的幅度和时间都很小，是个不需要反转的前波。

⑵ 发散形反转区①—⑤时间为23天，后市⑤—C波是13天。

⑶ 反转区的③、⑤时间差13天，①、③时间差11天。

⑷ 回调区的最低点距离前波最低点不远，是109点。

⑸ ②—③波幅度472点，④—⑤波幅度470点。

4．后市计算：

由于前波过大，按前波1∶1估计后波

188.68+(197.21-187.59)=198.30

按反转形态估算

1.618倍位置　188.68+(193.38-188.68)×1.618=196.28

2　　倍位置　188.68+(193.38-188.68)×2　　=198.08

**[实例2]　发散形反转整理**（见图3-40）

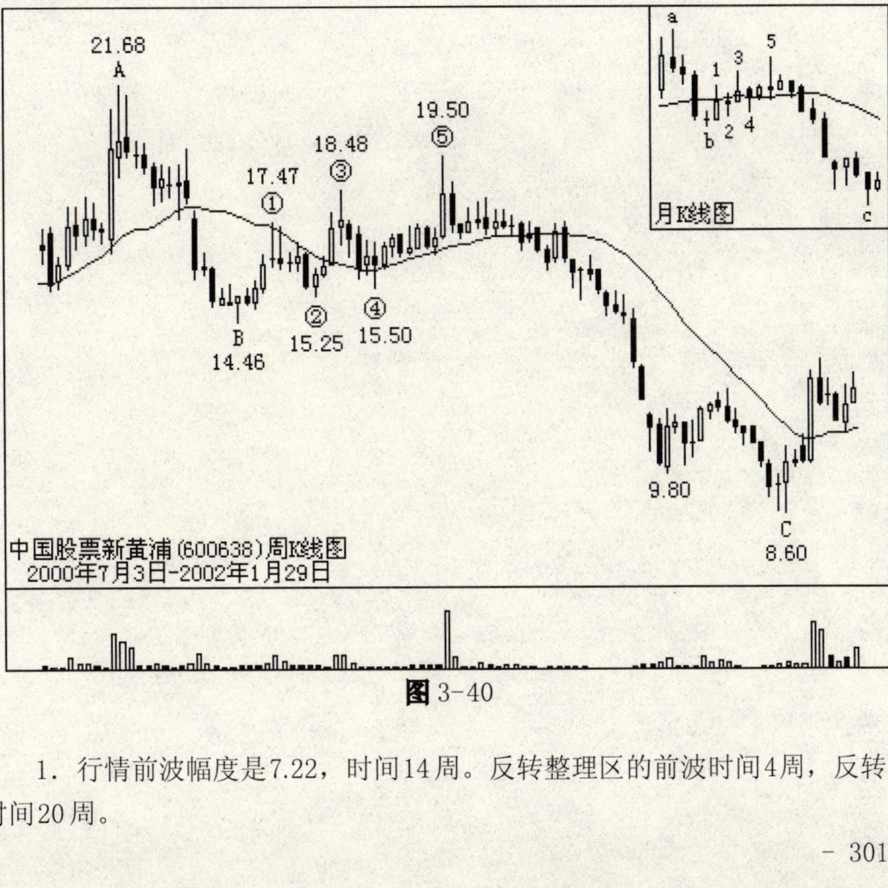


**图**3-40

1．行情前波幅度是7.22，时间14周。反转整理区的前波时间4周，反转区时间20周。

2. 后市计算：

21.68-(21.68-14.46)×1.618=10.00

21.68-(21.68-14.46)×2　　=7.24

3. ⑤点有巨大的成交量，后市行情启动先慢后快。

4. 在⑤点离场(或者融券)，可规避50% 的亏损。这也是相关股票离场的重要信号。

# 第八节　圆形反转整理

## 一、圆形反转整理的定义

行情下跌(或上涨)之后，进行反弹，在反弹波的末端出现圆形顶，而后行情反转而下跌，并突破前期最低点，这就是“圆形反转整理”，见图 3-41。

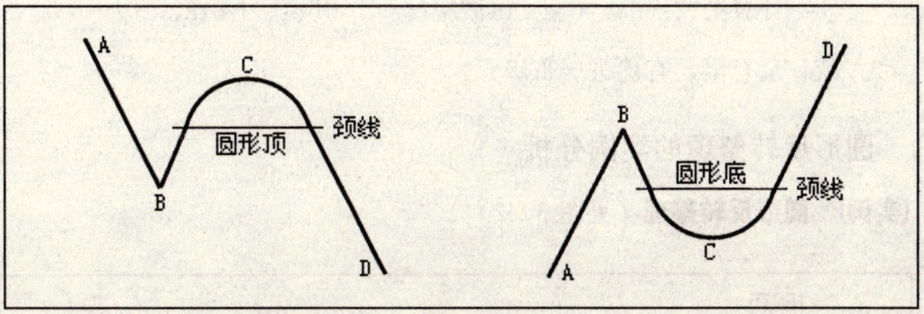


图 3-41

## 二、圆形反转整理的形成条件

1．圆形反转整理后市幅度一般很大，其前波幅度一般需要很大。

2．和圆形整理不同，圆形反转整理需要在形成圆形顶之前有一个幅度不大的前波。

3．圆形顶最高点不能超过前波最高点(或最低点)。

4．反转整理区时间充分，一般需要大于前波时间。

5．对于圆形顶部的要求应和圆形反转相似，但由于是整理形态，可不必那么严格。

## 三、圆形反转整理的特点

1．标准的圆形顶非常罕见，圆形反转整理更是难得一见。

2．一般前波和后波幅度都应比较大。

3. 和圆形反转比较，其应拥有更好的成功率。

4. 后市力量一般很大。

## 四、圆形反转整理的操作

圆形反转整理可采取和圆形反转类似的操作方法。

## 五、圆形反转整理的后市估算

1. 可采用和整理形态一样的计算方法。

计算公式：D点=A点±AB波幅度×N

N取1.618、2、2.618……

2. 可根据前波幅度初步估算后波幅度。

计算公式：D点=C点±AB波幅度×N　N取1、1.618、2……

3. 统计量有限，有待进一步研究。

## 六、圆形反转整理的实例分析

**[实例]　圆形反转整理**（见图 3-42）

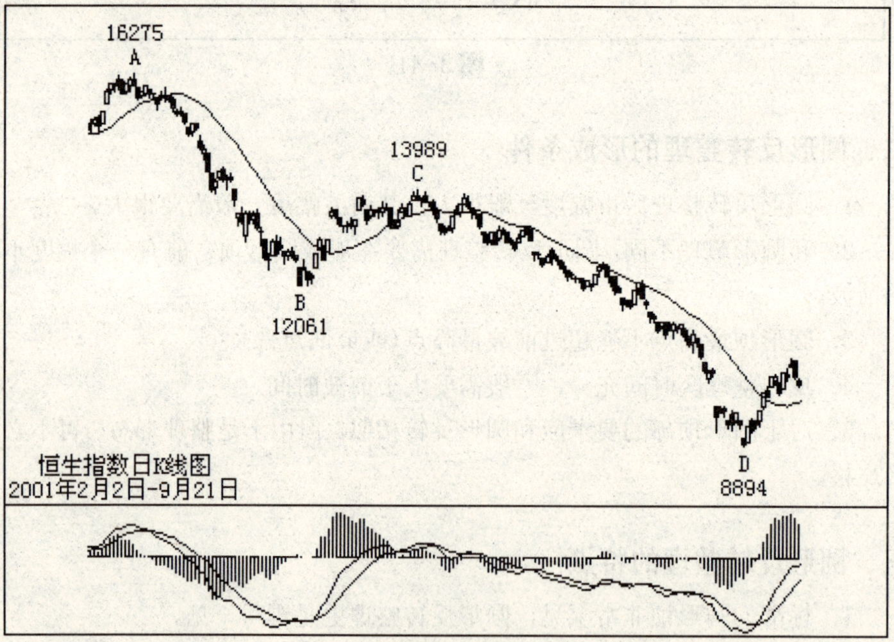


**图** 3-42

1. 前波4214点，反弹幅度1928点，后波幅度5095点。

2. 圆形不是很标准，时间也不是十分充裕。

3. 后市估算：

16275-(16275-12061)×1.618=9457

13989-(16725-12061)×1　　=9775

4. 行情一直到出现重大利空消息(2001年9月11日美国遇袭)后才结束。

# 第九节　五波旗和七波旗启动整理

## 一、定义

行情上涨一定幅度之后，进行回调。回调之后，行情继续原来的趋势而上涨，并突破前高点。在回调后的行情启动位置，出现五波旗或七波旗，这个形态就可以称作：五波旗或七波旗启动整理形态，见图 3-43、图 3-44。

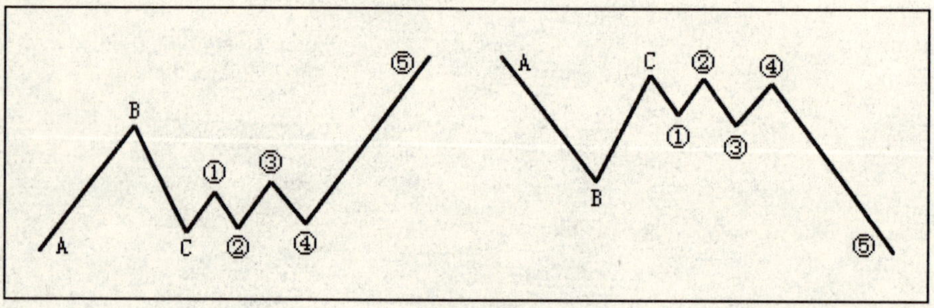


图 3-43

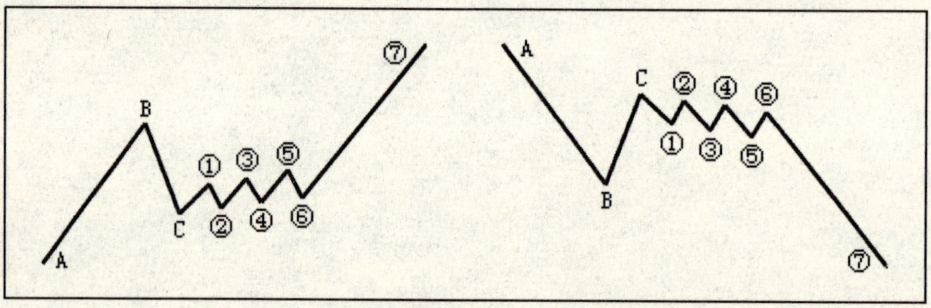


图 3-44

## 二、特点

1. 这种形态制作更为精巧，十分罕见。

2. 这种形态应比单独的五波旗和七波旗拥有更高的成功率。

3. 它的操作可按五波旗或七波旗操作。

4. 可预测波是④—⑤波或⑥—⑦波。

5. 可按整理形态的思想计算，也可以参考五波旗或七波旗的计算。

## 三、实例分析

**[实例1] 五波旗启动整理形态**（见图3-45）

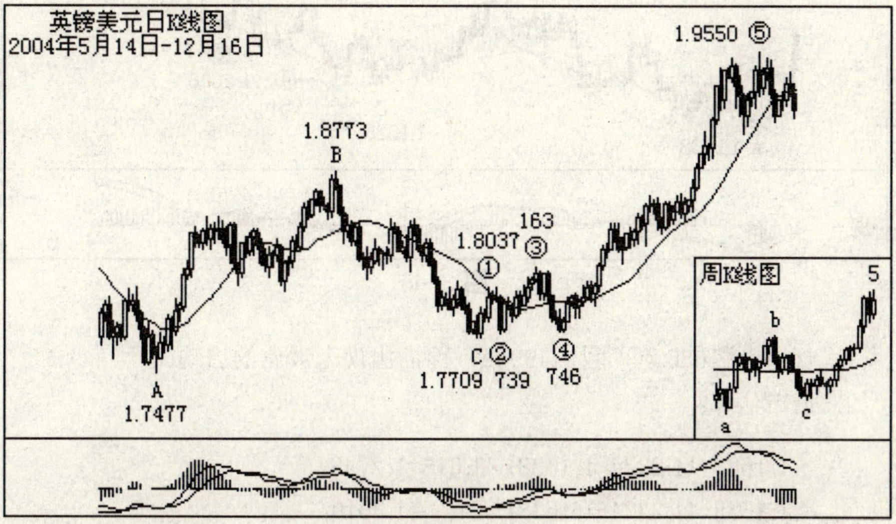


**图**3-45

1. 行情的A—B波幅度1296点，时间是46天。

2. 回调区幅度1064点，时间是36天。

3. 后市计算：

1.7477+(1.8773-1.7477)×1.618=1.9574

1.7709+(1.8773-1.7477)×1 =1.9005

1.7709+(1.8163-1.7709)×1.618=1.9444

1.7709+(1.8163-1.7709)×2 =1.8617

1.7709+(1.8163-1.7709)×2.618=1.8898

1.7709+(1.8163-1.7709)×3 =1.9071

1.7709+(1.8163-1.7709)×3.618=1.9352

1.7709+(1.8163-1.7709)×4 =1.9525

4. 这是可以单独操作的形态，后市抵达1.9525～1.9574一带的可能非常大。

**[实例2] 七波旗启动整理形态**（见图 3-46）

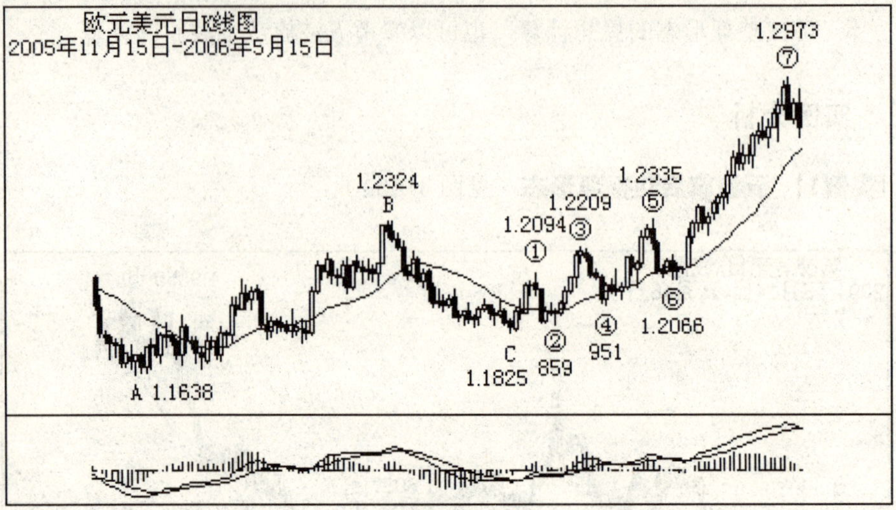


**图** 3-46

1. 行情上涨686点，回档499点，而后出现七波旗的启动。
2. 后市估算：

1.1638+(1.2324-1.1638)×1.618=1.2748

1.1638+(1.2324-1.1638)×2 =1.3010

1.1638+(1.2324-1.1638)×1.618=1.2650

1.1638+(1.2324-1.1638)×2 =1.2845

**[实例3] 五波旗启动整理形态**（见图 3-47）

1. 行情下跌936点后，反弹630点，反弹幅度67%，而后出现五波的跌势。
2. 跌势的第1波幅度334点，第3波350点，此为五波旗结构。
3. 后市计算：

按整理形态计算

711.0-(711.0-617.4)×1.618=559.6

按五波旗计算

680.4-(680.4-641.4)×1.618=617.3

680.4-(680.4-641.4)×2 =602.4

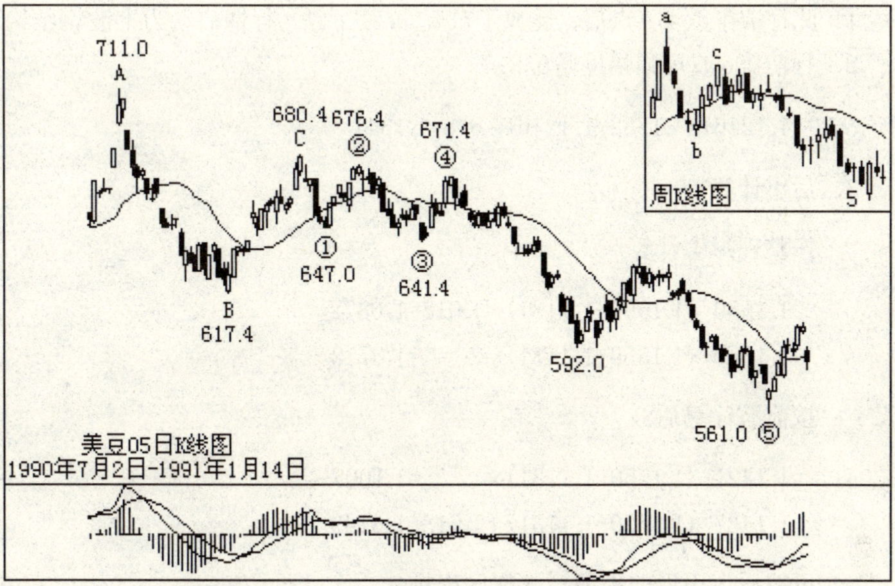


图 3-47

680.4-(680.4-641.4)×2.618=578.3

680.4-(680.4-641.4)×3　　=563.4

**[实例4]　七波旗启动整理形态**（见图 3-48）

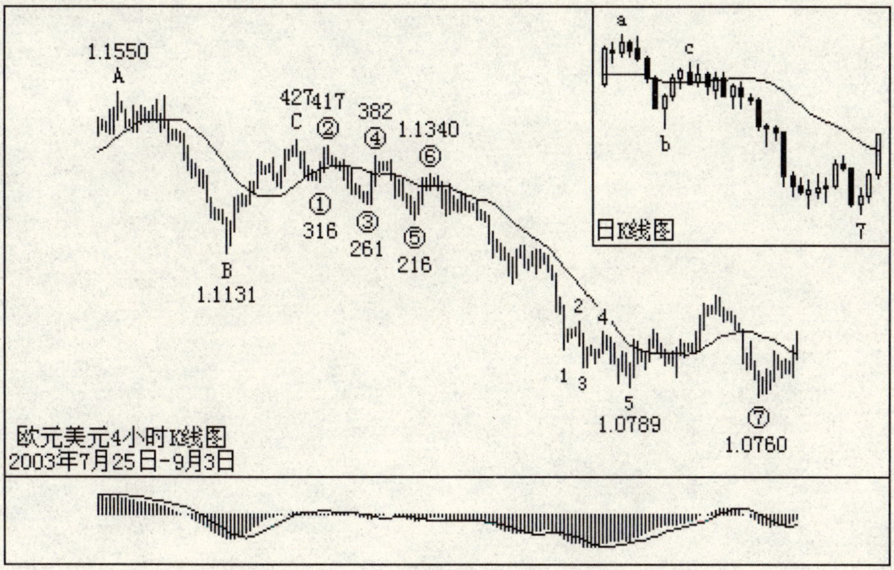


图 3-48

1. 此行情下跌419点后，反弹了71%，继续下跌，行情启动为七波旗结构。
2. 行情第6波反弹幅度是6/8：

   1.1216+(1.1382-1.1216)×6/8=1.1341

3. 后市计算：

   按整理形态计算

   1.1550-(1.1550-1.1131)×1.618=1.0872

   1.1550-(1.1550-1.1131)×2 =1.0712

   按前波计算后波

   1.1427-(1.1550-1.1131)×1 =1.1008

   1.1427-(1.1550-1.1131)×1.618=1.0749

   可按后市出现的小型三次探底出场。

# 第四章　其他形态

## 第一节　小型平台

### 一、小型平台的定义

有时候，在一些行情行进的过程中，会出现形态非常小的整理形态，它对于追击行情意义重大。这些小形态可以是任何形态：矩形、三角形、上升三角形、下降三角形、旗形、楔形、发散形、扩大形，以楔形和三角形居多，且以在跌势中出现尤多。由于整体形态较小，故名“小型平台”，它并不是严格意义上的整理形态，见图 4-1。

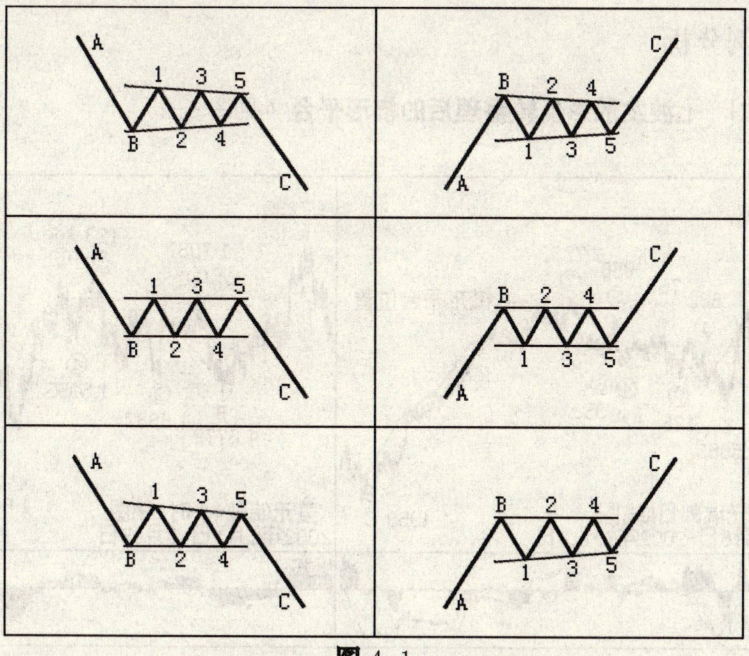


图 4-1

## 二、小型平台的特点

1. 以在某些转势行情的初期出现为最多，有时也出现在行情不活跃时期。

2. 偶尔出现在行情中期或尾市。

3. 形态在幅度和时间上都很小，整理区的形态一般不是很标准。

4. 它具有较好的操作性能，但利润风险比例不大。

5. 对于一些难以操作的反转形态而言，这些形态赋予了新的操作时机。例如：旗形反转、楔形反转、发散形反转、扩大形反转，甚至是三角形反转和矩形反转。

6. 多数是五波结构，也有模糊形态。

7. 小型平台整理的可预测波是5—C 波。

## 三、小型平台的预测意义

1. 如果小型形态是处于大型形态中，可按大形态估算后市。

2. 也可按整理形态计算后市，但准确性一般。

计算公式：C 点=A 点±AB 幅度×N

N 取1.618、2、2.618……

## 四、实例分析

**[实例1] 七波发散形反转整理后的楔形平台**（见图 4-2）

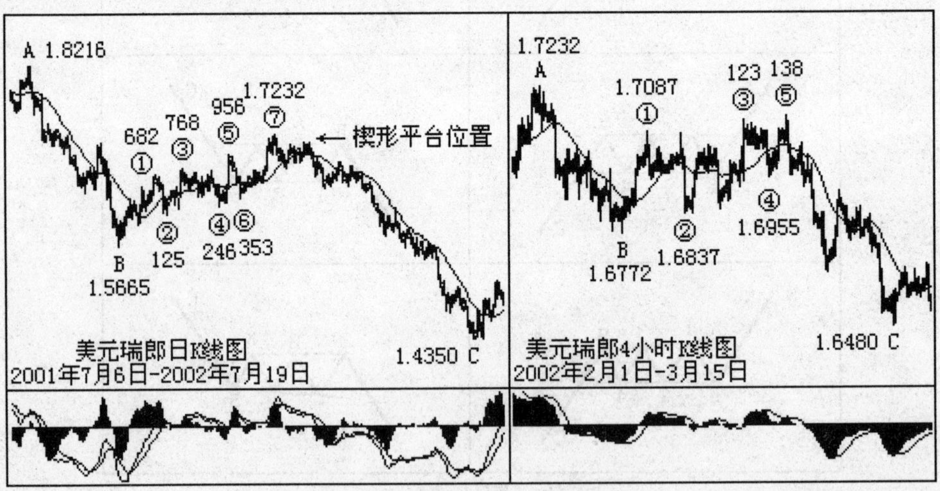


**图** 4-2

1．在七波发散形反转整理形态的启动波初期，出现一个小型的楔形整理平台，这对行情方向的判断、行情发动时机的判断、进场操作，都具有十分重要的意义。

2．后市按反转整理形态估算：

1.8216-(1.8216-1.5665)×1.618=1.4088

3．大型形态早期出现的小型平台，可以使发动时机的判断更准确，并拥有非常高的利润风险比例。

**[实例2]　发散顶后的三角形平台**（见图 4-3）

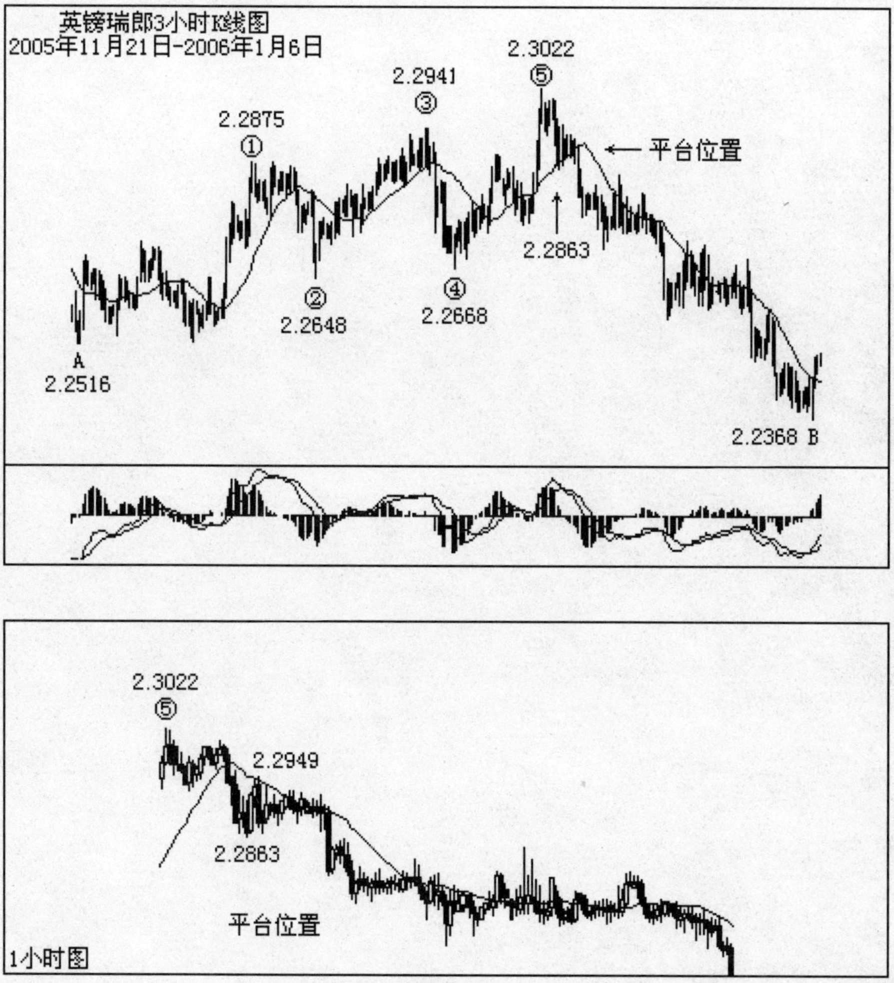


**图** 4-3

1．在发散形反转形态发动的早期，出现一个小型的三角形平台，但不是非常标准。

2．发散形反转形态一般难以操作，在发动早期出现小型平台是难得的操作机会。

3．后市估算：

$$2.3022-(2.3022-2.2668)\times 1.618=2.2449$$
$$2.3022-(2.3022-2.2668)\times 2=2.2314$$

# 第二节　中继平台

## 一、中继平台的定义

有一种不充分的整理形态，它在幅度和时间上都不足以整理幅度较大的前波，行情经历这个短暂的休整，继续原来的趋势，后波幅度和前波幅度差不多，多在跌势中出现。盘区走势一般很缓慢。整理区可以是任何形态：矩形、三角形、旗形、楔形、发散形、扩大形、类五波旗等，见图 4-4。

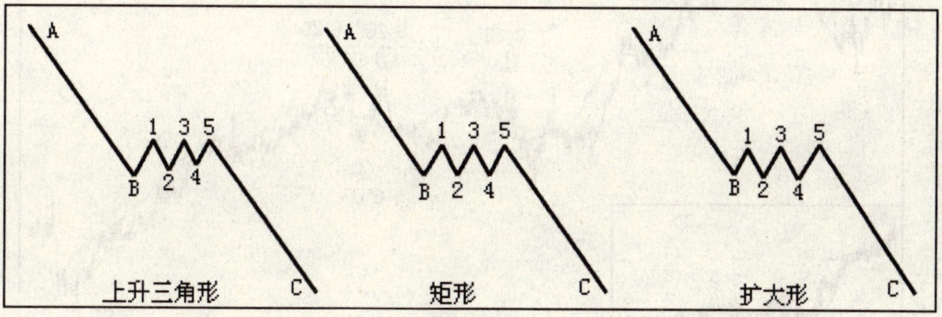


图 4-4

## 二、中继平台的特点

1. A—B 波幅度与5—C 波幅度相近。

2. 盘区幅度一般较小，走势缓慢，时间一般没有前波长，为不充分整理。

3. 行情后市一般走势缓慢，回调较小。

4. 它的判断难度较大，判断成功率不会太高。

5. 可在行情突破以后寻找进场时机。

6. 中继平台非充分整理可预测波是5—C 波。

7. 中继平台的前波幅度一般都比较大，其需要更长时间才能充分整理这个前波。

8. 中继平台的后波时间一般比前波时间长。

## 三、中继平台后市的计算

1. 前波幅度取A点到盘区最低点幅度，后市幅度取盘区最高点到C点幅度。

2. 计算公式：后市点位=盘区最高(低)点±前波幅度。

3. 也可利用前波幅度去估算行情整体的幅度。

计算公式：C点=A点±前波幅度×N　N一般取1.618。

## 四、中继平台实例分析

**[实例1]　楔形中继平台**（见图4-5）

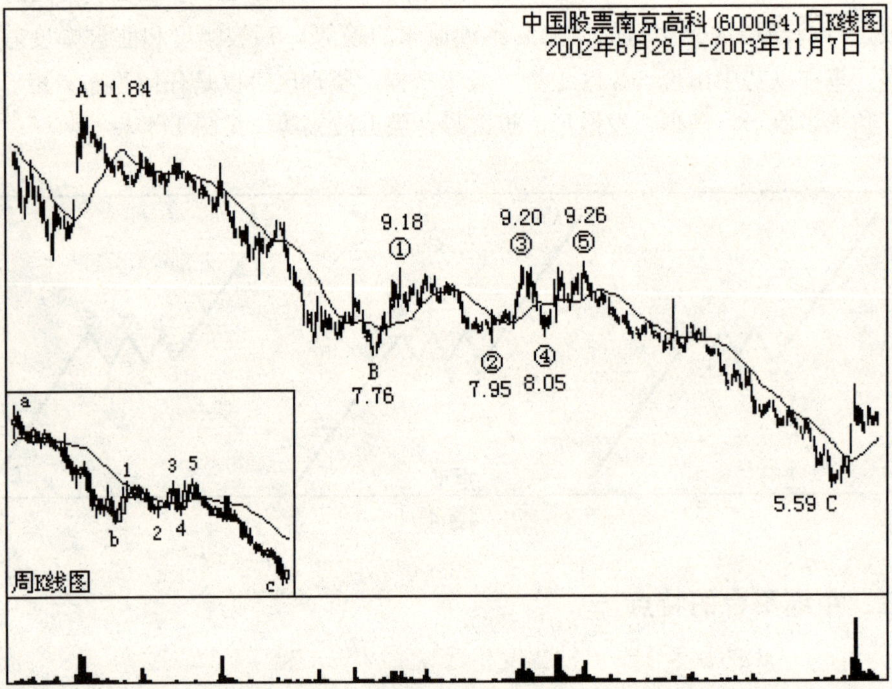


**图** 4-5

1. 楔形的前波时间是26周，楔形整理区时间是20周，整理区时间不充分，后市时间21周。

2. 前波幅度4.08，盘区幅度1.5，为前波的37%，后波幅度3.67。

3. 后市估算：

9.26-(11.84-7.76)=5.18

11.84-(11.84-7.76)×1.618=5.24

**[实例2]　矩形中继平台**（见图4-6）

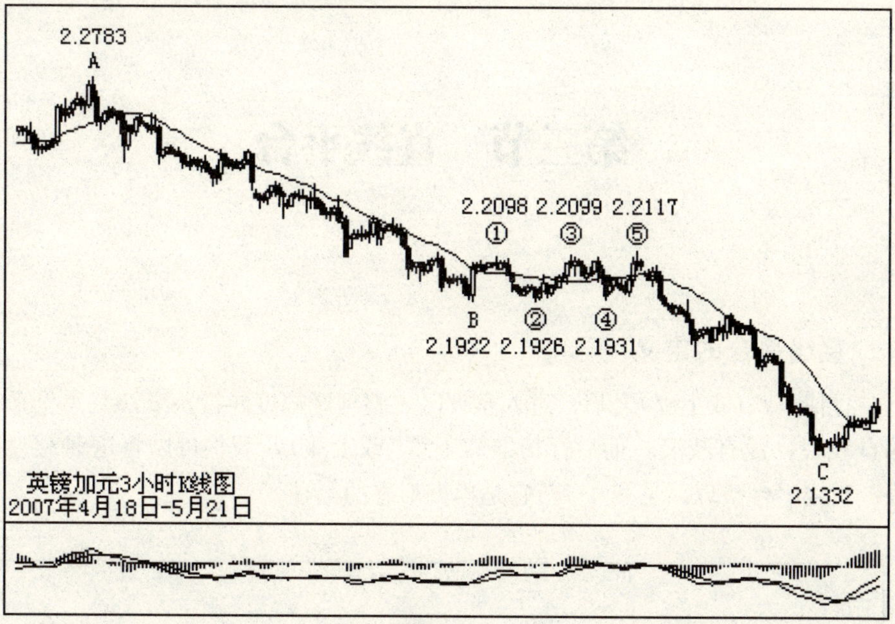


**图** 4-6

1. 前波幅度861点，幅度很大，速度适中。
2. 盘区幅度小，时间短。
3. 前波时间12天，后波时间6天。
4. 后市估算：

2.2117-(2.2783-2.1922)×1　　=2.1256

2.2117-(2.2783-2.1922)×1.618=2.1390

# 第三节　直线平台

## 一、直线平台的定义

行情下跌(或上涨)之后，进入整理区。整理区幅度异常狭窄，几乎呈平行的直线型，没有波浪，而后行情继续下跌(或上涨)，我们可以将这种整理称为：直线平台整理。见图 4-7，它是模糊形态的一种。

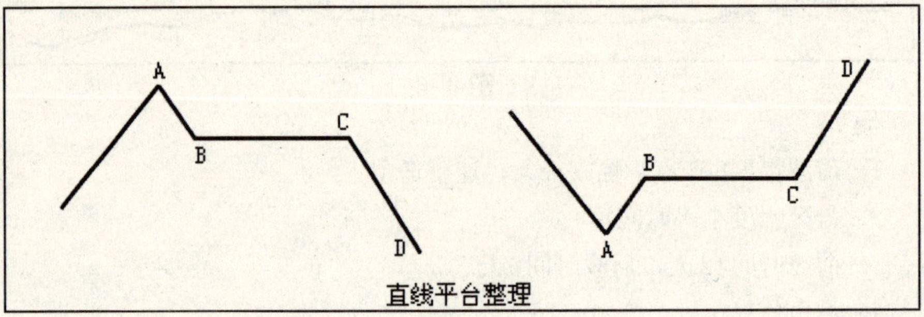


图 4-7

## 二、直线平台的形成条件

1. 直线平台的A点前经常有一个大的趋势存在。

2. 直线平台整理的前波幅度一般不大，速度有的快，有的慢。

3. 盘区的幅度要足够狭窄。

4. 盘区时间充分，并能得到均线系统支持。

## 三、直线平台的特点

1. 在涨势和跌势中都偶有出现。

2. 后市速度一般都很快。

3. 盘区内的高(低)点一般都是在盘区早期形成的。

4. 有强势和弱势直线平台，见图 4-8。

5. 具有较高的成功率，估计在80% 左右。

6. 有很多反转形态，如旗形、楔形、发散形、扩大形反转等，不可以直接操作。但在行情发动的早期，有时候会出现这样的直线平台，作为新的难得的进场机会。

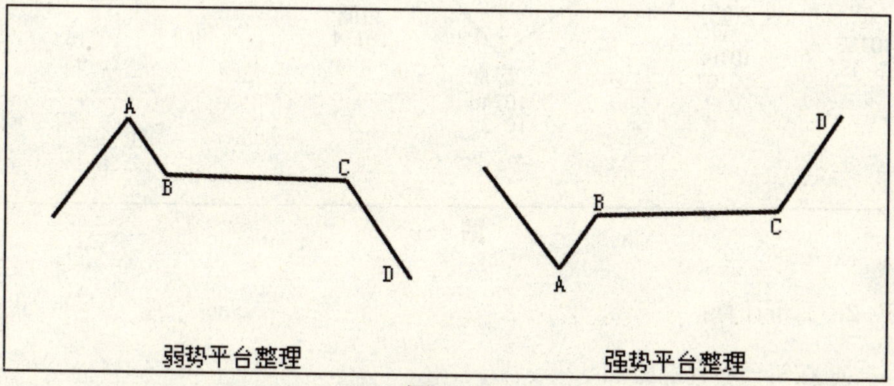


**图** 4-8

7. 直线平台的操作性能非常好。

8. 直线平台的前波幅度一般都不大。

9. 直线平台整理可预测波是C—D波。

10. 在整理时间充分后进场，止损设立在平台最高点(或最低点)或其外。

## 四、直线平台后市幅度的计算

1. A—B波幅度与A—D波幅度容易形成比例关系。

计算公式：D 点=A 点±AB 幅度×N　N 以2.618倍居多。

2. C—D波幅度容易与A—B波幅度形成比例关系。

计算公式：D 点=C 点±AB 幅度×N　C 点取盘区最高点或最低点。

## 五、直线平台实例分析

**[实例1]　三次探底后的直线平台**（见图 4-9）

1. 直线平台出现在三次探底之后，直线平台的前波幅度38点，盘区最大幅度10点，时间49分钟。

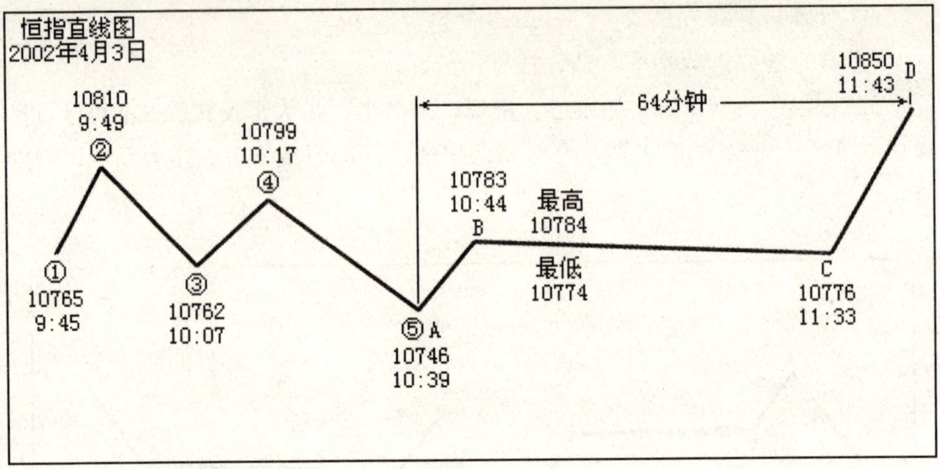


图 4-9

2. 后市计算：

按第一种计算方法

1.618 倍位置　10746+(10784-10746)×1.618=10807

2　　 倍位置　10746+(10784-10746)×2　　=10822

2.618 倍位置　10746+(10784-10746)×2.618=10845

按第二种计算方法

1.618 倍位置　10774+(10784-10746)×1.618=10835

2　　 倍位置　10774+(10784-10746)×2　　=10850

2.618 倍位置　10774+(10784-10746)×2.618=10873

如果按三次探底的最后一波幅度计算后市

1.618 倍位置　10746+(10799-10746)×1.618=10831

2　　 倍位置　10746+(10799-10746)×2　　=10852

2.618 倍位置　10746+(10799-10746)×2.618=10885

接近的数据是：10845、10850、10852。

**[实例2]　直线平台**（见图 4-10）

此直线平台形态出现在一个不标准的扩大形反转的后面，是追击行情难得的操作机会。

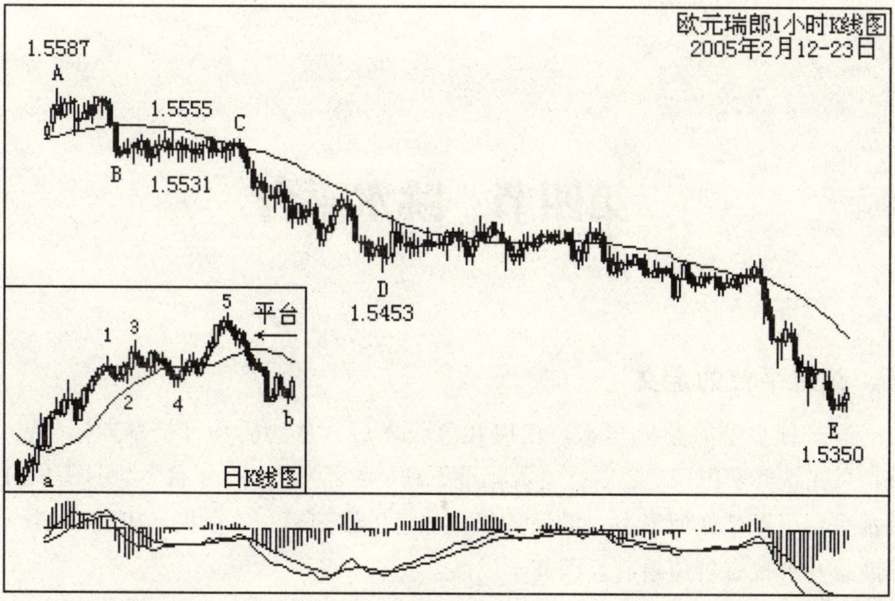
欧元瑞郎1小时K线图
2005年2月12-23日
1.5587
A
1.5555
C
B
1.5531
D
1.5453
E
1.5350
平台
1
3
5
2
4
a
b
日K线图

图4-10

# 第四节　跳水平台

## 一、跳水平台的定义

有一种小型的整理形态，出现在急涨之后，作为转势行情早期短暂的休整，只在跌势中出现，之后行情大幅度下跌，名之为“跳水平台”，见图 4-11。跳水平台可以是任何形态，波浪清晰，也可以波浪模糊。以楔形出现最多，矩形或三角形投资价值最高，因其不发散。

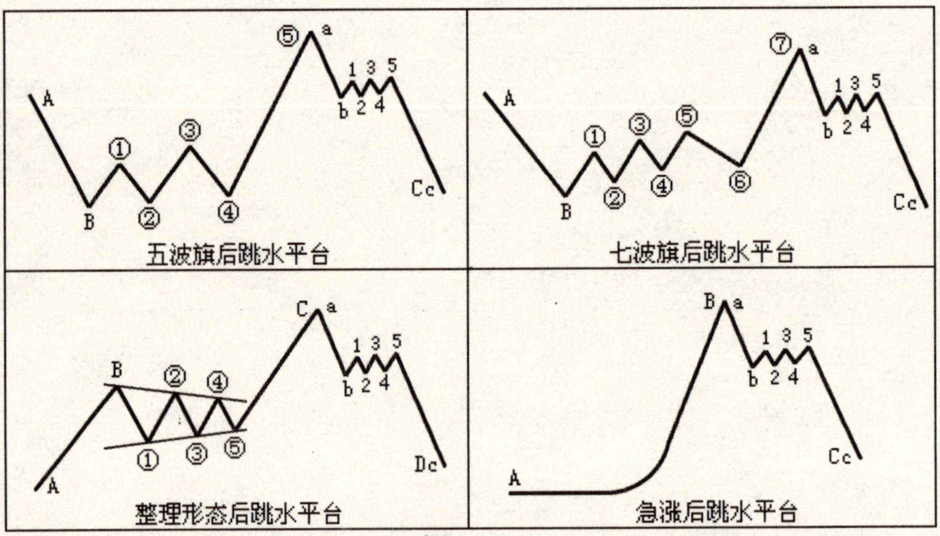


图 4-11

## 二、跳水平台的形成条件

1. 平台的前波之前，有一个急涨的波浪。平台多数出现在急速上涨，回光返照之后。

⑴ 五波旗的急涨之后。

⑵ 七波旗的急涨之后。

⑶ 一些形态突破并完成幅度以后。

⑷ 其他急涨之后。

2．平台的前波幅度一般不大。

3．平台区幅度较小、时间较短，波浪一般为五波。

4．在一些顶部反转形态行情发动的早期，也可能出现这种形态。

## 三、跳水平台的后市估算

1．跳水平台可预测利润波是小平台的后市波。

2．可按整理形态操作和估算后市。

3．如果有其他更大的形态，可按大形态估算后市。

4．计算偏差较大。

## 四、跳水平台实例分析

**[实例1]　七波旗后的楔形跳水平台**（见图4-12）

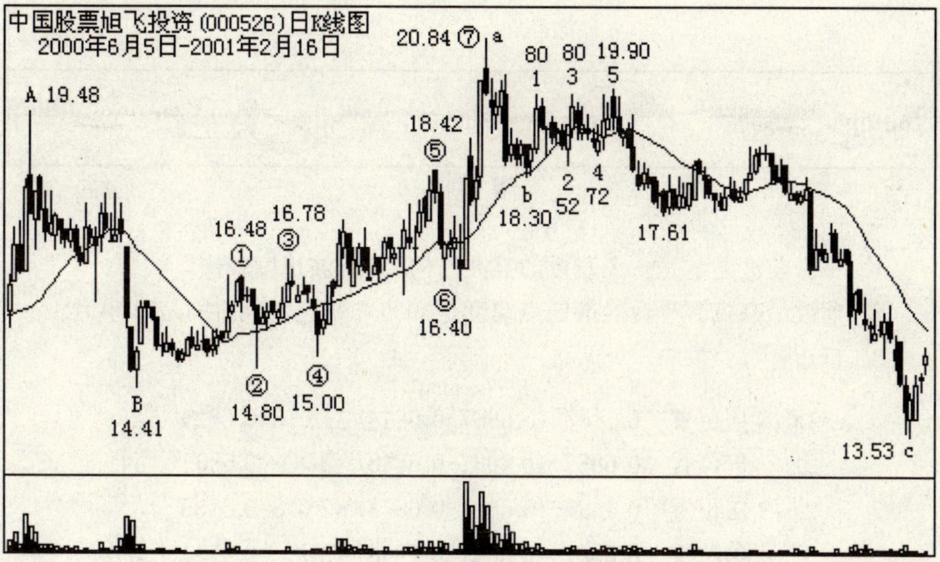


**图**4-12

1．平台前波之前是七波结构，第7波有加速现象，急涨到20.84后，回档。

2．后市估算：

20.84-(20.84-18.30)×1.618=16.73

20.84-(20.84-18.30)×2　　=15.76

20.84-(20.84-18.30)×2.618=14.19

20.84-(20.84-18.30)×3　　=13.22

3. 可以在5点离场或融券。

**[实例2]　类五波旗后的跳水平台**（见图 4-13）

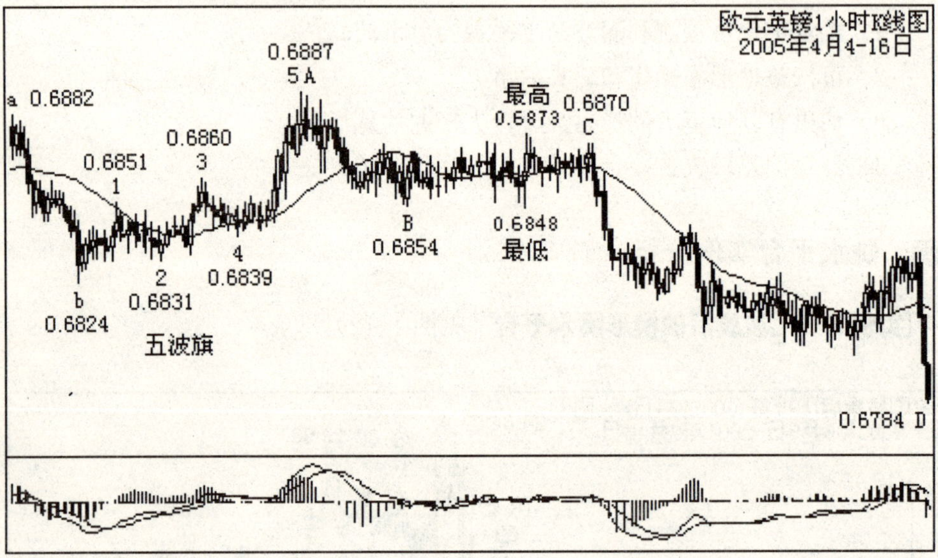


**图** 4-13

1. 平台前波之前是一个发散的五波结构，第5波速度较快。

2. 前波最高点到平台的最低点幅度是39点，平台消耗时间是61小时。

3. 后市计算：

1.618 倍位置　0.6887-(0.6887-0.6848)×1.618=0.6824

2　　 倍位置　0.6887-(0.6887-0.6848)×2　　=0.6809

2.618 倍位置　0.6887-(0.6887-0.6848)×2.618=0.6785

3　　 倍位置　0.6887-(0.6887-0.6848)×3　　=0.6770

# 第五节　三角形平台

## 一、三角形平台的定义

有一种三角形整理，它的整理区幅度十分狭窄，收敛十分缓慢，时间非常充分，可以称之为“三角形平台整理”，见图 4-14。它具有非常高的投资价值。

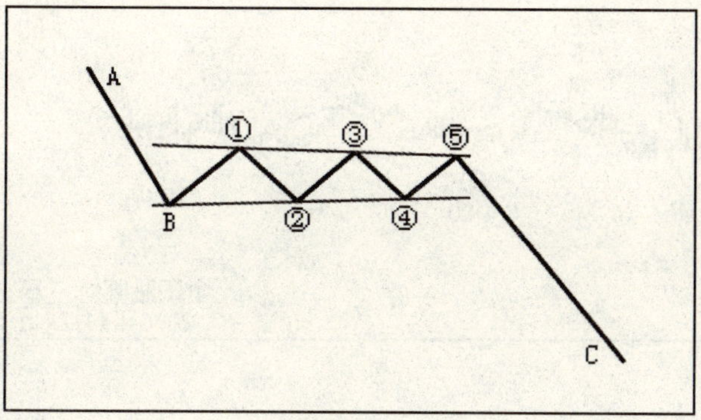


图 4-14

## 二、三角形平台的特点

1. 盘区狭窄，相对于前波比例较小，收敛十分缓慢，整理时间十分充裕。
2. 成功率高于一般的三角形整理。
3. 出现较少，跌中多见。
4. 拥有较大的利润风险比例和较好的操作性能。
5. 后市估算按前波幅度估算行情整体幅度：

计算公式：C 点=A 点±AB 幅度×N　N 取1.618、2、2.618……

由于平台整理时间充裕，后市一般都可达到2倍以上，具有发射性能。

6. 前波幅度速度适中。

7. 三角形平台整理可预测波是⑤—C 波，可以按正常的三角形整理操作。

8. 有的时候，它出现在一波大行情的初期。

## 三、三角形平台实例分析

**[实例1]**（见图 4-15）

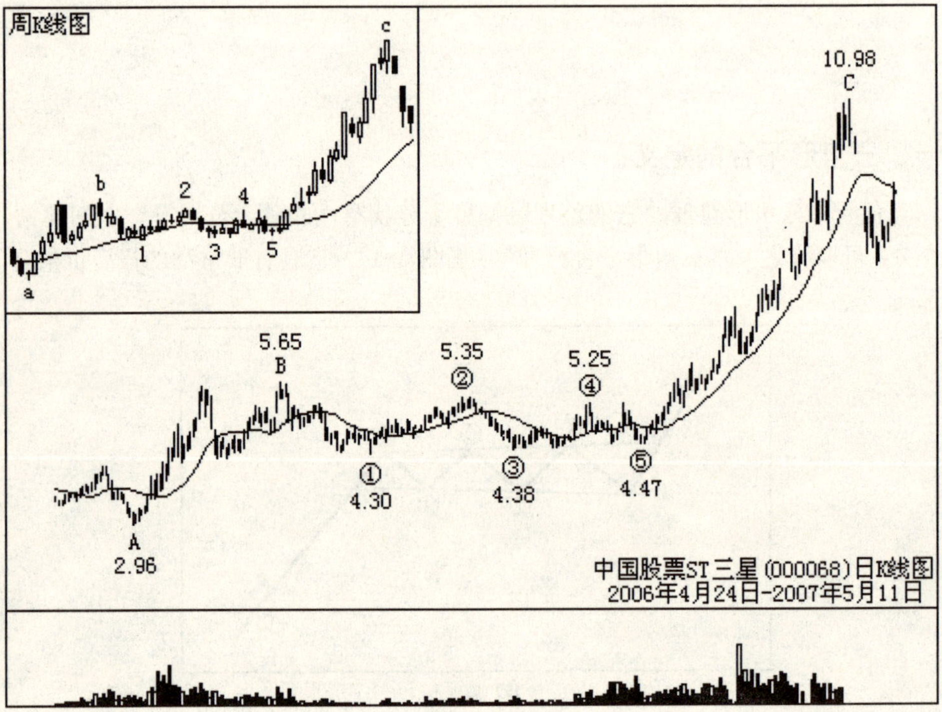


**图** 4-15

1. 前波幅度2.69元，涨幅91%，时间10周。

2. 盘区幅度1.35元，为前波的50%，时间是24周。行情进入窄幅盘区的时间非常长。

3. 后市计算：

| | | | |
|---|---|---|---|
| 1.618 | 倍位置 | 2.96+(5.65-2.96)×1.618 | =7.31 |
| 2 | 倍位置 | 2.96+(5.65-2.96)×2 | =8.34 |
| 2.618 | 倍位置 | 2.96+(5.65-2.96)×2.618 | =10.00 |
| 3 | 倍位置 | 2.96+(5.65-2.96)×3 | =11.03 |
| 3.618 | 倍位置 | 2.96+(5.65-2.96)×3.618 | =12.69 |

4．盘区狭窄、整理时间非常充分的三角形整理一般都可以达到2.618倍以上位置。

5．⑤点进场，③点止损，风险4%，利润140%，利润风险比例可达1∶35。

6．行情启动初期有成交量的配合，注意应用成交量帮助判断行情。

7．中国股票涨势中的三角形整理是难得的操作时机，后市16周后到达3倍位置。⑤点买入可以获得100%以上的利润。

8．这种形态很容易形成反转形态，参考均线系统或参考相关品种来帮助辨认此形态，也可以采取战略保护。

**[实例2]　英镑美元**（见图4-16）

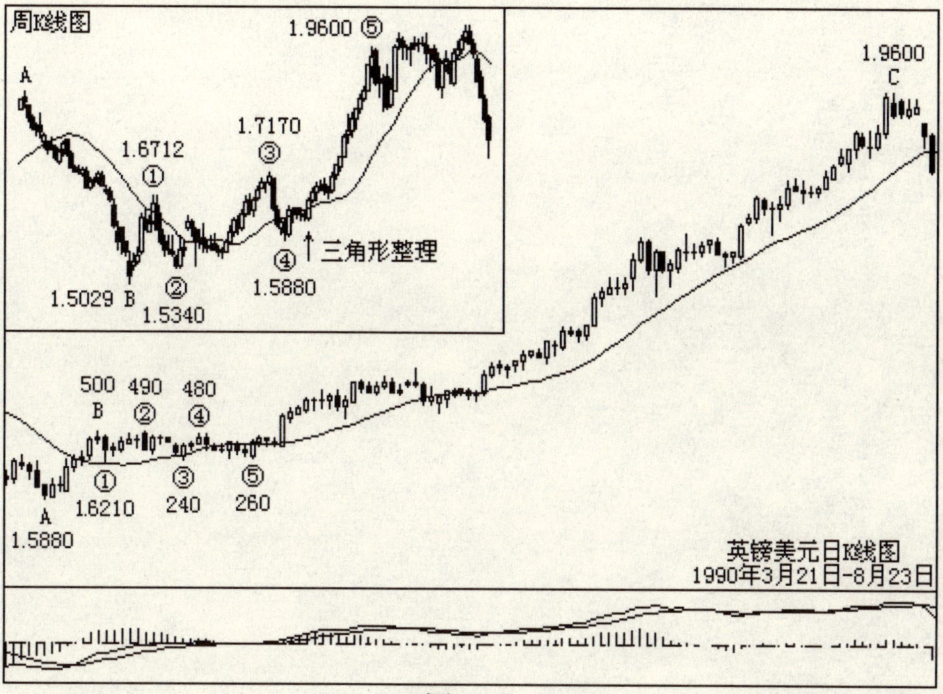


**图**4-16

1．此为发射型三角形平台整理。在周K线图上，其为五波旗的启动波初期出现的整理形态，均线支持整理形态的成立，投资价值巨大，风险利润比例达到1∶100。

2．后市达到6倍位置：

$$1.5880+(1.6500-1.5880)\times 6=1.9600$$

如果按五波旗计算后市：

1.5029+(1.7170-1.5029)×1.618=1.8493

1.5029+(1.7170-1.5029)×2　　=1.9311

3. 这种大型的发射型三角形平台几十年一遇。

4. 形态出现时，注意观察更大周期的形态。如果本形态是更大周期形态的一部分，这对提高判断的成功率，确定后市利润极具意义，使操作更稳操胜券。有时候，图形组合和图形配合分析所得到的信息，价值连城。

# 第六节　模糊形态

## 一、模糊形态的定义

任何形态都有可能出现波浪不清的情况，如果盘区的上下界限分明，符合相应形态的定义和条件，也有同样的形态意义，名为“模糊形态”。常见的是三角形整理的模糊形态，见图 4-17。盘区过度狭窄或波浪非常混乱。

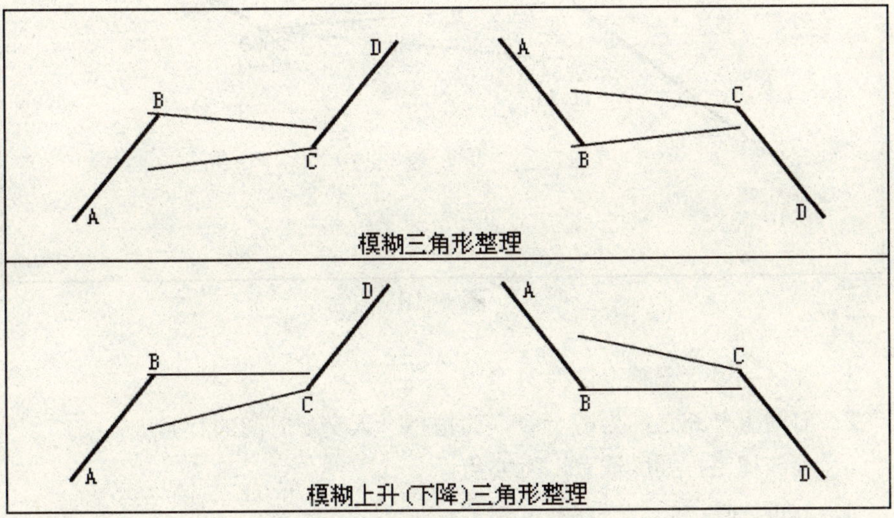


**图** 4-17

## 二、模糊形态的特点

1．模糊形态一般很少见，统计量尚不够。

2．整理形态、反转形态、反转整理形态、五波旗、七波旗、独立形态都有可能出现模糊形态。

3．出现的模糊形态一般应该幅度不大。

4．模糊形态应符合相应的波浪清晰形态的条件。

5. 模糊三角形整理形态可预测波是C—D波。

6. 它的后市计算和相应的波浪清晰形态一样，以三角形整理为例。

D点=A点±AB幅度×N

N取1.618、2、2.618…… N以1.618倍为多见。

## 三、实例分析

**[实例1] 模糊的三角形整理形态**（见图4-18）

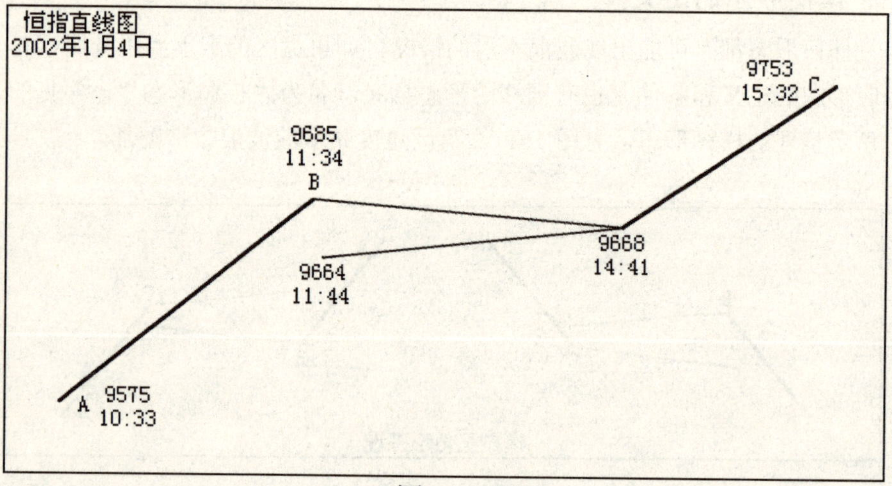


**图** 4-18

1. 盘区幅度十分狭窄，为21个点。

2. 时间十分充足，为67分钟，为恒指一天交易时间的1/4。

3. 前波稳定，幅度适宜，为90点。

4. 后市计算：

1.618倍位置 9575+(9685-9575)×1.618=9753

5. 风险非常之小，风险利润比例可以达到1∶8左右。

6. 后市严格按1.618倍行走，可见其具有正常的整理性能。

**[实例2] 模糊的三角形直线平台整理**（见图4-19）

前波3小时，整理时间11个小时，整理时间充分。后市5个小时。

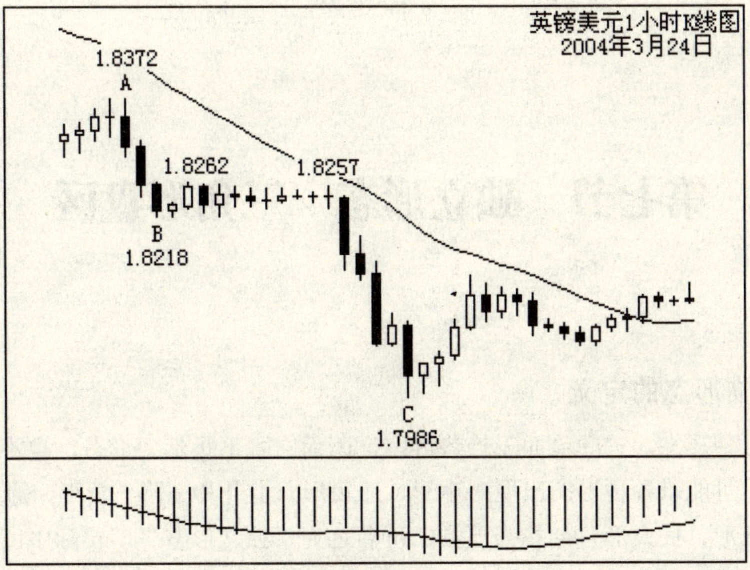


图 4-19

# 第七节　独立形态　三角形盘区

## 一、独立形态的定义

有一种形态，它的前面无趋势可言，因而它既不是整理形态，也不是反转形态，它可能以各种形态出现：矩形、三角形、上升和下降三角形、旗形、楔形、发散形、扩大形，结构为五波，可名之为“独立形态”。实际中所见到的多是独立的三角形盘区，见图 4-20。

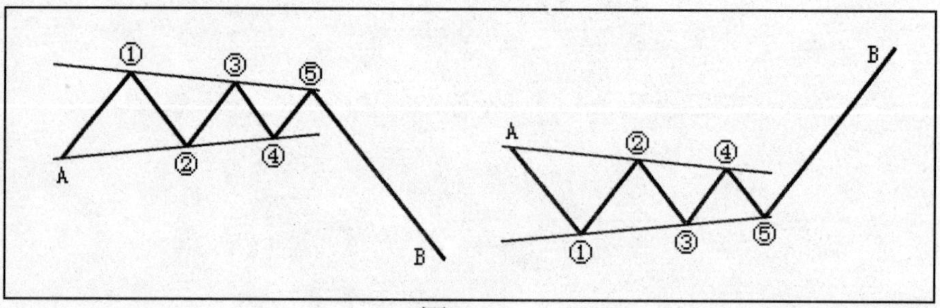


图 4-20

## 二、独立形态的特点

1. 独立形态盘区前面无明显趋势。

2. 盘区为五波的结构，也有七波结构的可能，波浪清晰和谐。第5波经常出现回光返照现象。

3. 时间和幅度足够。

4. 三角形盘区的支撑线和压力线倾斜度较小。

5. 三角形独立盘区后市方向按波浪行进，即：进入盘区的第1波若为涨，后市容易向下突破；进入盘区的第1波为跌，后市容易向上突破。

6. 三角形盘区后市幅度容易按盘区幅度比例行走，计算公式是：

B点=①点±盘区幅度×N　N取1.618、2、2.618……

N以1.618倍为最常见，2倍和2.618倍次之。盘区幅度过大，也考虑采用1.5这个比例。

7．当行情走完五个波浪时，三角形独立盘区行情启动的可能性非常大。

8．三角形盘区有较好的投资性能和操作性能。

9．出现几率一般。

10．具有投资价值的独立形态包括：上升(下降)三角形独立盘区、三角形独立盘区。其他独立形态也可能具有一定的投资价值，但实际中，未有幸全部见过，见图4-21。

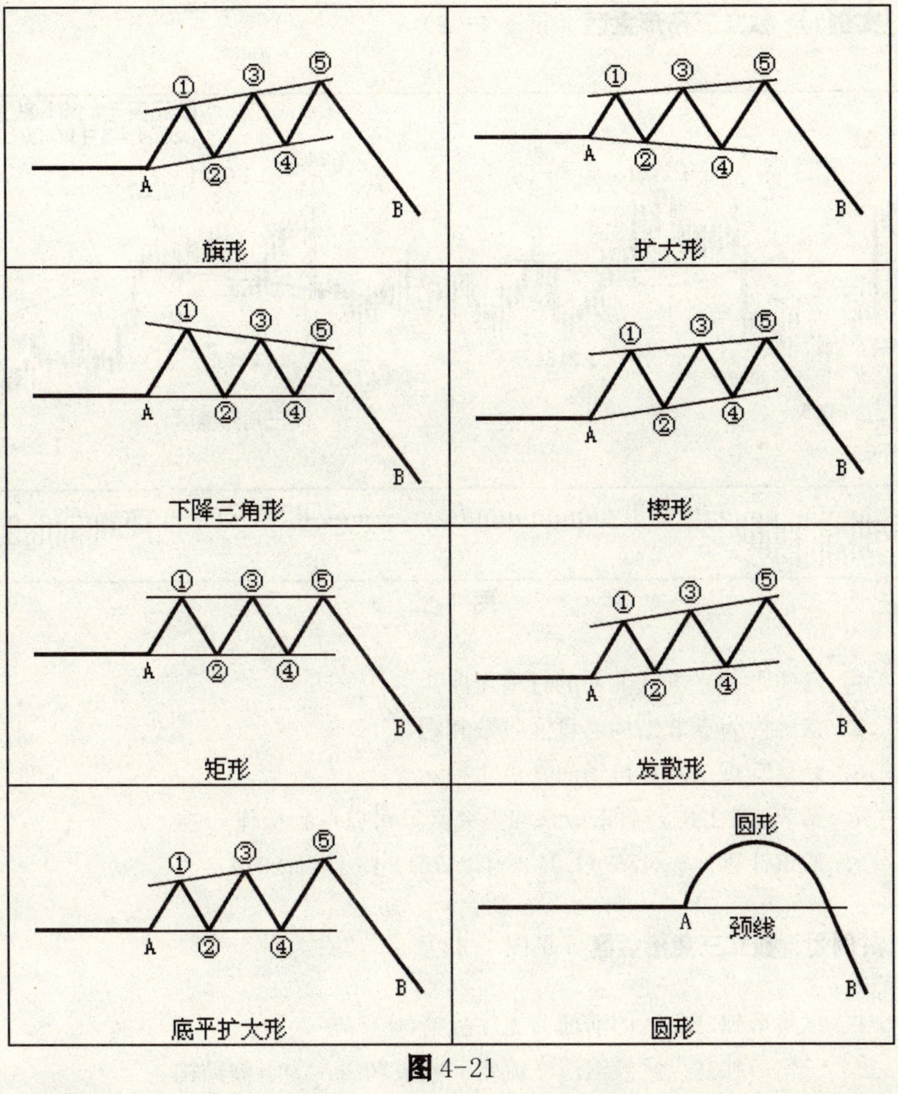


图4-21

## 三、操作策略

1. 一般独立形态的可判断波是⑤—B 波，如果有较好的操作性能，就可单独操作，可按相应的反转形态操作方法操作。

2. 三角形盘区的操作是：⑤点进场，③点止损。

3. ⑤点计算与三角形整理类似。

4. 也可估算空间后，在行情启动中寻找机会入场。

## 四、实例分析

**[实例1]　独立三角形盘区**（见图 4-22）

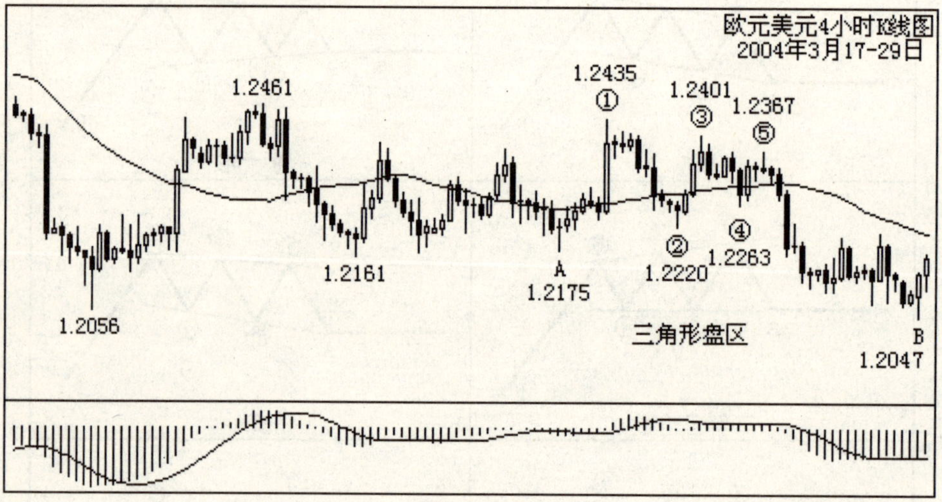


**图** 4-22

1. 三角形独立盘区前面的行情无序。

2. 盘区内为五波结构，盘区收敛和缓。

3. 计算⑤点，⑤点进场而③点止损。

4. 第1波是上涨，后市应该向下突破，可以单独操作。

5. 后市计算：1.2435-(1.2435-1.2175)×1.618=1.2014。

**[实例2]　独立三角形盘区**（见图 4-23）

1. 三角形独立盘区的前面为无序行情。

2. 三角形独立盘区波浪清晰流畅，收敛和缓，为五波结构。

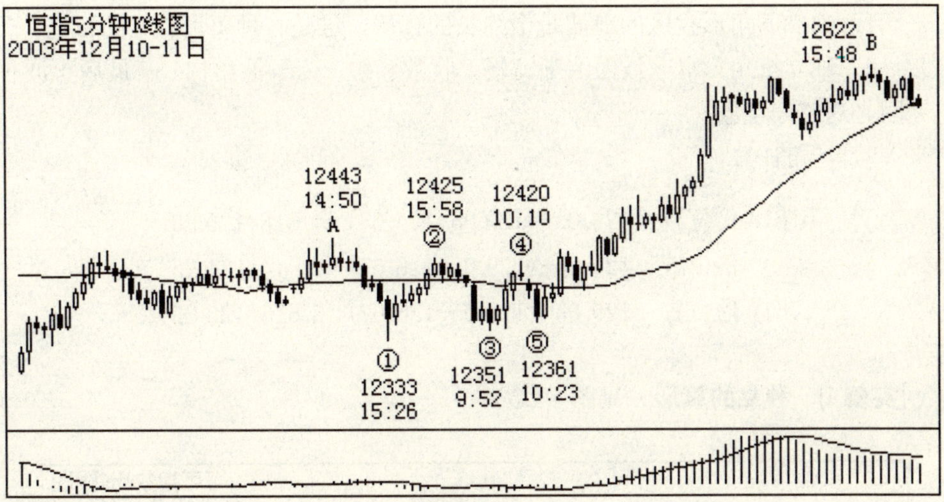


图 4-23

3. 三角形独立盘区的第1波向下，估计后市向上突破的可能最大。

4. 后市计算：

1.618 倍位置　12333+(12443-12333)×1.618=12511

2　　倍位置　12333+(12443-12333)×2　　=12553

2.618 倍位置　12333+(12443-12333)×2.618=12621

**[实例3]　独立三角形盘区**（见图 4-24）

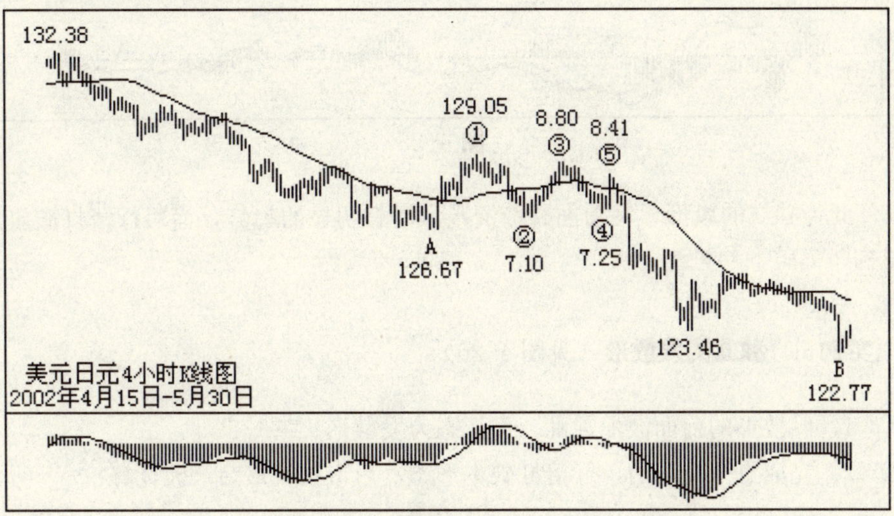


图 4-24

1．独立三角形盘区的前波是个绵长的行情，这是一种不可整理的行情。

2．独立三角形盘区波浪清晰流畅，收敛和缓，为五波结构。其最后一波有“回光返照”现象。

3．后市计算：

1.618 倍位置　129.05-(129.05-126.67)×1.618=125.20

2　　 倍位置　129.05-(129.05-126.67)×2　　=124.25

2.618 倍位置　129.05-(129.05-126.67)×2.618=122.82

**[实例 4]　独立的旗形**（见图 4-25）

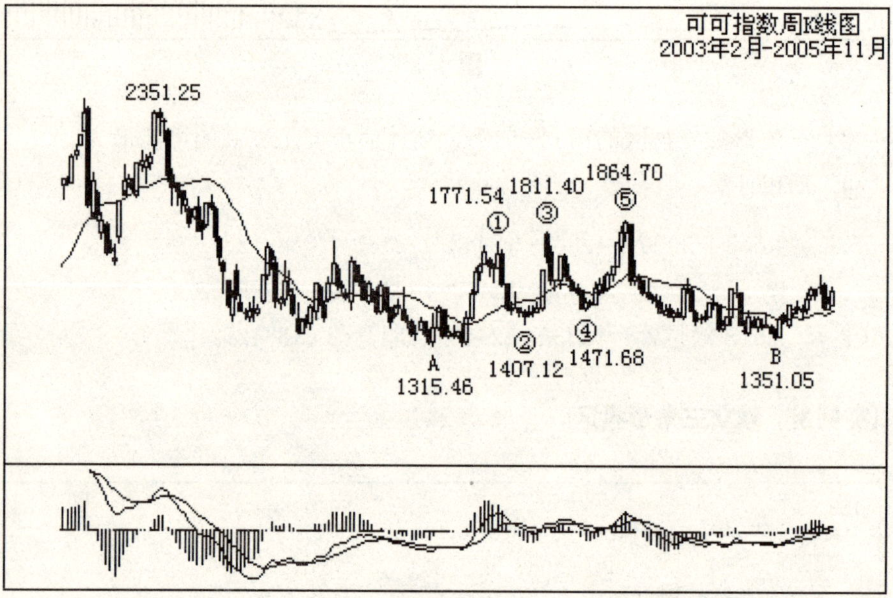


**图** 4-25

此为独立的旗形，其前面行情混乱，没有明显的趋势，而后行情打破旗形结构，突破下趋势线。

**[实例 5]　独立的发散形**（见图 4-26）

1．发散形的前面波浪混乱，而形态为发散形。

2．完成五个波浪后，行情打破本形态，后市按其最后一波计算：

1.9026-(1.9026-1.8880)×1.618=1.8790

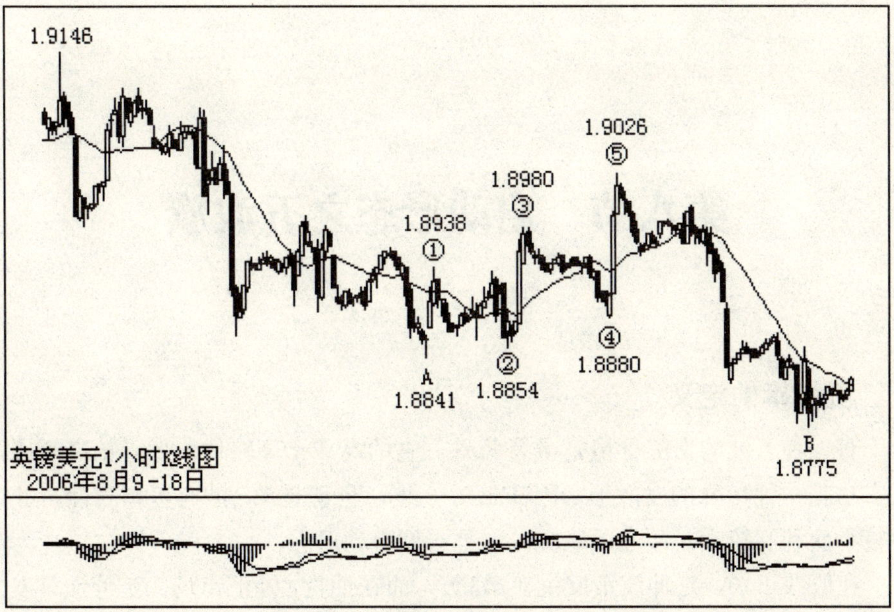
1.9146
1.9026
⑤
1.8980
③
1.8938
①
④
1.8880
A
1.8841
②
1.8854
B
1.8775
英镑美元1小时K线图
2006年8月9-18日

图 4-26

# 第八节 启动形态之五波旗

## 一、五波旗的定义

有一种五波的上涨行情，非常特殊。它的高点抬高较快，低点抬高缓慢，其实它是一种特殊的发散形。因其最后一波，也就是第5波有可预测性，并风险较小而利润较大，故加以研究，它是一种启动形态。

在股票市场，延伸波常发生在第3波，而在期货、外汇市场，延伸波常发生在最后一波。我知道："高点和低点都陆续抬高，为涨势。""在涨势中回档做多，是风险投资的第一操作原则。"因其最后一波幅度较大，如旗飘扬，故名"五波旗"，见图 4-27。属于顺势的思想。在跌势中也有见到，但在涨势中居多。

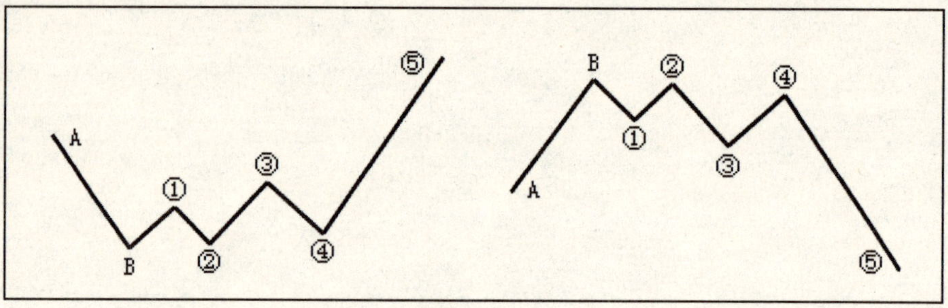


**图** 4-27

## 二、五波旗的形成条件

1. 因这是在一个反转的行情之后做追势，五波旗前面要求有一个明显的跌势存在，以便使涨势的成立成为可能。

(1) 某种整理行情的结束之后。

(2) 某种反转行情的结束之后。

(3) B点有明显底部迹象或底部形态。

(4) 急速或大幅度下跌之后。

2．作为必须的条件：第3波幅度必须比第1波幅度大，但一般不可大得过多。一般的情况，第2波峰消耗时间都比第1波峰消耗时间长。

3．第2波和第4波回档都很大，一般都能回档3/4，或更多。第2波回档有时候只是5/8，而第4波回档一般都能达到6/8，回档5/8的情况少见。

4．波浪均匀和谐，两个波峰比例相差不可太多，各波速度宜缓慢。波峰不宜很尖锐，宜如山峦状。

5．行情的第4波或第④点有反转迹象为最佳。

6．参考大势及均线系统。

7．有的五波旗，第1波峰有模糊形态，见图4-28。

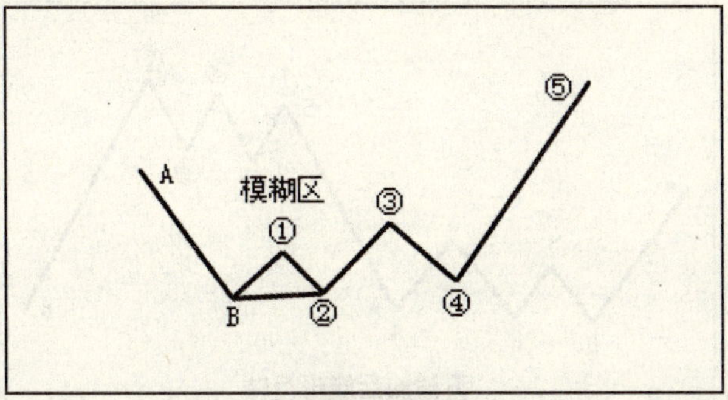


图4-28

## 三、五波旗的特点

1．五波旗形态出现较多，它的可预测波是④—⑤波。很多五波旗拥有很大的利润风险比例、较好的操作性能。

2．涨势中出现多于跌势中。

3．第5波速度一般都很快，且幅度巨大，这是它的最主要特点。

4．行情在突破③点时，经常带量加速。

5．行情突破③点前，经常稍有迟疑。

6．如果行情失败，反向突破②点，后市跌幅一般会很大，从而形成三波发散形整理。

7．也有的行情抵达③点左右后而反转，其为失败的五波旗，见图4-29。

8．当行情完成幅度并反转时，有时候有跳水平台陪伴。五波旗后面出现反转形态，可信度加大，见图4-30。

9．行情没有发动前，市场沉闷，一旦发动，市场活跃且突飞猛进。

10．放量且速度稳定的行情，不易反转，也不易有太大的回档。

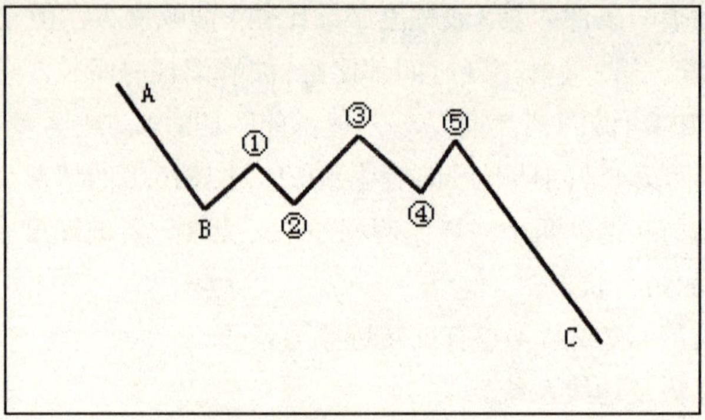


图 4-29

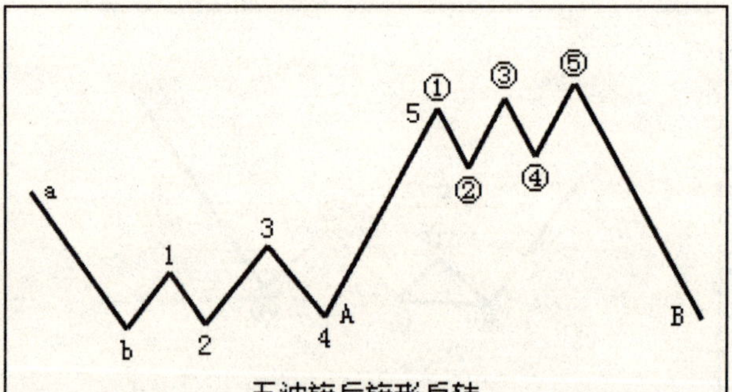


图 4-30

11. 多数五波旗出现在低位，也有的五波旗出现在较高的行情中，名之为“高位五波旗”，或“五波旗启动整理”，见图 4-31。

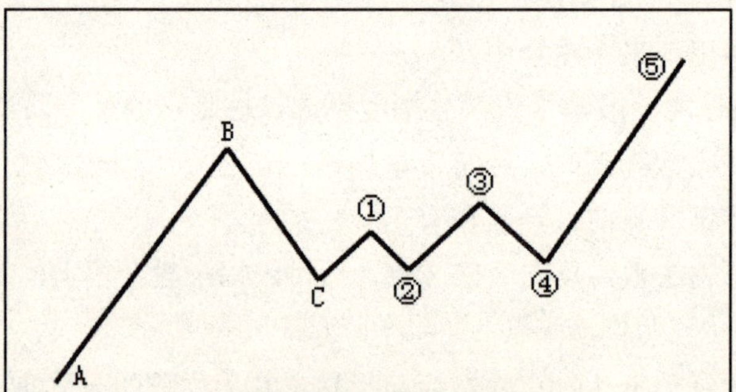


图 4-31

12. 五波旗是可以单独操作的形态，但其实际中，判断的成功率不会很高。

13. 有一种类似五波旗的启动形态，其前两个波峰的幅度差不大，可名之为：双峰启动形态。有时候作为一个大行情的启动形态，一般不具有单独操作意义，见图4-32。

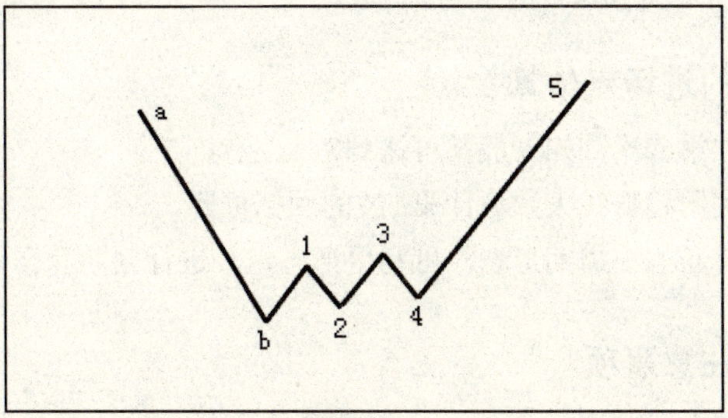


**图**4-32

## 四、五波旗后市幅度计算

1. 行情整体的幅度容易与前面启动波的幅度形成比例关系，也就是B、⑤点幅度与B、③点的幅度形成比例关系。

2. 计算公式：

涨势：⑤点=B点+B③波幅度×N

跌势：⑤点=B点-B③波幅度×N　N取1.618、2、2.618……

3. 后市幅度计算准确性远不如整理形态，作为重要的参考而已。

4. 按①、③点形成的趋势线估计，未来行情一般都能突破这个趋势线；或认为，这是一个变形的底平扩大形，而底平扩大形的特点就是：低点常常不到位，高点常常假破上趋势线。

5. 如果五波旗的前两个波峰非常舒展并幅度偏大，后市很可能抵达不到1.618倍位置，可利用①、③点形成的趋势线作为出场位置，后市一般可抵达这个趋势线。

## 五、五波旗的操作策略

1. 在涨势中回档做多，在跌势中反弹做空，是风险市场操作的第一原则。

2. 当③点高于①点，④点高于②点时，可确定很可能是涨势。进场点在点④。也可考虑在行情突破③点后寻找新的进场机会。

3. 止损②点，当行情突破②点时，涨势被破坏。

4. 计算利润，权衡风险。

5．如果在进场点④处有其他小型反转形态，则为最理想的投资机会。

6．利用图形组合和图形配合帮助对这个形态的判断和操作，以提高判断成功率。

## 六、五波旗的进场点估算

1．行情的第二次回档一般都可达到3/4左右。

2．也可利用趋势线大致估计第4波的回档位置。

3．如果有新的小周期形态，可利用形态组合进行判断和操作。

## 七、五波旗注意事项

1．条件要求需严格。

2．如果行情在③点下出现疲软迹象，则非常容易是假的五波旗，后市一旦下跌，幅度和速度将可能很大。

3．行情突破③后，很长时间内都不宜考虑做空。

4．得到均线系统支持的形态，拥有更高的成功率。

5．行情完成幅度以后，有时候行情能回头反向突破④点。

## 八、五波旗实例分析

**[实例1]　跌势中的五波旗——倒五波旗**（见图 4-33）

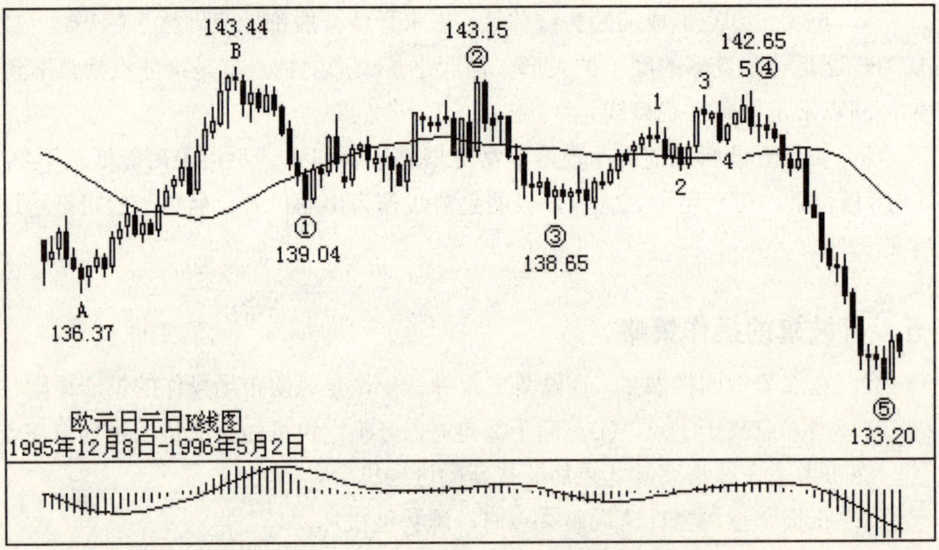


图 4-33

1. 此为倒置的五波旗，第1波跌的幅度是440点，第3波跌的幅度是450点。
2. 两次反弹比例都很大。第4波末端出现一个不太标准的楔形反转。
3. 形态舒展，波浪清晰，成功率不会太低，具有实际操作价值。
4. 后市估算：

143.44-(143.44-138.65)×1.618=135.69

143.44-(143.44-138.65)×2 =133.86

**[实例2] 大型五波旗**（见图4-34）

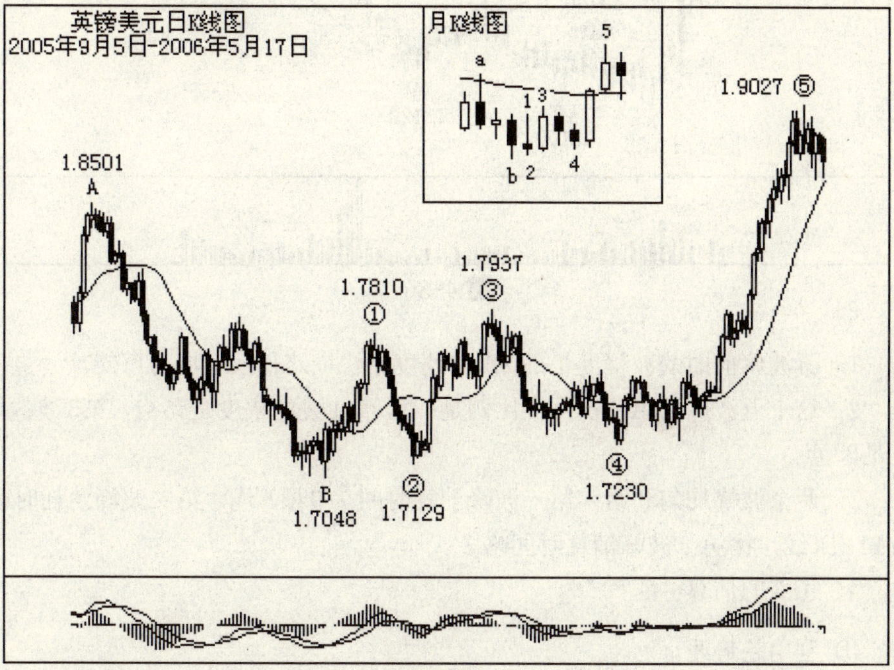


**图** 4-34

1. 前面是三波结构，三波结构使反转的可能更大，幅度是1453点。
2. 五波旗的第1波幅度762点，第3波幅度808点。
3. 五波旗的④点是1波短尾的三角形反转。
4. 后市计算：

1.618倍位置 1.7048+(1.7937-1.7048)×1.618=1.8486

2 倍位置 1.7048+(1.7937-1.7048)×2 =1.8826

2.618倍位置 1.7048+(1.7937-1.7048)×2.618=1.9375

**[实例3]　标准五波旗**（见图4-35）

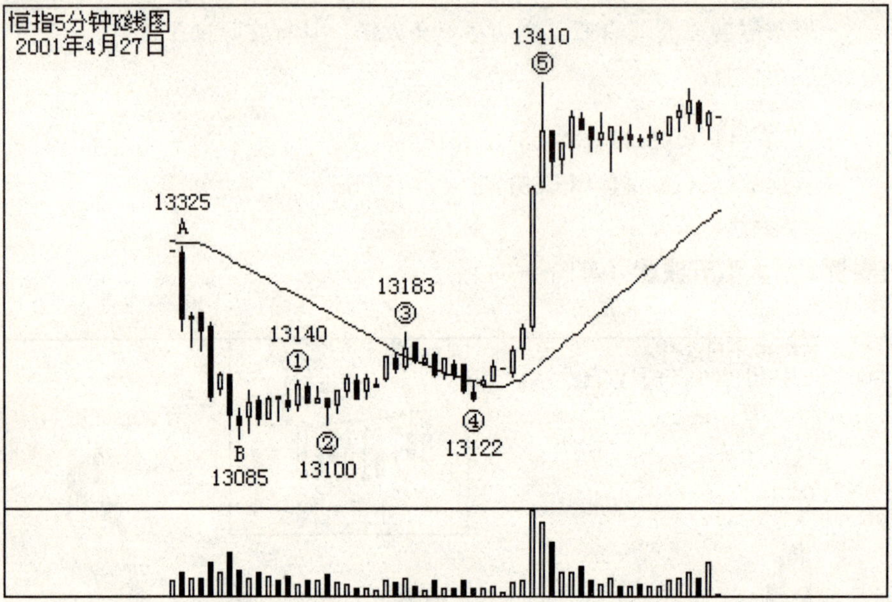


**图**4-35

1．五波旗前面的波幅度是240点，速度略快，这使反转成为可能。

2．这个五波旗的第一次回档比例是6/8，第1波的幅度是55点，第3波的幅度是83点。

3．两个波峰均匀和谐。第一波峰消耗时间为9根K线，第二波峰消耗时间为14根K线，比第一波峰消耗时间略多。

4．④点的估算

⑴ 利用趋势线。

⑵ 6/8回档：13183-(13183-13100)×6/8=12121。

5．后市估算：

13085+(13183-13085)×1.618=13244

13085+(13183-13085)×2　　=13281

13085+(13183-13085)×2.618=13342

13085+(13183-13085)×3　　=13379

13085+(13183-13085)×3.618=13440

可参考行情速度。一般可突破前高点13325，抵达13342～13379一带。

# 第九节　启动形态之七波旗

## 一、七波旗的定义

有一种行情，与五波旗相类似，但它的延伸波发生在第7波，而不是第5波，故名七波旗，见图4-36。图形理解：行情前五波的上涨，本应进行回调，由于某种原因，行情没有回调，或认为回调失败，涨势依然强劲。这是一种启动形态，在跌势中也有出现。

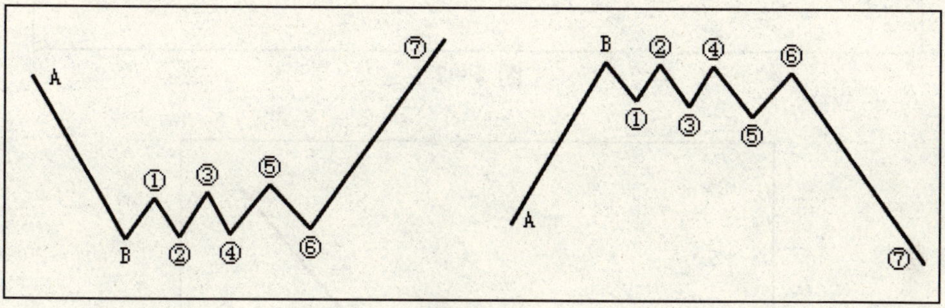


**图**4-36

## 二、七波旗的分类

### ㈠ 普通七波旗

行情由A点跌至B点后，进行五波的上涨，1、3、5波幅度基本相当，2、4、6波回档幅度一般都可以达到4/8甚至更大，行情没有反转迹象，由于前波过大，这个五波不是它的整理波，之后行情大幅度上涨，第7波发生延伸。第6波时间有时较长，有时与2、4波时间差不多。

### ㈡ 类七波旗

这是标准七波旗的变体，前五波不标准，甚至没有波浪，走势缓慢，第6波时间较长，起伏非常小，呈弓状，见图4-37。

### ㈢ 快七波旗

这也是标准七波旗的变体，见图 4-38。其1、2、3、4、5波的幅度小而速度快，其中2、4波回档幅度不大。第6波可能时间较长、幅度较大，也可能和2、4波差不多。

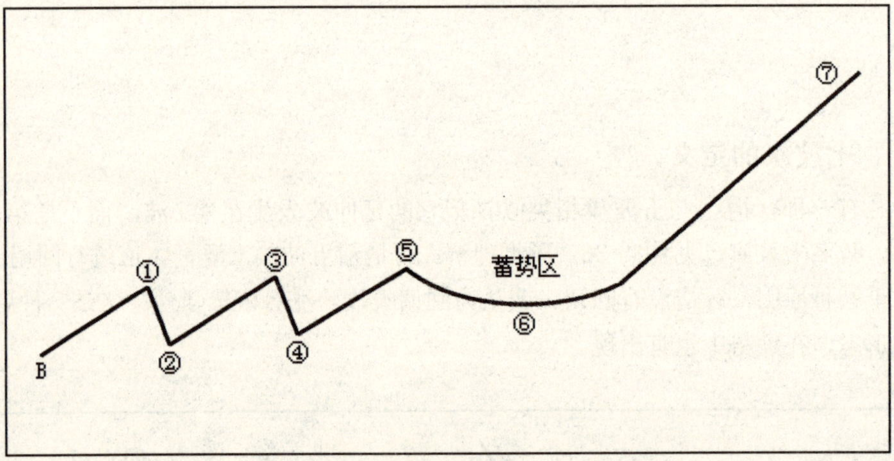


图 4-37

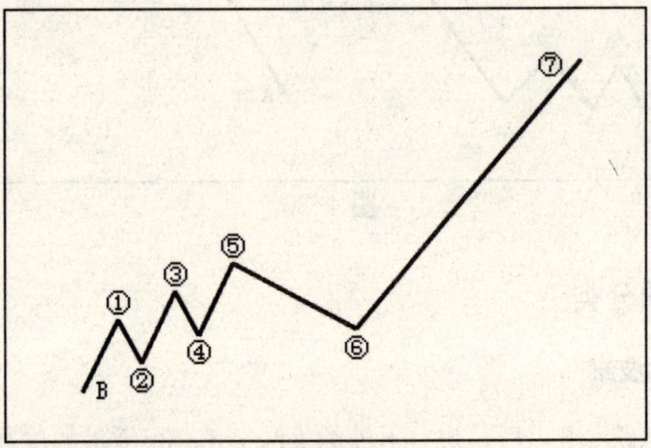


图 4-38

## 三、七波旗的形成条件

1. 前面有一个非常大的趋势可供大幅度反转，或更大周期上有其他形态，或有足够的底部迹象。

2. 前五个波浪一般速度不是很快，幅度不是很大。

3. 2、4、6波回档幅度大，但不要求像五波旗回档幅度那么大，前五波走势稳定。

4．1、3、5波幅度相差不大，但不要求一波比一波幅度大。

5．波峰宜和缓，不可太尖锐。

6．第6波时间一般都较长。

7．一般都能得到均线系统支持。

## 四、七波旗的特点

1．七波旗的思想是如何发现和追逐行情，但出现不多。

2．行情的最后一波幅度和速度一般都非常大，交易活跃。

3．有的前五波走得速度很快，有的却走得很稳定。

4．⑥点绝对不可突破④点。

5．此形态和旗形整理容易混淆，或可从以下方面辨认：

⑴ 旗形整理形态的整理区幅度较大，其与前波相对应；而七波旗的前五波幅度一般较小。

⑵ 旗形整理的波浪较舒展。

⑶ 从均线辨认。七波旗必须得到均线支持，而旗形整理则不一定。

⑷ 七波旗的最低点一般都有充分的底部迹象。

⑸ 七波旗的行情强劲。

⑹ 可以利用图形组合或图形配合帮助辨认。

6．七波旗前面的波一般幅度都很大。

7．七波旗的进场点一般难以准确估算。

## 五、七波旗的操作策略

1．七波旗可预测波是⑥—⑦波。

2．七波旗成功率不高，但其后市利润巨大，有时也有很好的操作性能。

3．先估算利润空间，用以权衡风险利润比例。

4．可在第6波末端直接进场，也可在突破⑤点后进场。可利用图形组合和图形配合等技术提高成功率，精确进场时机。

5．止损设立在④点。

## 六、七波旗后市幅度计算

1．计算思想：行情整体的幅度容易与它的启动波的幅度形成比例关系。

2. 计算公式：

⑦点=B点+(⑤点-B点)×N　N取1.618、2、2.618……

3. 行情一般最少可抵达1.618倍位置。

4. 计算结果与实际行情偏差较大，采用保守计算结果，具有参考价值。

## 七、七波旗实例分析

**[实例1]　类七波旗**（见图4-39）

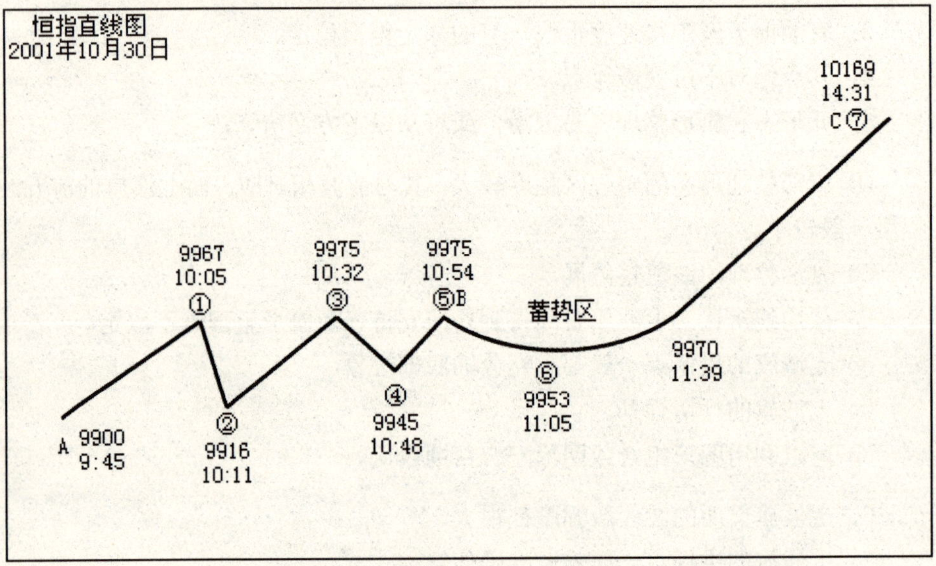


**图**4-39

1. 图形的前部分是五波结构，类似楔形顶，但前波幅度不大，不构成完全的反转。可以理解为楔形顶的失败。

2. 酝酿区呈弓形，幅度22点，时间是45分钟。

3. 后市计算：

1.618 倍位置　9900+(9975-9900)×1.618=10021

2　倍位置　9900+(9975-9900)×2　=10050

2.618 倍位置　9900+(9975-9900)×2.618=10096

3　倍位置　9900+(9975-9900)×3　=10125

3.618 倍位置　9900+(9975-9900)×3.618=10171

4　倍位置　9900+(9975-9900)×4　=10200

**[实例2]　前五波幅度较大的七波旗**（见图4-40）

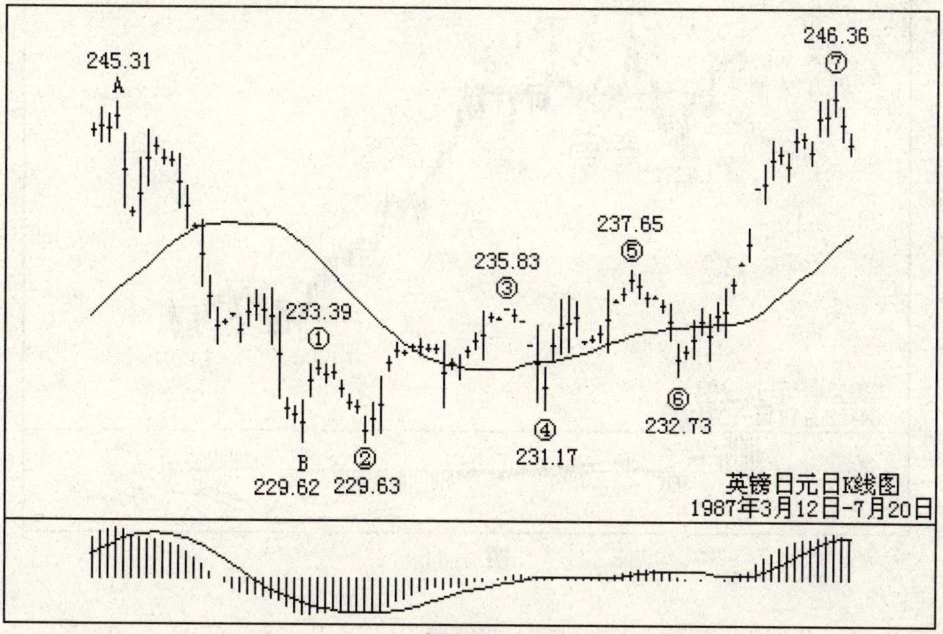


**图**4-40

1．前面是五波的结构，第6波回调时间不长，但得到均线支持。前五波波浪舒展，幅度较大。

2．后市计算：

1.618倍位置　229.62+(237.65-229.62)×1.618=242.61

2　　倍位置　229.62+(237.65-229.62)×2　　=245.68

2.618倍位置　229.62+(237.65-229.62)×2.618=250.64

实际偏差+5%。

3．第6波回档是6/8，237.65-(237.65-231.17)×6/8=232.79。

**[实例3]　窄幅的七波旗**（见图4-41）

1．前五波速度较快，第6波时间不长，得到均线系统的支持。

2．后市计算：

1.618倍位置　1.2855-(1.2855-1.2445)×1.618=1.2192

2　　倍位置　1.2855-(1.2855-1.2445)×2　　=1.2035

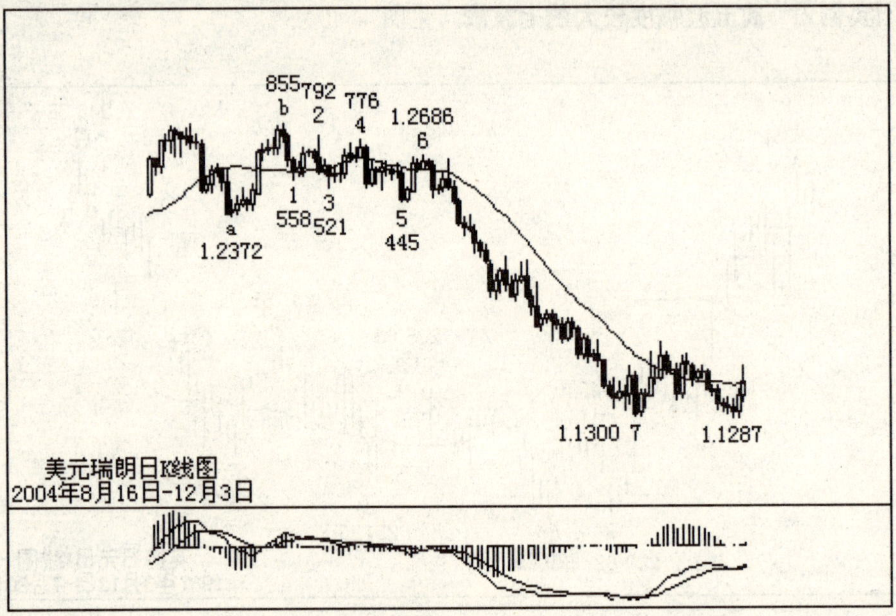


图 4-41

2.618 倍位置　1.2855-(1.2855-1.2445)×2.618=1.1782

3　　倍位置　1.2855-(1.2855-1.2445)×3　　=1.1625

3.618 倍位置　1.2855-(1.2855-1.2445)×3.618=1.1372

4　　倍位置　1.2855-(1.2855-1.2445)×4　　=1.1215

3.618倍位置与实际行情偏差+5%。

3. 6点的计算：1.2776-(1.2776-1.2445)×3/4=1.2693。

**[实例4]　七波旗镶嵌七波旗**（见图4-42）

1. 前五个波略发散，幅度是686点，第6波时间很长。
2. 在七波旗的第7波，出现更小型的七波旗。
3. 此形态得到均线支持。
4. 后市计算：

按大型七波旗计算

1.618 倍位置　1.1638+(1.2324-1.1638)×1.618=1.2748

2　　倍位置　1.1638+(1.2324-1.1638)×2　　=1.3010

2.618 倍位置　1.1638+(1.2324-1.1638)×2.618=1.3434

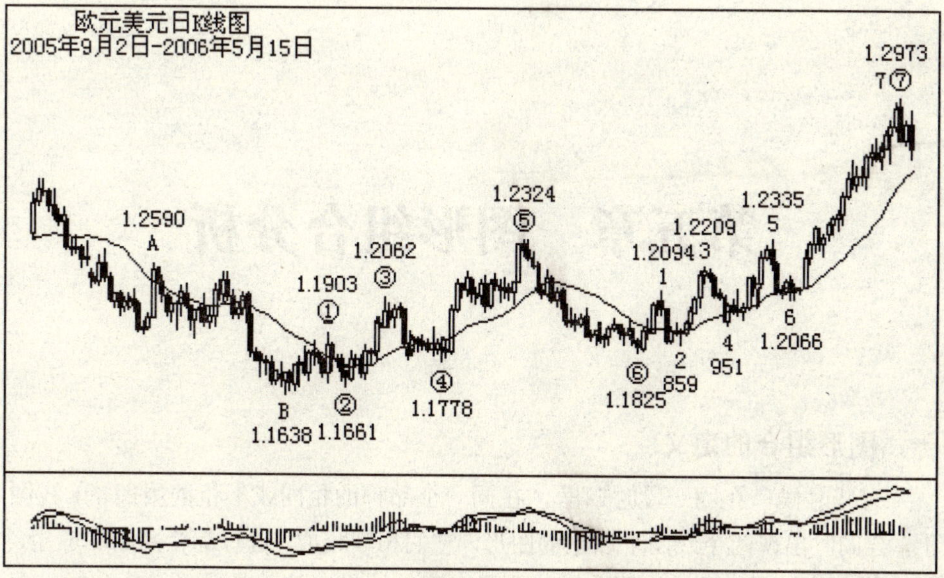


图 4-42

此形态的第6波幅度大、时间长，可按前五波幅度计算第7波。

1　　倍位置　1.1825+(1.2324-1.1638)×1　　=1.2511

1.618 倍位置　1.1825+(1.2324-1.1638)×1.618=1.2935

按小型七波旗计算

1.618 倍位置　1.1825+(1.2335-1.1825)×1.618=1.2650

2　　倍位置　1.1825+(1.2335-1.1825)×2　　=1.2845

2.618 倍位置　1.1825+(1.2335-1.1825)×2.618=1.3160

# 第五章 图形组合分析

## 一、图形组合的定义

有些时候，在同一段时期里，在同一个品种的相同或不相同周期的K线图上，会同时出现两个或两个以上的图形，它们相辅相成，进行综合判断和应用，具有很高的价值，这使图形分析达到了更高的境界，这就是图形组合分析。由于是同时出现的多个图形，后市行情走势将可能同时满足每个图形的特点。

## 二、图形组合的类别

1. 两个图形是并列出现的，我们可以称之为：并列式结构；有的图形是镶嵌在另一个图形之内的，其是另一个图形的一个波，或一个波的一部分，我们可以称之为：镶嵌式结构；有时候，三个或三个以上的图形之间，既有并列式又有镶嵌式，可称之为：混合式结构。

2. 按图形组成的数量，可分为双重组合和多重组合。

3. 有的图形组合能帮助进一步判断行情，有的图形组合能帮助确认进场点，有的图形组合能帮助设立止损，有的图形组合能帮助确认行情的发动。

4. 图形组合在理论上可以有很多种，无法逐一列举。在实际行情中，有很多无法想象的图形，竟然能巧妙地组合到一起。

5. 一般有意义的图形组合是：

⑴ 在整理形态、反转形态、启动形态(五波旗和七波旗)或独立形态的启动点位置出现小周期的反转形态。属于镶嵌式结构。

⑵ 在整理形态、反转形态、启动形态(五波旗和七波旗)或独立形态的启动点位置出现启动形态：五波旗、七波旗或双峰启动。属于并列式结构。

⑶ 在整理形态、反转形态或启动形态行情发动的中早期出现整理形态。这是非常难得的整理形态，属于并列式结构，见图 5-1。

⑷ 有的时候，在反转形态(可以是任何反转形态)的后面会并列出现形态大小相近的反转形态(一般是三角形或上下三角形)或启动形态，属于并列式结构，见图 5-2、图 5-3。

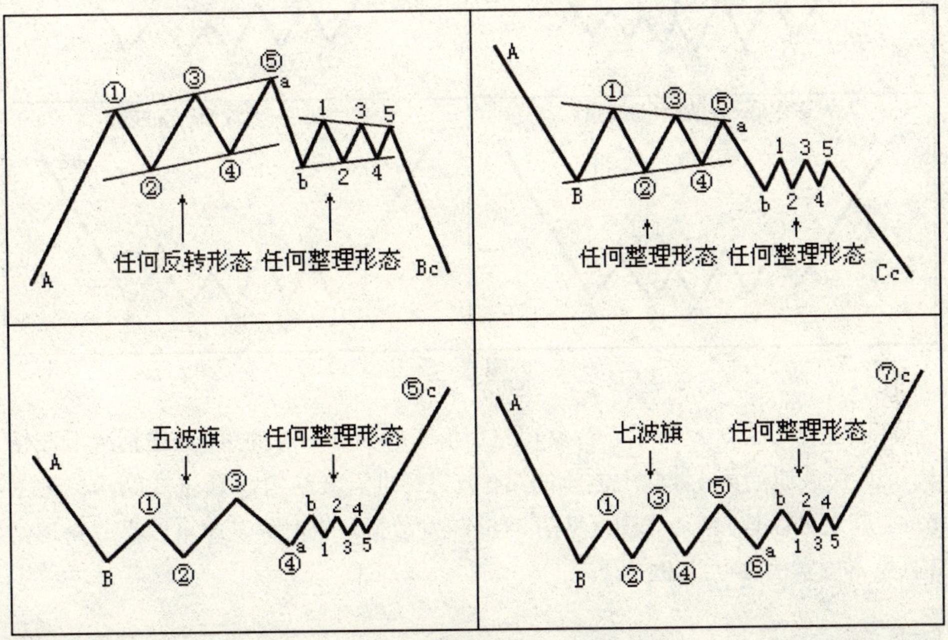


**图** 5-1

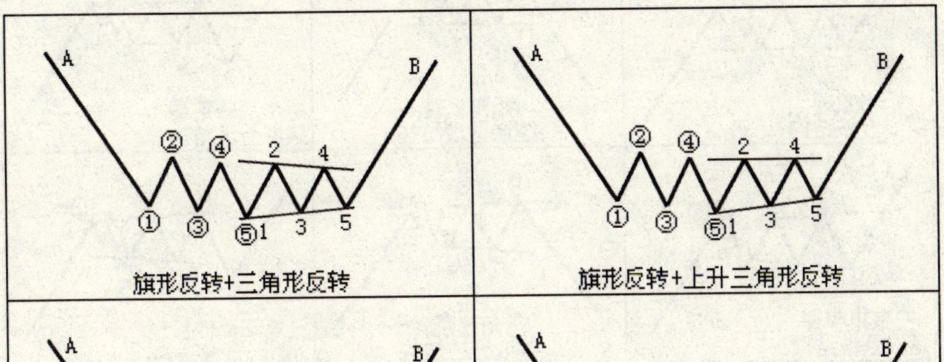


**图** 5-2

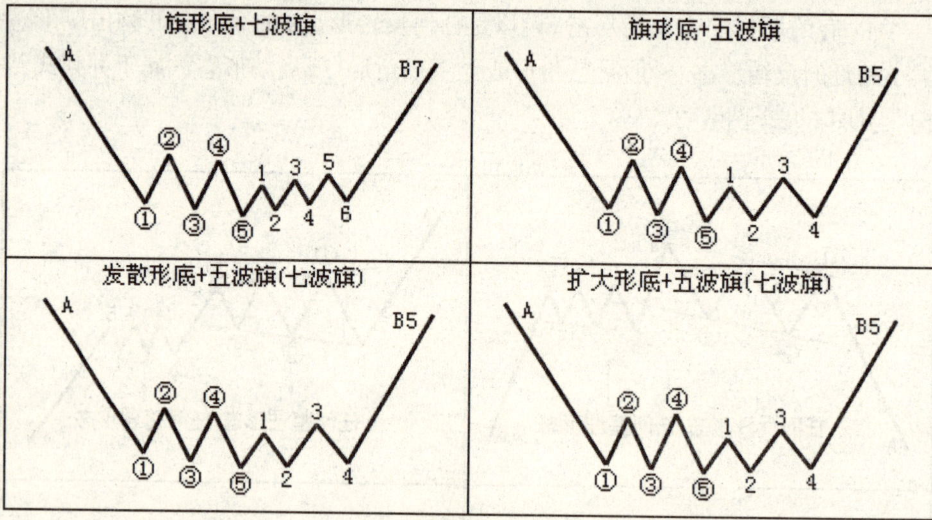


图 5-3

(5) 整理形态、反转形态、反转整理形态、独立形态的第5波是标准五波结构，或五 波旗的第4波、七波旗的第6波为标准五波结构。镶嵌式结构，见图5-4。其也可以是旗形、楔形(见图 5-5)、发散形，有时候甚至可以是三角形结构(见本章实例 15、实例 22)。

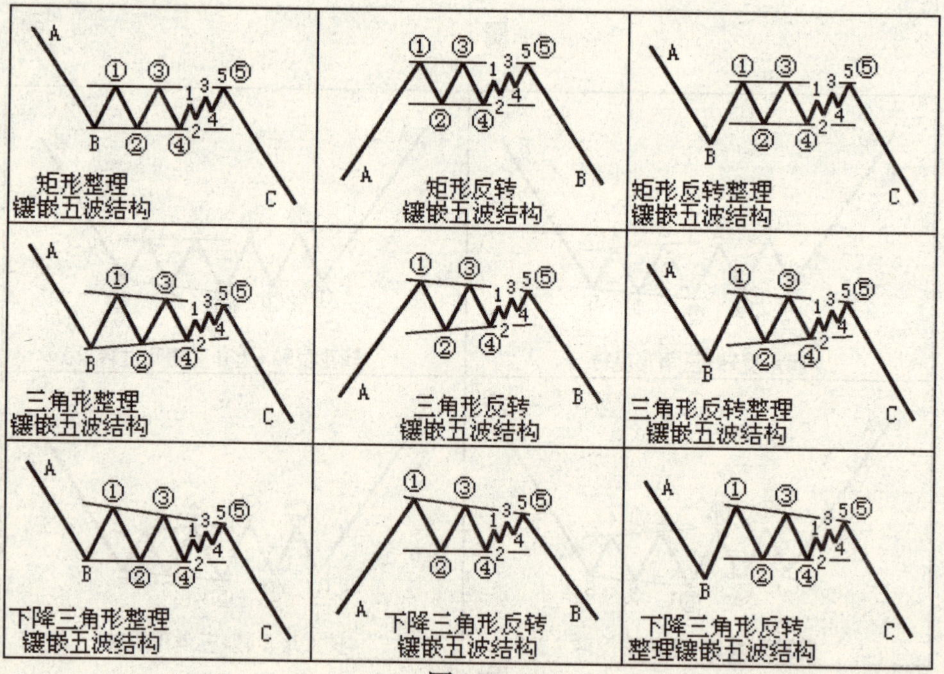


图 5-4

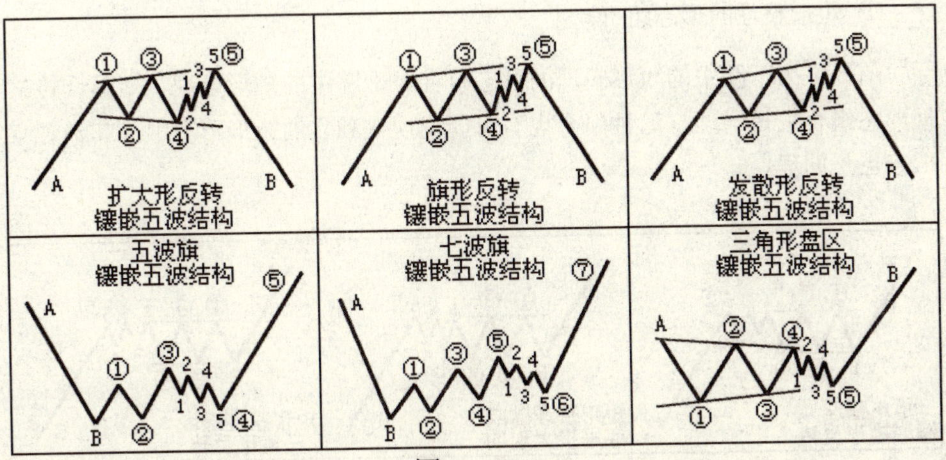


图 5-4(续)

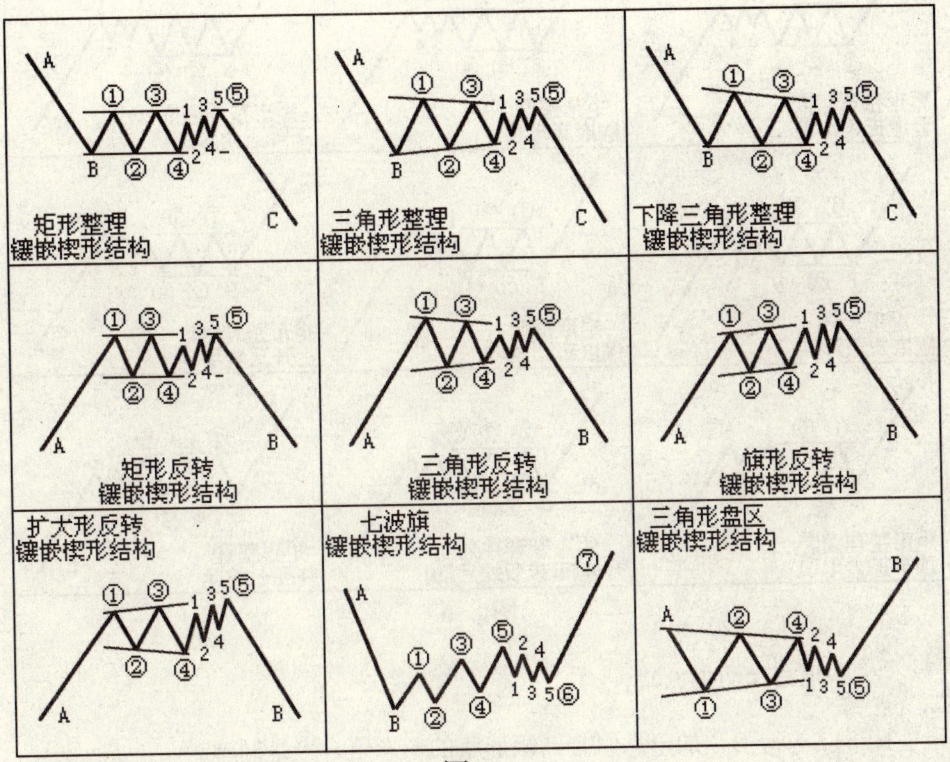


图 5-5

6．下面列举一部分可能出现的，在整理形态、反转形态或启动形态(五波旗和七波旗)的启动点位置镶嵌式出现小周期的反转形态或并列式出现启动形态的图形组合：

(1) 矩形整理的形态组合。

图 5-6 为下跌中的矩形整理的形态组合，上涨中的矩形整理、矩形反转整理形态组合也是同理。这种组合也有可能出现在独立的矩形形态中，其他独立形态也是同理。

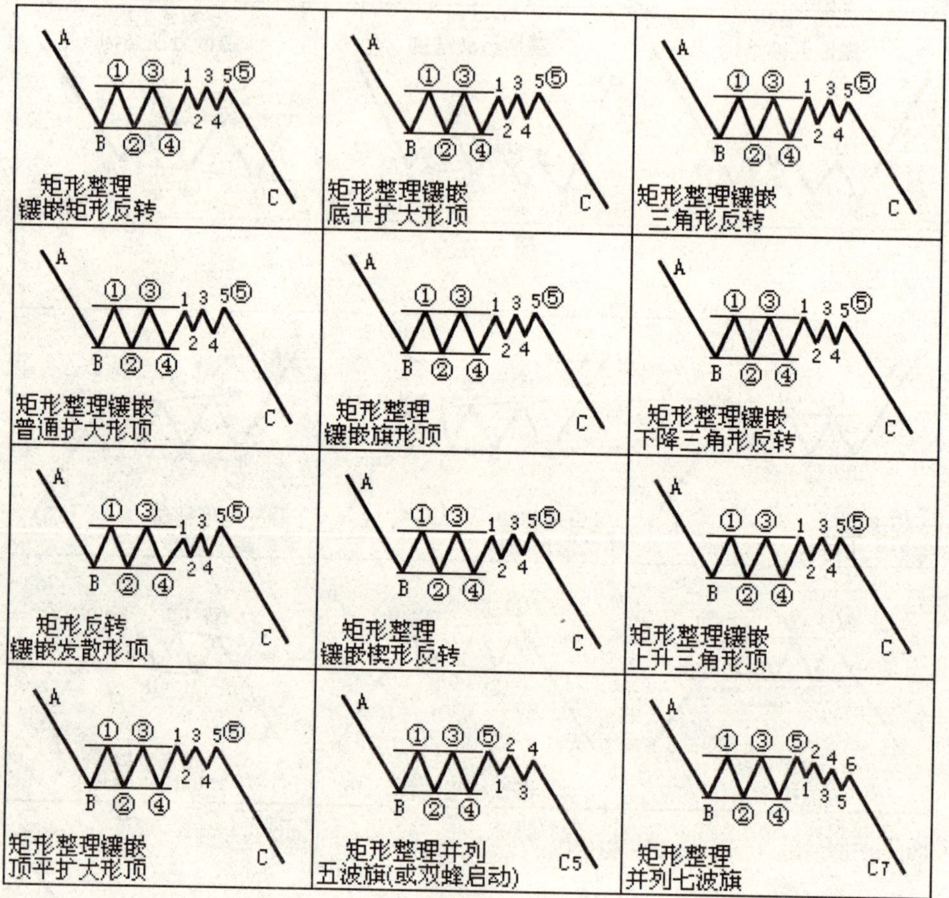


**图** 5-6

(2) 矩形反转的形态组合。

图 5-7 为矩形顶的形态组合，矩形底的形态组合也是同理。

所有的形态在其最后一波，或者是在启动波，都可能出现形态的组合，其他波出现形态组合没有实际意义。但在其他位置出现一些形态，对本形态的判断，具有一定的意义，甚至很重要。单一形态出现本身机会就比较少，组合形态出现的几率更小，但也有在组合后出现更小级别的形态组合，难得一见。

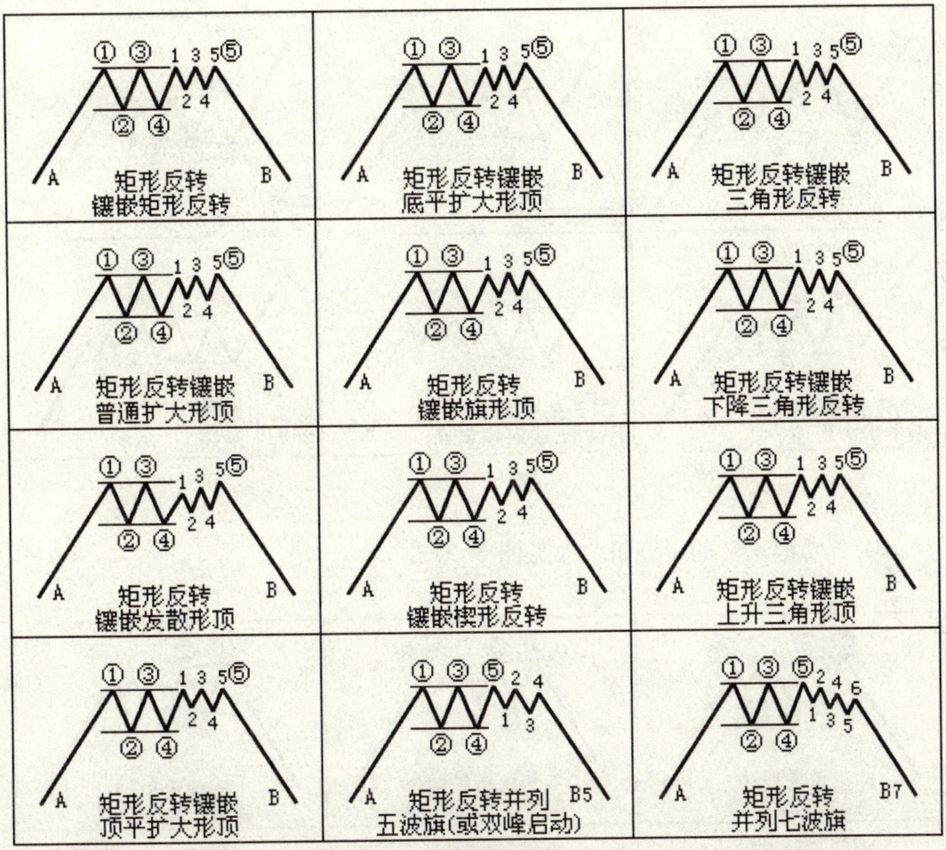


**图** 5-7

(3) 三角形整理的形态组合（见图 5-8）。

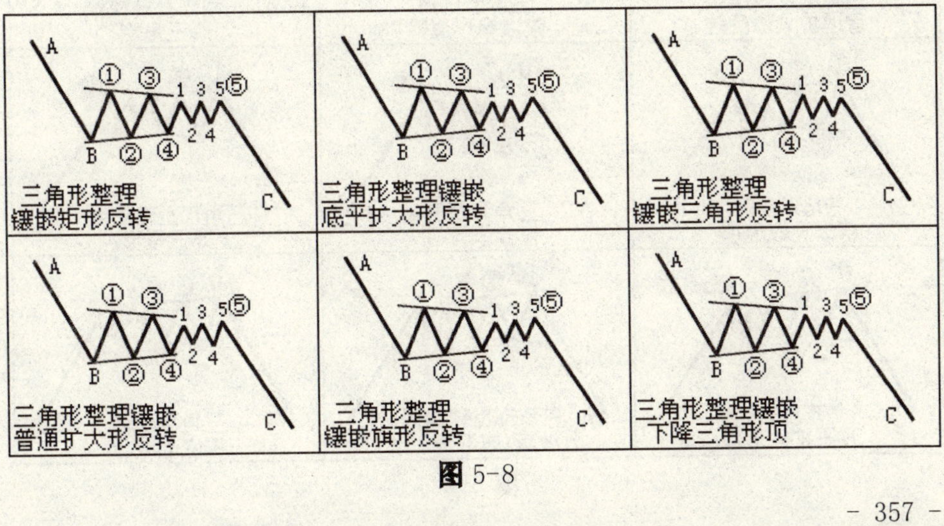


**图** 5-8

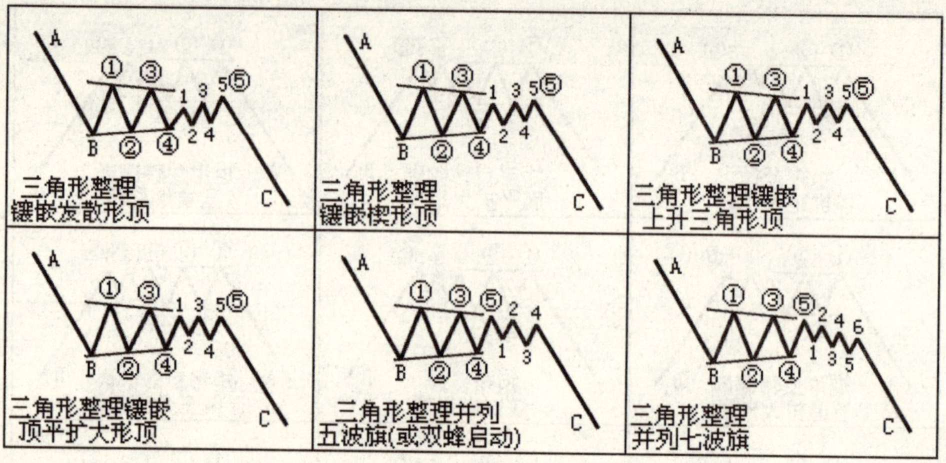


图 5-8(续)

(4) 三角形反转的形态组合（见图 5-9）。

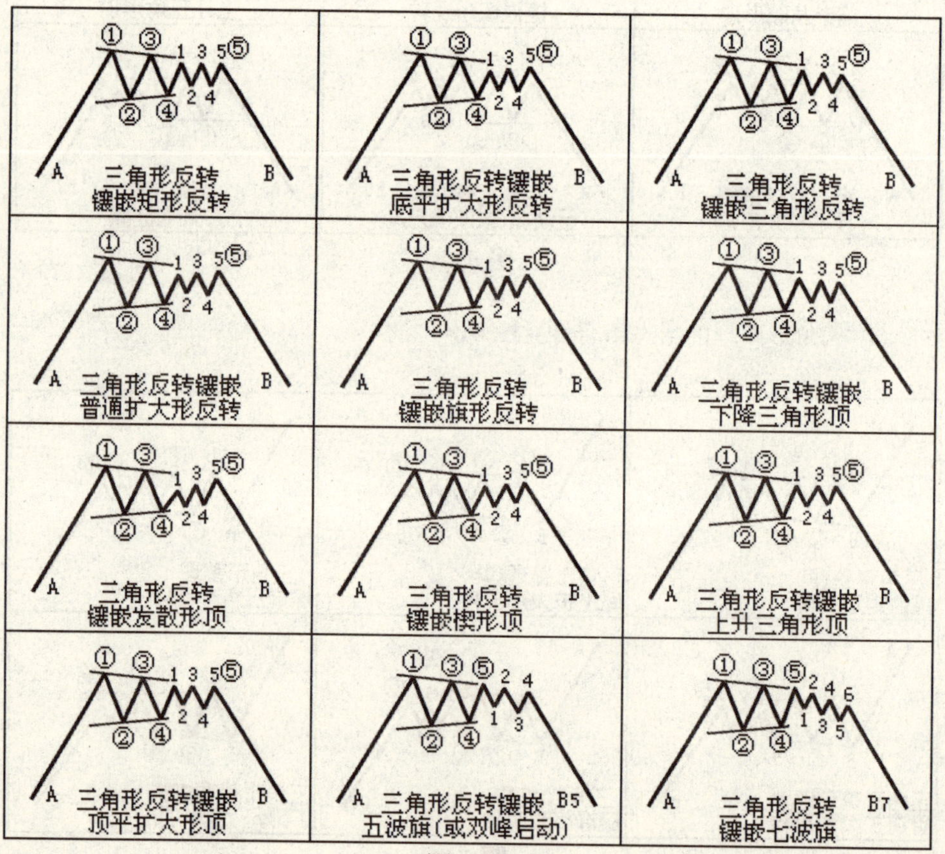


图 5-9

第二章第二节《三角形反转》[实例 4]和[实例 5]中，都出现三角形反转并列五波旗启动的形态组合。

(5) 下降三角形整理的形态组合（见图 5-10）。

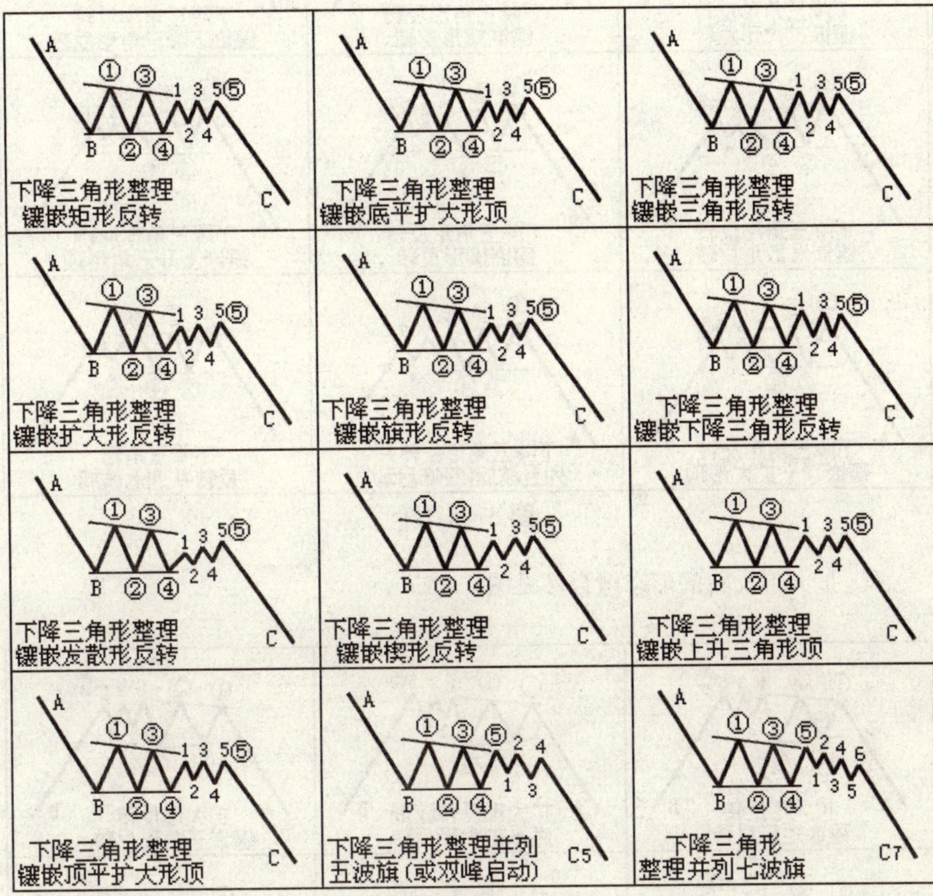


**图** 5-10

(6) 下降三角形反转的形态组合（见图 5-11）。

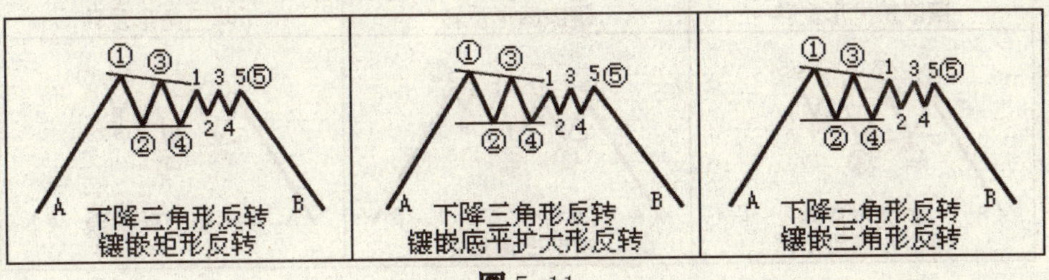


**图** 5-11

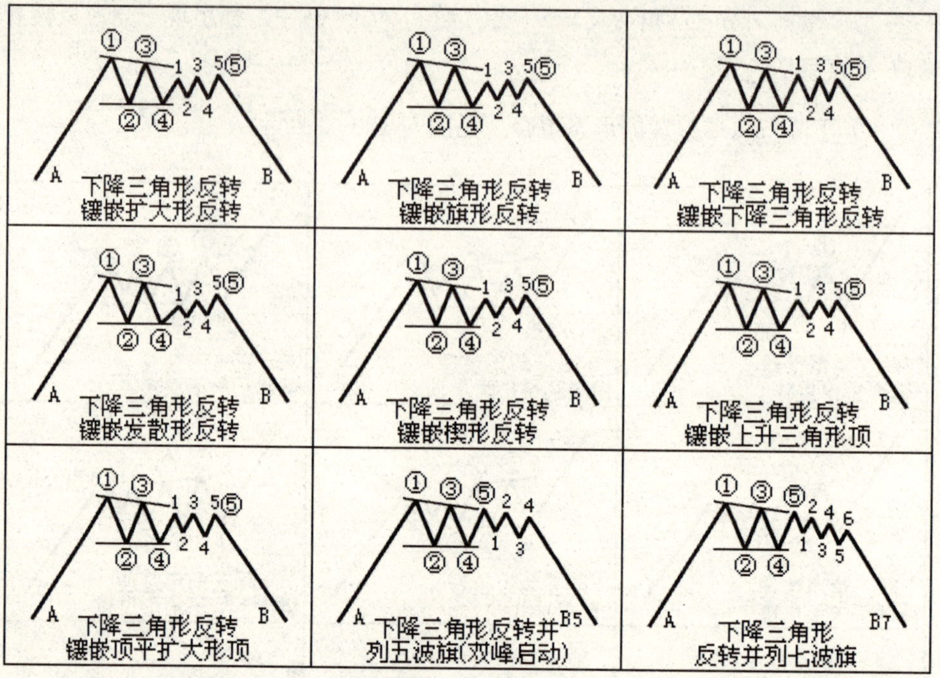


图 5-11(续)

(7) 扩大形反转的形态组合（见图 5-12）。

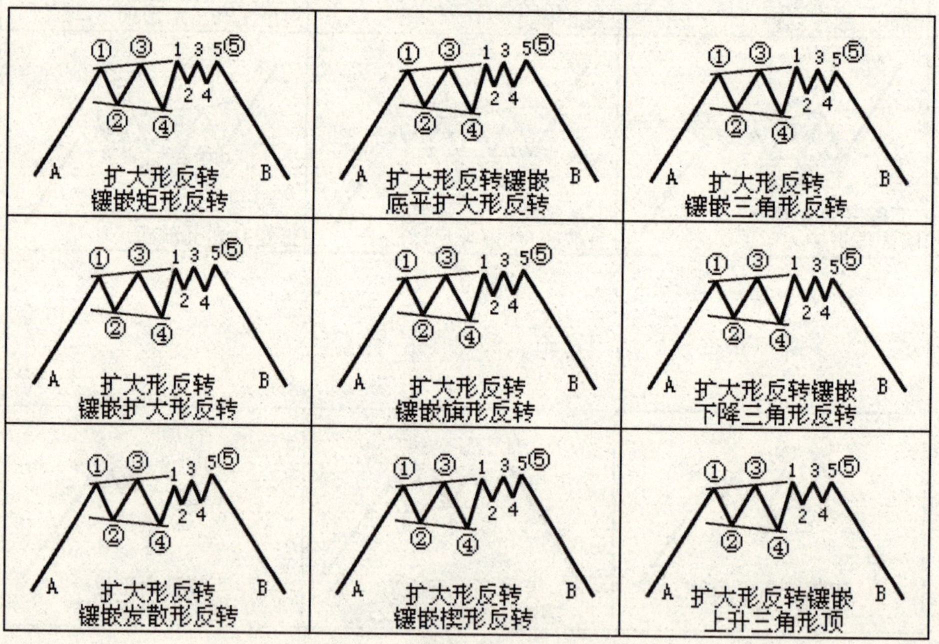


图 5-12

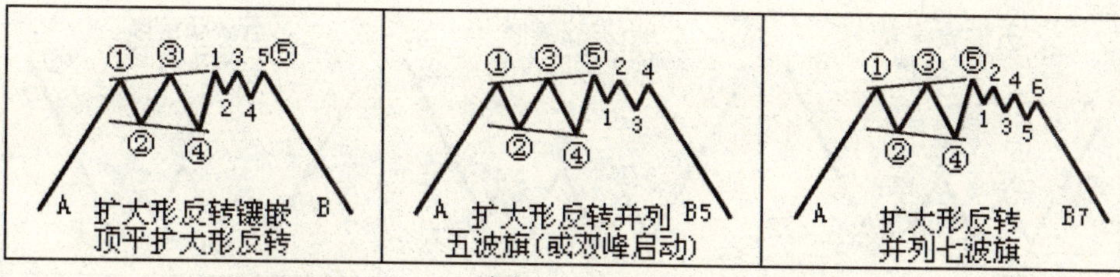


**图** 5-12(续)

(8) 旗形反转的形态组合（见图 5-13）。

(9) 五波旗的形态组合（见图 5-14）。

七波旗的形态组合与此同理。

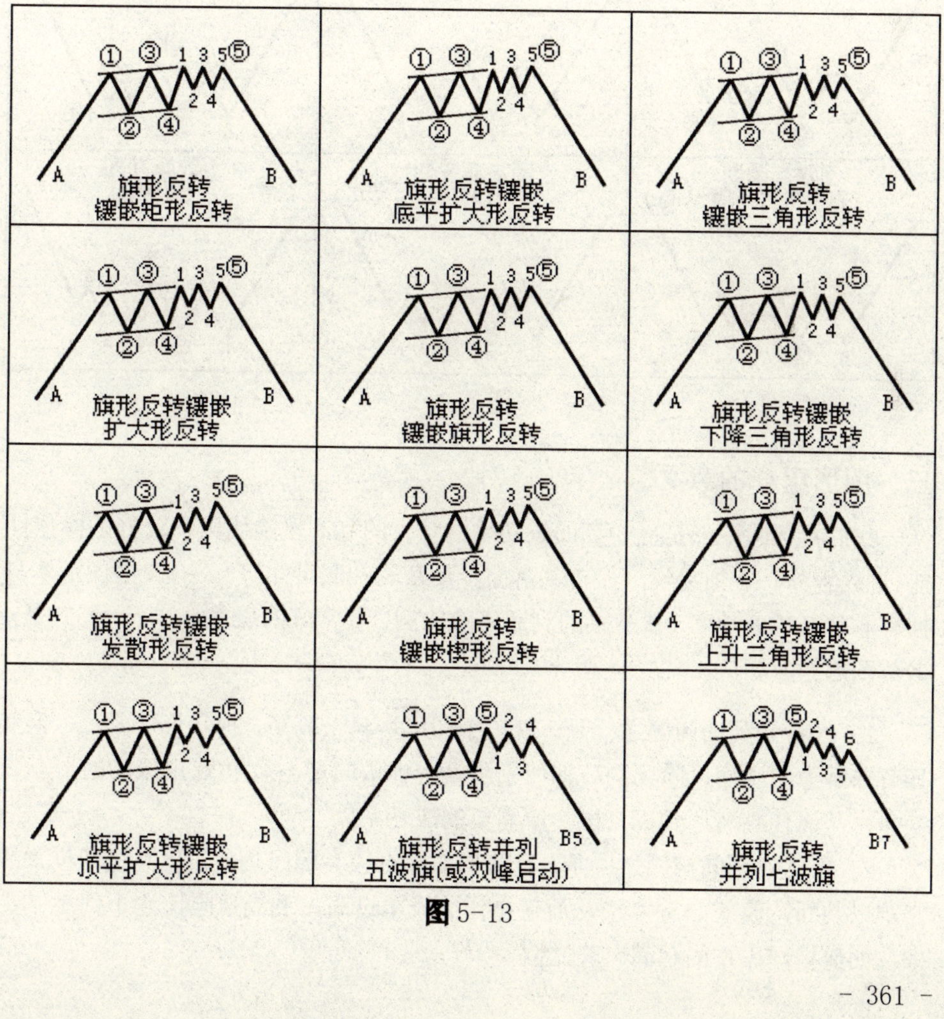


**图** 5-13

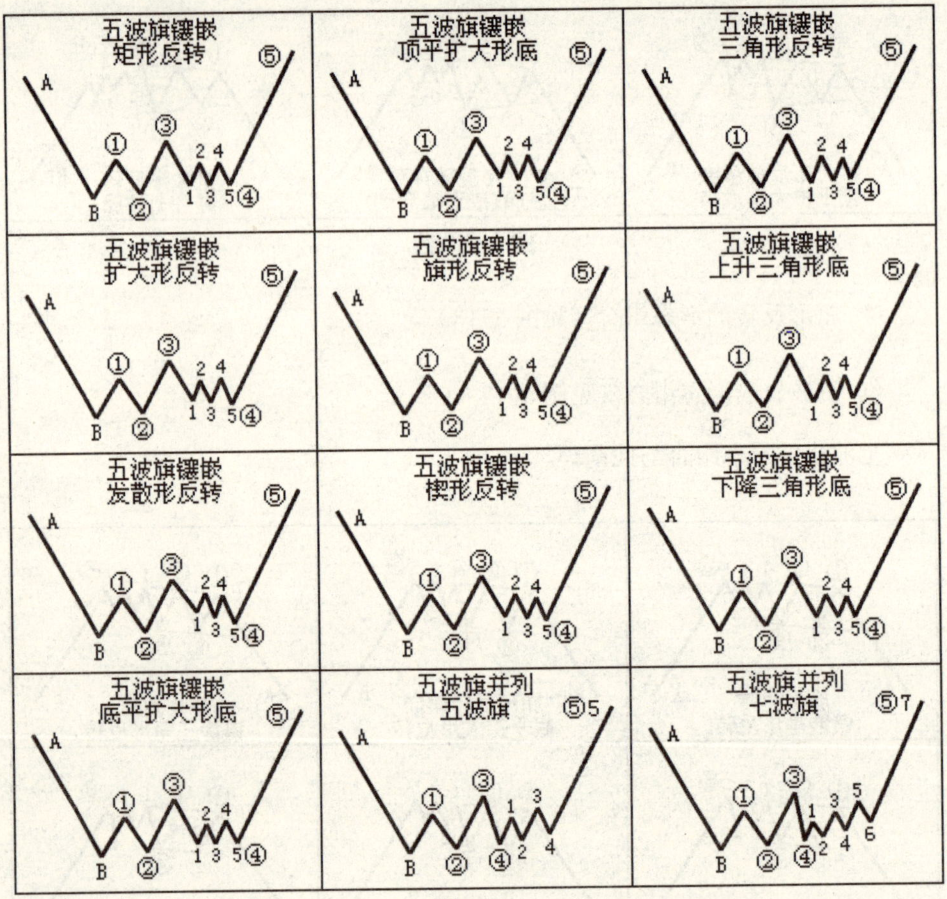


图 5-14

## 三、图形组合的意义

我们希望的图形是：较高的成功率、较大的利润风险比例、较好的操作性能(进场容易、止损易设、后市利落而少反复、利润可知等）。有一些图形本身拥有非常高的成功率、非常大的利润风险比例、非常好的操作性能，遗憾的是，多数图形并非如此。

1. 经常遇到的问题之一是，就单个图形本身来判断，成功率非常低，但其拥有非常大的利润风险比例。如何剔除其中虚假的形态，挑选出成功的形态去操作，从而使判断达到投资操作所需要的成功率？

2. 经常遇到的问题之二是，有的形态拥有较高的成功率，但其进场位置非常难以判断，偏差非常大，从而使操作的成本过高，利润风险比达不到操作要求。如何提高操作的利润风险比例？

3．经常遇到的问题之三是，有的形态幅度过大或周期过长，使操作在点位和时间上都无法更精确。如何使进场时机的判断更精确？

4．经常遇到的问题之四是，有的形态很不标准，如何利用它的价值？

5．经常遇到的问题之五是，有的形态方向辨认很困难。

6．经常遇到的问题之六是，有的形态只表明行情方向，而不知道利润的大小。如何更有把握的去判断后市空间？

7．经常遇到的问题之七是，有的形态无法保证行情迅速单边发动，行情可能多有反复，使操作成功难度很大。如何去判断后市行情的细节问题？

**利用图形组合分析可以：**

1．用小形态的风险去博取大形态的利润。

2．使操作成功率大幅度提高。

3．使操作在时机上把握得更精确。

4．使操作更加简单易行，对后市情况更了解。

5．使后市空间的判断更加有把握。

6．更早地辨认行情的正式发动。

## 四、图形组合的实例分析

图形组合十分繁杂，本章将主要以实例的方式探讨其意义。

**[实例 1]　双重组合　反转形态镶嵌反转形态　镶嵌式结构**（见图 5-15）

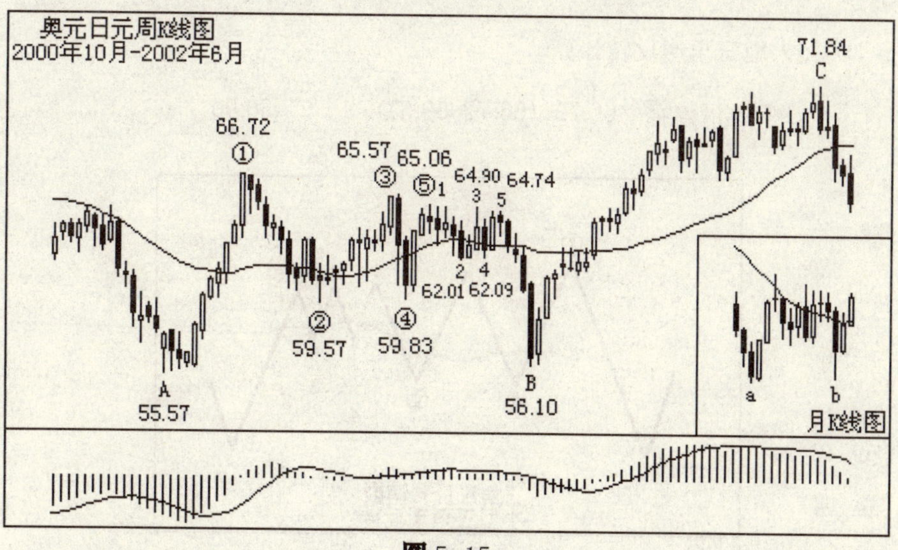


**图** 5-15

1. 图形结构为：三角形反转镶嵌三角形反转。

在三角形反转第5波的末端，出现更小级别的三角形反转，见图 5-16。其属于在反转形态的进场点出现小周期反转形态。

2. 图形意义：

⑴ 多数三角形反转成功率不尽如人意，如果在进场点⑤的位置出现反转形态，将使成功率大幅度提高。

⑵ 大周期图形在操作时机上偏差很大，⑤点出现小周期的图形可以使时机更精确。

⑶ 幅度大的图形拥有大幅度的风险，小周期的图形可以降低风险，从而实现以小形态的风险，博取大形态的利润。

⑷ 如果没有小周期的图形出现，则这个大三角形反转的成功率约50%，风险利润比例约为1∶7。

⑸ 图形组合使成功率至少达到75%，风险利润比例提高为1∶40，从而使操作性能提高8倍。

⑹ 如果行情能成功地离开小形态的5点而下跌，并突破2点，行情再回头试探⑤点的可能性将非常小，否则将形成“整理形态”或“七波的三角形反转”，这些可能性都非常的小。换句话说，只要小型反转形态成立，大形态成立的可能性就非常大，见图 5-17。

3. 行情预计：

⑴ 按大型三角形反转计算

1.5　倍位置　66.72-(66.72-59.57)×1.5　=56.00

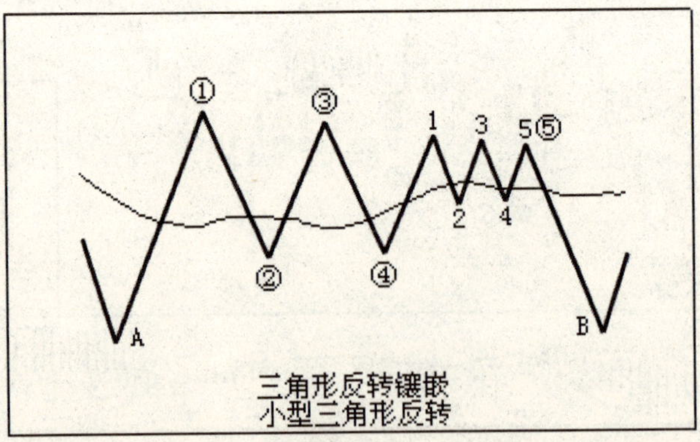


图 5-16

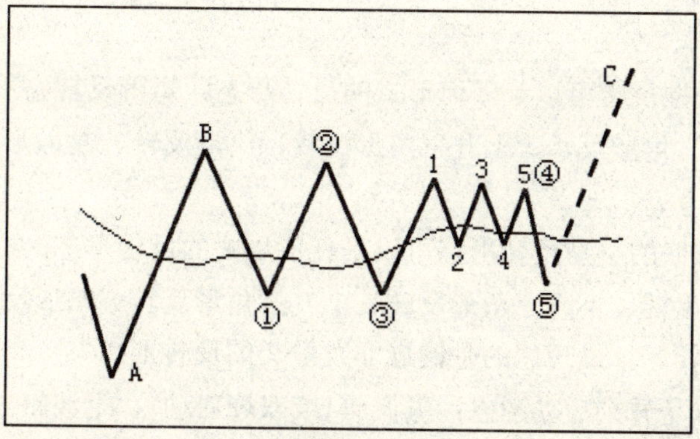


图 5-17

1.618 倍位置　66.72-(66.72-59.57)×1.618=55.15

2　　 倍位置　66.72-(66.72-59.57)×2　　=52.42

(2) 按小型三角形反转计算

1.618 倍位置　65.06-(65.06-62.01)×1.618=60.12

2　　 倍位置　65.06-(65.06-62.01)×2　　=58.96

2.618 倍位置　65.06-(65.06-62.01)×2.618=57.07

3　　 倍位置　65.06-(65.06-62.01)×3　　=55.91

3.618 倍位置　65.06-(65.06-62.01)×3.618=54.03

(3) 最保守的计算是：利用其前波65.57—59.83的1.618倍位置，这是反转整理形态的思想，见图5-18。

1.618 倍位置　65.57-(65.57-59.83)×1.618=56.28

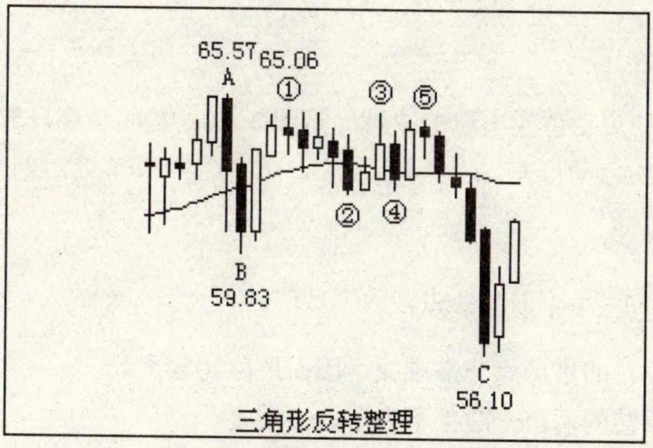


图 5-18

4．其他情况：

⑴ 前面大型反转可以是任何形式的反转形态：矩形反转、三角形反转、楔形反转、下降三角形反转、上升三角形反转、旗形反转、发散形反转、扩大形反转等。

⑵ 后面镶嵌的小型反转形态可以是任何形式的反转形态：矩形反转、三角形反转、楔形反转、下降三角形反转、上升三角形反转、旗形反转、发散形反转、扩大形反转等。最理想的是镶嵌非发散类的反转形态。

⑶ 也可以是并列启动形态：五波旗(或双峰启动)、七波旗。

⑷ 小型的反转形态中，还可以继续镶嵌更小级别的反转形态。

**[实例2]　旗形底并列七波旗　反转形态并列启动形态**（见图 5-19）

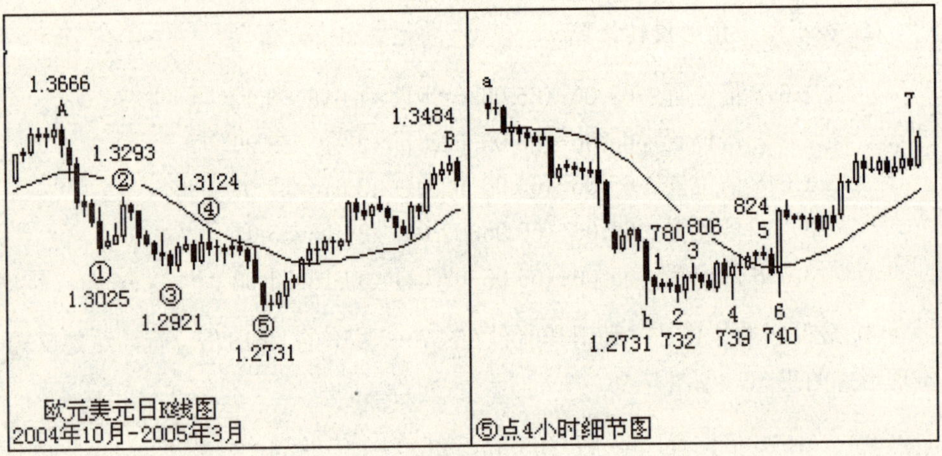


**图** 5-19

1．图形结构：

在旗形底的启动位置出现七波旗，见图 5-20。其属于在反转形态的进场位置出现小周期的启动形态。

2．图形意义：

旗形反转有三个主要的缺点：

⑴ 旗形反转的进场点非常难找，因而风险比较大。

⑵ 旗形反转的后市一般都不利落，多反复。

⑶ 旗形反转后市利润空间无保证。

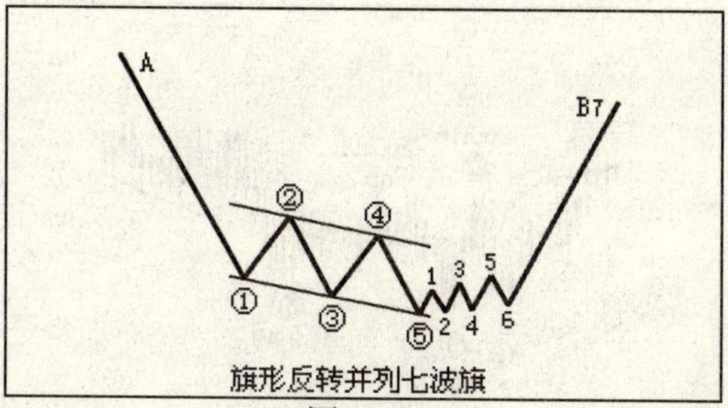


图 5-20

旗形反转拥有一定的成功率，成功的旗形反转很多，如何辨认出来是个难题。七波旗启动形态有几个优点：

⑴ 进场点容易寻找，止损很小，拥有非常大的利润风险比例。

⑵ 后市利落，少反复。

⑶ 后市空间一般较大。

⑷ 七波旗拥有一定的成功率，可以帮助旗形底的成立。但其成功率较低。两种形态并列出现，正好互相弥补缺点，而达到更好的操作性能，风险利润比例可能达到1∶50 以上。

**[实例 3]　发散形底并列五波旗、镶嵌三角形反转形态、混合式结构**

（见图 5-21a、图 5-21b）

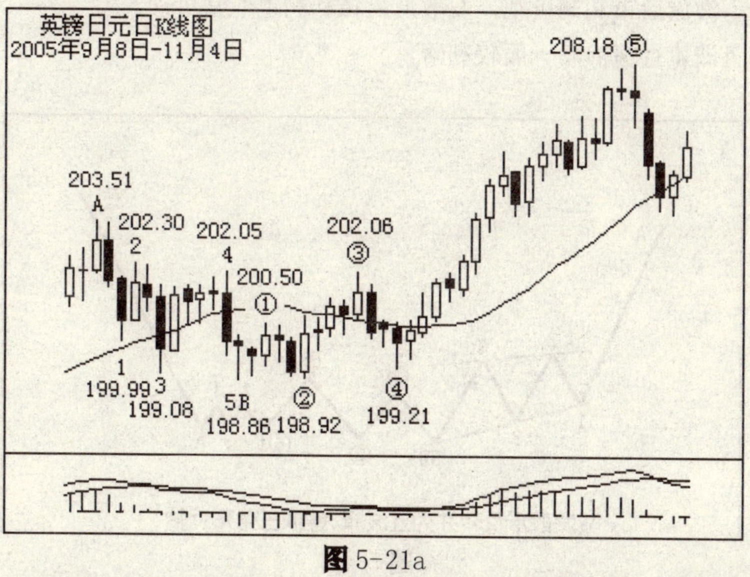


图 5-21a

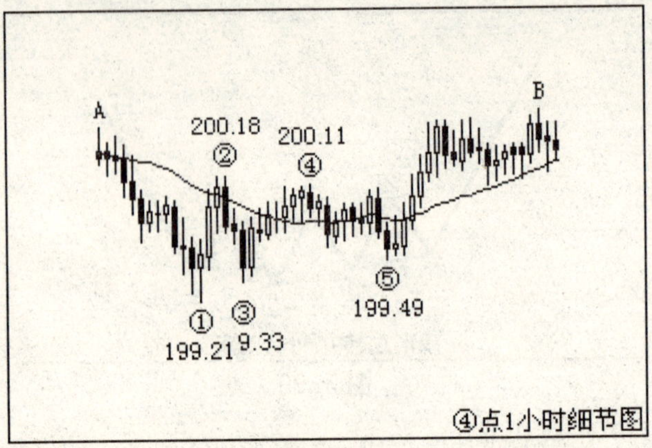


图 5-21b

1. 图形结构：

发散形底的后面并列五波旗，在五波旗第4波的末端，镶嵌更小级别的小型三角形反转，示意图如图5-22所示。属于在启动形态的进场点出现小周期反转形态，镶嵌式结构。

2. 图形意义：

⑴ 发散形反转本身难以单独操作，其后市出现启动形态是难得的操作机会，但五波旗的成功率不是很高。

⑵ 大型的形态具有较大的风险，进场点的估计偏差较大。

⑶ 五波旗后市利润可观，发散形反转利润也非常可观。

⑷ 五波旗行情启动一般较利落。

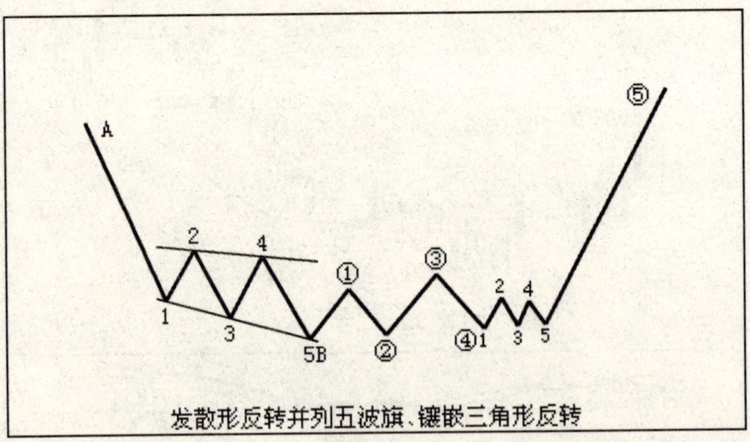


图 5-22

3. 图形组合后：

(1) 提高了成功率。

(2) 精确了进场点。

(3) 提高了利润风险比例。

**[实例4]　发散形顶镶嵌发散形顶**（见图5-23）

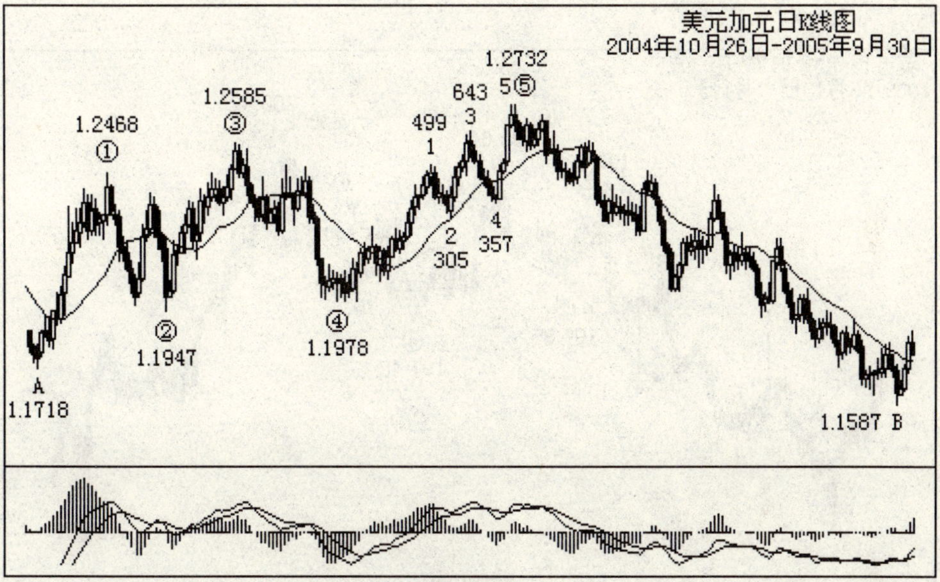


**图**5-23

1. 图形结构：

在大型发散形顶的第5波末端出现小型发散形反转，见图5-24。

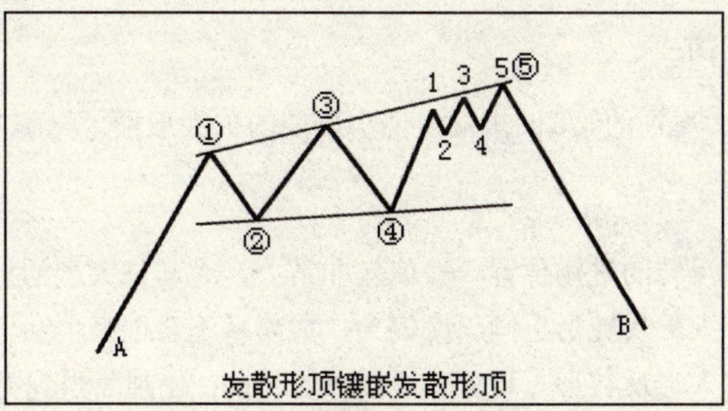


**图**5-24

2．图形意义：

⑴ 发散形反转的进场位置一般偏差较大，尤其是大型的发散形反转。

⑵ 发散形反转的成功率也不是很高。

⑶ 小型发散形反转使进场点更精确，使判断得到更好确定。由于小型发散形降低了风险，使利润风险比例提高，使形态变得可以直接操作。

**[实例5]　扩大形顶镶嵌扩大形顶**（见图 5-25）

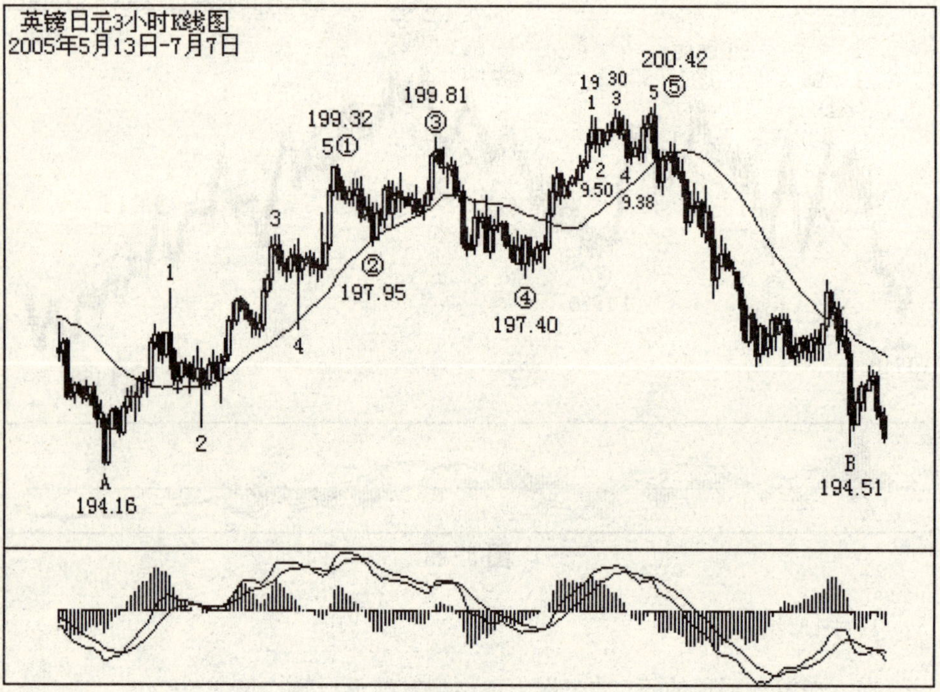


**图** 5-25

1．图形结构：

在大型扩大形顶的第5波末端出现小周期的扩大形顶，见图 5-26。

2．图形意义：

⑴ 扩大形反转的进场位置一般偏差非常大，尤其是大型的扩大形反转。

⑵ 这个扩大形反转形态倾斜度偏大，成功率不会很高。

⑶ 小型扩大形反转形态可以使进场点更精确，使判断得到更好确定，并增大利润风险比例。

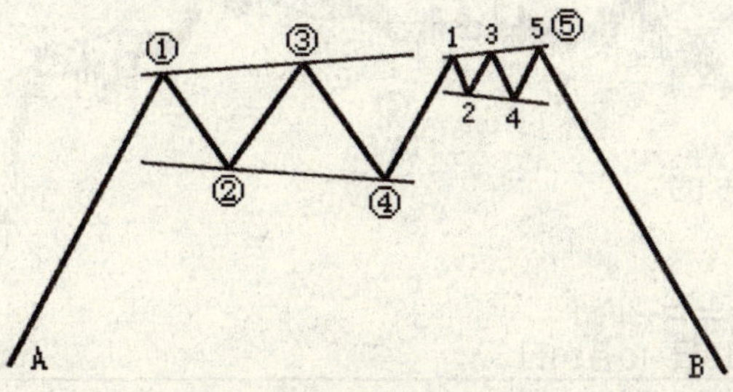


扩大形顶镶嵌扩大形顶

图 5-26

3. 按大型扩大形计算后市：

200.42-(200.42-197.40)×1.618=195.53

200.42-(200.42-197.40)×2 =194.38

按小型扩大形计算后市：

200.42-(200.42-199.38)×1.618=198.74

200.42-(200.42-199.38)×2 =198.34

200.42-(200.42-199.38)×2.618=197.70

200.42-(200.42-199.38)×3 =197.30

200.42-(200.42-199.38)×3.618=196.66

200.42-(200.42-199.38)×4 =196.26

200.42-(200.42-199.38)×4.618=195.62

200.42-(200.42-199.38)×5 =195.22

200.42-(200.42-199.38)×5.618=194.58

200.42-(200.42-199.38)×6 =194.18

接近的数据是195.53～195.62和194.38～194.58。

**[实例6]　扩大形反转镶嵌矩形反转**（见图 5-27a、图 5-27b）

1. 图形结构：

在扩大形顶的第5波末端出现小周期的矩形反转，见图 5-28。

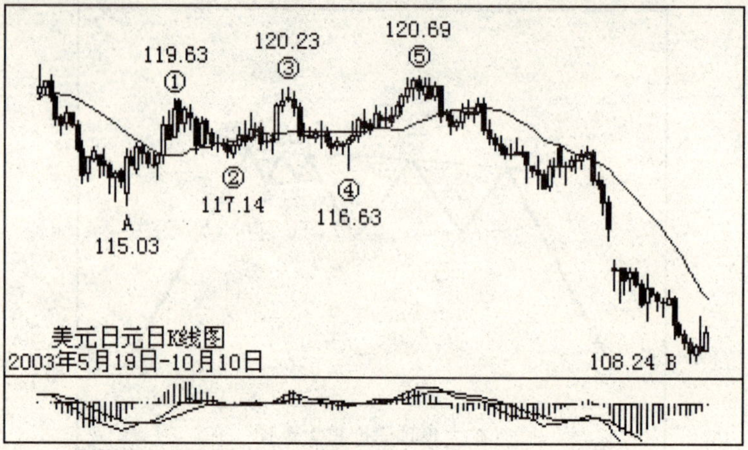


图 5-27a

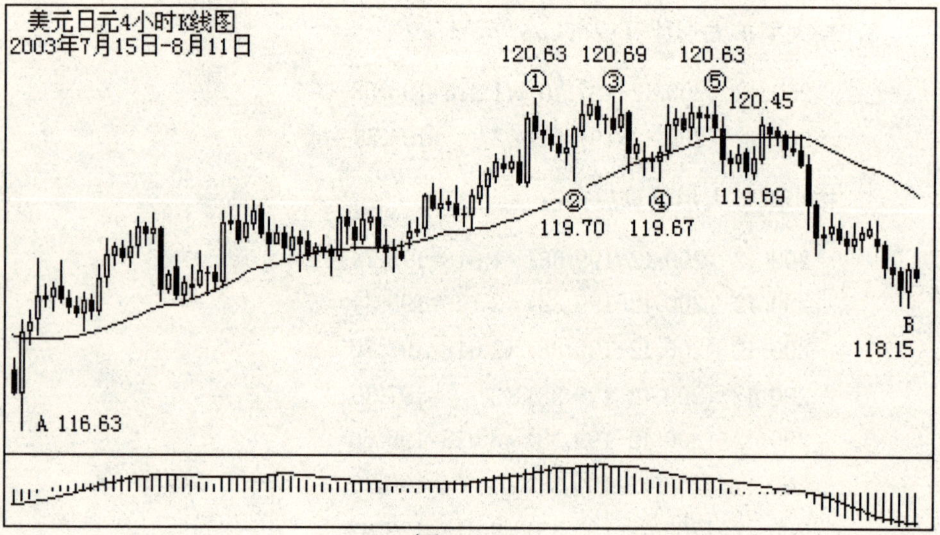


图 5-27b

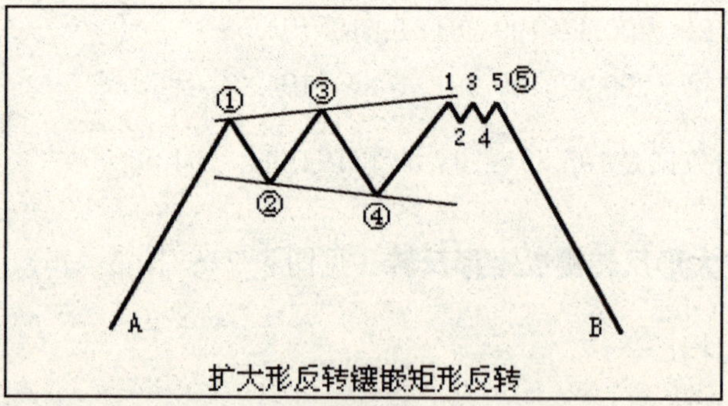


图 5-28

2．图形意义：

⑴ 扩大形反转的成功案例很多，经常有非常大的利润。

⑵ 扩大形反转进场点难以估计，风险难以控制。

⑶ 大型的扩大形反转在操作时机上偏差非常大。

⑷ 组合后，可以精确找到行情发动位置，以及止损位置。

⑸ 组合后，可以使判断的成功率大幅度提高。

**[实例7] 扩大形底并列五波旗**（见图5-29）

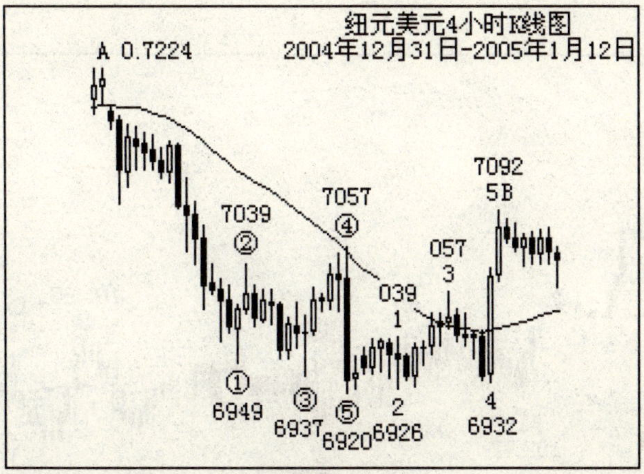


**图**5-29

1．图形结构：

在扩大形底的后面，并列出现五波旗，见图5-30。

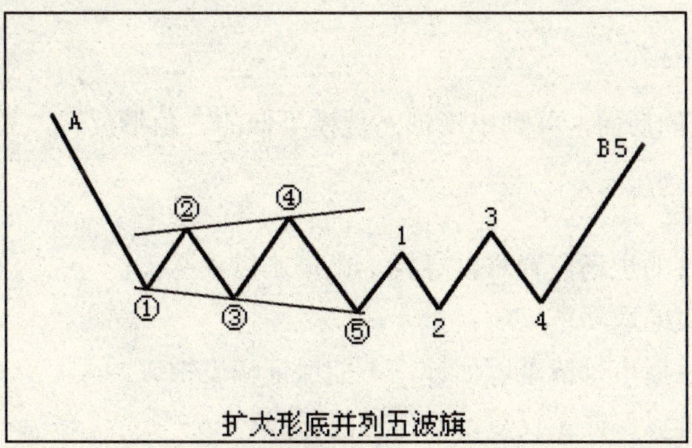


**图**5-30

2. 图形意义：

⑴ 一般条件的扩大形反转的成功率不是很高。

⑵ 扩大形反转的进场点、止损都难以处理，其是难操作的形态。

⑶ 扩大形反转有一定的成功率，一旦成立后市有可观的利润。

⑷ 扩大形反转后市启动有时候多反复，不能保证迅速启动。

⑸ 图形组合后，提高了五波旗的成功率，提高了操作性能。

⑹ 五波旗的后市一般较利落，其操作性能良好。

**[实例8] 旗形底并列三角形反转**（见图 5-31）

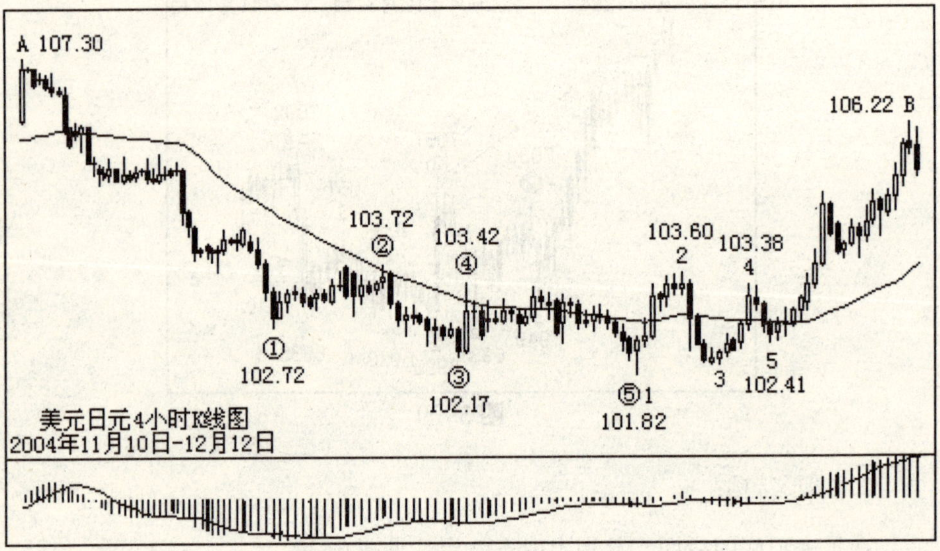


**图** 5-31

1. 图形结构：

在旗形底的后面，并列出现形态规模类似的三角形反转，见图 5-32。

2. 图形意义：

⑴ 旗形底的进场位置难以寻找，止损难以设立。

⑵ 旗形底的成功率一般。

⑶ 旗形底后市行情难以估计，不能保证幅度很大。

⑷ 后市难以保证无反复，操作性能一般。

⑸ 三角形反转拥有非常好的操作性能，利润可以预估，后市一般都能较利

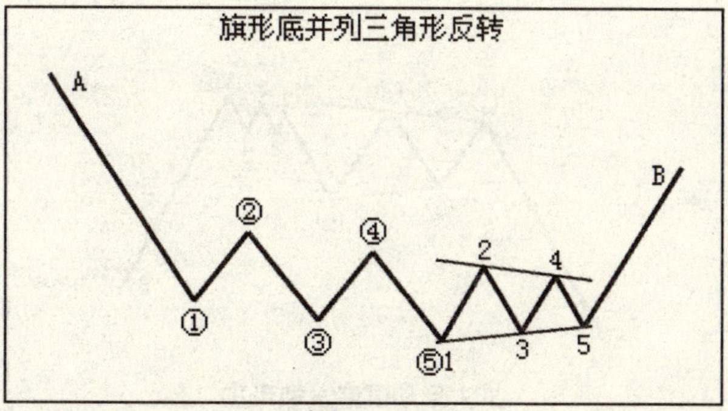


图 5-32

落，但其方向难以保证。

⑹ 组合后，正好互相弥补缺点，发挥优势。

**[实例9]　扩大形顶镶嵌发散形顶**（见图 5-33）

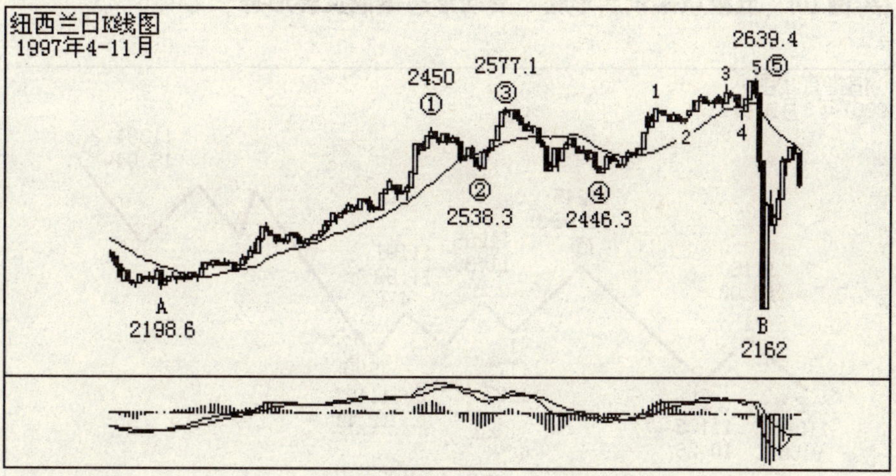


图 5-33

1．图形结构：

在扩大形顶的第5波末端出现小周期的发散形顶，见图 5-34。

2．图形意义：

⑴ 扩大形反转形态，尤其是盘区平缓的扩大形反转形态，后市经常有破坏性的力度。

⑵ 其成功率无保障，进场时机不易确认。大周期的形态在进场时机上偏差

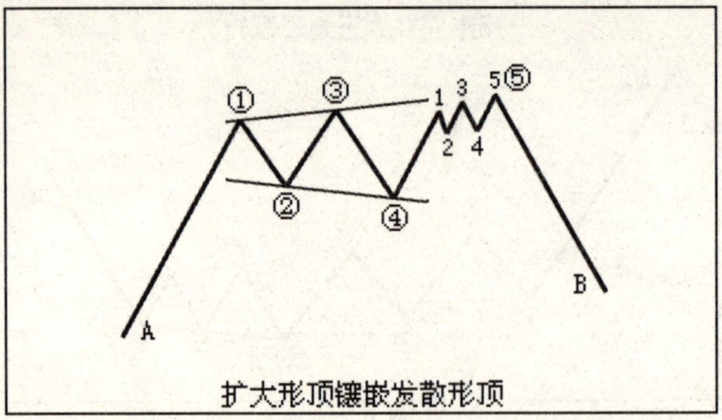


图 5-34

更大。

⑶ 小周期的形态可以减少进场偏差，更加确认行情。此为1997年亚洲经济危机时的行情。

**[实例10] 五波旗镶嵌旗形底 启动形态镶嵌反转形态**（见图 5-35）

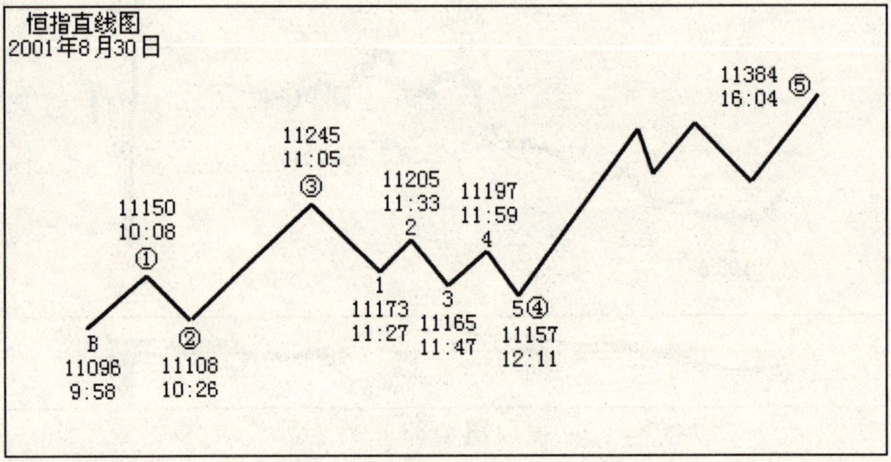


图 5-35

1. 图形结构：

五波旗的第4波是一个旗形底结构，见图 5-36。

2. 图形意义：

⑴ 五波旗成功率不高。

⑵ 它的④点位置有时候估算偏差较大。

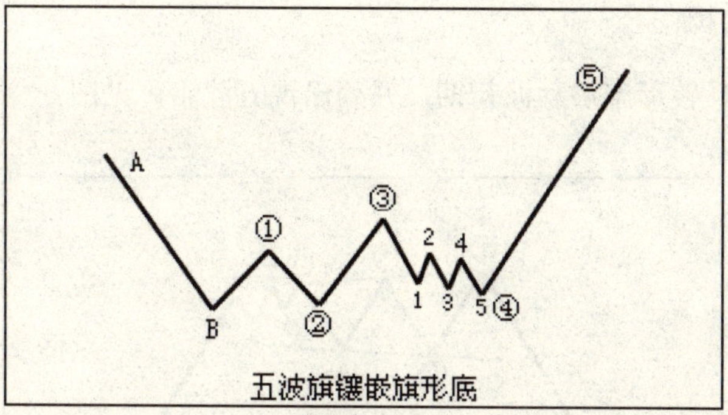


图 5-36

(3) 但五波旗有较好的操作性能，成功的五波旗利润可观。

(4) 图形组合后，使操作成功率更高，进场更准确。

3. 后市计算：

11096+(11245-11096)×1.618=11337

11096+(11245-11096)×2 =11394

11096+(11245-11096)×2.618=11486

**[实例 11] 三角形反转并列五波旗**（见图 5-37）

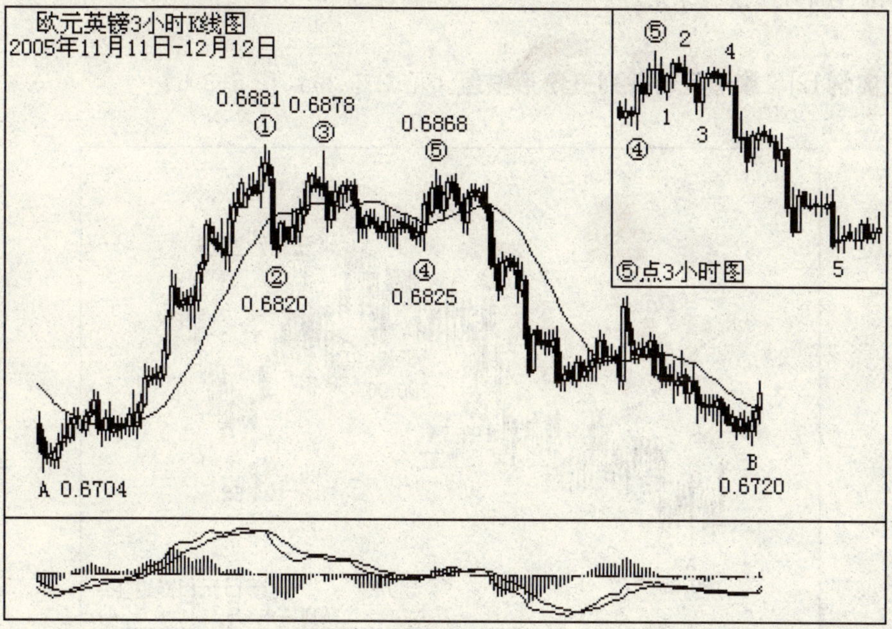


图 5-37

1. 图形结构：

在三角形反转形态启动波初期，并列出现五波旗，见图 5-38。

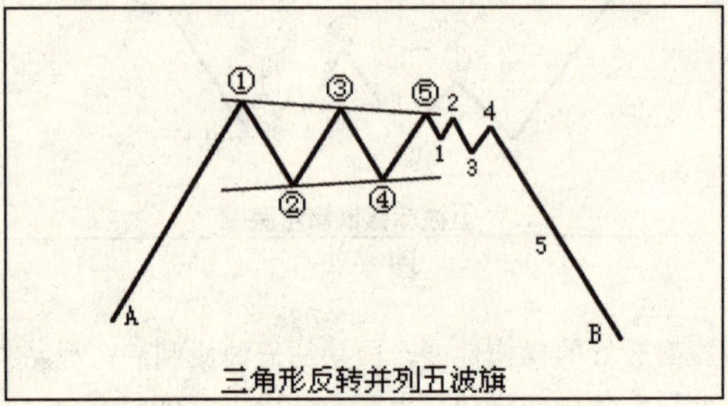


**图** 5-38

2. 图形意义：

⑴ 三角形反转的成功率不尽如人意，大型的三角形反转进场偏差较大。

⑵ 在行情启动初期出现五波旗等启动形态，可以使进场点更精确，使操作成功率更高，使操作成本更低。

⑶ 若按五波旗形态操作，进场点是在4点，止损在2点，风险控制得更小，更符合顺势操作的原则。

**[实例12]　旗形反转并列三角形整理**（见图 5-39a、图 5-39b）

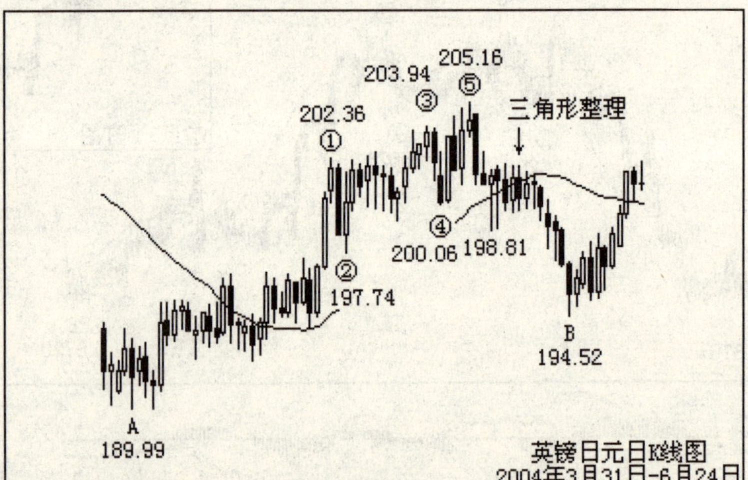


**图** 5-39a

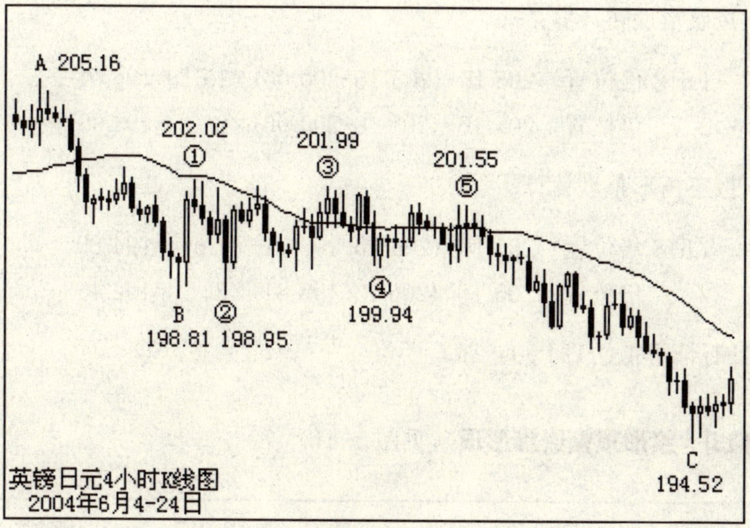


图 5-39b

1．图形结构：

在旗形反转发动的早期，并列出现三角形整理，见图 5-40。

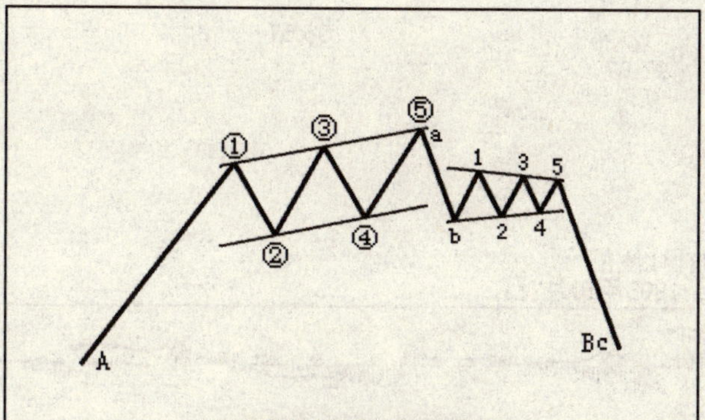


图 5-40

2．图形意义：

⑴ 旗形反转形态本身难以直接进行操作，因其进场偏差非常大，使操作的代价过高。

⑵ 一般条件的旗形反转成功率也不尽如人意。

⑶ 在其行情发动初期出现整理形态使判断成功率大幅度提高。

⑷ 后市利润可以按整理形态和反转形态共同估算，会更精确和实用。

按旗形反转计算：

1.618 倍位置　205.16-(205.16-200.06)×1.618=196.91

2　　倍位置　205.16-(205.16-200.06)×2　　=194.96

按三角形整理计算：

1.618 倍位置　205.16-(205.16-198.81)×1.618=194.89

2　　倍位置　205.16-(205.16-198.81)×2　　=192.46

估计行情可抵达194.90一带。

**[实例13]　旗形顶镶嵌旗形顶**（见图5-41）

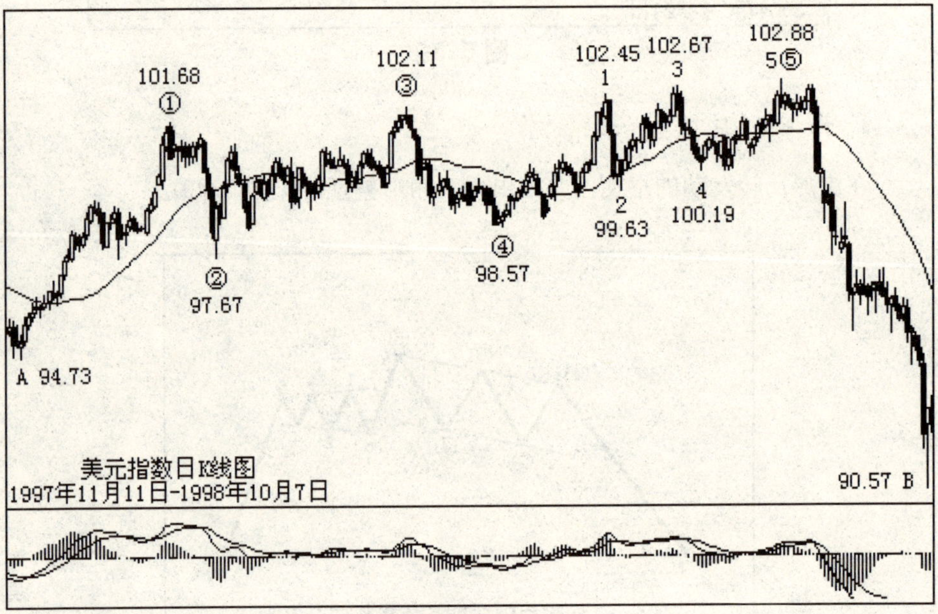


**图** 5-41

1．图形结构：

在旗形顶的第5波末端出现小周期的旗形顶，见图5-42。

2．图形意义：

(1) 不是很标准的大型旗形反转成功率一般。

(2) 旗形反转行情启动时机难以判断，偏差很大，止损也很大。

(3) 组合后，使判断成功率得到提高，发动位置的判断更加精确。

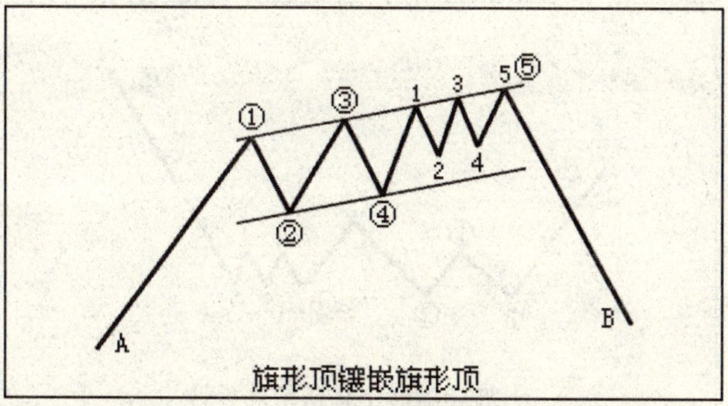


图 5-42

**[实例14]　五波旗镶嵌上升三角形底**（见图 5-43）

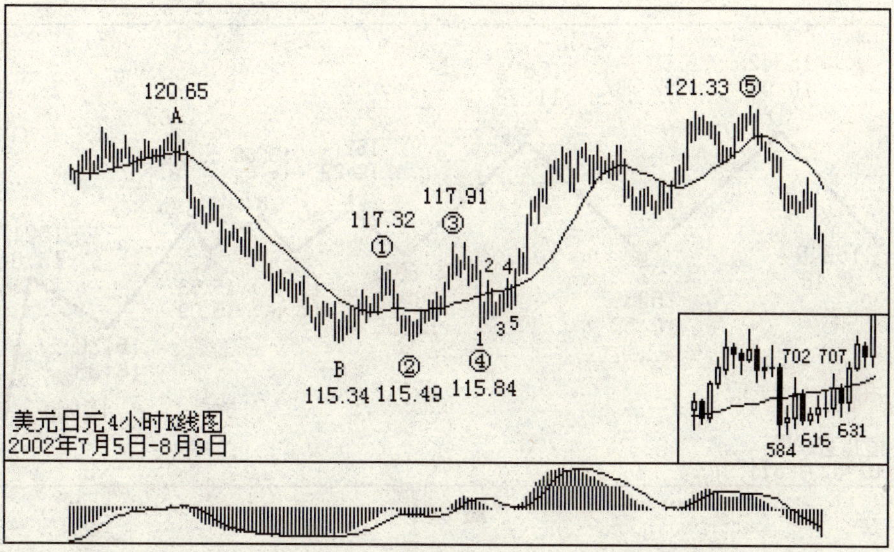


图 5-43

1．图形结构：

在五波旗的第5波的启动位置，出现上升三角形底部反转，见图 5-44。

2．图形意义：

⑴ 五波旗成功率不高，但一旦成立后市一般较利落且利润较大。

⑵ 上升三角形反转拥有较好的成功率和操作性能，但形态过小的利润不大。此形态正好处在行情的第三底，后市一旦成立，利润可观。

⑶ 图形组合后，提高了成功率，并使操作性能更好。

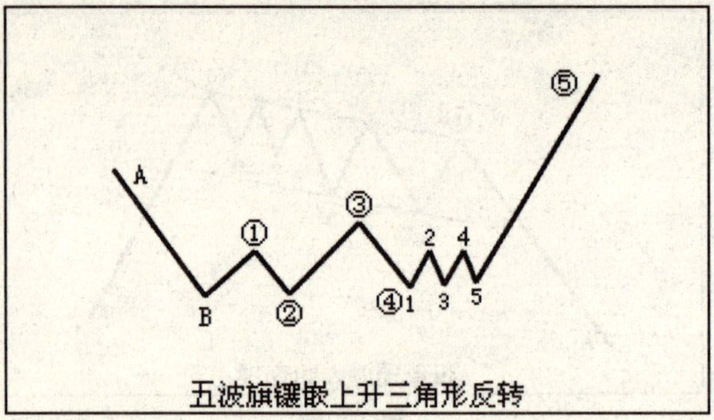


图 5-44

**[实例15] 下降三角形独立盘区镶嵌三角形整理**（见图 5-45）

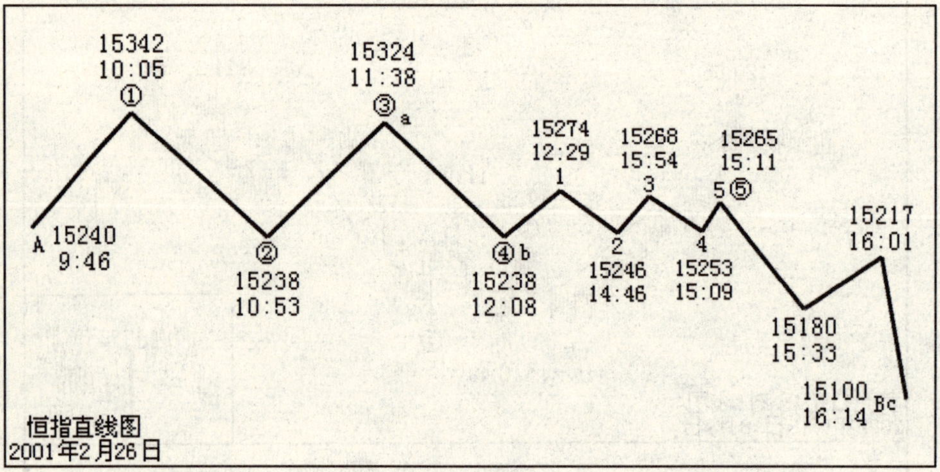


图 5-45

1. 图形结构：

下降三角形盘区的第5波是三角形整理，从而使盘区的第4波、第5波以及后市，共同组成一个三角形整理，见图 5-46。

2. 图形意义：

⑴ 独立的下降三角形盘区是可以操作的形态，但其⑤点有时候达不到计算的位置。

⑵ 图形组合使成功率更高，利润风险比例更大，操作更容易。

⑶ 后市利润估计可以按下降三角形盘区和三角形整理共同估算。

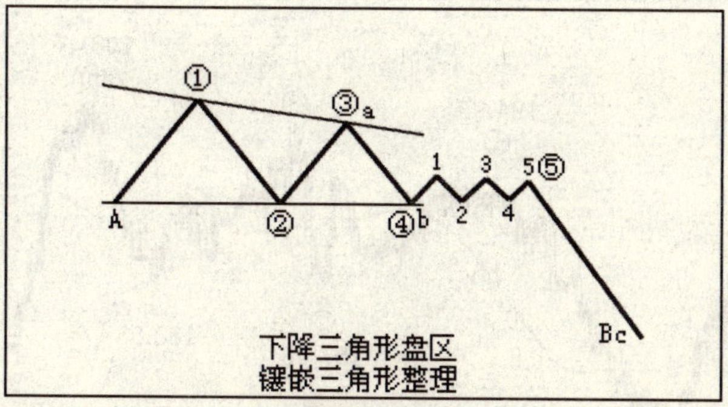


图 5-46

按下降三角形盘区估算：

1.618 倍位置　15342-(15342-15238)×1.618=15174

2　　倍位置　15342-(15342-15238)×2　　=15134

按三角形整理估算：

1.618 倍位置　15324-(15324-15238)×1.618=15185

2　　倍位置　15324-(15324-15238)×2　　=15152

2.618 倍位置　15324-(15324-15238)×2.618=15099

后市出现三波结构，按此计算：

1.618 倍位置　15265-(15265-15180)×1.618=15127

2　　倍位置　15265-(15265-15180)×2　　=15095

后市大致可估算到15099左右位置。

**[实例16]　发散形反转镶嵌下降三角形反转**（见图 5-47a、图 5-47b）

1. 图形结构：

在发散形反转的第5波末端，出现下降三角形反转，见图 5-48。

2. 图形意义：

(1) 发散形反转成功率一般。

(2) 即使是条件充分的发散形反转，其进场点的寻找也非常困难，偏差大，需要很大的止损。

(3) 很多发散形的后市发动无法保证迅速。

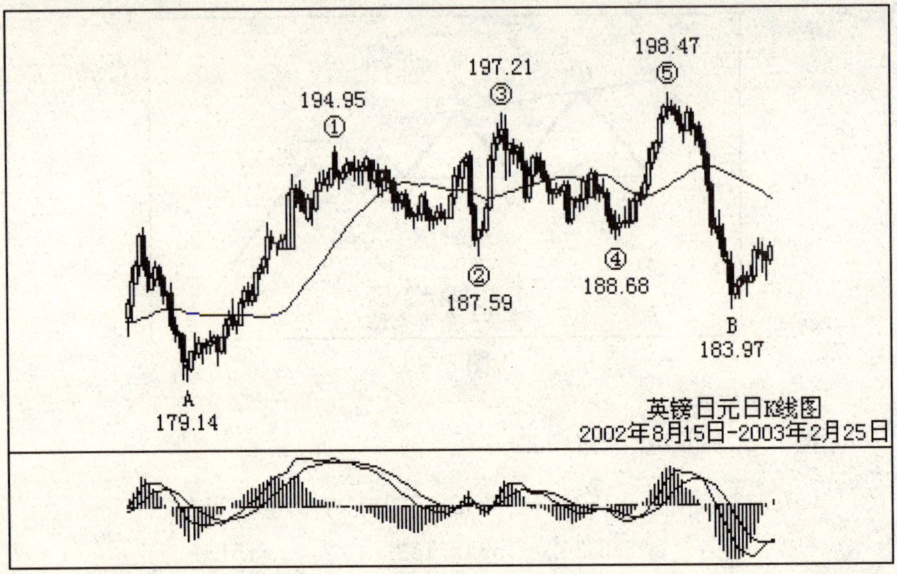


图 5-47a

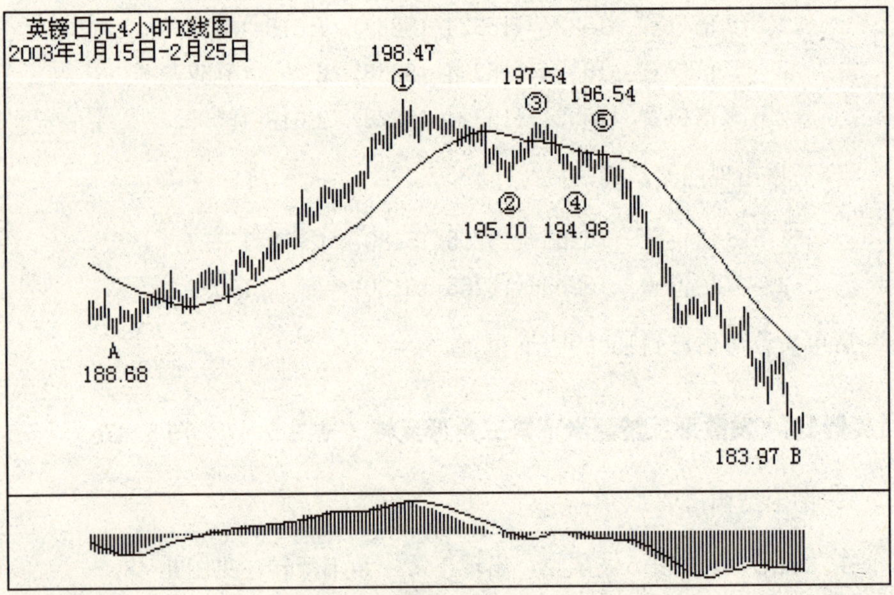


图 5-47b

⑷ 但很多发散形反转后市利润巨大。

⑸ 下降三角形反转具有较高的成功率、较好的操作性能。它的进场点容易寻找，止损容易设立。

⑹ 图形组合后，使此发散形反转成为良好的可操作形态。

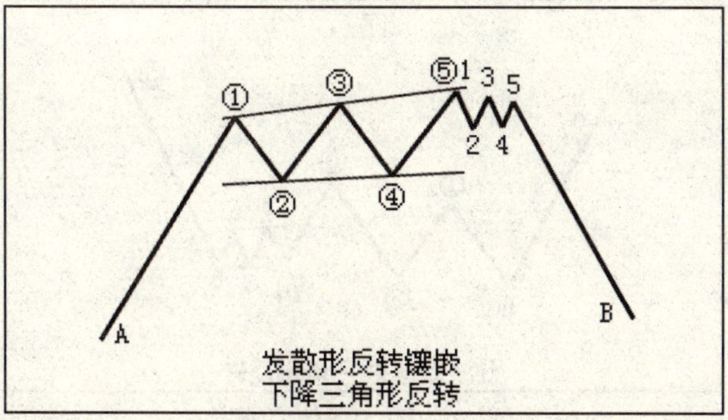


图 5-48

[实例17]　**五波旗镶嵌1波短尾三角形反转**（见图 5-49）

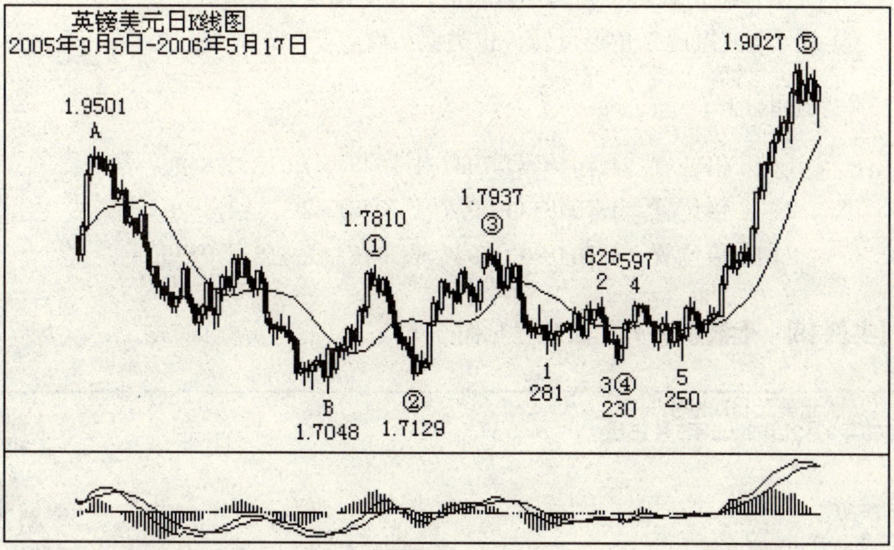


图 5-49

1．图形结构：

在五波旗的第4波末端，出现1波短尾的三角形反转，见图 5-50。

2．图形意义：

⑴ 五波旗的判断成功率问题，一直是个难题，如果在行情到达第4波末端时，出现一些小型反转，则使五波旗的辨认成功率大幅度提高。

⑵ 1波短尾的三角形反转难以辨认，但在五波旗的第4波末端出现，可以提前怀疑它的可能出现。

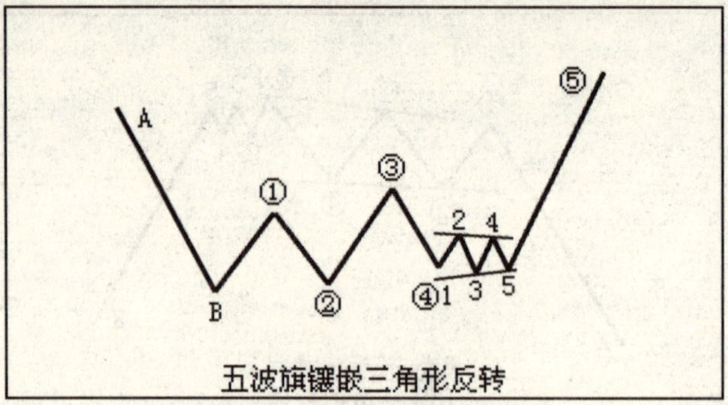

五波旗镶嵌三角形反转

**图** 5-50

(3) 1波短尾三角形反转形态的第1波，经常有个特点是：时间长，K线呈罗列形状。

(4) 大型形态是获得暴利的难得机会，须更谨慎地辨认。

(5) 这个1波短尾三角形反转，也类似头肩底。

3. 后市计算：

1.618 倍位置　1.7048+(1.7937-1.7048)×1.618=1.8486

2　　倍位置　1.7048+(1.7937-1.7048)×2　　=1.8826

2.618 倍位置　1.7048+(1.7937-1.7048)×2.618=1.9375

**[实例18]　七波旗并列七波旗**（见图5-51）

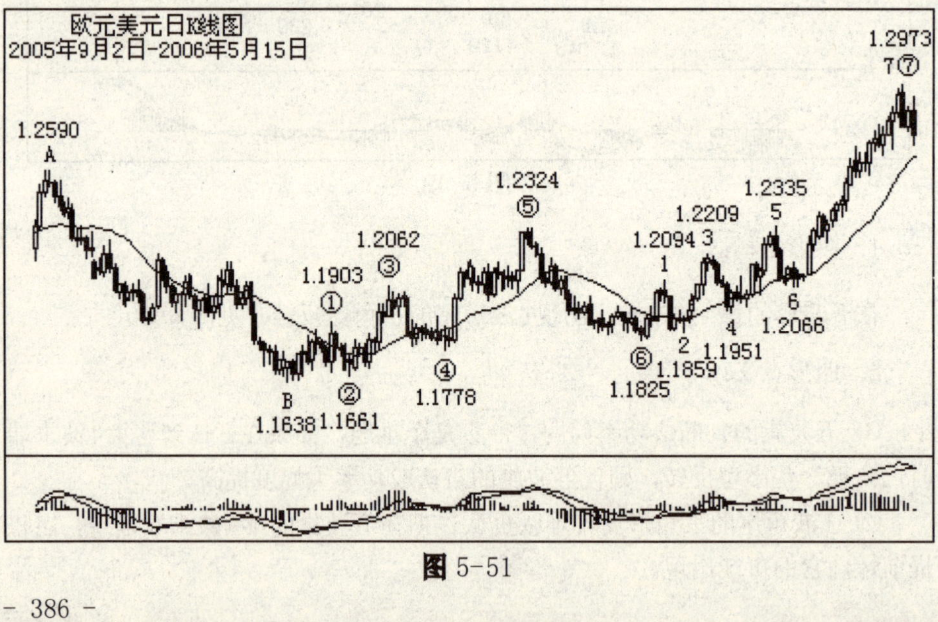


**图** 5-51

1．图形结构：

在七波旗的启动波即第7波的初期，出现更小级别的七波旗，见图 5-52。

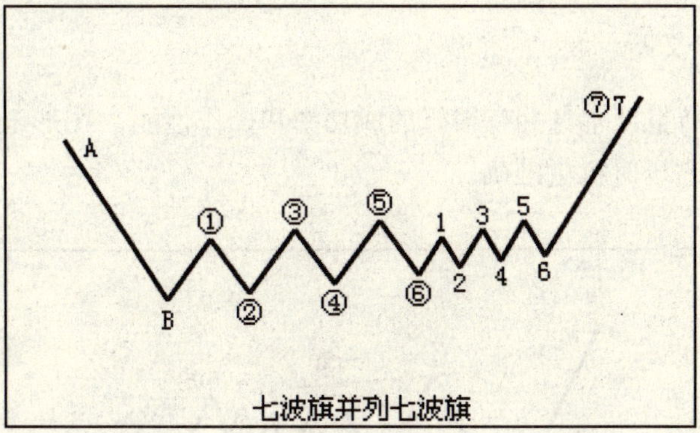

七波旗并列七波旗

**图** 5-52

2．图形意义：

七波旗本身成功率不高，很多时候进场点也难以寻找。在其第7波出现新的小型七波旗，使判断更准确，使进场更精确，使利润风险比例更大。

**[实例19]　三角形反转整理镶嵌旗形反转**（见图 5-53）

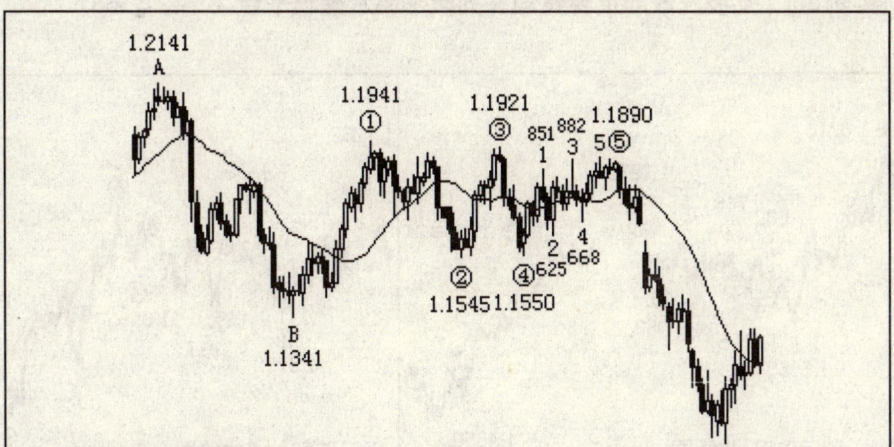


**图** 5-53

1. 图形结构:

在三角形反转整理的反转区的第5波末端，出现小型的旗形反转形态，示意图如图 5-54 所示。

2. 图形意义:

三角形反转整理本身拥有很好的成功率和操作性能，图形组合以后，使成功率更高，使进场时机更准确。

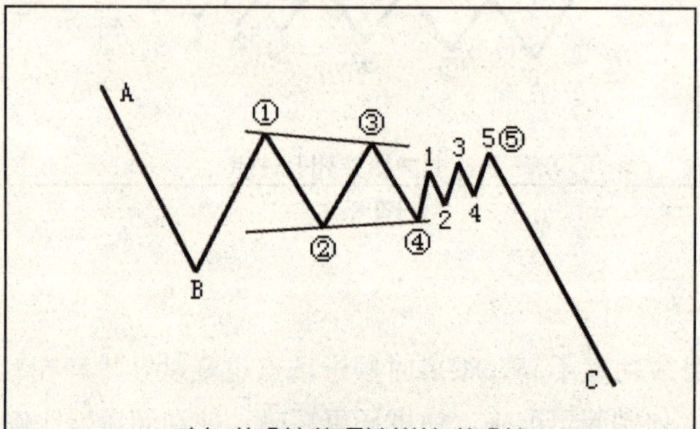


三角形反转整理镶嵌旗形反转

**图** 5-54

**[实例20]　七波发散形反转整理并列楔形跳水整理平台**（见图 5-55）

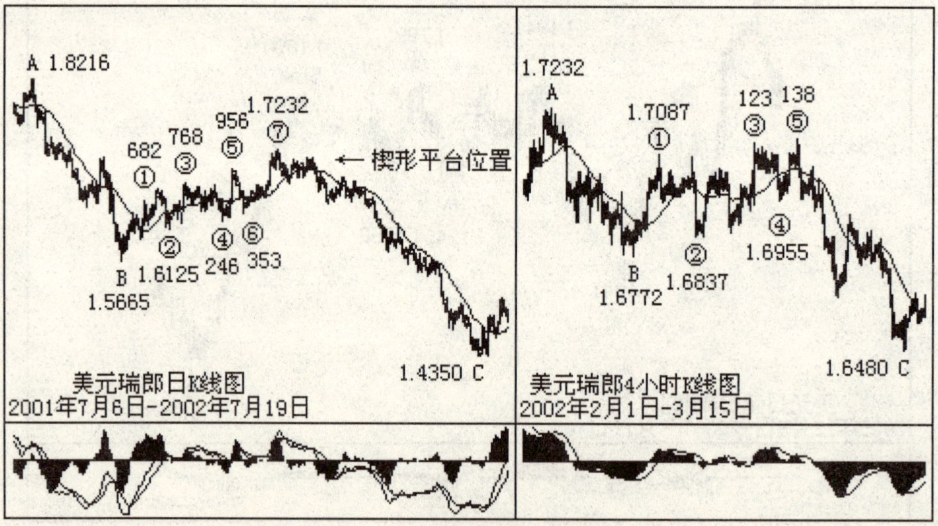


**图** 5-55

1．图形结构：

在七波的发散形反转整理形态的行情启动初期，出现小规模的楔形跳水平台整理形态，见图 5-56。

2．图形意义：

七波的发散形反转整理难以预测，波浪不舒展，成功率不会很高。发散形反转整理的操作需要冒较大的风险，利润风险比例偏低。但图形组合以后，提高了成功率，并可以利用小形态的操作风险，去博取大形态的利润。这个形态的风险利润比例甚至可以达到1∶60。当行情完成楔形的休整，突破其前波最低点，就可以判断，发散形反转整理的行情已正式启动。很多反转形态后市并列出现小型的整理形态，都具有这个辅助判断作用。

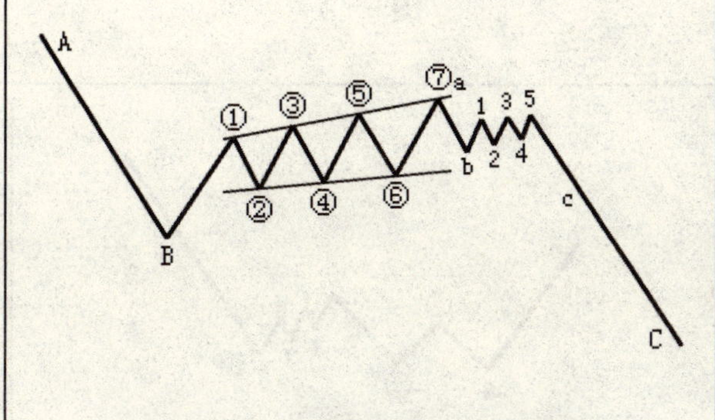

七波发散形反转整理并列楔形跳水整理平台

**图** 5-56

**[实例21]　五波旗镶嵌五波结构**（见图 5-57）

1．图形结构：

五波旗的第4波是一个五波结构，示意图如图 5-58 所示。

2．图形意义：

五波旗最大的难题是行情由③点跌向④点时，能不能有效地在②点之前止住。而第4波出现五波结构，就可判断行情很有可能在②点之前止住，从而提高了五波旗的操作成功率。

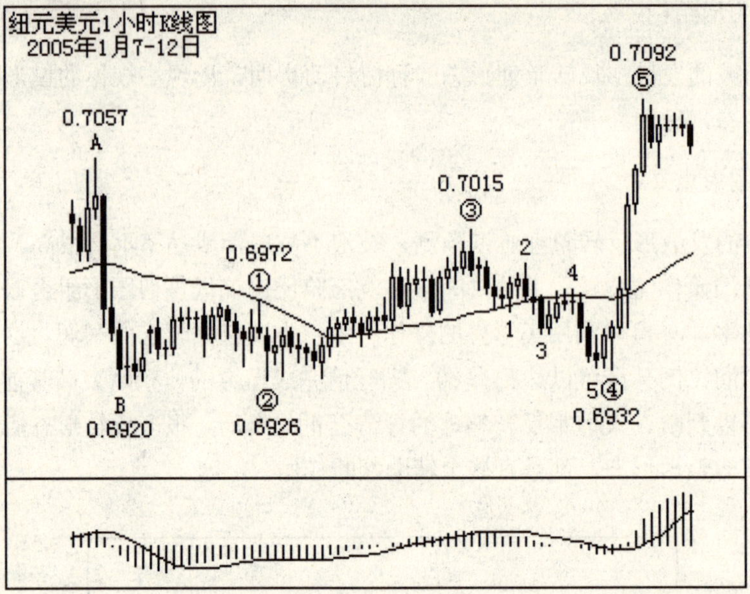


图 5-57

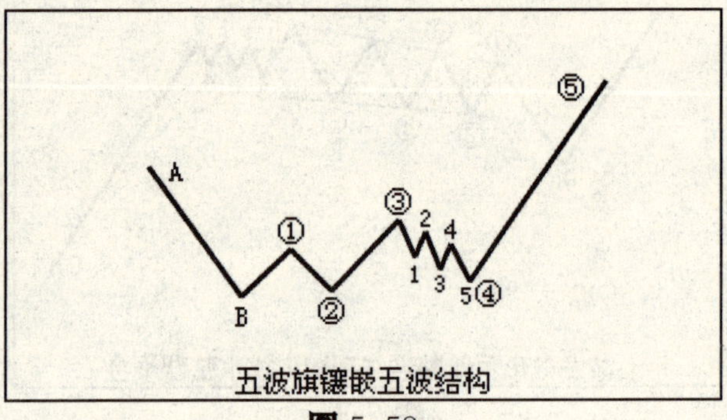


图 5-58

**[实例22]　五波旗镶嵌七波三角形整理**（见图 5-59）

1．图形结构：

五波旗的第4波是七波的三角形结构，见图 5-60。

2．图形意义：

⑴ 行情的第3波幅度大于第1波幅度，为五波旗结构。五波旗的判断成功率不高，需要利用图形组合或图形配合分析来提高成功率。

⑵ 第4波出现其他形态可以大幅度提高判断的成功率。

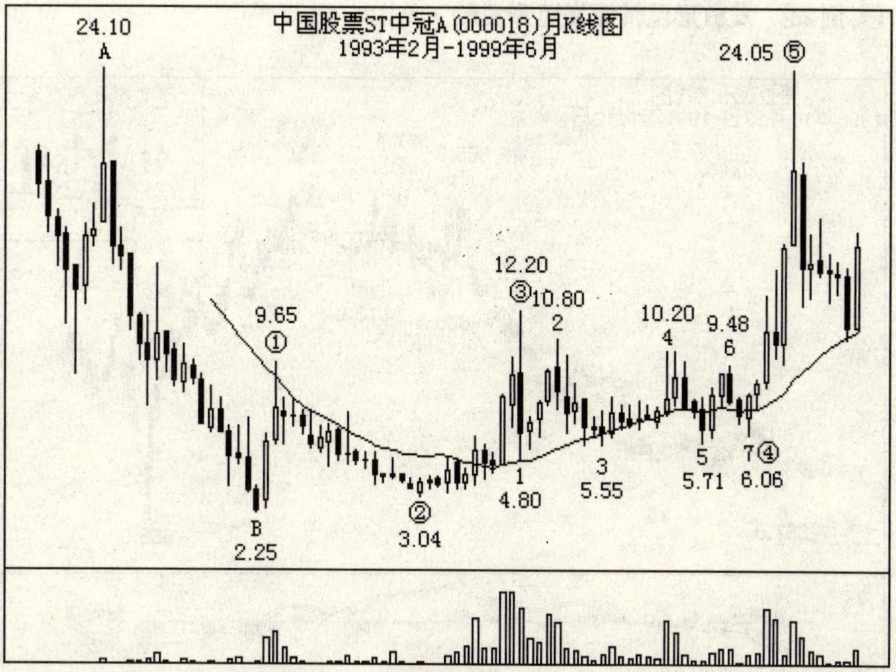


图 5-59

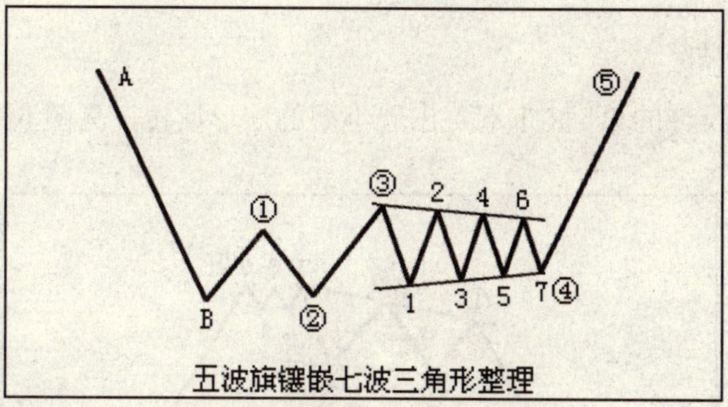


图 5-60

(3) 均线支持这个整理形态的成立。这个行情的启动早于1999年的“5.19”行情。

(4) 图形组合可以提高利润风险比例，更准确地把握进场时机，更早地判断出行情的有效启动。

3．后市计算：

1.618 倍位置　2.25+(12.20-2.25)×1.618=18.35

2　　倍位置　2.25+(12.20-2.25)×2　　=22.15

**[实例23] 发散形反转镶嵌矩形反转**（见图 5-61）

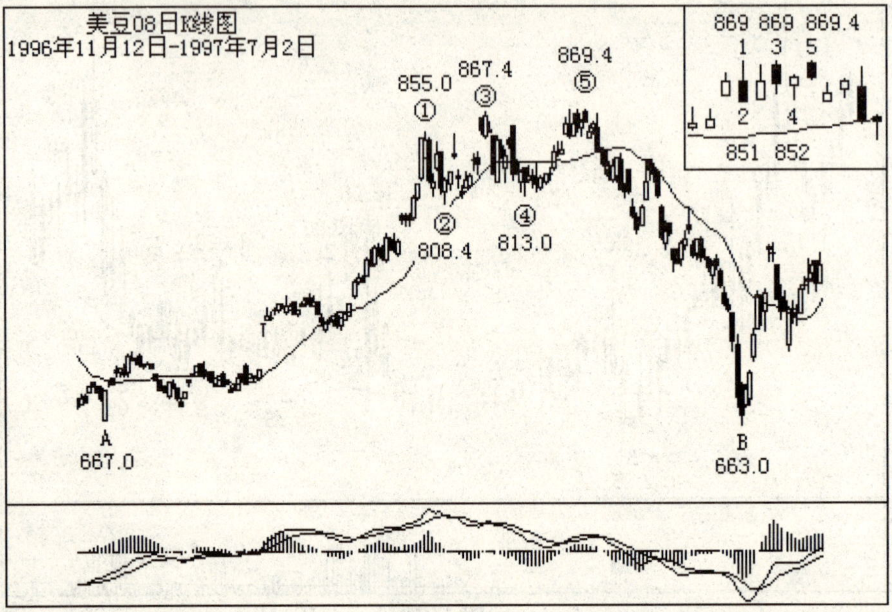


**图** 5-61

1. 图形结构：

在发散形反转的第5波末端，出现小型的矩形反转，见图 5-62。

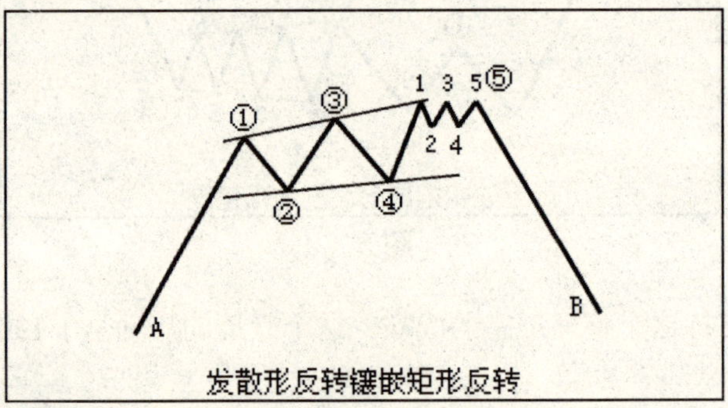


**图** 5-62

2. 图形意义：

⑴ 发散形反转经常有巨大的利润，但其进场位置难以寻找。在发散形反转的第5波末端出现小形态的反转形态，使进场变得容易，大大降低了风险，提高了利润风险比例。

⑵ 发散形反转形态的成功率不尽如人意，利用图形组合可以帮助提高判断成功率。

⑶ 图形组合使不可操作或难以操作的形态变得容易操作。

**[实例24]　三角形反转并列三角形整理**（见图 5-63）

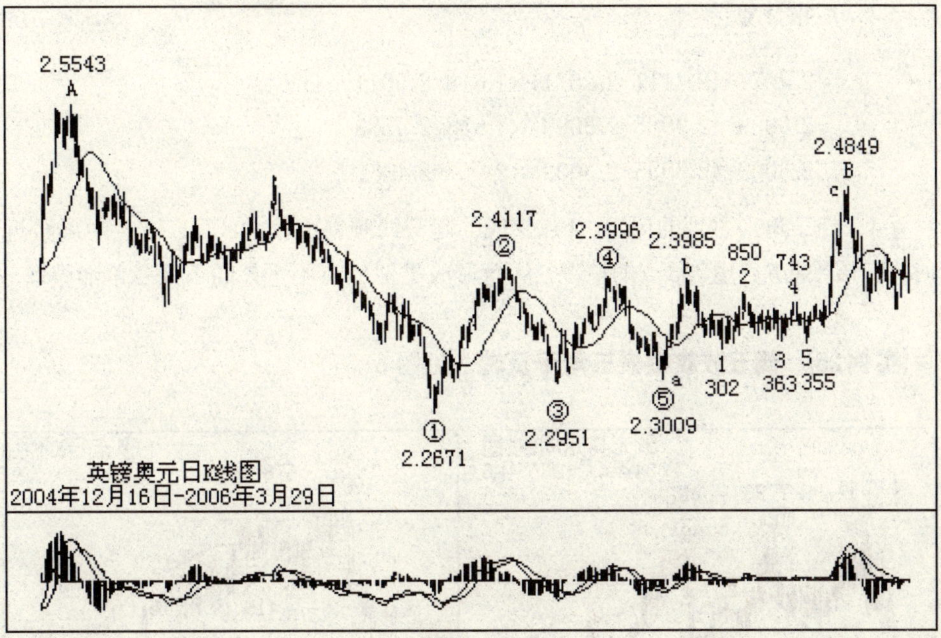


**图** 5-63

1. 图形结构：

在三角形反转的启动初期，出现五波的三角形整理，见图 5-64。

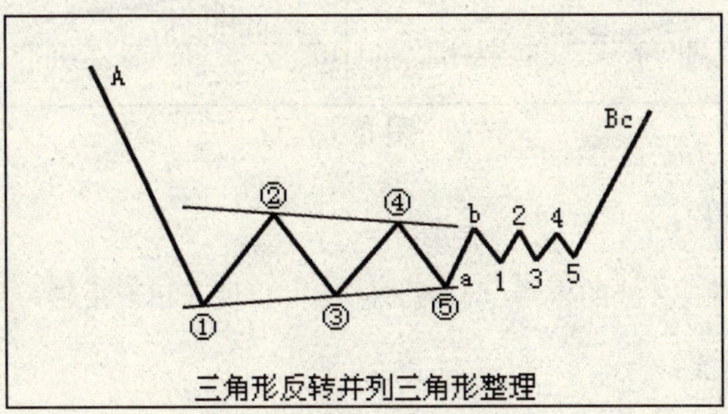


**图** 5-64

2．图形意义：

(1) 三角形反转经常难以判断，但其操作性能良好。

(2) 大型的三角形反转有较大的止损，也有较大的利润。

(3) 三角形反转和三角形整理的组合可以提高判断成功率，增大利润风险比例，并给予新的进场时机，给后市计算提供新的数据。

3．后市计算：

2.2671+(2.4117-2.2671)×1.618=2.5011

2.3009+(2.3985-2.3009)×1.618=2.4588

2.3009+(2.3985-2.3009)×2　　=2.4961

4．当三角形整理的b、2、4点形成的趋势线倾斜度较大，而1、3点距离较近时，应该预防5点虚破3点的情况，从而形成类似低点不平齐的下降三角形整理。

**[实例25]　倒五波旗镶嵌三角形反转**（见图 5-65）

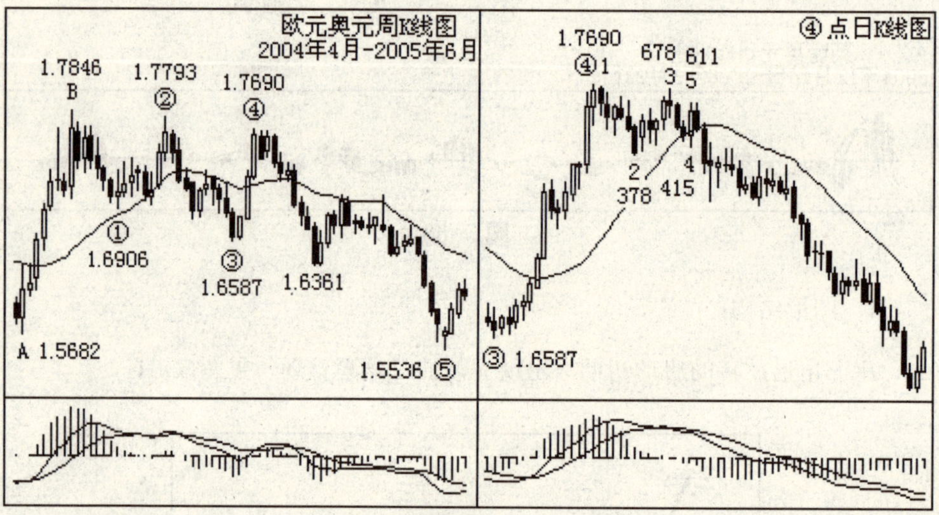


**图** 5-65

1．图形结构：

在倒五波旗第4波的末端，也就是④点，出现三角形反转，见图 5-66。

2．图形意义：

(1) 五波旗的操作性能良好，但成功率不高，图形组合可提高成功率。

⑵ 大型的五波旗进场偏差巨大，利润风险比例低，图形组合可以使进场时机更精确，从而提高利润风险比例。

3．后市计算：

1.7846-(1.7846-1.6587)×1.618=1.5809

1.7846-(1.7846-1.6587)×2　　=1.5328

按后市出现的三波计算目标位，这个参考比其他计算略可靠：

1.7690-(1.7690-1.6361)×1.618=1.5540

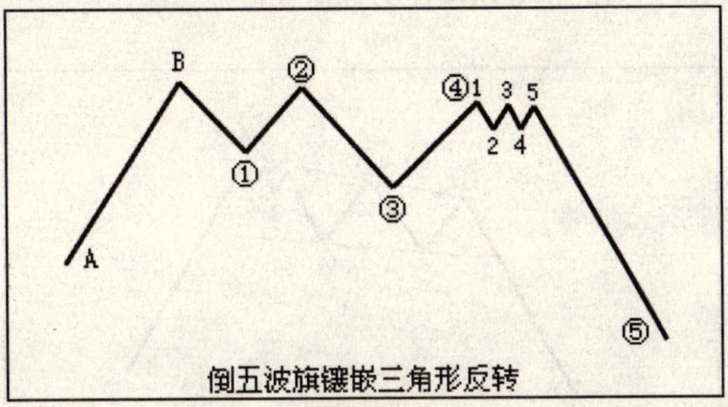


**图** 5-66

**[实例 26]　发散形反转镶嵌旗形顶**（见图 5-67）

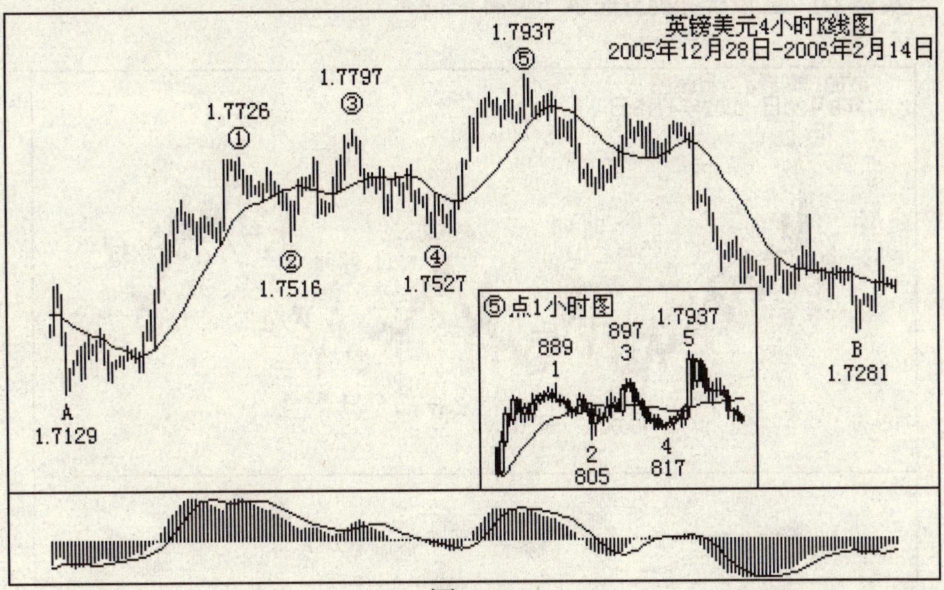


**图** 5-67

1．图形结构：

在发散形反转的第5波末端，出现小型的旗形反转，见图 5-68。

2．图形意义：

⑴ 发散形反转拥有一定的成功率。

⑵ 发散形反转后市经常有巨大的利润。

⑶ 发散形反转的进场位置难以寻找，止损位置难以确定。

⑷ ⑤点出现小型反转形态可以提高判断的成功率、精确进场点、降低风险、增大利润风险比例，使难以操作的行情变得容易操作。

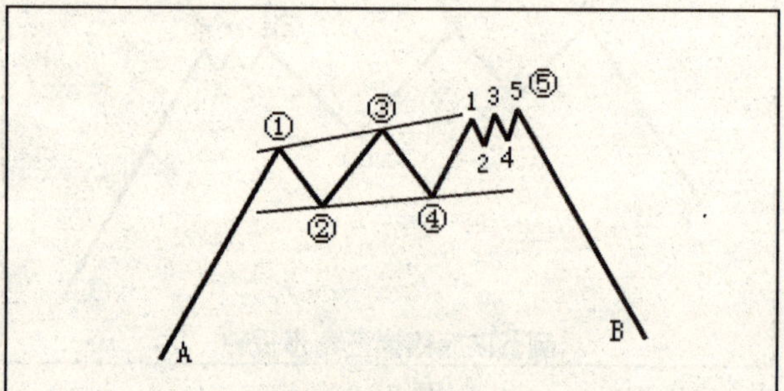


**图** 5-68

**[实例27]　五波旗并列五波旗**（见图 5-69）

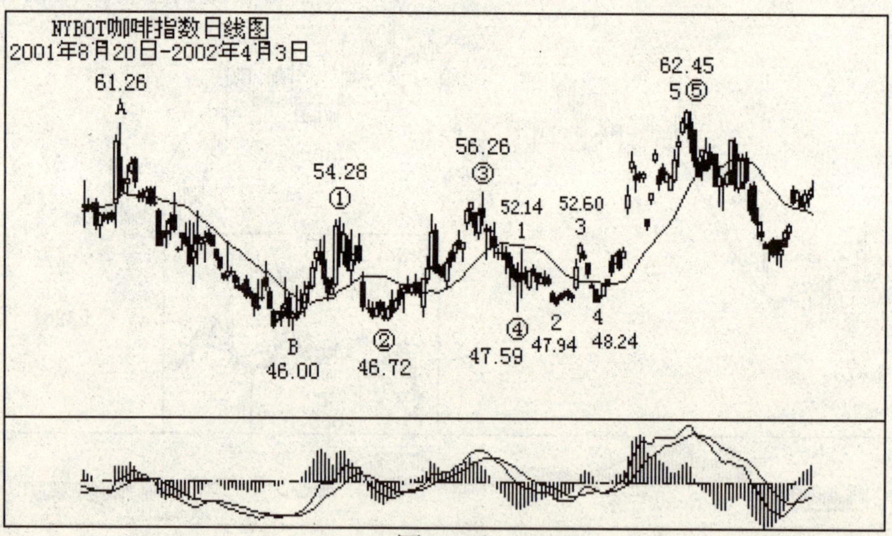


**图** 5-69

1．图形结构：

五波旗的启动波，即第5波，是一个小型的五波旗，见图 5-70。

2．图形意义：

(1) 五波旗的判断成功率很低，图形组合可大幅度提高判断的成功率。

(2) 图形组合可以提高利润风险比例。

(3) 成功率和利润风险比，是操作中很重要的两个问题。

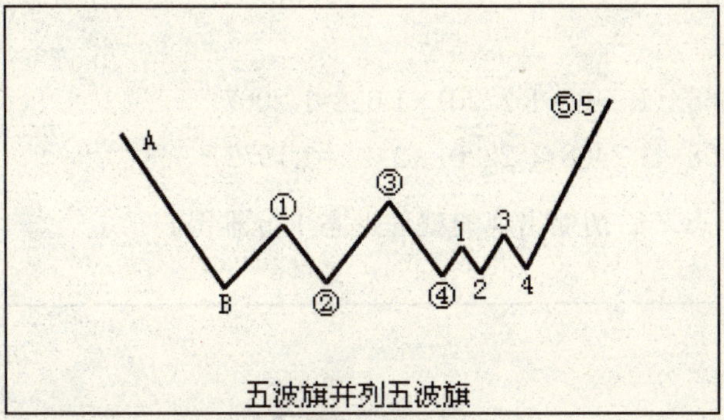


**图** 5-70

**[实例 28]　旗形反转并列矩形整理**（见图 5-71）

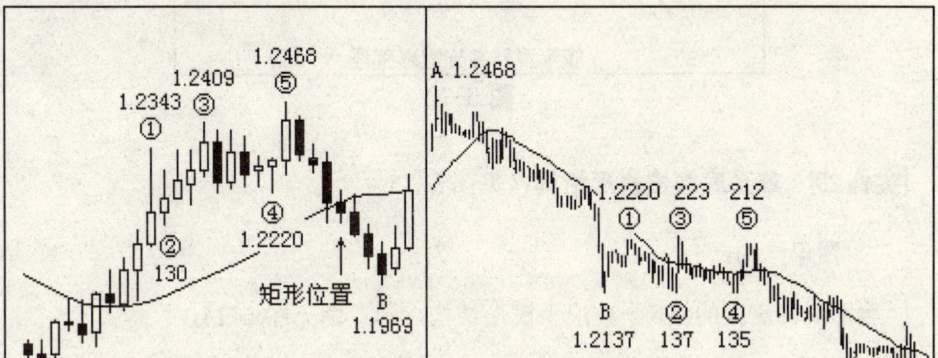


**图** 5-71

1．图形结构：

行情在旗形反转突破④点后，出现一个矩形整理，见图 5-72。

2．图形意义：

⑴ 旗形反转形态本身难以直接操作，后市如果出现整理形态是难得的操作机会。

⑵ 旗形反转大幅度提高了矩形整理的判断成功率。

⑶ 由于这个矩形整理得不是很充分，可利用旗形反转来估算矩形整理的后市目标。

$$1.2468-(1.2468-1.2220)\times 1.618=1.2067$$

$$1.2468-(1.2468-1.2220)\times 2=1.1972$$

⑷ 反转形态之后初期出现的整理形态十分难得。

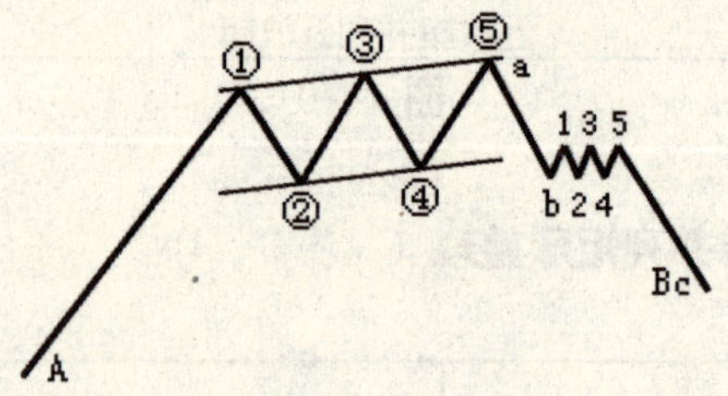


旗形反转并列矩形整理

**图** 5-72

**[实例29] 旗形底镶嵌楔形结构**（见图 5-73）

1．图形结构：

旗形反转盘区的第5个波浪为楔形结构，示意图见图 5-74。

2．图形意义：

⑴ 旗形反转有时候成功率不高，如果其第5波浪为五波的旗形、楔形、发散形结构，可以大幅度提高判断的成功率。

⑵ 旗形反转的进场位置在时间上和点位上预测偏差都非常大，形态组合可以减少这个偏差，从而使难以操作的形态变得容易操作，或把不可操作的形态，变得可以操作。

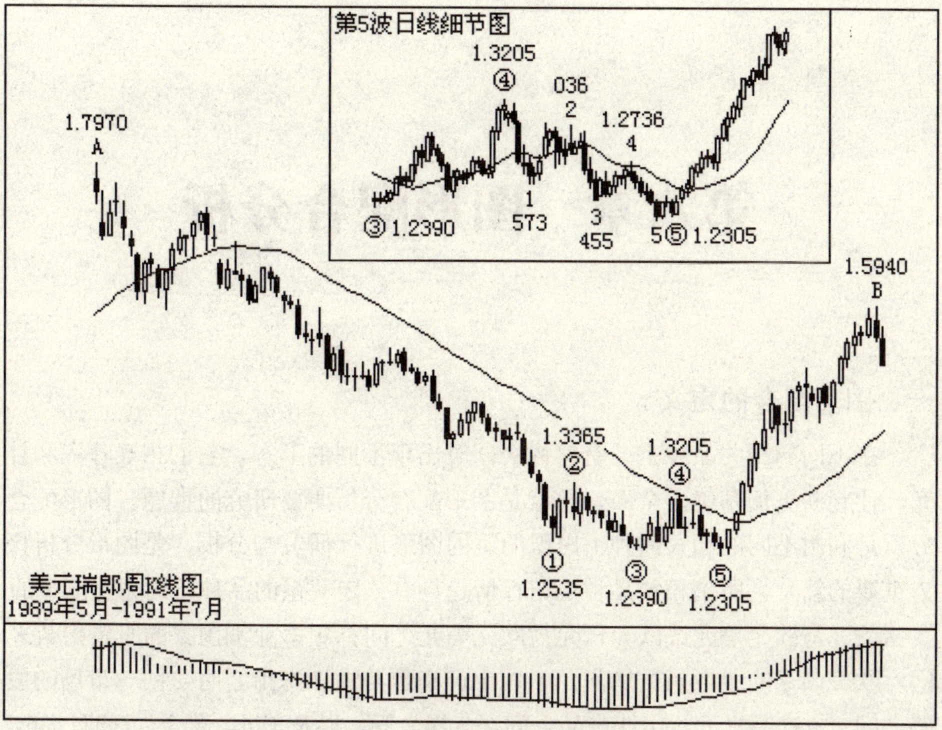


**图** 5-73

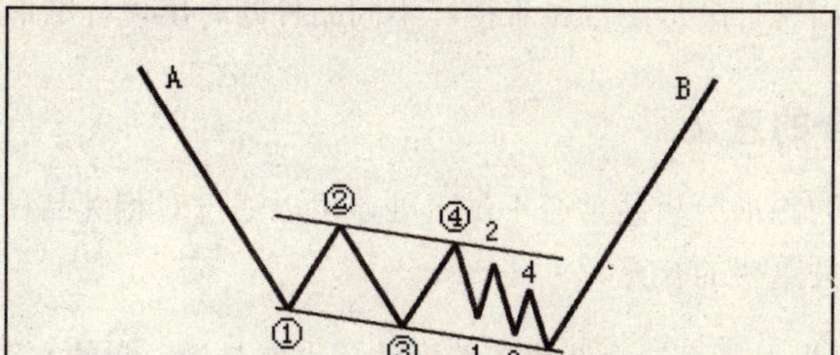


**图** 5-74

3. 后市计算：

1.2305+(1.7970-1.2305)×0.618=1.5806

# 第六章　图形配合分析

## 一、图形配合的定义

在不同的相关品种上，有时候会同时出现不同的形态，它们相互呼应和补充，使判断更加精确、全面，这就是图形配合分析所要研究的课题。图形配合分析是利用不同的相关品种上出现的不同图形进行研究与分析，是图形分析极为重要的篇章。所谓相关品种是指行情趋势有一定关系的品种。比如外汇中的英镑美元与欧元美元或欧元日元与欧元美元之间，很多亚洲国家的股票指数之间，欧美国家的股票指数之间，中国上证指数与深证综指之间，同一市场的股票之间，农产品之间，工业产品之间，金属之间，以及美元、黄金、石油(三金)之间。一个品种也可能与很多品种相关联，尤其是在全球经济高度一体化的今天。单一品种出现标准形态已属难得，不同品种同时出现标准形态更是不易。

## 二、图形配合的意义

单一品种的图形分析经常有不足之处，可以通过对相关品种的图形分析和判断，获得至关重要的补充。

1. 有的图形可能有一个或更多的变体，也就是说，它的方向难以确定，使判断的成功率不够高。如矩形、三角形等。

如，出现上升三角形底部反转时，就难以确定它是“五波的上升三角形反转”，还是“下跌中出现的五波上升三角形整理”，或是“下跌中出现的三波上升三角形整理”，无法确定行情能否有效地去突破盘区的两个高点，见图 6-1。

再比如，出现五波三角形反转时，如何排除它不是“三波的三角形整理”与不是“五波的三角形整理”？见图 6-1。

图形配合分析可以大幅度提高判断的成功率。

2. 有的图形方向容易判断，但进场时机难以寻找。如扩大形反转、旗形反转、发散形反转、楔形反转、扩大形整理、旗形整理、发散形整理、楔形整理

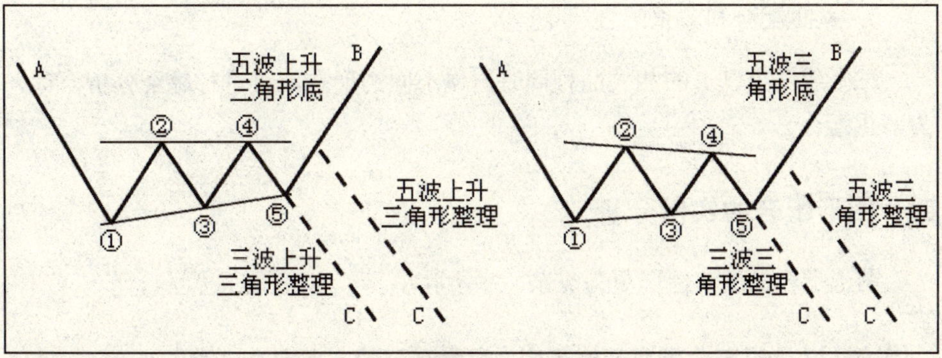


**图** 6-1

等，都难以确定进场时机以及止损位置。图形配合分析可以帮助寻找进场时机，尤其是大型的形态。

3．很多反转形态的利润难以估计，比如旗形反转、三次探底(顶)等，还有一些小型的反转形态。图形配合分析可以相辅相成地对后市空间加以判断。

4．有的行情发动以后，无法判断后市是否利落，使盘中的操作难度加大，或无法判断行情的有效启动，图形配合分析有时候可以帮助解决这个问题。

5．很多不标准的图形，具有一定的预测意义，但尚达不到操作要求，利用图形配合分析可以发挥这个预测的价值。

6．当一个品种的进场时机错过时，可以利用图形配合分析在相应品种上寻找进场时机。

7．图形配合分析可以帮助辨别虚假的形态，确认成功的形态。

8．当某一品种的形态被破坏时，对相应一些品种就是一个警示，以便尽早处理或防范。

## 三、图形配合的类别

1．反转形态与反转形态、反转形态与整理形态、反转形态与启动形态的形态配合。

2．整理形态(其中包括反转整理形态)与整理形态、整理形态与启动形态的形态配合。

3．启动形态与启动形态的形态配合。

4．同步形态配合和不同步形态配合。

同步配合是指两个形态消耗的时间基本一样。不同步配合是指两个形态消耗的时间有差别，甚至差别很大。

5. 双重配合和多重配合。

三个或三个以上的相关品种同时出现不同的形态，可进行综合分析，称之为多重配合。

## 四、图形配合的实例分析

图形配合的细节情况更为复杂，举不胜举。

**[实例1] 上升三角形底、旗形底、发散形顶的三重配合**（见图6-2）

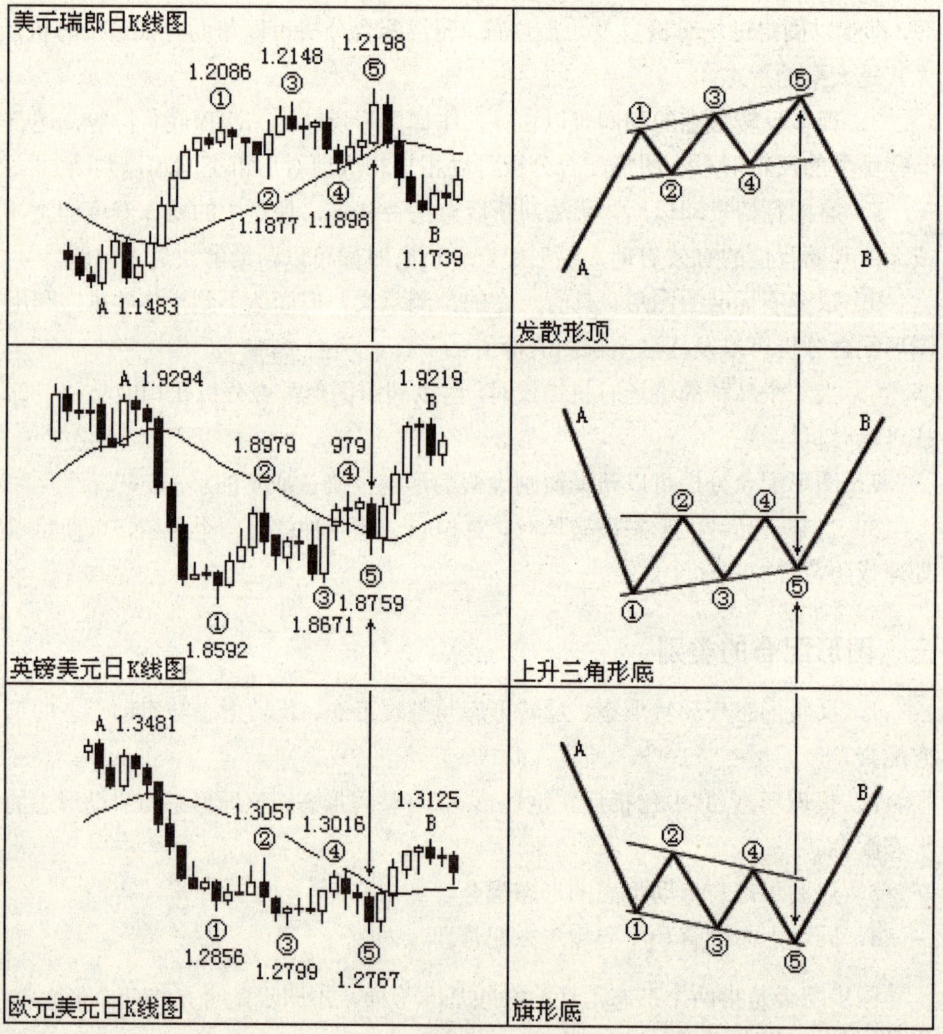


**图**6-2

1．2005年3月中旬至4月中旬，在英镑美元、美元瑞郎和欧元美元日K线图上同时出现形态，分别是：

英镑美元—上升三角形底；欧元美元—旗形底；美元瑞郎—发散形顶。

2．英镑美元的上升三角形是可操作的图形，进场点和止损位都容易选定，但难以断定它是上升三角形底，还是跌势中出现的三波上升三角形整理，或是下跌中出现的五波上升三角形整理，也就是说，有几个问题难以断定：

其一，行情在③点之上能否止住，而不是转变为跌势中出现的三波上升三角形整理，见图6-3。

其二，行情能否有效地去突破前两个高点，也就是②、④点，而不只是下跌中出现的五波上升三角形整理，见图 6-4。

其三，如果行情突破②④点，利润空间是否足够，而不是假破，见图 6-5。行情如果成功地突破②、④点，就可以估算出后市的空间了。

3．根据美元瑞郎的发散形顶，可以判断：

其一，行情将下跌，也就是非美品种将增值或美元将贬值。标准的发散形反转有较高的成功率，其只有一个天敌：强势三波发散形整理，见图 6-6。

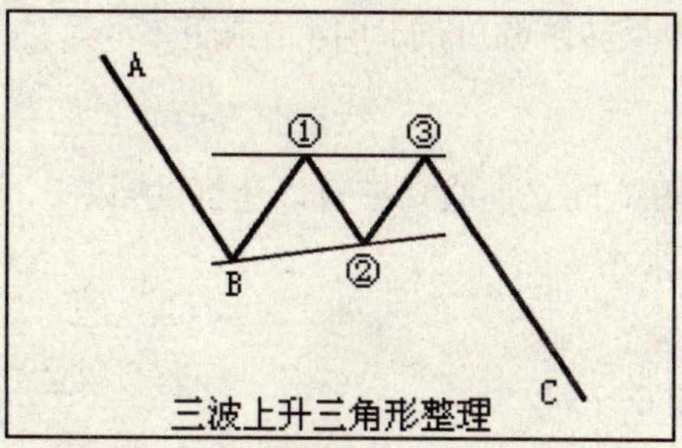


图 6-3

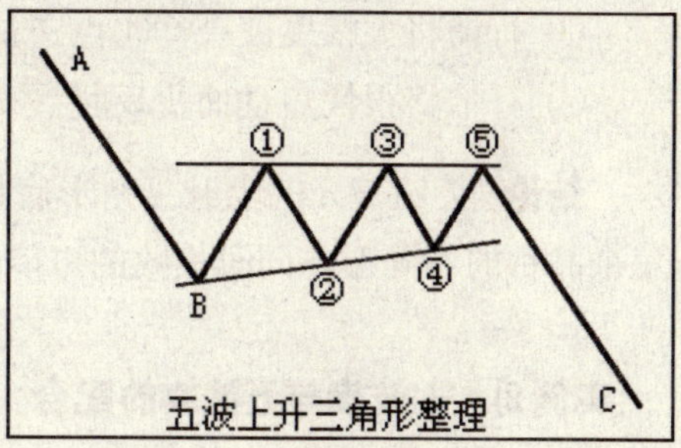


图 6-4

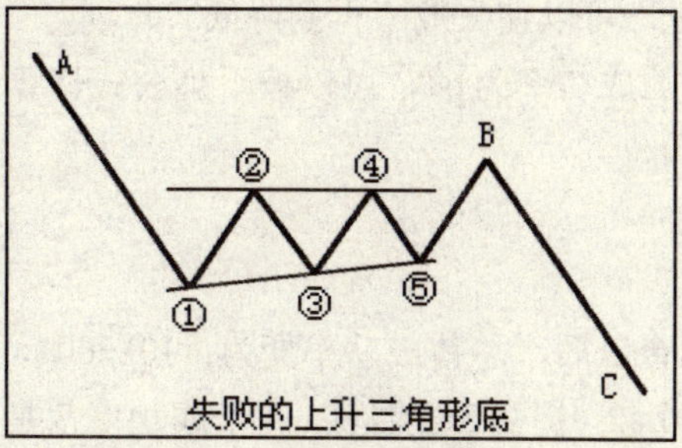


图 6-5

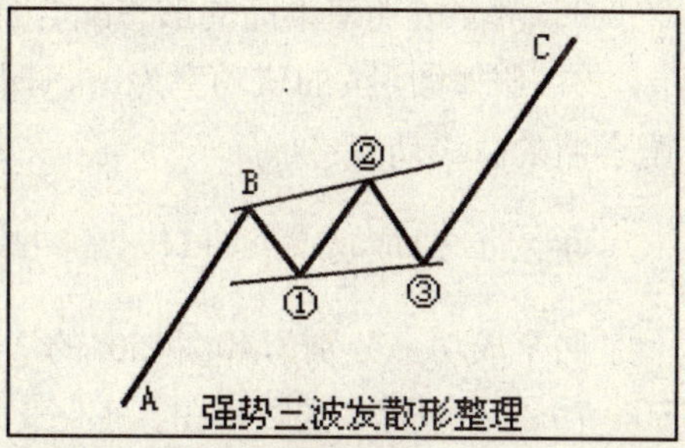


图 6-6

其二，行情起码会有效跌到②点之下。

其三，发散形反转本身的进场点较难寻找，止损难以设立。

其四，发散形反转后市力度、利润经常很大。

其五，形态较好的发散形顶后市利落。

4．根据欧元美元的旗形底，可以判断：

其一，行情将上涨，也就是非美品种将增值或美元将贬值。旗形底有较高的成功率，其只有一个天敌：弱势三波旗形整理。

其二，行情至少会有效突破到②点之上，这是旗形反转的特点。

其三，旗形反转本身的进场点难以寻找，止损难以设立。

其四，旗形反转后市的利润经常无保障，难以断定利润的具体幅度。

其五，旗形反转后市的行情有时不利落，行情可能多反复。

5．这样，利用对欧元美元和美元瑞郎的判断，恰好弥补了判断英镑美元的不足，可操作英镑美元。可以判断出英镑美元行情：

⑴ 行情将会在③点之上止住。否则，欧元美元和美元瑞郎出现的反转形态均将被破坏。

⑵ 行情将突破②④点。

⑶ 行情将大幅度突破②④点，估计为反转区幅度的1.618倍或更多。

⑷ 行情将很快启动而少反复。

**结论**：英镑美元的上升三角形底将很可能成立，成功率可以达到90%以上，三个品种的不同形态同时失败的可能性非常小。

**[实例2]　七波旗与五波旗的配合**（见图6-7）

1．七波旗和五波旗的成功率都不高，但一旦成立后市利润相当可观。

2．两个成功率不高的形态配合到一起，可以使失败率得到降低。

3．假如图形A的成功率为a%，图形B的成功率为b%，可以按下列公式计算配合后的总成功率：

$$总成功率=a\%+(1-a\%)\times b\%$$

两个成功率分别为40%和50%的形态配合以后，总体成功率变为：40%+60%×50%=70%。成功率∶失败率由1∶1.5变为1∶0.43，提高3倍之多。两个成功率都是70%的形态，配合后总成功率为91%，成功率∶失败率由1∶0.43提高为1∶0.1。

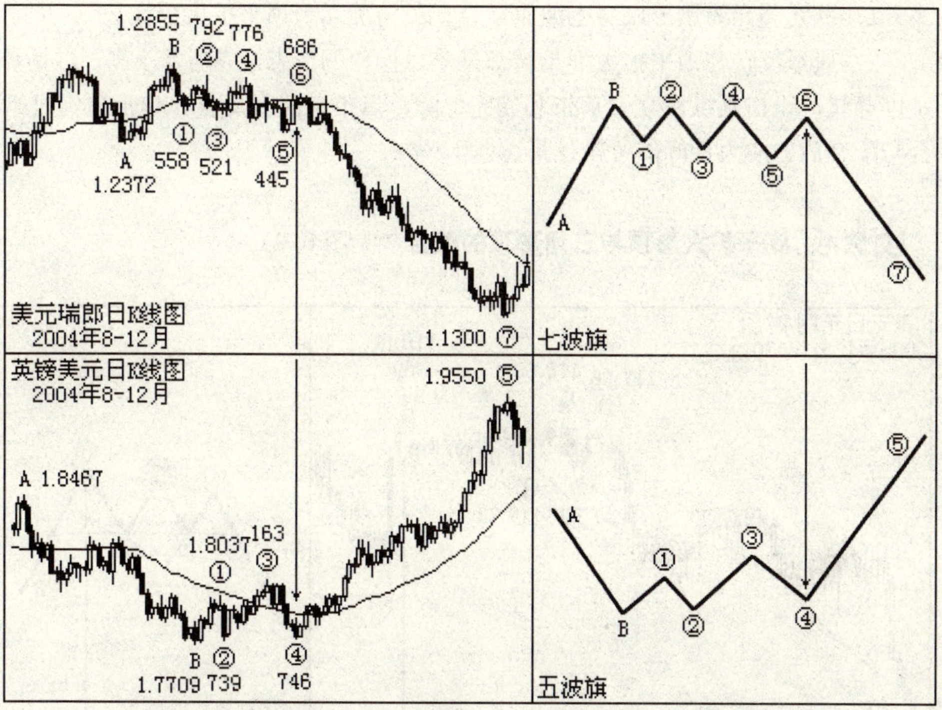


图 6-7

**[实例 3]　顶平扩大形底与旗形底的配合及七波旗的组合**（见图 6-8）

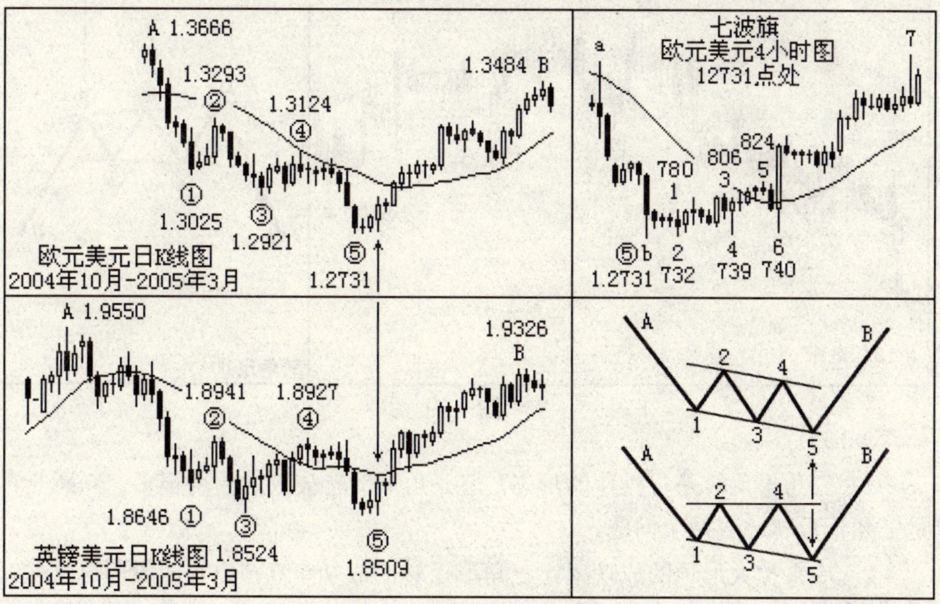


图 6-8

1. 欧元美元为旗形底与七波旗组合。英镑美元为顶平扩大形底。

2. 旗形反转与顶平扩大形反转都是难以操作的形态，成功率不高，进场点难以寻找，止损难以设立，后市利润无保障，后市可能多反复，但形态经过组合与配合后，成为良好的可操作形态。

**[实例4] 底平扩大形顶与三角形顶的配合**（见图 6-9）

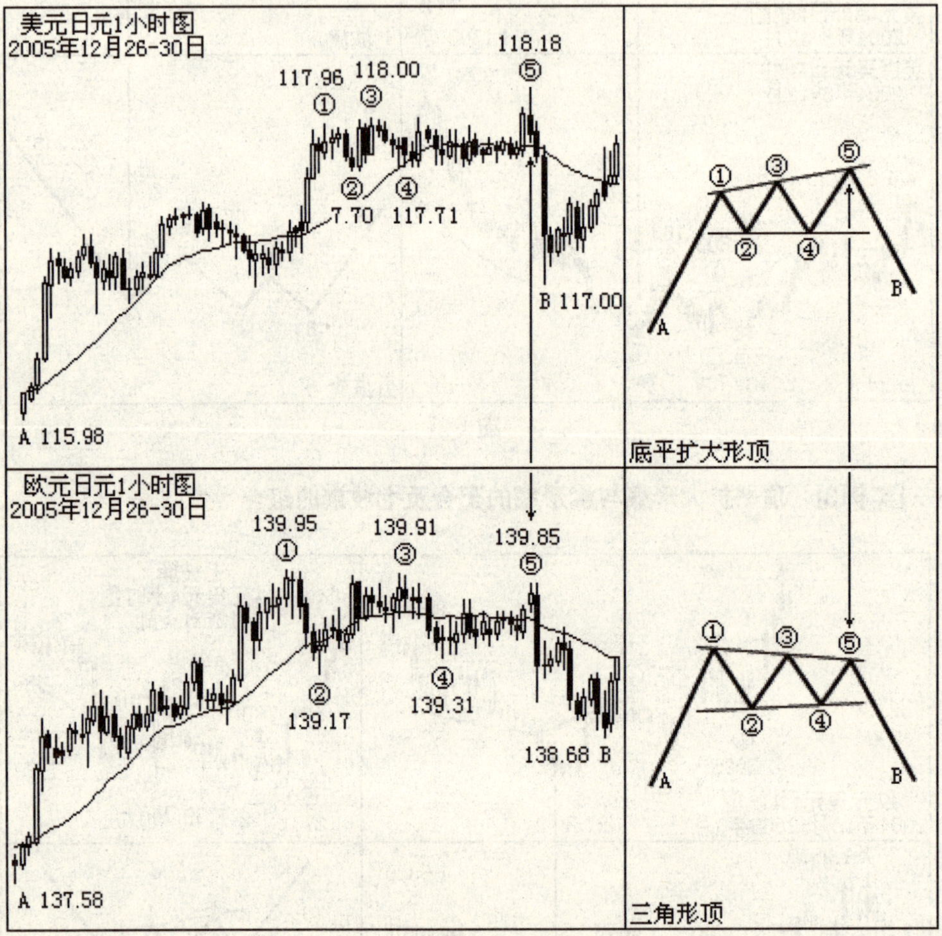


**图** 6-9

1. 三角形反转是可操作的形态，但三角形反转失败的情况很多，判断是否是三角形反转一直是个问题。

2. 底平扩大形顶的成功率比三角形反转的成功率高，但其一般不可操作。

3. 它们配合后，三角形反转的成功率将大幅度提高。

**[实例5]　整理形态与反转形态的多重、不同步配合**（见图6-10）

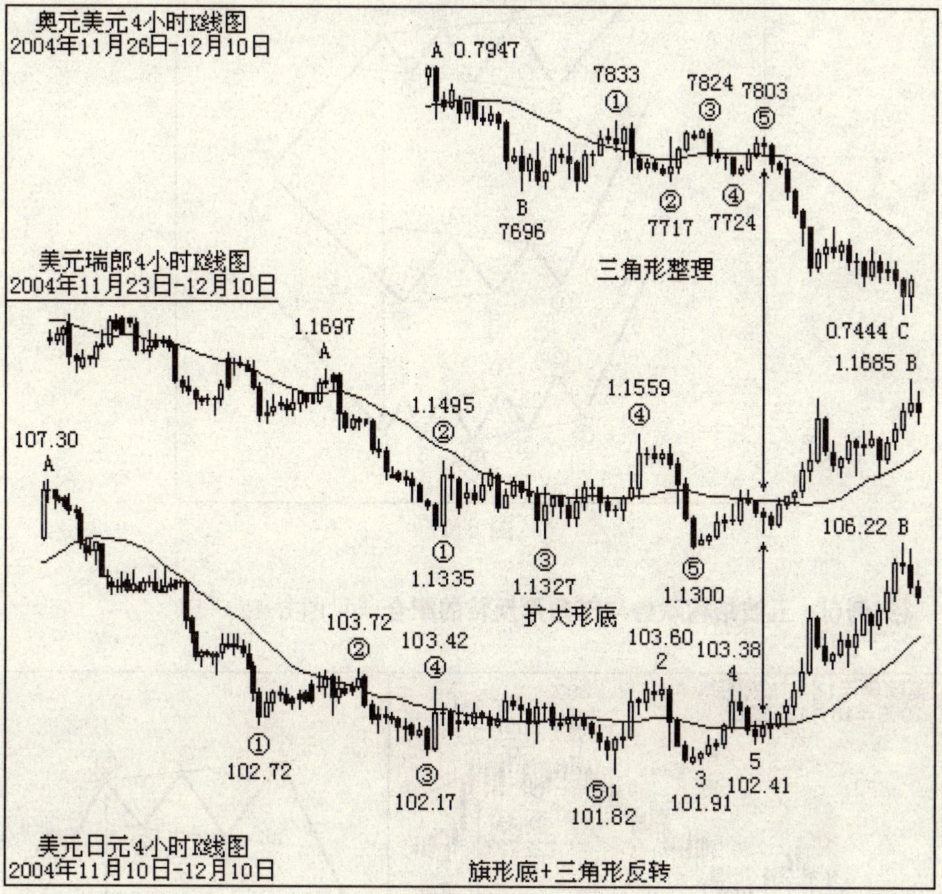


**图**6-10

1．条件充分的三角形整理拥有非常高的成功率及较好的操作性能，但有时候难以把它与三角形反转区别开来。

2．标准的扩大形反转也拥有较高的成功率，但其进场点难以直接寻找。

3．条件充分的三次探底具有一定的成功率，但其进场点难以判断，后市空间难以预计。它与三角形反转形态组合，成功率会提高很多，操作性能变得良好。

4．三角形整理、扩大形底、旗形底的三重图形配合后，使三角形整理的判断成功率迫近100%。三个成功率都是70%的图形，配合到一起，总成功率约为97%。三个成功率都是50%的图形，配合到一起，总成功率约为87.5%。

5．此配合在时间上不同步，见图6-11。

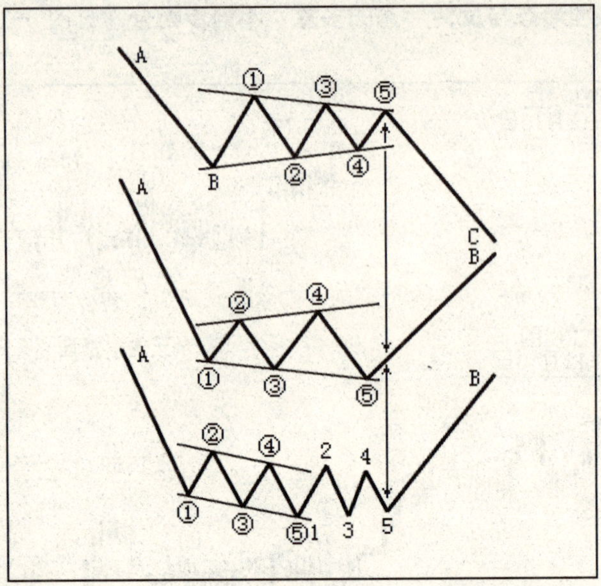


图 6-11

**[实例6] 五波结构跌势与三角形反转的配合**（见图 6-12）

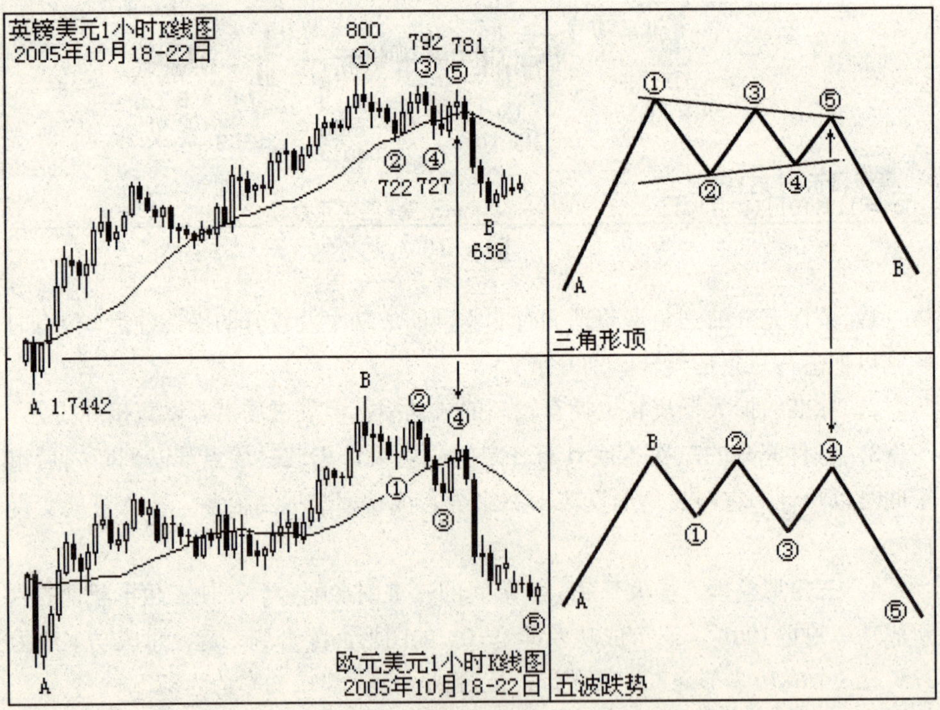


图 6-12

1．三角形反转操作性能非常好，唯一不足之处是，它的成功率不高。

2．高点和低点都陆续走低定义为跌势，在跌势中反弹做空是风险投资第一操作原则。

3．图形配合后，使三角形反转的成功率得到保障。

**[实例7]　英镑美元三角形反转、欧元美元七波扩大形顶、美元瑞郎七波扩大形底的三重配合**（见图6-13）

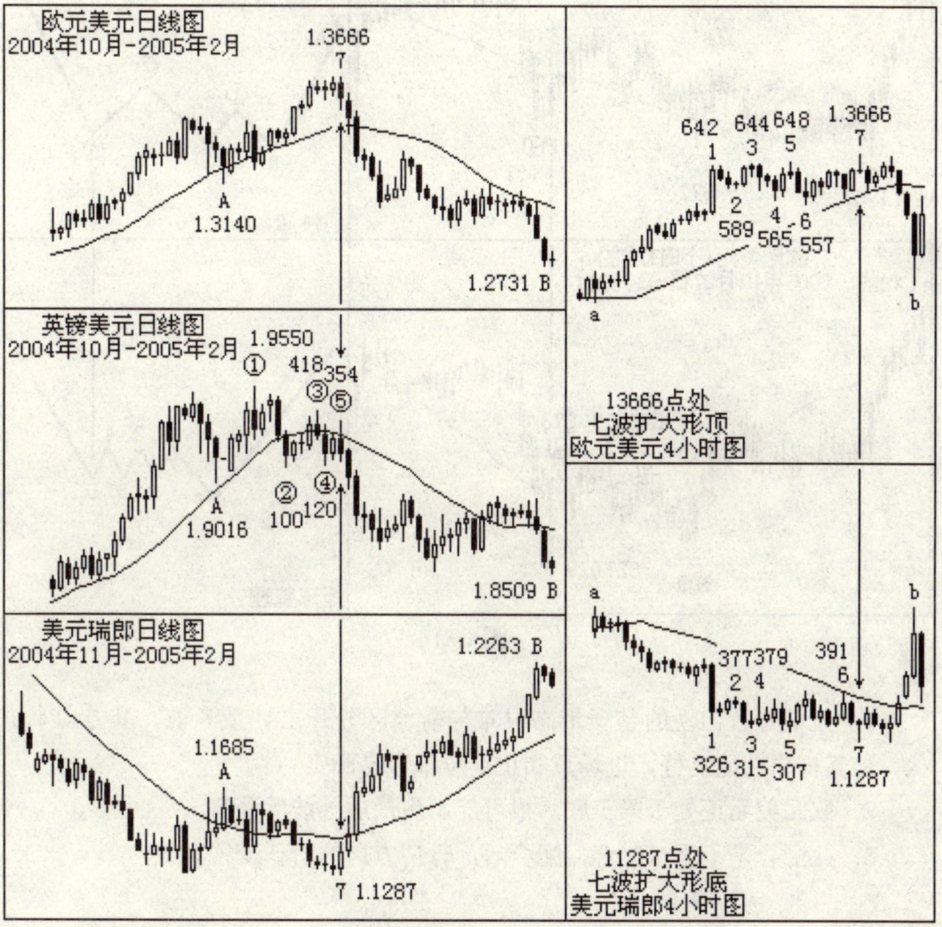


**图**6-13

1．英镑美元的这种五个波浪清晰的三角形反转成功率非常高。

2．欧元美元和美元瑞郎也是蓄势待发的行情，也具有一定的成功率。

3．对七波的扩大形反转形态研究量不足，很多性能尚不清楚，但扩大形以反转形态出现为最多。

4. 通过图形配合分析，对后市更了如指掌。此为不同步配合。

**[实例8] 五波旗与发射型矩形整理的配合**（见图 6-14）

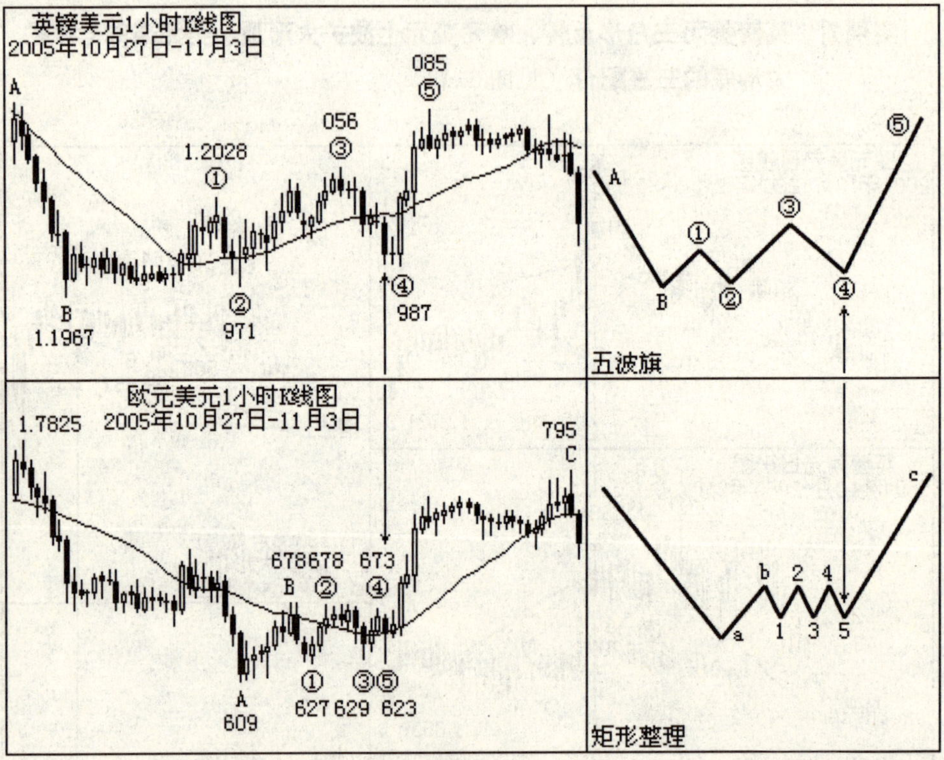


**图** 6-14

1. 过低位置出现的整理形态很难与前波区分开来，或者说，其方向难辨认。但其操作性能良好，进场点和止损位都容易确定。

2. 欧元美元正处于第三底，很可能出现最后一波的涨势。

3. 此配合是不同步配合，配合后，行情方向的辨认变得容易。

**[实例9] 三角形反转与旗形反转的配合**（见图 6-15）

1. 三角形反转的辨认成功率低，但其操作性能良好。

2. 旗形反转有助于提高三角形反转判断的成功率。

3. 此为发散型反转与收敛型反转的组合，便于操作。

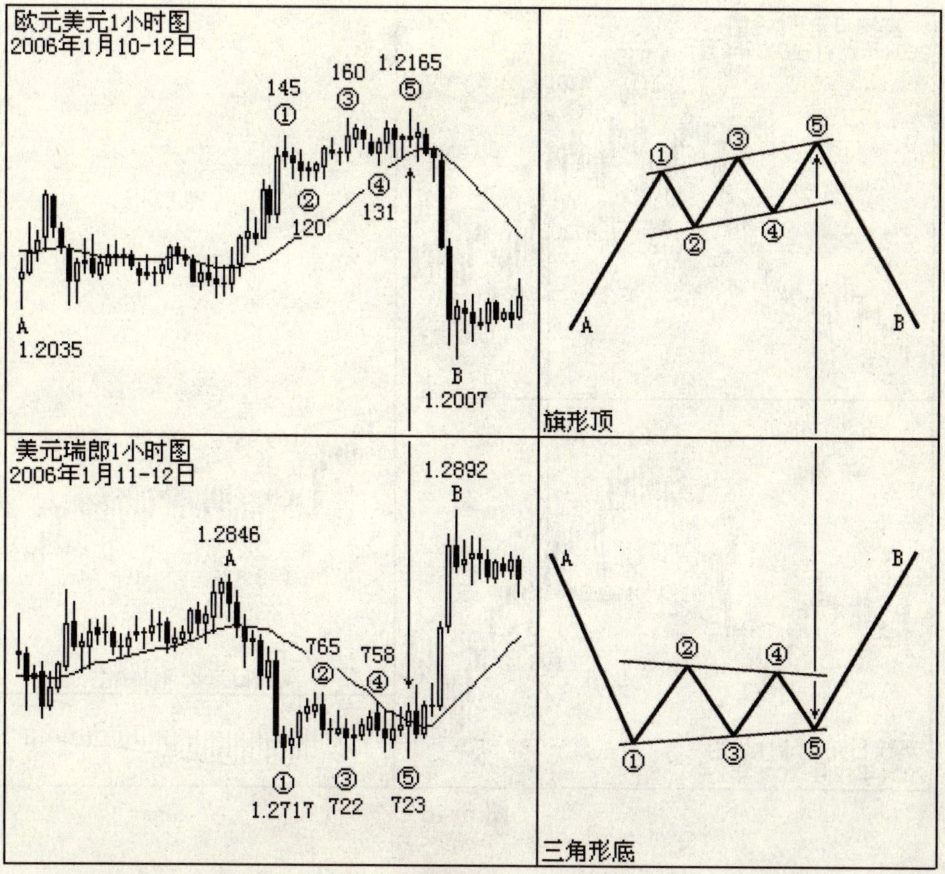


图 6-15

**[实例10]　英镑美元三角形反转与英镑日元矩形整理的配合**（见图 6-16）

1．英镑美元为三角形反转，英镑日元为矩形整理，见图 6-17。

2．反转形态与整理形态的配合是十分难得的操作机会。

3．五波清晰的三角形反转形态和矩形整理形态成功率都很高，图形配合使三角形反转得到更好确认。

4．三角形反转在发动时机的预测上较精确，波浪略混乱的矩形整理发动时机难以把握。

5．图形配合使操作时机的把握更准确，使成功率更高。

6．可以操作三角形反转，也可以操作矩形整理。

7．两个成功率极高的形态配合后，使整体判断成功率接近100%。

8．从这个配合分析上可以判断出：英镑将贬值。

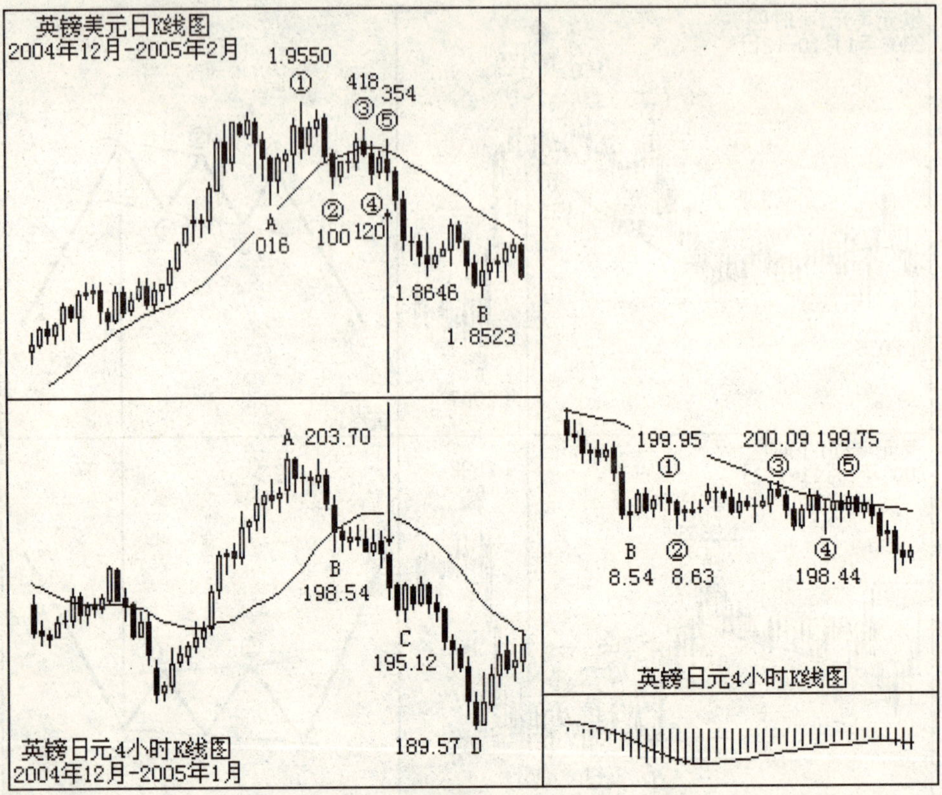

英镑美元日K线图
2004年12月-2005年2月
1.9550
①
418
354
③
⑤
A
016
②
100
④
120
1.8646
B
1.8523
A 203.70
B
198.54
C
195.12
189.57 D
英镑日元4小时K线图
2004年12月-2005年1月
199.95
①
200.09 199.75
③
⑤
B
8.54
②
8.63
④
198.44
英镑日元4小时K线图


图 6-16

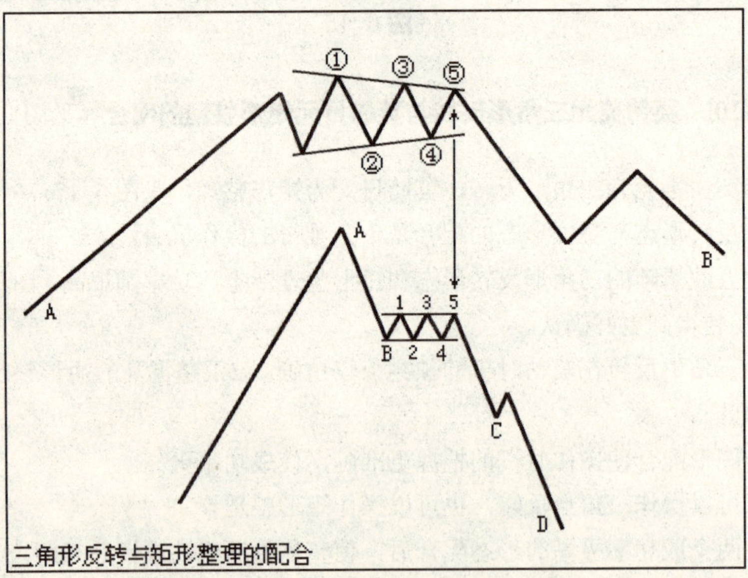

①
③
⑤
②
④
A
B
A
1 3 5
B 2 4
C
D
三角形反转与矩形整理的配合


图 6-17

**[实例11]　三角形反转与扩大形底的配合**（见图 6-18）

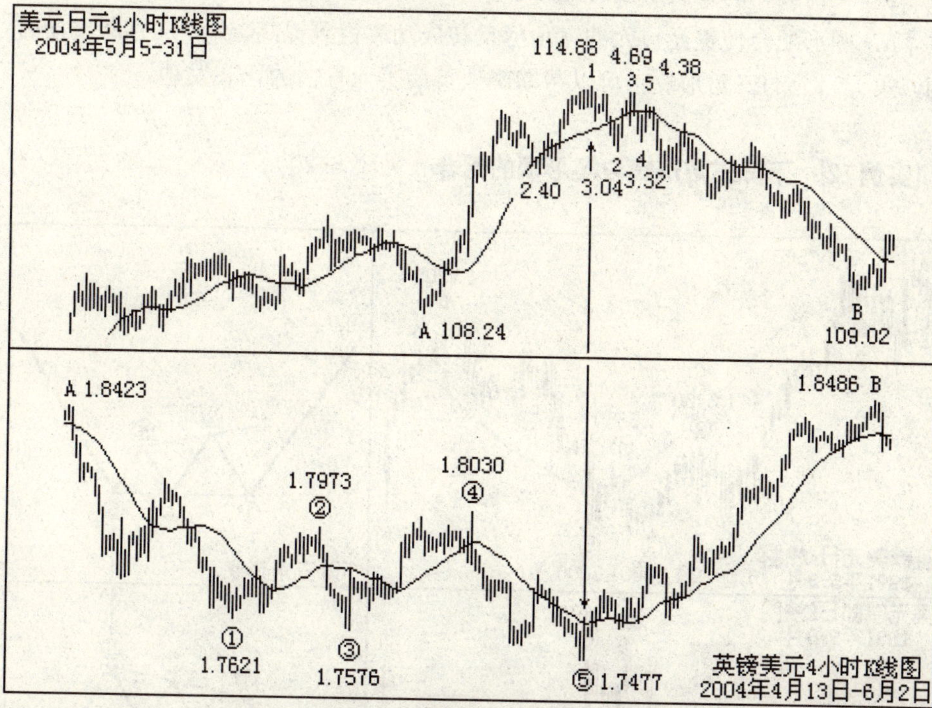


**图** 6-18

1. 扩大形反转是一个难以把握的形态，但其一旦成功，后市利润可观。
2. 扩大形反转启动后，可以在其他相关品种形态上寻找可操作时机。
3. 这是一个周期不同步的图形之间的配合，见图 6-19。

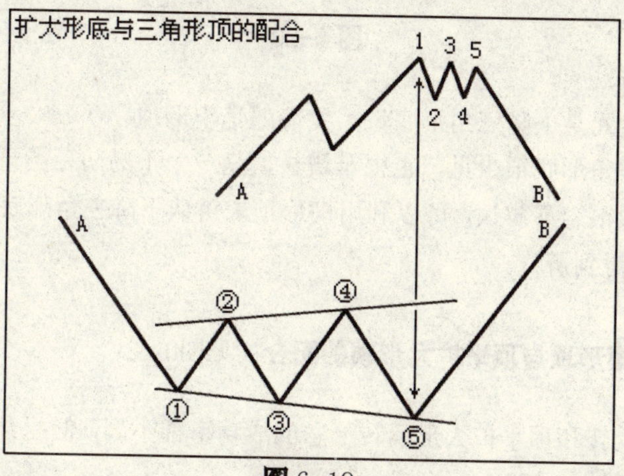


**图** 6-19

4．三角形反转成功率不高，但其操作性能良好。

5．英镑美元的扩大形反转还可以帮助判断美元日元行情的结束。

6．图形配合使美元日元的三角形反转成功率得到提高，并帮助判断出场时间。美元日元的三角形反转可以帮助确认英镑美元行情的正式发动。

**[实例12]　下降三角形底与楔形顶的配合**（见图 6-20）

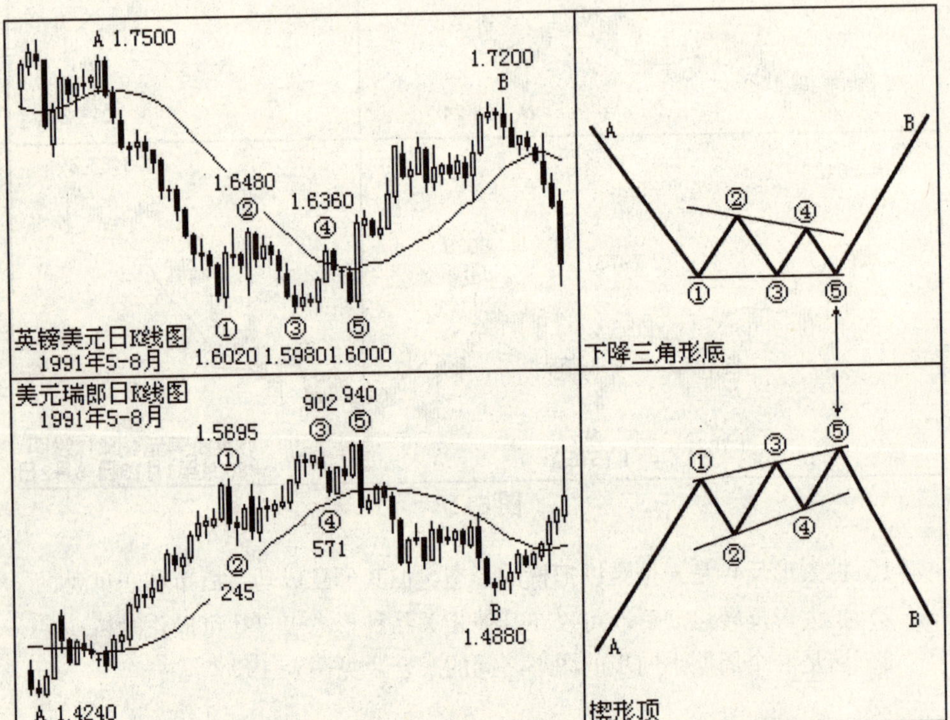


**图** 6-20

1．英镑美元是下降三角形底，美元瑞郎是楔形顶。

2．下降三角形底很少见，也很难辨认，是一个不易防范的形态。

3．楔形顶很容易辨认，可以利用楔形顶来辨认下降三角形底。图形配合使下降三角形底得到辨认。

**[实例13]　矩形顶与顶平扩大形顶的配合**（见图 6-21）

1．矩形反转和顶平扩大形反转形态的成功率都不高，但配合后，成功率可大幅度提高，见图 6-22。

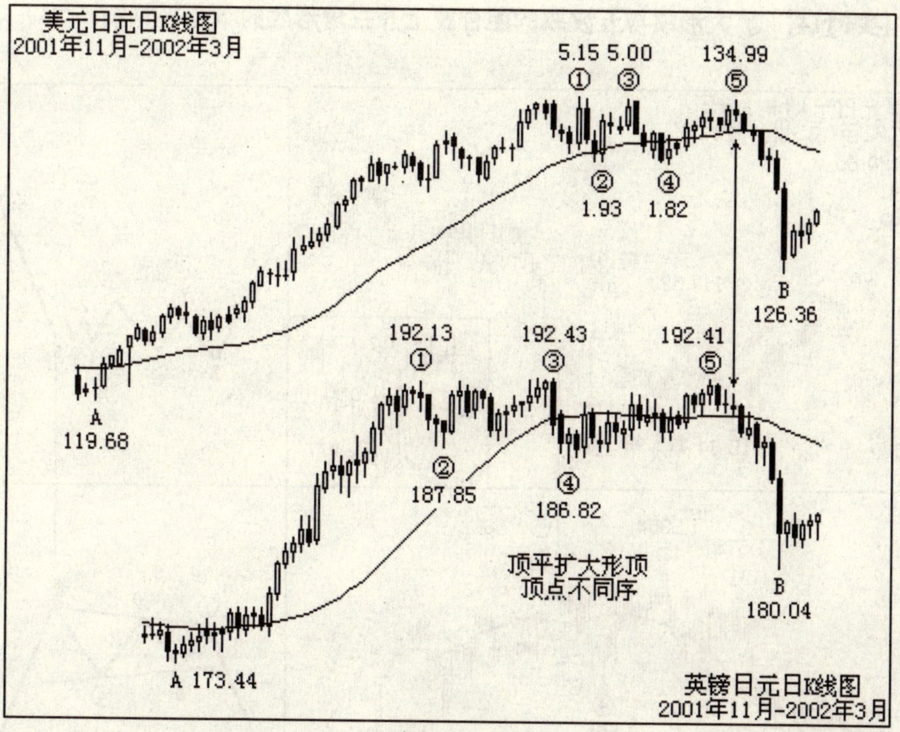


**图** 6-21

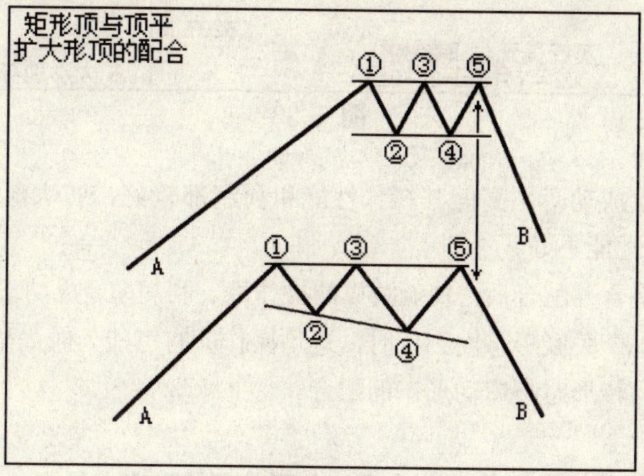


**图** 6-22

2．假如两个形态的成功率都是50%，换句话说，单对其一来说，它的失败率为50%。而图形配合以后，使50%的失败率的一半，也就是25%得到修正，从而使整体成功率提高为75%。

3．此配合为不同步配合。配合后，可以更精确地判断行情发动时机。

**[实例14] 扩大形顶与五波旗的配合及上升三角形底的组合**（见图 6-23）

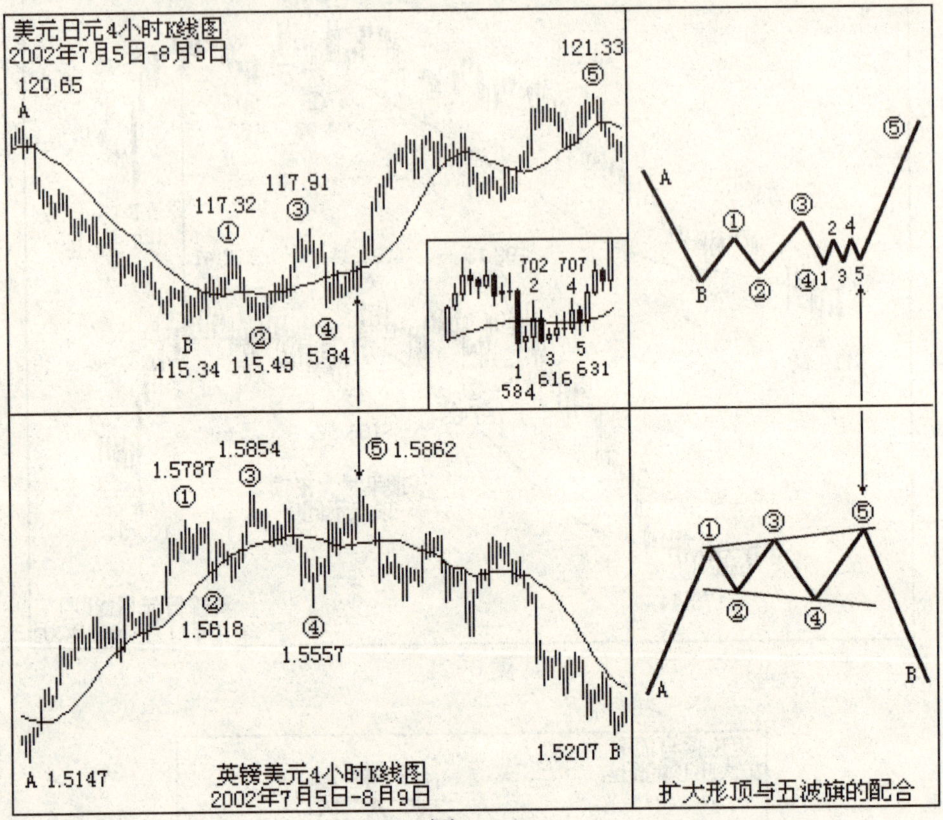


**图** 6-23

1．五波旗成功率不高但其操作性能和利润都较好，扩大形反转成功率较高，但其操作性能不好。

2．图形组合并配合后，使五波旗的操作性、利润率、成功率都达到要求。

3．当另一个关联形态没到位时，进场操作就有可能为时尚早。

4．属于反转形态与启动形态的配合。

**[实例15] 强势三角形整理与上升三角形整理的配合**（见图 6-24）

1．豆粕为上升三角形整理，大豆为强势三角形整理。见图 6-25。

2．强势整理形态经常是难以判断的形态，而涨势中上升三角形整理的成功率很高。

3．这两个形态都可以单独操作，配合后，成功率更高。

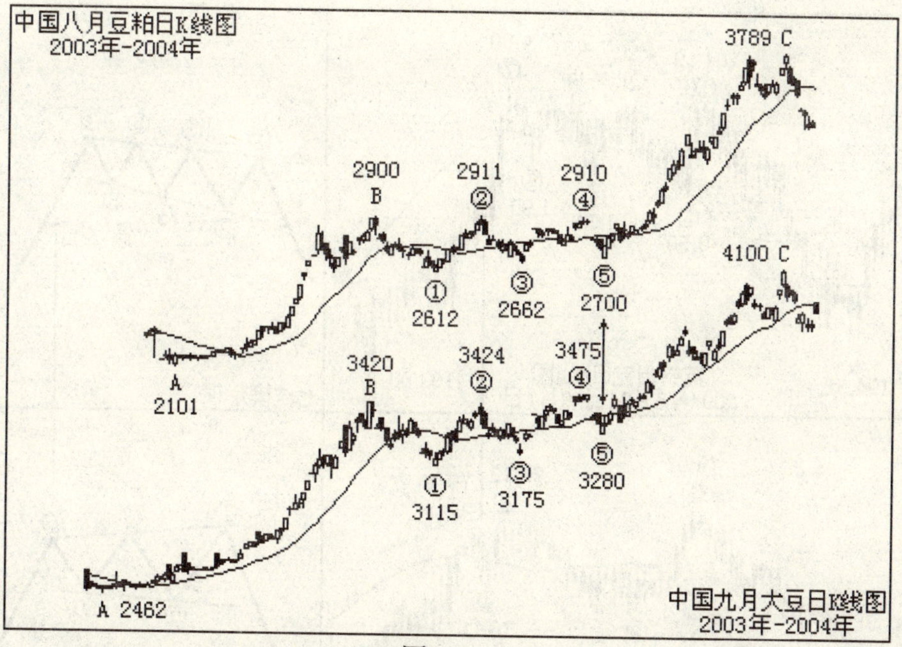


图 6-24

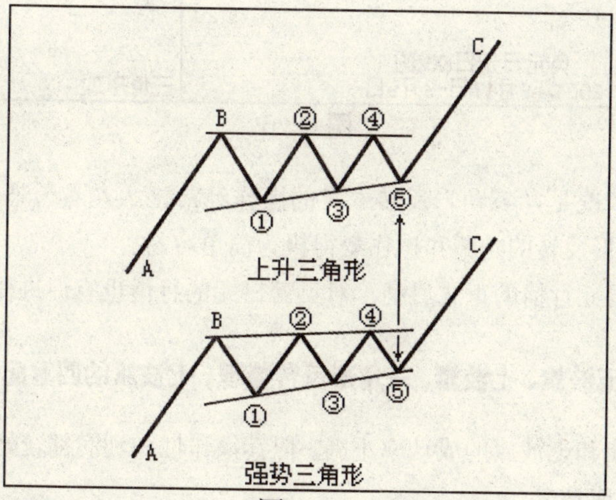


图 6-25

**[实例 16]　七波楔形顶与三角形反转的配合**（见图 6-26）

1. 七波的楔形反转后市幅度和力度一般都很大，但其事先不容易辨认。
2. 英镑日元的七波楔形反转发动以后，奥元日元才出现三角形反转。
3. 此为不同步配合。配合后，提高了三角形反转判断的成功率。

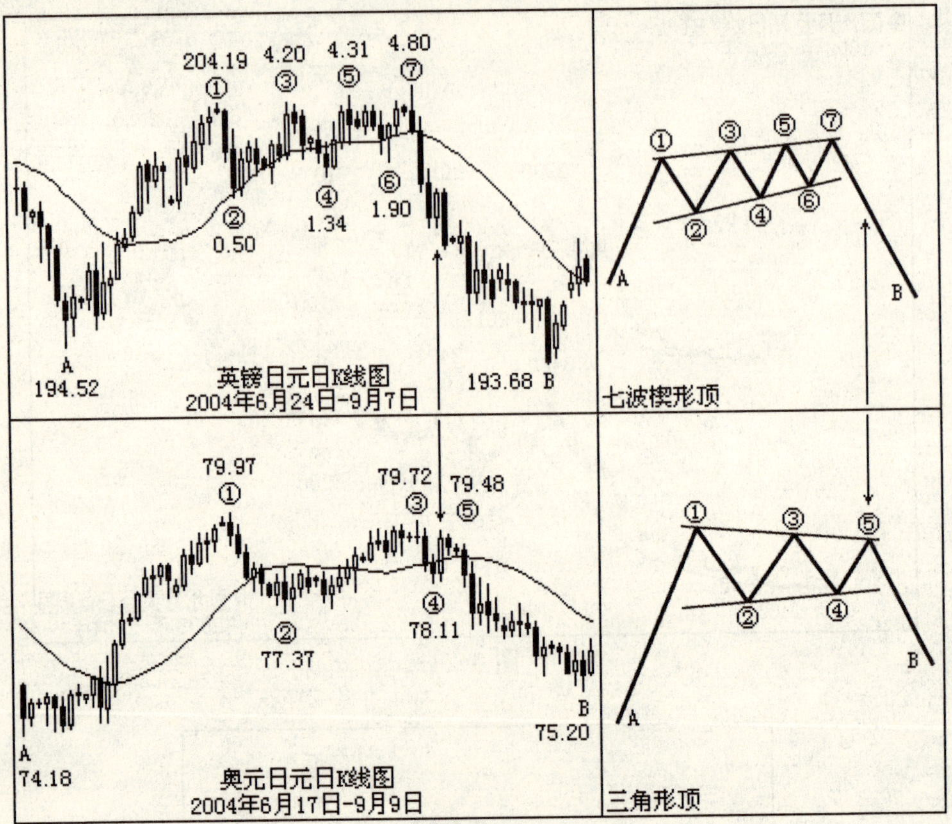


图 6-26

4．一般情况是，三角形反转本身的操作经常让人左右为难，若有图形配合，就使三角形反转的判断和操作变得极为简单容易。

5．奥元日元行情的正式启动，对英镑日元的行情也有促进作用。

**[实例17]　五波旗、七波旗、三角形反转整理、七波旗的四重配合**（见图 6-27）

1．五波旗和七波旗的成功率不高，但其操作性和利润都较好，三角形反转整理有很高的成功率。

2．英镑美元为：五波旗镶嵌三角形反转。

欧元美元为：七波旗，其中的第7波又镶嵌一个小型的七波旗。

美元日元为：三角形反转整理，第5波镶嵌旗形反转。

美元瑞郎为：七波旗。见图 6-28。

3．四个相关品种同时出现大行情来临的信号，对于行情方向的判断、进场时机的判断、后市空间的预测，都极具意义。

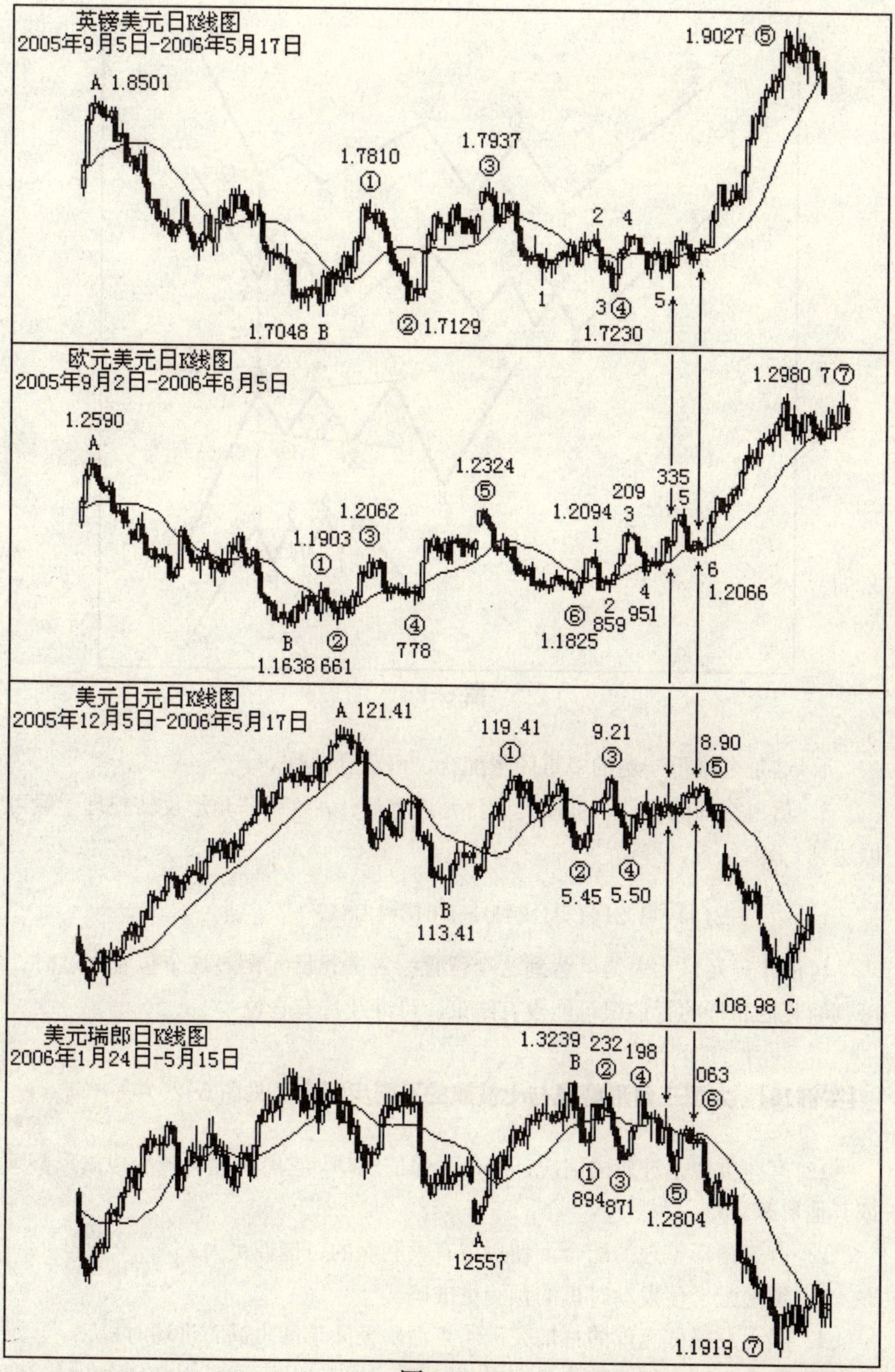
英镑美元日K线图
2005年9月5日-2006年5月17日
A 1.8501
1.7810
①
1.7937
③
1.9027 ⑤
2
4
1
3 ④
5
1.7048 B
② 1.7129
1.7230
欧元美元日K线图
2005年9月2日-2006年6月5日
1.2590
A
1.2324
⑤
1.2062
③
1.1903
①
1.2094
1
209
3
335
5
1.2980 7 ⑦
6
1.2066
4
951
2
859
⑥
1.1825
B
1.1638 661
②
④
778
美元日元日K线图
2005年12月5日-2006年5月17日
A 121.41
119.41
①
9.21
③
8.90
⑤
②
5.45
④
5.50
B
113.41
108.98 C
美元瑞郎日K线图
2006年1月24日-5月15日
1.3239
B
232
②
198
④
063
⑥
①
894
③
871
⑤
1.2804
A
12557
1.1919 ⑦

图6-27

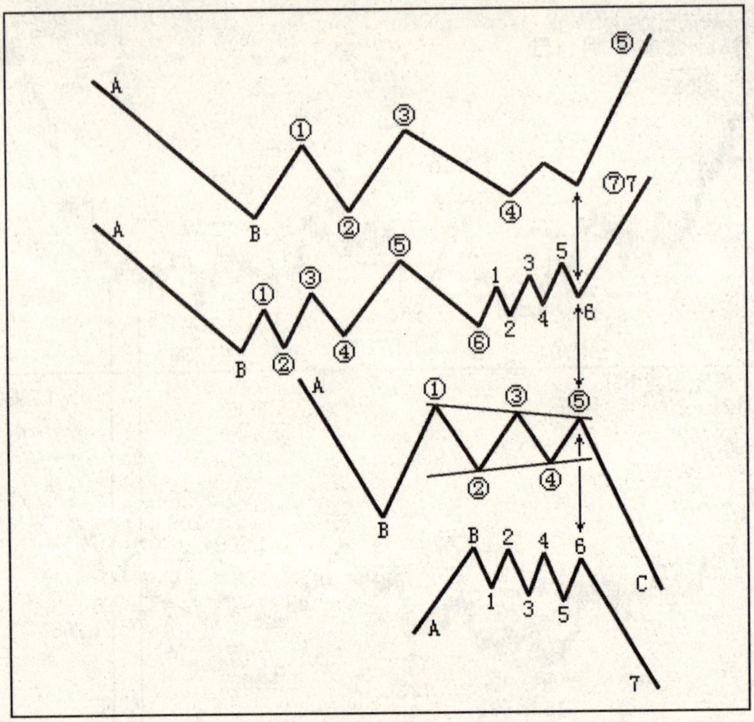


图 6-28

4. 这是个难得一遇的多重图形配合，可重仓操作。

5. 后市空间的估算，可按美元日元进行估计，这个三角形反转整理一般可以达到1.618位置，即：

$$1.2141-(1.2141-1.1341)\times1.618=1.0847$$

可估计美元日元大约可达到这个位置。当美元日元距离这个位置尚远时，可判断其他品种的行情很可能没有结束，可继续持有仓位。

### [实例18] 大型三角形整理与七波旗的不同步配合（见图 6-29）

1. 有些类似七波旗的情况，后市不保证发动，它有时候会转变成旗形整理或其他形态。

2. 有三角形整理的配合，使后市有大利润的可能性更大。

3. 图形配合使发动时机的预测更准确。

4. 美元兑挪威克郎的行情突破④点后，美元瑞郎上尚有进场时机。

5. 与这个图形同时配合的还有英镑美元的五波旗，图见本章[实例 4]。使

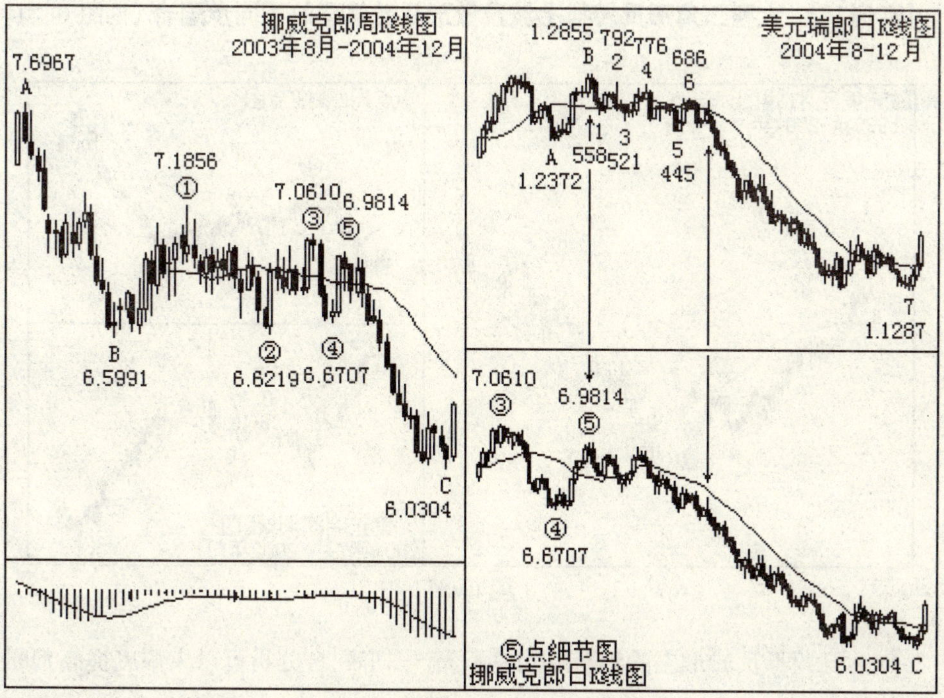


图 6-29

行情方向的辨认更准确。

6．图形配合使判断更准确、更全面，可以重点操作此图形。见图 6-30。

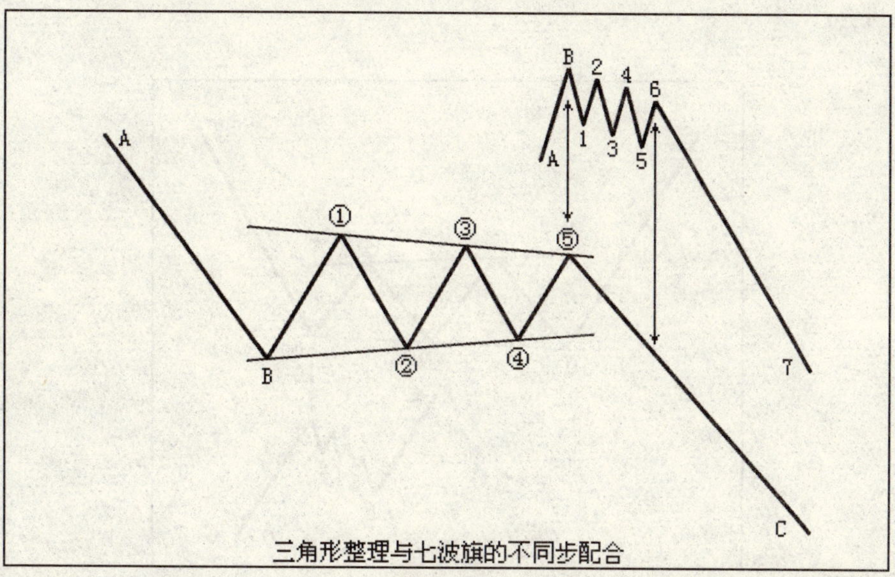


图 6-30

**[实例19] 大型三角形反转与七波发散形反转整理的不同步配合**（见图 6-31）

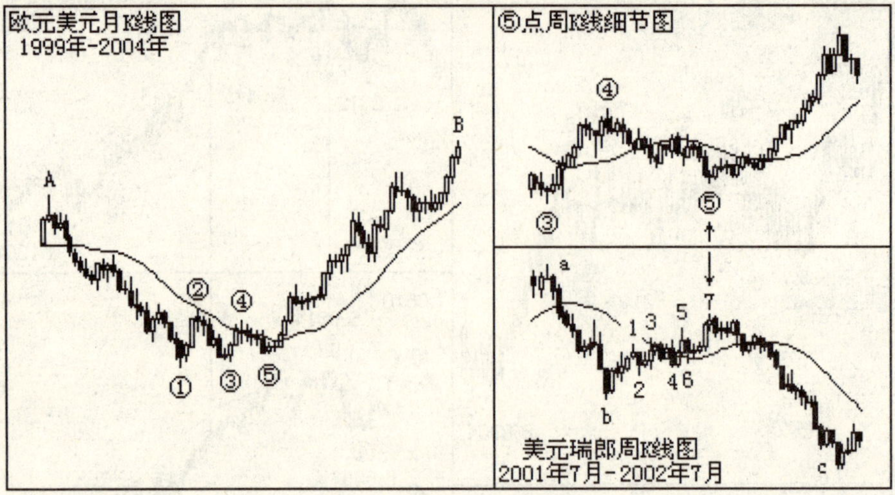


**图** 6-31

1．三角形反转形态的判断成功率不高，图形配合分析可以大幅度提高判断的成功率。

2．大型三角形反转形态的进场点难以寻找，图形配合可以使进场时机的判断更为精确，见图 6-32。

3．七波发散形反转整理难以判断，也难以操作，可以在行情发动过程中寻找机会。

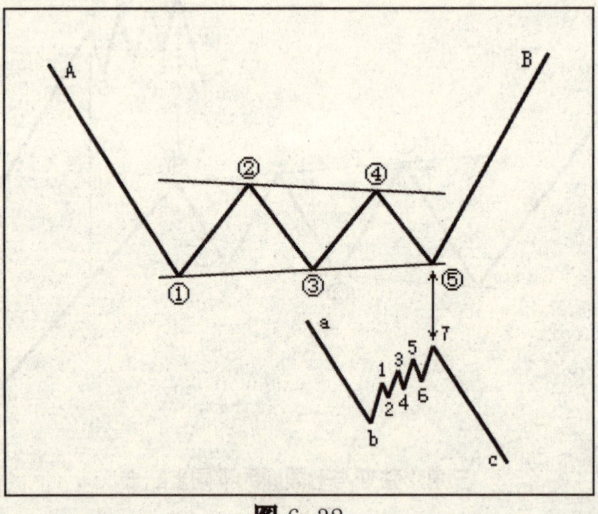


**图** 6-32

**[实例20]　三角形反转与矩形反转的不同步配合**（见图 6-33）

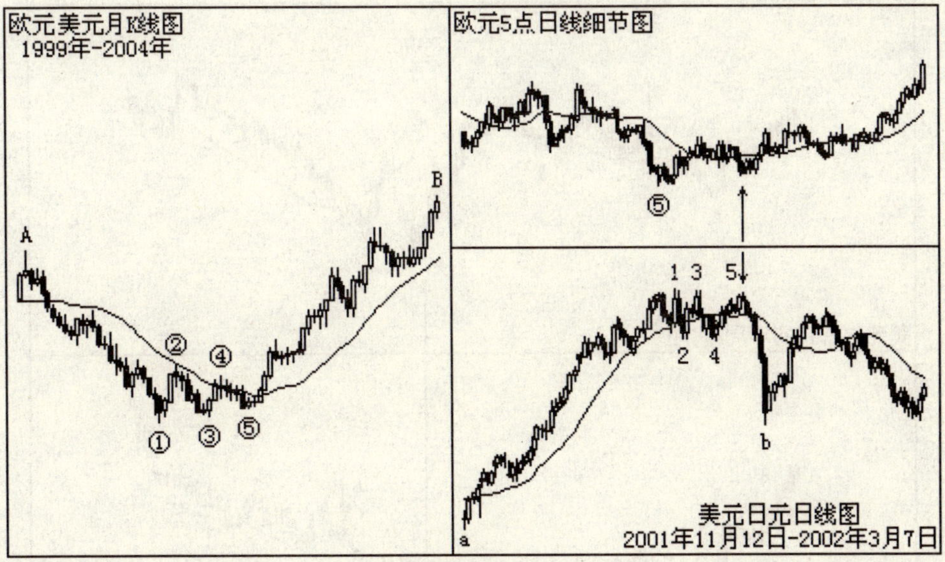


**图** 6-33

1．三角形反转的判断成功率不高，但其操作性能良好，矩形形态的配合可以大幅度提高判断的成功率。

2．大型三角形反转的进场点难以寻找，矩形形态的配合可使进场时机的判断更为准确，见图 6-34。

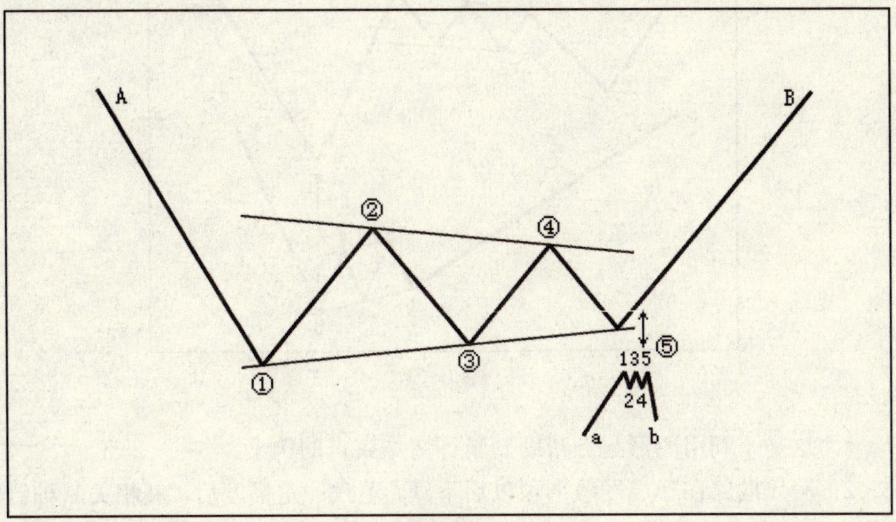


**图** 6-34

**[实例21]　后市出场点的图形配合判断**（见图 6-35、图 6-36）

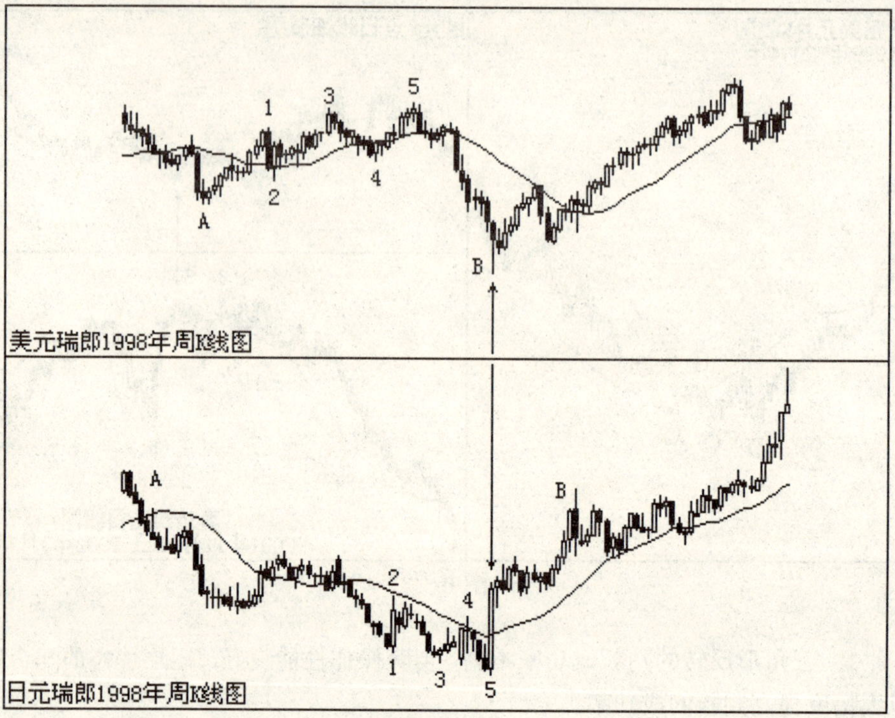


**图** 6-35

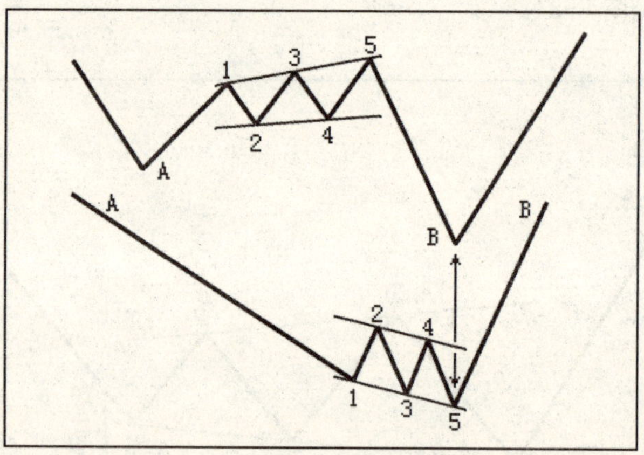


**图** 6-36

1．这是个利用图形配合帮助判断行情结束点的例子。

2．美元瑞郎在形成发散形顶以后下跌。下跌一定幅度后，其相关品种日元瑞郎出现旗形底，可以判断，美元瑞郎的行情也很可能结束。

**[实例22] 三角形反转与旗形反转**（见图 6-37）

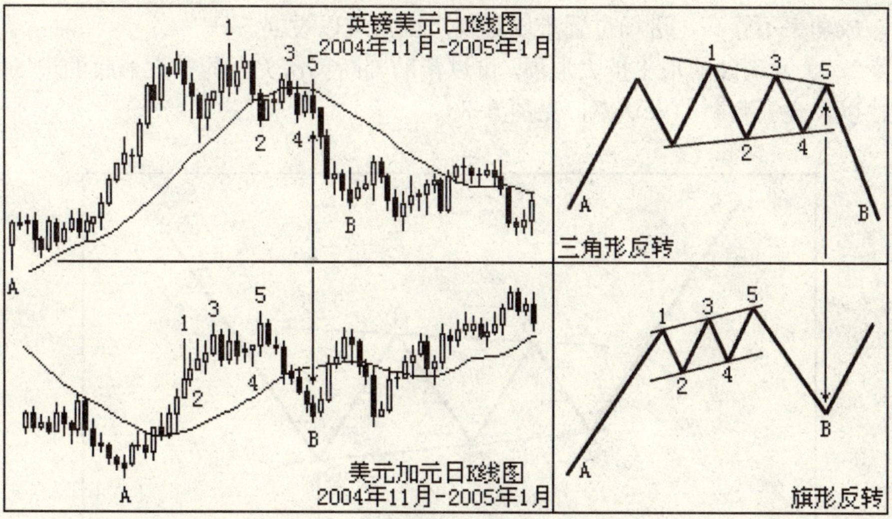


**图** 6-37

可以利用英镑美元的三角形反转形态来辅助判断美元加元旗形反转形态下跌行情的结束，也可利用美元加元辅助判断英镑美元三角形反转的成立，因其已经完成2倍的幅度。

**[实例23] 扩大形底与顶平扩大形顶的不同步配合**（见图 6-38）

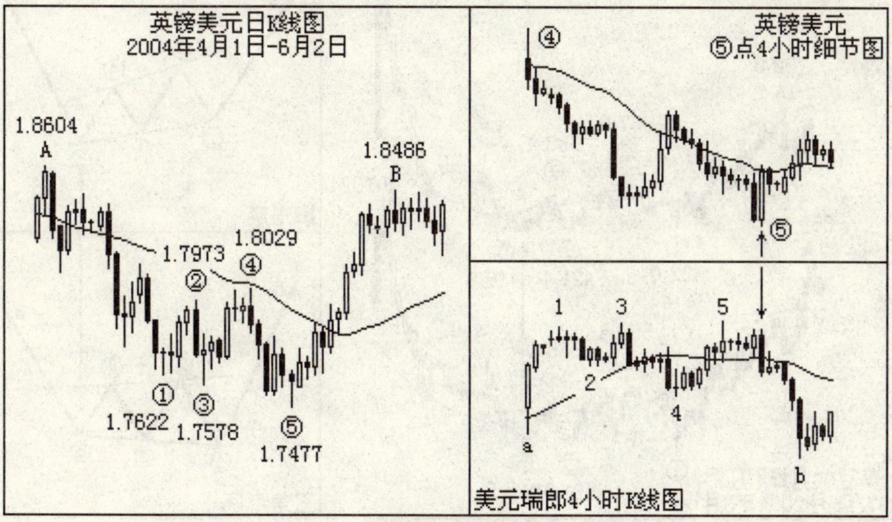


**图** 6-38

1．扩大形反转形态具有一定的成功率，一旦成功，后市经常有可观的利润。但其有几个缺点：

成功率不够高，进场位置难以寻找，止损难以设立。

2．美元瑞郎的顶平扩大形顶，可以帮助判断英镑美元的扩大形底的进场时机，以及提高判断的成功率，见图 6-39。

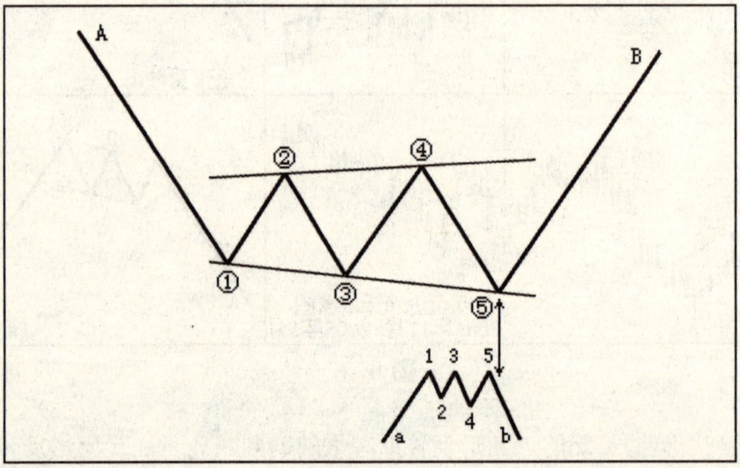


**图** 6-39

**[实例24]　三角形反转与楔形反转的配合**（见图 6-40）

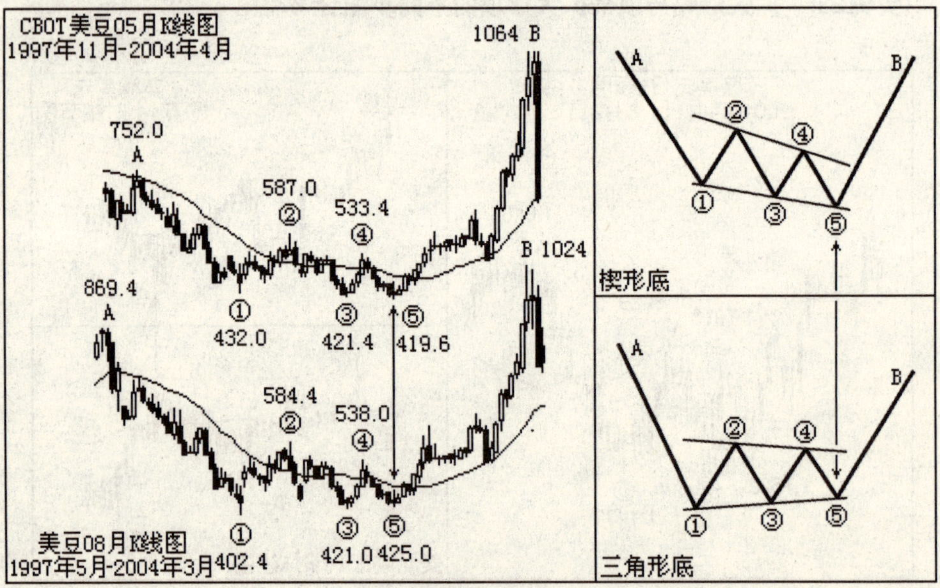


**图** 6-40

1．三角形反转在方向判断上常不尽如人意，而楔形反转有较好的成功率。

2．三角形反转具有较好的操作性能，楔形反转操作性能不好。

3．它们的配合，使操作性能、行情方向的判断，都达到更高的水平。

**[实例25]　楔形反转、三角形反转、发散形反转的配合**（见图 6-41）

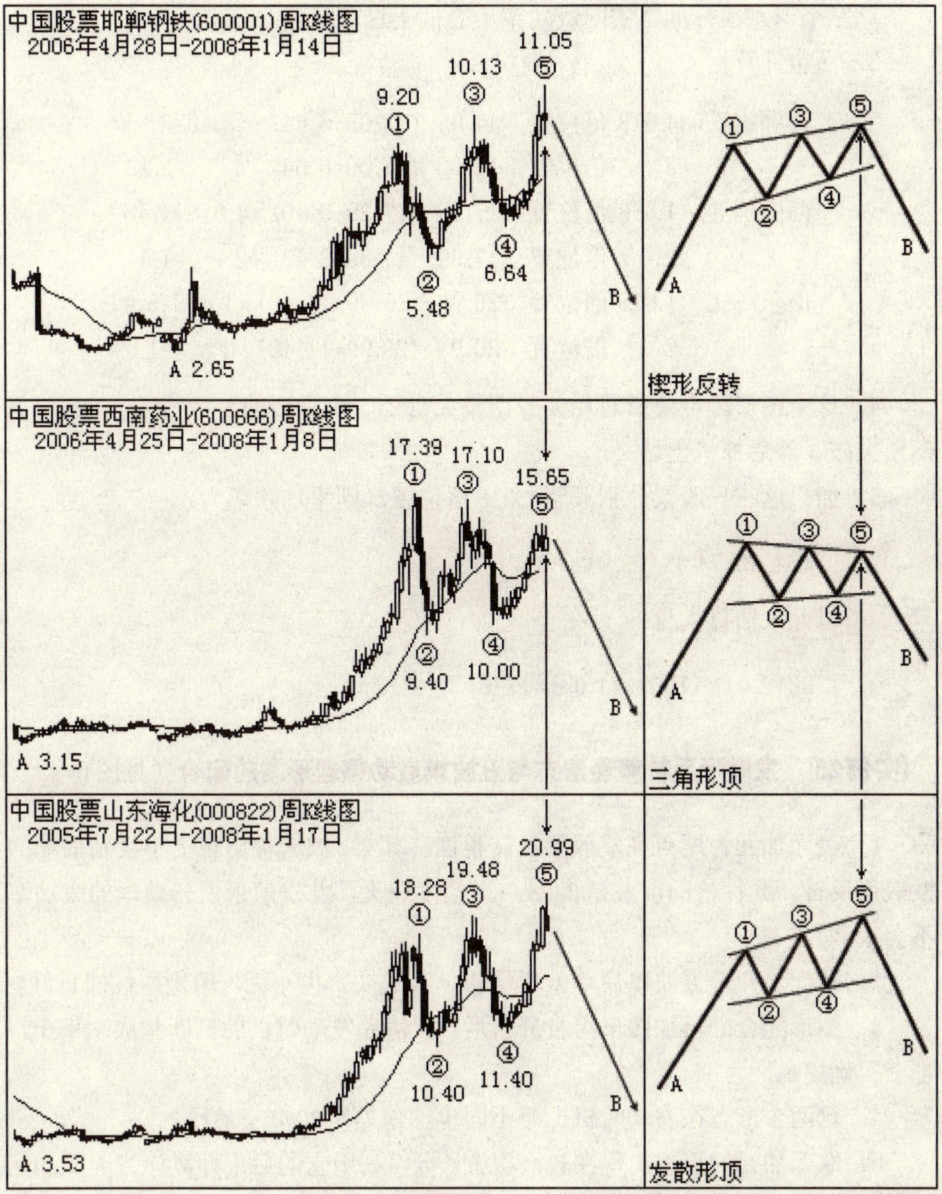


图 6-41

1．邯郸钢铁是楔形反转，西南药业是三角形反转，山东海化是发散形反转，形态较大，三个形态的①点略不同步。

2．楔形反转和发散形反转的成功率较高，可以达到70%；三角形反转成功率略低，可以达到40%。则图形配合分析的总成功率：

70%+(100%-70%)×70%=91%　总成功率=91%+(100%-91%)×40%=94.6%

这三个形态很标准，实际成功率不会低于这个数据。

3．后市计算：

| | | | |
|---|---|---|---|
| 邯郸钢铁 | 1.618 | 倍位置 | 11.05-(11.05-6.64)×1.618=3.91 |
| | 2 | 倍位置 | 11.05-(11.05-6.64)×2　=2.23 |
| 西南药业 | 1.618 | 倍位置 | 17.39-(17.39-9.40)×1.618=4.46 |
| | 2 | 倍位置 | 17.39-(17.39-9.40)×2　=1.41 |
| 山东海化 | 1.618 | 倍位置 | 20.99-(20.99-11.40)×1.618=5.47 |
| | 2 | 倍位置 | 20.99-(20.99-11.40)×2　=1.04 |

4．这个图形配合分析对相关股票及大盘是一个重要的警示信号，可在邯郸钢铁突破③点后择机出场。

5．如果这三只股票分别跌至1.618倍位置，则平均跌幅为：

(64.6%+74.4%+73.9%)÷3=71.0%

以此来估算大盘：

6012.04×(100%-71.0%)=1776

**[实例26]　发散形反转整理形态与五波旗启动整理形态的配合**（见图6-42）

1．美元加元为尾市型发散形反转整理，其第5波末端出现更小级别周期的发散形反转。此行情的前波是2283点，幅度巨大，此发散形反转整理的成功率不会很高。

2．欧元加元是五波旗启动整理结构，其成功率也不高，但操作性能良好。

3．图形配合分析加图形组合分析后，行情在发动时机的判断和成功率上，都会得到提高。

4．这两个形态在发动时机上略不同步，偏差是20个交易日。

5．欧元加元的形态出现在较高位置，可以利用它的后市计算作为美元加元后市的判断。

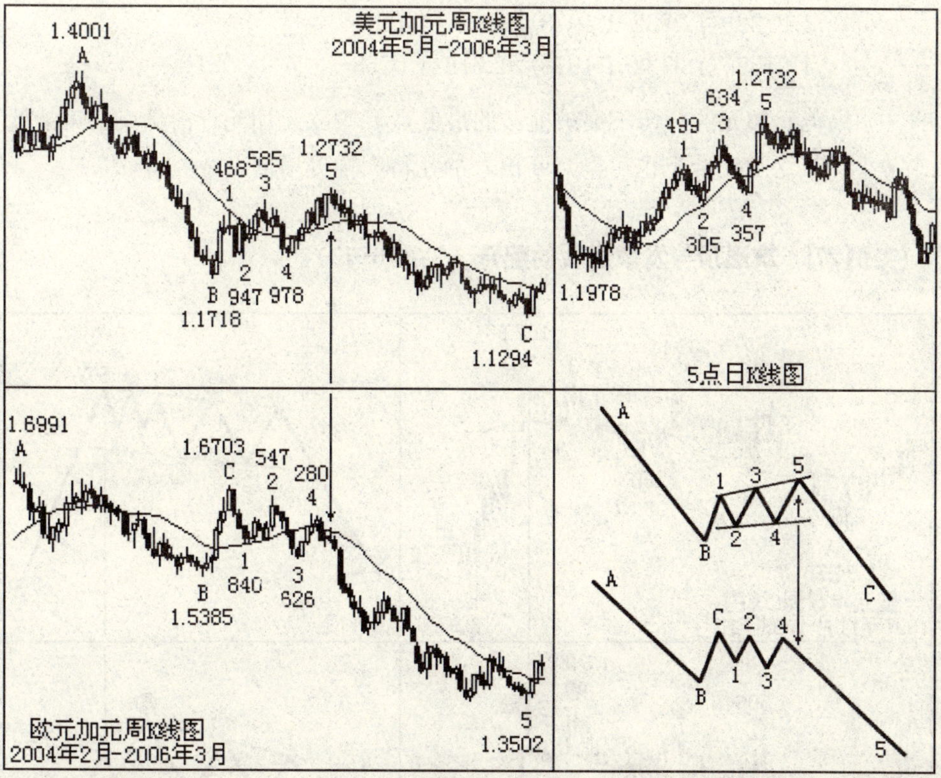


图 6-42

(1) 欧元加元的后市计算：

按整理形态计算

1.6991-(1.6991-1.5385)×1.618=1.4392

1.6991-(1.6991-1.5385)×2　　=1.3779

1.6991-(1.6991-1.5385)×2.618=1.2786

按五波旗计算

1.6703-(1.6703-1.5626)×1.618=1.4960

1.6703-(1.6703-1.5626)×2　　=1.4549

1.6703-(1.6703-1.5626)×2.618=1.3883

1.6703-(1.6703-1.5626)×3　　=1.3472

(2) 按发散形反转计算美元加元的后市：

1.2732-(1.2732-1.1978)×1.618=1.1512

1.2732-(1.2732-1.1978)×2　　=1.1224

1.2732-(1.2732-1.1978)×2.618=1.0758

如果美元加元的行情不突破前波的最低点，则欧元加元行情结束的可能就非常小。从这个配合上也可以判断出，加元将大幅度增值。

**[实例27]　旗形顶与发散形顶的配合**（见图6-43）

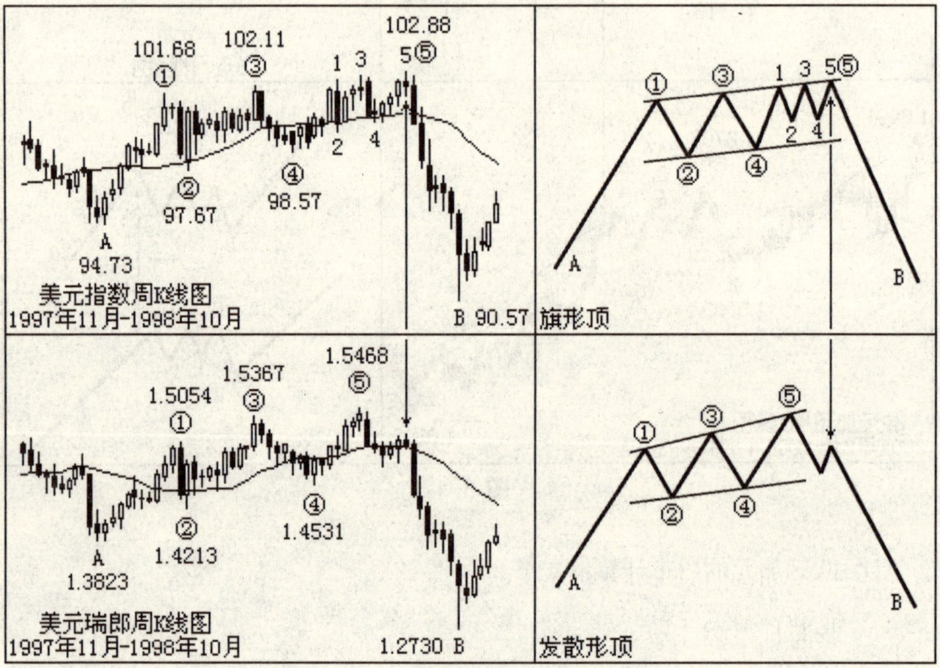


**图**6-43

1．美元指数是旗形顶，其第5波末端又镶嵌一个小型的旗形顶，这种形态的成功率很高。

2．美元瑞郎出现的是发散形顶，但其最后一波略不到位，成功率和后市利润没有保障。

3．这个形态配合略不同步。可在美元指数形态确认后，在美元瑞郎上寻找操作时机。

**[实例28]　楔形整理与楔形反转的配合**（见图6-44）

1．中国大豆的图形为发射型的楔形整理，美国大豆的图形为楔形底。从美

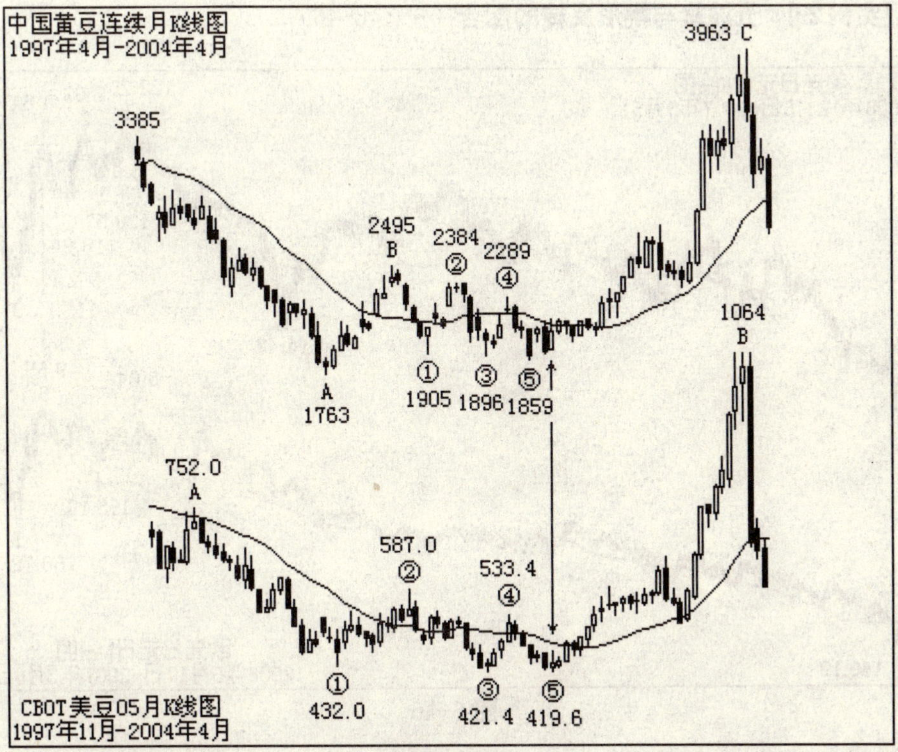


图 6-44

豆的楔形反转来看，中国大豆的楔形整理形态成立的可能非常大。

2. 这个形态配合在发动时间上略不同步，见图 6-45。

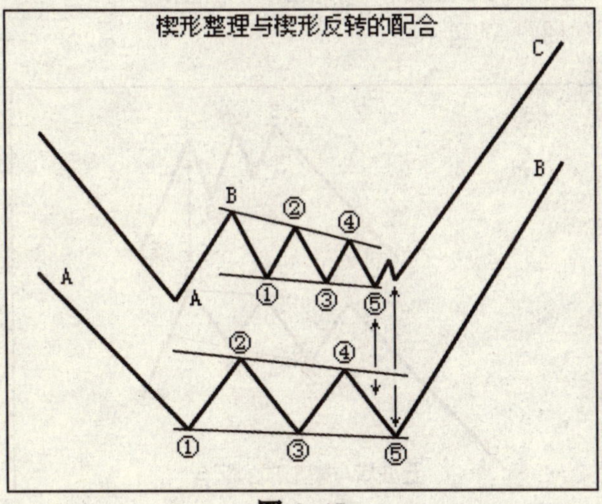


图 6-45

**[实例29] 五波旗与楔形反转的配合**（见图 6-46）

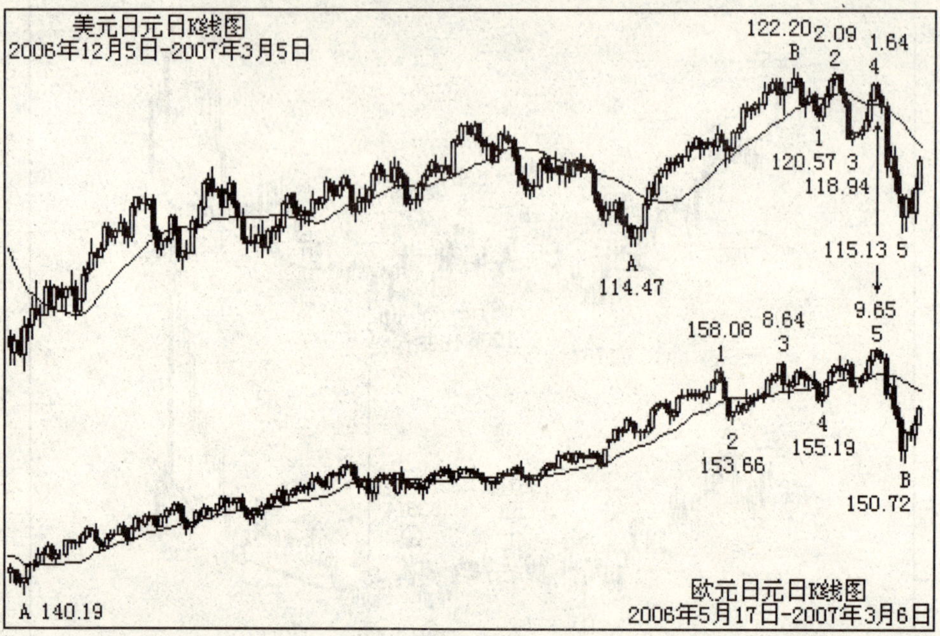


图 6-46

1. 五波旗的操作性能良好，但其成功率比较低。

2. 楔形反转判断的成功率较高，与五波旗的配合可以使操作成功率大幅度提高。

3. 图形的配合，使操作时机的判断更加精确。

4. 也可以利用不同形态的后市计算，作为互相参考。

5. 示意图如图 6-47 所示。

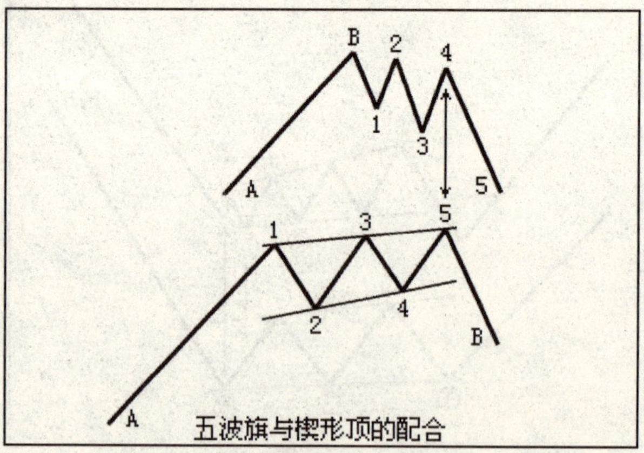


图 6-47

**[实例30]　三角形反转与三角形反转的配合**（见图 6-48）

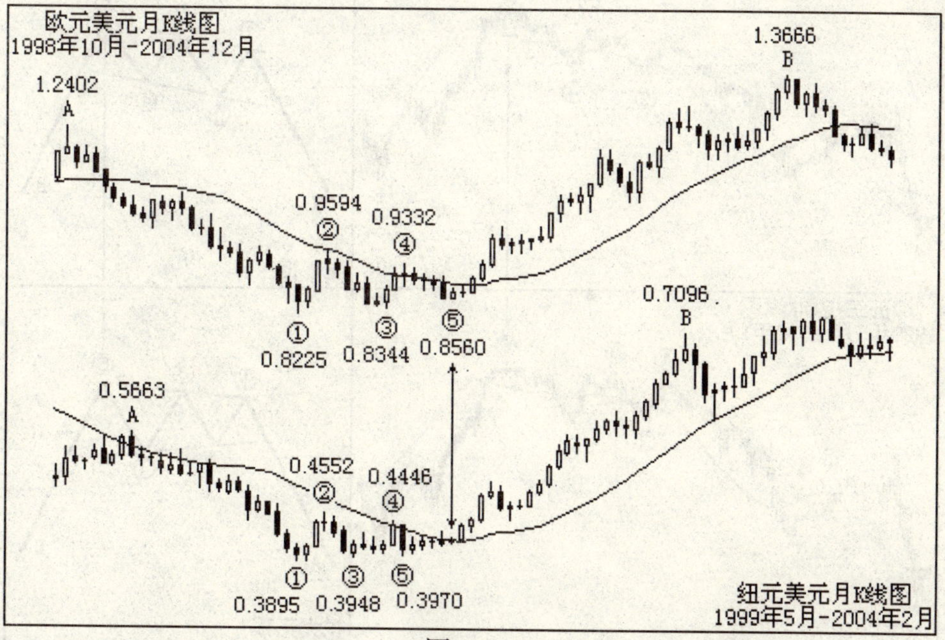


**图** 6-48

1. 此为同一种形态的配合，其在发动时机上略不同步。

2. 纽元美元的行情启动略早，可以帮助判断欧元美元的行情。

3. 同类形态的配合，一般可以帮助提高判断的成功率。后市计算：

| | | |
|---|---|---|
| 1.618 | 倍位置 | 0.8225+(0.9594-0.8225)×1.618=1.0400 |
| 2 | 倍位置 | 0.8225+(0.9594-0.8225)×2　　=1.0963 |
| 2.618 | 倍位置 | 0.8225+(0.9594-0.8225)×2.618=1.1809 |
| 3 | 倍位置 | 0.8225+(0.9594-0.8225)×3　　=1.2332 |
| 3.618 | 倍位置 | 0.8225+(0.9594-0.8225)×3.618=1.3187 |
| 4 | 倍位置 | 0.8225+(0.9594-0.8225)×4　　=1.3701 |

**[实例31]　扩大形反转与旗形反转的配合**（见图 6-49）

1. 中国上证指数为旗形顶组合圆形顶，中国深证综指为扩大形顶，它们是关联品种。

2. 旗形顶成功率一般，扩大形顶具有很高的成功率。

3. 图形配合使行情的顶部得到有效辨认。

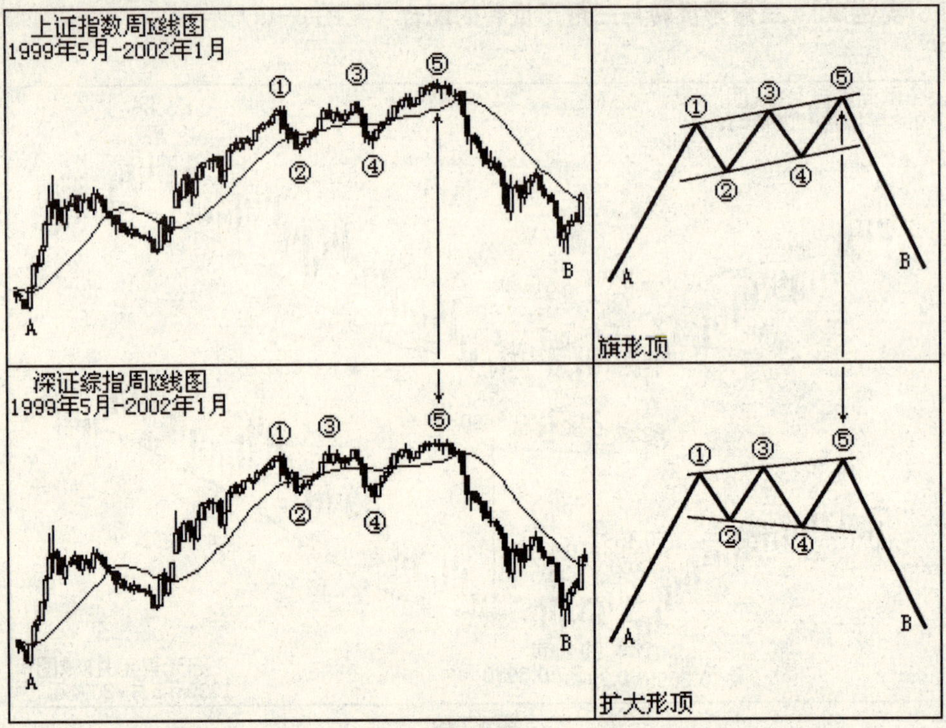
上证指数周K线图
1999年5月-2002年1月
①
②
③
④
⑤
A
B
旗形顶
深证综指周K线图
1999年5月-2002年1月
①
②
③
④
⑤
A
B
扩大形顶

图 6-49

[附三]

# 形态与均线

均线是一定时间内价格的平均值，代表行情的主流趋势。一般情况是：行情围绕均线上下震荡。因而，图形出现的位置对图形分析非常重要，符合均线法则的形态拥有更好的成功率和操作性能。利用均线来辅助辨别形态是非常实用的方法。

对均线用法的描述，当属《葛兰碧法则》最为简单实用。这里试述均线与形态的关系。参考均线的基本原则是：参考形态出现周期的均线以及其上一周期的均线。比如，在4小时图上出现形态时，参考4小时图和日线图均线。一般采用MA(20)。

1. 均线由向下转为向上，而反转形态或启动形态出现在其下方，易上涨，幅度易大。均线由向上转为向下，而反转形态或启动形态出现在其上方，易下跌，幅度易大。其是“顺大势，逆小势”而已，这种情况的成功率最高。实例见附三图1、附三图2。

2. 均线由向下转为向上，反转形态或启动形态的进场点在其下，易上涨，幅度易大。均线由向上转为向下，反转形态或启动形态的进场点在其上，易下跌，幅度易大。实例见附三图3、附三图4。

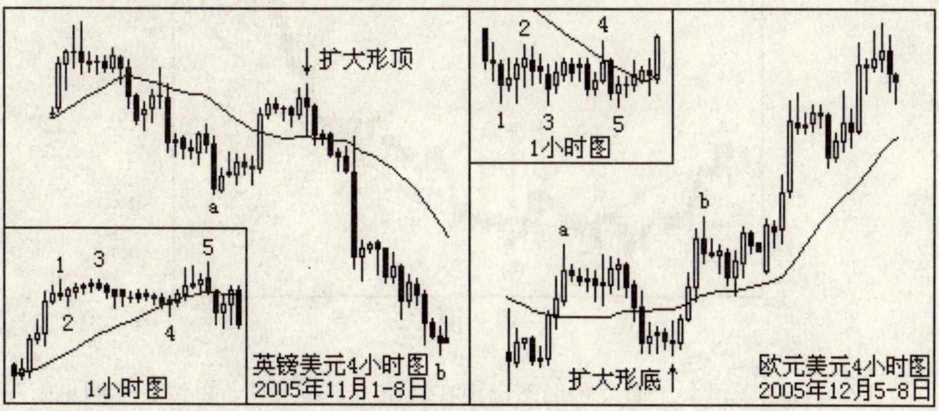


附三图1

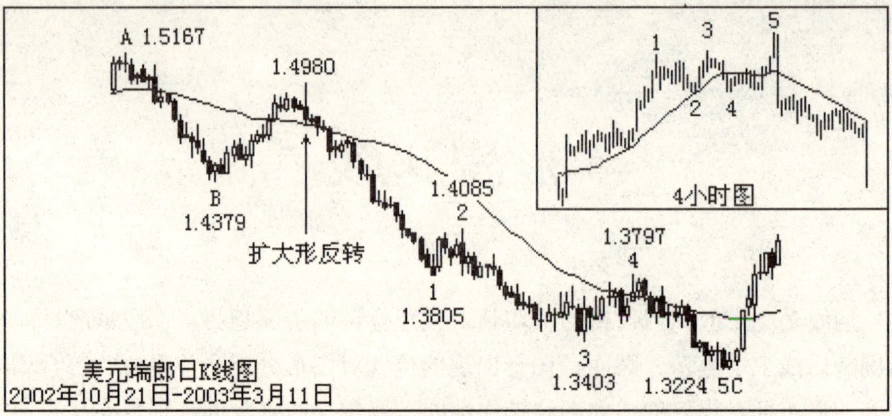


附三图 2

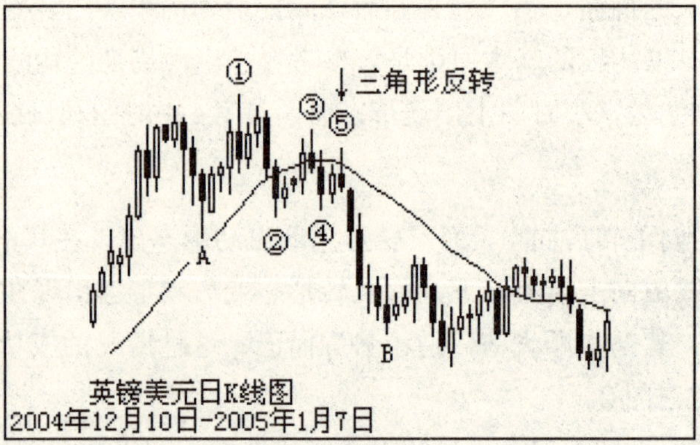


附三图 3

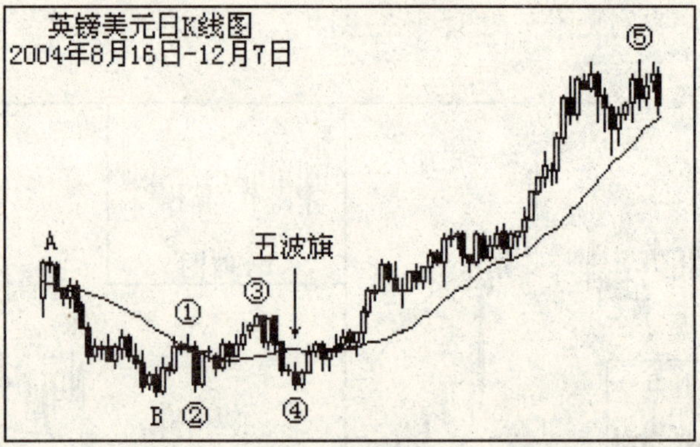


附三图 4

3. 均线向下已久，而反转形态出现在其上方，易下跌，短暂。实例见附三图 5。均线向上已久，而反转形态出现在其下方，易上涨，短暂。

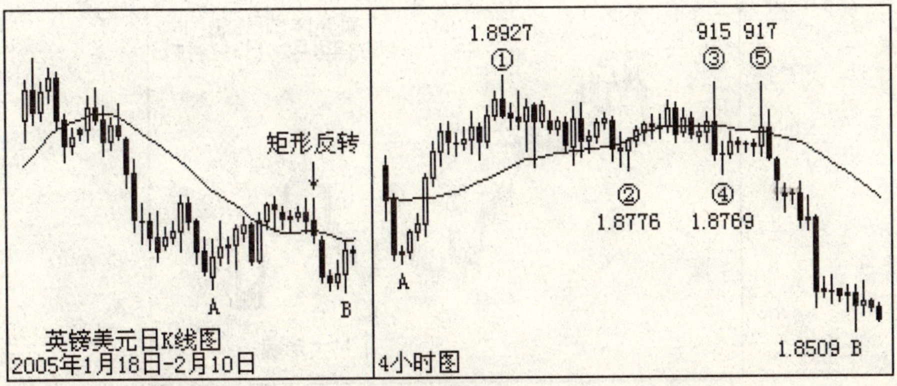


附三图 5

4. 均线向上，而反转形态出现在其上方的过高位置，易回调，短暂。均线向下，而反转形态出现在其下方的过低位置，易回档，短暂。实例见附三图 6、附三图 7、附三图 8。

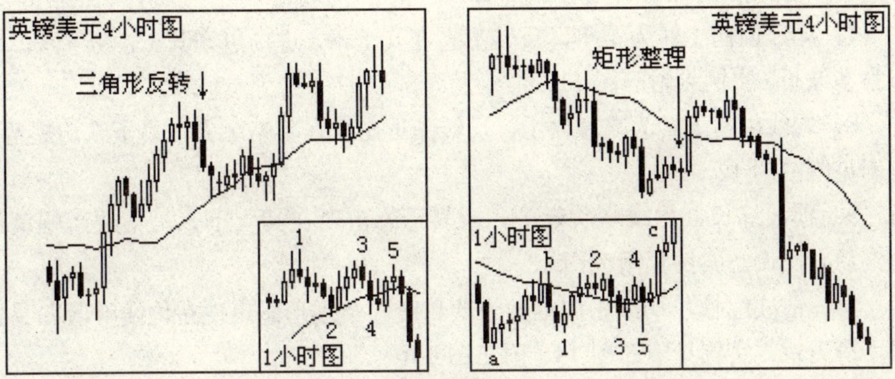


附三图 6

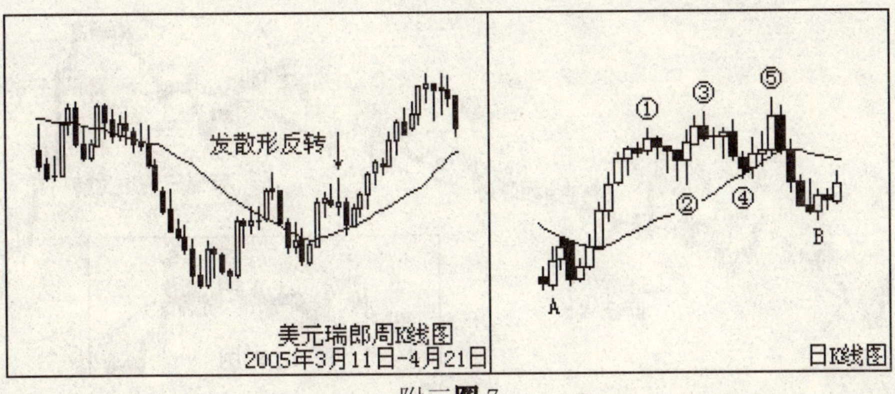


附三图 7

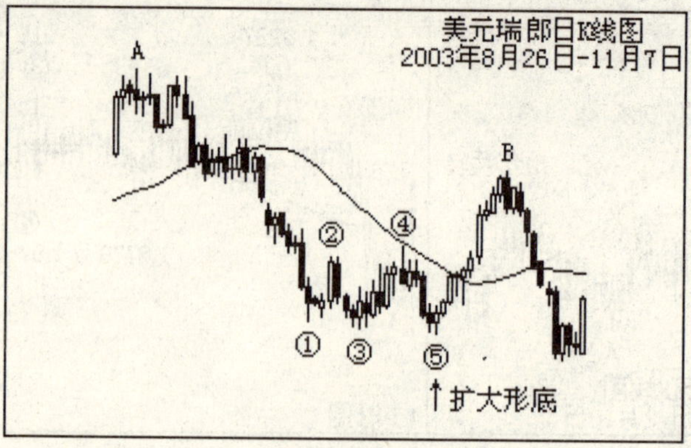


附三图 8

5．涨势绵长，均线由向上而转为和缓，形态出现其上较远位置，易下跌，幅度易大，涨中多见，成功率不会高。实例见附三图 9。

6．均线由向下转为略向上，行情从很高的距离回到均线附近出现整理形态，易贯穿，短暂。实例见附三图 10。

7．均线由向上转为走平，反转形态在其上下，进场点在其上，易下跌，后市易多波折。实例见附三图 11。

8．均线由向下转为略微向上，反转图形出现在其略上方，易下跌，短暂。实例见附三图 12。

9．前波绵长，均线略欲走平，反转形态出现在其上下，易下跌，幅度易大，易有回调。实例见附三图 13。

10．前波绵长，均线由向上转为欲和缓，整理形态出现在均线附近，易击穿，易短暂。实例见附三图 14、附三图 15。

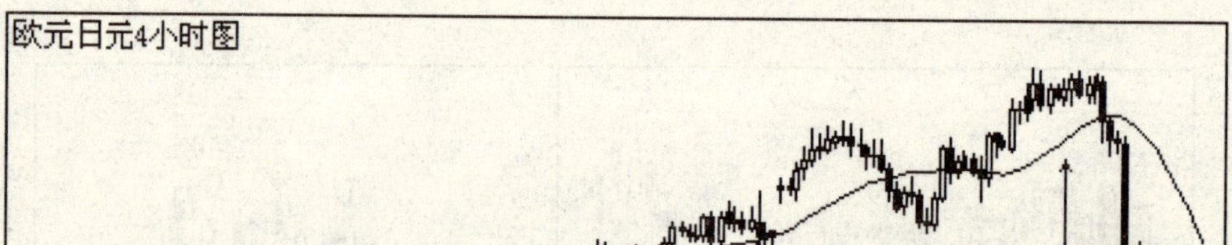


附三图 9

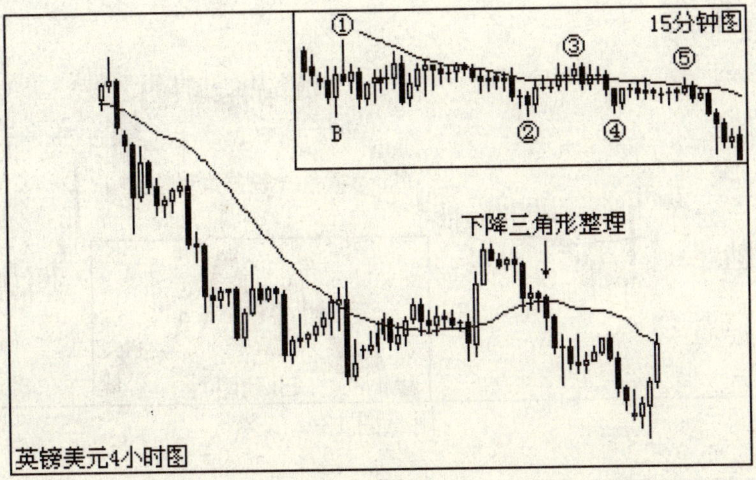


附三图 10

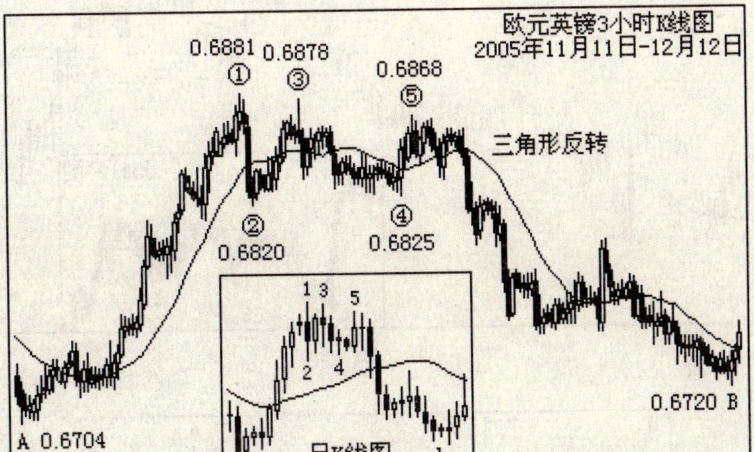


附三图 11

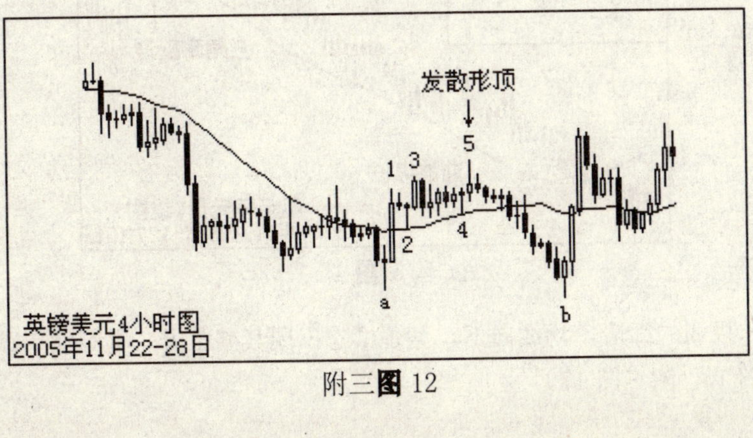


附三图 12

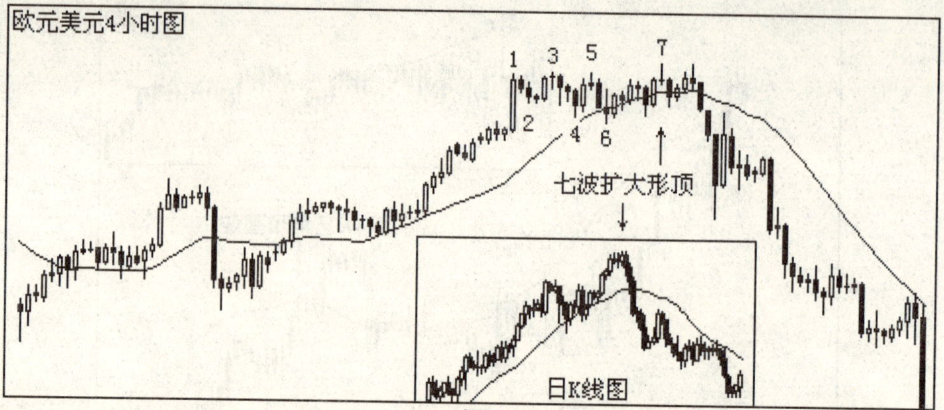


附三图 13

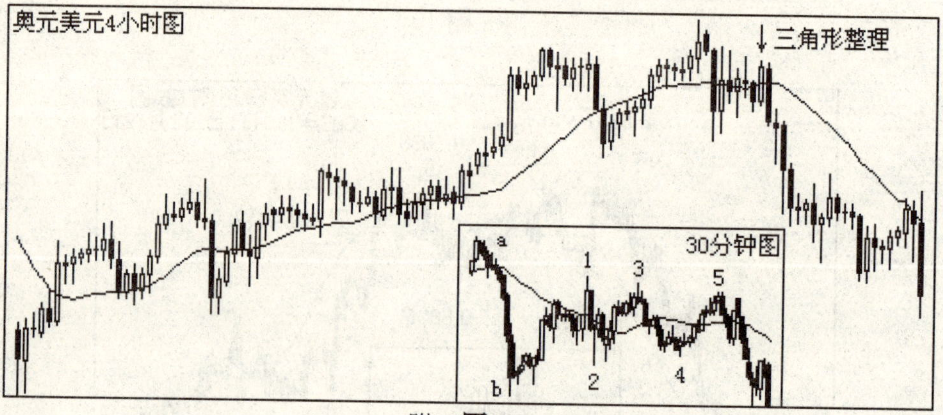


附三图 14

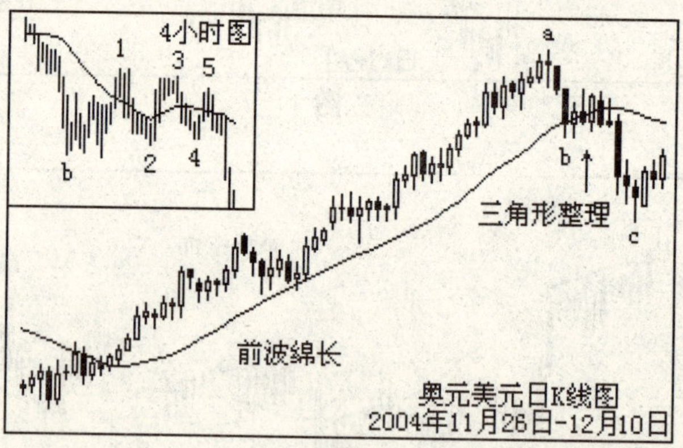


附三图 15

11．极弱的行情，均线向下，整理形态出现其略下方，易继续下跌。实例见附三图 16、附三图 17。

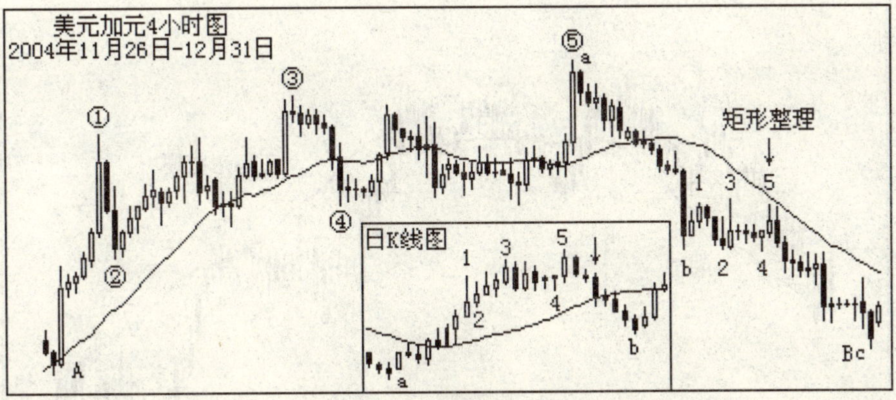


附三图 16

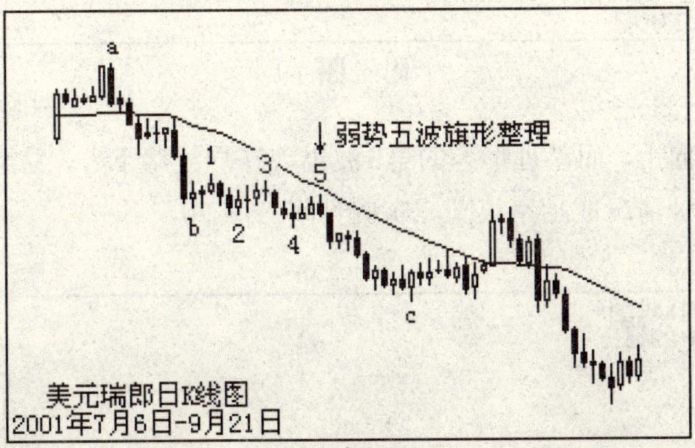


附三图 17

12．均线稳定向下，而整理形态的第5波出现在均线略上方，易继续下跌，后市幅度较大。实例见附三图 18、附三图 19。

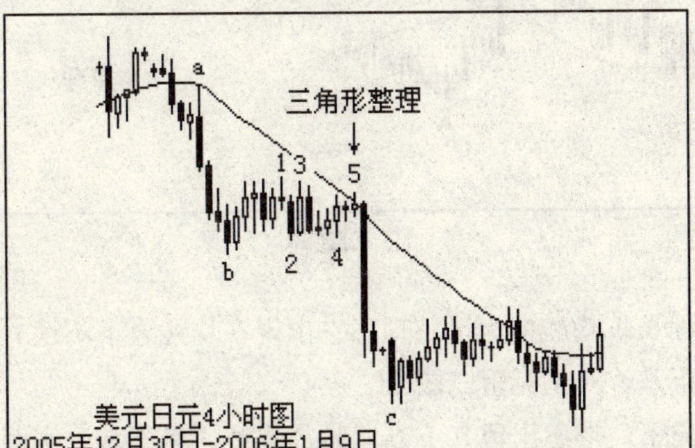


附三图 18

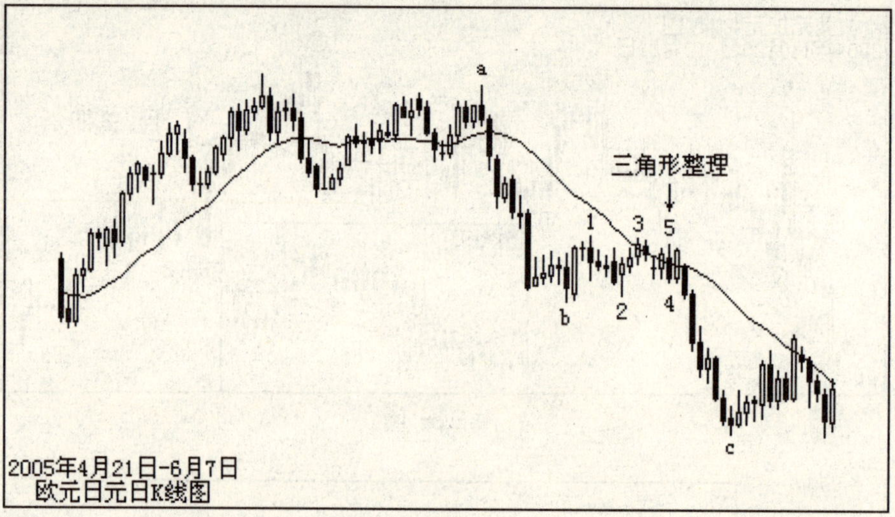


附三图 19

均线稳定向上，而整理形态的第5波出现在均线略下方，易继续上涨，后市幅度较大。这种情况成功率很高。实例见附三图 20。

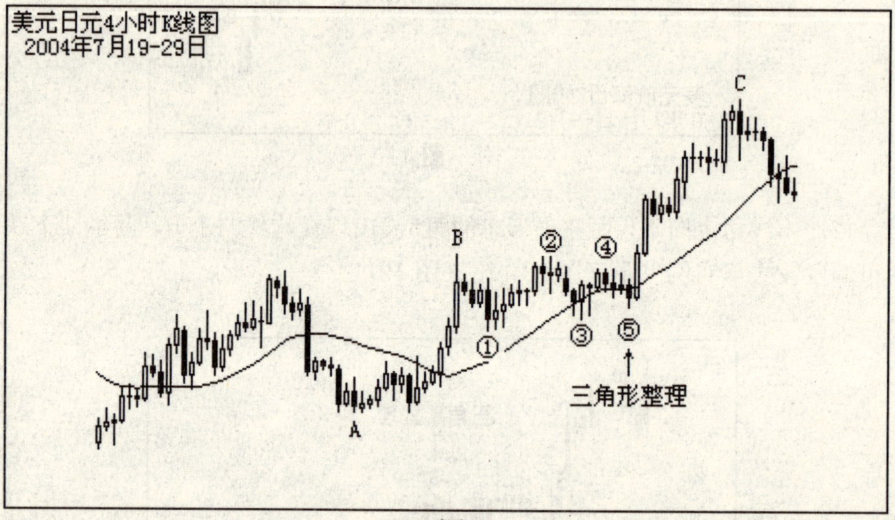


附三图 20

13. 前波绵长，均线向上，整理形态出现在均线之下不远，均线也由向上转为平缓，易下跌。实例见附三图 21。

14. 均线向下，形态出现其下方，紧靠均线，易下跌。实例见附三图 22、附三图 23。

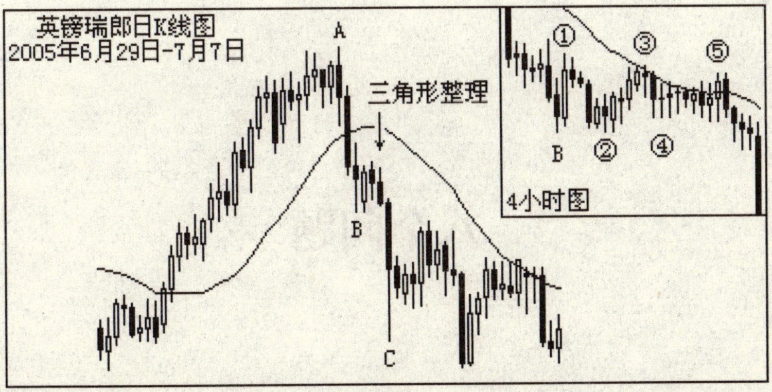


附三图 21

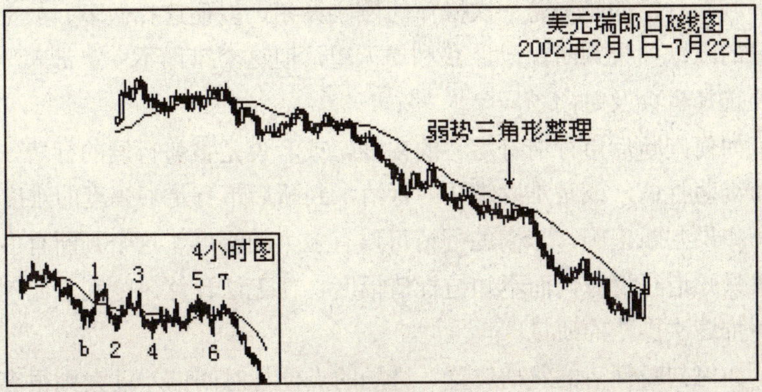


附三图 22

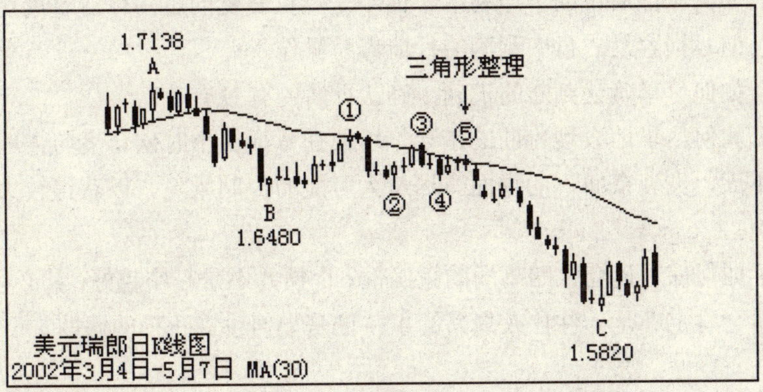


附三图 23

［附四］

# 八个问题

在一次操作的整个过程中通常会遇到多少问题？

一、判断行情的趋势是一次操作的刚刚开始，以便选择做多、放空或是观望。行情的涨跌如果判断错误，获利便无望，但这个错误不一定带来严重的后果，只要选择机会及时离场。

二、如何判断后市行情有足够的幅度，或者说是蓄势待发的行情？因为行情多数为震荡行情，或是难以辨认的行情，判断后市有足够幅度的难度很大。

三、如果判断正确，未来的行情可以有多大的幅度？这个判断有多大的把握？如果只知道行情方向而不知道行情幅度，便无法计算风险利润比例，便无法预先评价这次操作的质量。

四、如何判断行情的发动位置？进场的点位与时间偏差过大则很容易使操作产生失误。

五、如何保证后市的干净利落，而不是反反复复的震荡行情？震荡行情难以赢利，但亏损容易。盘中利落的行情容易操作。

六、如何尽早确认判断的正确，确认行情的有效启动？

七、如何尽早地发现判断的错误？以便在亏损很小时砍仓离场，避免出现“荧荧不灭，炎炎奈何”的局面。尽最大可能的控制风险，以获得较大的利润风险比例。

八、如何保证砍仓认赔离场的正确性？止损并不是越小越好，其必须有效。经常砍错仓肯定不是一件让人高兴的事。这是如何设立止损的问题。